本研究得到国家自然科学基金重点项目（71532005）、
中央高校基本科研业务费专项资金资助项目（63172053）资助

影响国家创新能力的宏观社会生态因素

生命史理论的扩展假说

盛明明　陈浩 / 著

YINGXIANG GUOJIA CHUANGXIN NENGLI DE
HONGGUAN SHEHUI SHENGTAI YINSU

中国经济出版社
CHINA ECONOMIC PUBLISHING HOUSE

·北京·

图书在版编目（CIP）数据

影响国家创新能力的宏观社会生态因素：生命史理论的扩展假说／盛明明著.
—北京：中国经济出版社，2019.8
ISBN 978-7-5136-5774-7

Ⅰ.①影… Ⅱ.①盛… Ⅲ.①国家创新系统—研究—中国 Ⅳ.①F204②G322.0

中国版本图书馆CIP数据核字（2019）第152972号

责任编辑	张梦初　杨元丽
责任印制	巢新强
封面设计	任燕飞

出版发行	中国经济出版社
印 刷 者	北京九州迅驰传媒文化有限公司
经 销 者	各地新华书店
开　　本	710mm×1000mm　1/16
印　　张	20.75
字　　数	305千字
版　　次	2019年8月第1版
印　　次	2019年8月第1次
定　　价	78.00元

广告经营许可证　京西工商广字第8179号

中国经济出版社 网址 www.economyph.com 社址 北京市西城区百万庄北街3号 邮编 100037
本版图书如存在印装质量问题，请与本社发行中心联系调换(联系电话:010-68330607)

版权所有　盗版必究 (举报电话：010-68355416　010-68319282)
国家版权局反盗版举报中心 (举报电话：12390)　　服务热线：010-88386794

前　言

  创造力与创新在整个人类社会发展进程中发挥着重要作用。当代，无论个人还是公司企业等组织机构的发展，都越来越离不开创造和创新活动的助力推动。国家的发展与进步也是如此，如何促使普罗大众释放出巨大的创造潜能，提升国家整体创新能力，进而推动社会发展，一直是产业经济、制度经济、科技政策等方面理论研究和实际工作关注的重要议题，并由此产生了诸多研究成果，挖掘出了一些影响国家创新能力的重要宏观因素。但创新上存在的国际差异中仍有相当一部分"方差"，无法被以上研究视角解释。

  创造和创新活动属于人类行为范畴，受到各种各样因素的影响。心理学对于促进或抑制个体创造力发挥的内在和外在原因的研究由来已久。其中，社会心理学侧重近因环境对于人类行为的影响，最近开始关注宏观环境如何影响个体和不同尺度群体的行为模式。进化心理学和社会生态心理学则系统性地将远古或当下宏观环境因素引入心理学关照范畴之中。进化心理学的生命史理论强调，人类个体面对外部不同恶劣性和不可预测性程度的宏观环境时，在生存、繁衍、发展诸目标之间会进行有限资源分配上的权衡，进而形成个体生命史意义上的快策略或慢策略。不同的生命史策略将广泛且深远地影响个体的心理和行为。

  生命史理论研究对于人类的分析主要集中在个体差异上，但目前已出现将研究侧重点从人类个体转向人类群体的趋势，这可以看作是对最初比较生物种群间性状的生命史理论早期学术传统的回归。一些研究表明，带有鲜明快慢策略特征的宏观社会生态环境因素，会明显影响特定时空中大规模人群的整体心理或行为倾向特征，我们称之为"宏观生命史慢策略环境（或快策略环境）"。那么，作为宏观分析对象的国家创新能力，是否也会受到这些宏观生命史慢策略环境（或快策略环境）的作用，表现出国与国之间的高低不同呢？

在系统回顾和分析前人的国家创新能力实证研究基础之上，本书研究者归纳发现，已被证明显著促进国家创新能力的一部分宏观社会生态环境特征，与宏观生命史慢策略环境特征存在较高相似性；通过细致的逻辑推导发现，其他一些宏观社会生态环境因素，与宏观生命史慢策略环境因素亦存在较大相似性。基于此，本书研究者尝试进一步宏观扩展进化心理学的生命史理论，提出"慢策略宏观环境促进国家创新能力"假说。继而，研究者纳入包括人口学宏观环境、社会环境、文化环境，以及心理变量宏观分布等社会生态环境因素作为自变量，并在大型国际学术调查项目和国际组织数据库中考量确定其典型操作性指标，构建促进国家创新能力的宏观环境指标体系。接着，研究者采用全球创新指数（GII）作为衡量因变量国家创新能力的指标，然后提出具体的操作性假设。研究者采用线性回归方法，在控制住人均GDP这一重要宏观经济学变量之后，逐一分析探讨各个宏观因素自变量对于国家创新能力的具体效应，对理论假说涉及的具体假设进行实证检验。

基于统计分析，研究者发现，在人口学宏观环境方面，国民预期寿命较长有利于国家创新；历史上疾病流行水平较高的国度，不利于当下国家创新能力的提升；青少年生育率较高的国家，创新水平较低；女性人口占比多的国家，有利于国家创新。在社会环境方面，基尼系数所代表的收入不平等程度越高，越不利于国家创新；故意杀人犯罪高发的国家创新能力较低；性别平等有利于国家创新能力提升。在文化环境方面，研究者发现了有利于国家创新能力的文化价值观宏观氛围特征，即高个体主义、高长期取向、高世俗理性、高制度集体主义（实践）、高未来取向（实践）、高表现取向（实践）、高不确定规避（实践）、高性别平等（价值）、高自信（价值）、高情感自主、高智力自主、高社会复杂性等，以及低宗教性、低和谐性、低制度集体主义（价值）、低内群体主义（实践）、低不确定规避（价值）、低权力距离（实践），还有较为松散的整体文化规范，尤其是对同性恋和少数族裔的宽容氛

前言

围。在心理变量宏观地理分布方面，研究者分析发现，大五人格中的开放性程度越高，越有利于国家的创新投入与产出；宜人性较高有利于国家创新产出，尤其是影响国家创意产出；外倾性较高时会促进国家创新投入。国家层面自尊水平的分析显示，民众整体过高的自尊水平不利于国家创新能力提升。国家层面的共情关注和同理心程度较高也不利于创新能力提升。

由此总结，以上一系列分析结果在很大程度上支持了研究者提出的"慢策略宏观环境促进国家创新能力"假说。与人类生命史慢策略密切相关的众多宏观社会生态环境因素，如性别比、性别平等、预期寿命、疾病流行、青少年生育率、收入不平等、面向未来的长期取向、在行为中规避风险等，均能对国家创新能力产生显著影响。同时，人口宏观环境、社会环境、文化环境以及宏观心理环境因素中，与慢策略环境因素较为相似的宏观变量，也同样能显著影响国家创新能力。

我们基于大型国际数据库的数据，构建了促进国家创新能力的宏观环境指标体系，进一步宏观扩展了进化心理学的生命史理论，初步检验了有关促进国家创新能力的理论假说。但由于我们主要基于截面数据分析进行推断，且自变量丛内部关系探讨较少等，理论新假说尚待更多实证证据支持。未来研究将进一步发展和完善慢策略宏观环境指标体系，汇聚多层次和多维度的实证分析结果。更为重要的是，本书研究者希冀此理论假说的发展，能够直接关照到当下的国家创新实践，将理论创新的成果应用于中国巨大的创新活动中去。

目 录

第一章 绪 论 ………………………………………………… 1
    第一节 问题与背景 …………………………………………… 2
    第二节 研究意义 ……………………………………………… 8
    第三节 结构安排 ……………………………………………… 10

第二章 生命史理论及发展：生物种群—人类个体—人类群体 …… 12
    第一节 生物种群的生命史策略 ……………………………… 12
    第二节 人类个体生命史理论 ………………………………… 20
    第三节 人类生命史理论的社会性行为范畴扩展 …………… 28

第三章 作为人类行为的创新活动 …………………………… 35
    第一节 创造力与创新 ………………………………………… 35
    第二节 影响创造力/创新的主要环境因素 …………………… 44

第四章 研究假设与研究方法 ………………………………… 59
    第一节 慢策略宏观环境促进国家创新能力假说 …………… 59
    第二节 具体研究假设推导与提出 …………………………… 66
    第三节 研究方法 ……………………………………………… 88

第五章 人口学宏观环境与国家创新能力 ········· 98
    第一节 预期寿命与国家创新能力 ········· 98
    第二节 疾病流行与国家创新能力 ········· 107
    第三节 青少年生育率与国家创新能力 ········· 114
    第四节 性别比与国家创新能力 ········· 118
    第五节 本章小结 ········· 129

第六章 社会环境与国家创新能力 ········· 131
    第一节 基尼系数与国家创新能力 ········· 131
    第二节 暴力犯罪死亡影响国家创新能力 ········· 136
    第三节 性别平等与国家创新能力 ········· 141
    第四节 本章小结 ········· 164

第七章 文化环境与国家创新力 ········· 166
    第一节 霍夫施泰德文化维度与国家创新能力 ········· 167
    第二节 英格尔哈特世界价值观维度与国家创新能力 ········· 183
    第三节 GLOBE 项目价值观维度与国家创新能力 ········· 194
    第四节 施瓦茨文化价值维度与国家创新能力 ········· 233
    第五节 社会公理文化价值维度与国家创新能力 ········· 242
    第六节 松—紧文化维度与国家创新能力 ········· 251
    第七节 本章小结 ········· 259

第八章 心理变量宏观地理分布与国家创新能力 ········· 263
    第一节 人格与国家创新能力 ········· 263
    第二节 自尊与国家创新能力 ········· 272
    第三节 同理心与国家创新能力 ········· 278
    第四节 本章小结 ········· 282

第九章 总结与展望 · 284
第一节 研究结论 · 284
第二节 主要创新点 · 289
第三节 存在不足 · 291
第四节 未来方向 · 293
第五节 关照中国本土区域创新能力的启示 · 295

参考文献 · 297

后 记 · 318

第一章 绪 论

生命体进化的过程中,众多物种可以产生具有创造性的行为(J. C. Kaufman & A. B. Kaufman, 2004),例如,灵长类动物为了适应环境的变化而产生出新的觅食行为(McCabe, Reader, Nunn, 2015)。然而,人类的创造力是独一无二的,创造力是人类生而为人的基础(Dietrich & Kanso, 2010),在整个人类历史进程中发挥着重要的作用。人类的创造力不仅改变着我们生活的世界,同时也被环境影响与形塑。无论是个人发展还是公司企业的进步均无法离开创造力与创新的推动,国家发展更是如此。产业改革、研发投入、教育支持等一系列的举措被投入国家创新的浪潮之中,国家创新成为一项全球共识,尘埃落定之时,却不是所有国家都收获了预期的创新成果。同一项创新举措为什么在不同国家会遭遇"水土不服"?人类的心理与行为天然带有地域的烙印(Rentfrow, Gosling, Potter, 2008),国家创新本质上体现的仍是创造力,不可避免地受到地理环境与社会生态环境的影响。心理学家不再局限于对微观个体创造力的研究,开始关注宏观文化环境以及心理生态环境对国家创新的影响。

社会环境如何影响微观个体的创造力?已有研究给予了解释(Amabile, 1996)。这些研究成果是否能为国家创新的研究提供启发?不同分析水平的研究是否具有跨层一致性?人格与自尊等影响个体创造力的心理变量是否具有区域性的影响?文化价值、社会环境如何影响国家创新?以上这些问题都是将要关注的重点,我们尝试对影响国家创新能力的宏观环境因素进行初步的探索与讨论,对心理学视角下影响国家创新力的环境因素进行刻画。与此同时产生的另一个问题在于:宏观环境影响国家创新,其背后的本质是什么?

人类的进化从未停止，创造力从进化而来，终究要到进化中寻找解释。国家创新是一项既需要资源供给又需要环境支持的活动，生命史理论（Life History Theory）强调权衡与适应，用以解释生命体在进化中对资源与环境的适应与分配。影响国家创新力的社会生态环境与产生慢策略的宏观环境之间存在潜在的联系。本书尝试采用生命史理论的慢策略（Slow Strategy）对国家创新力受到的来自宏观环境的影响进行解释，提出解释环境与国家创新力关系的新假说，尝试寻找环境影响国家创新的进化本质。

第一节　问题与背景

国家创新能力用于衡量国家将新技术进行产业化的能力，决定着国家未来发展的潜力（Furman, Porter, Stern, 2000）。提升国家创新力最直接的影响是带动高新技术的发展，推动科技进步，促进教育事业的繁荣。科技创新是推动经济发展的关键要素，并且作为衡量国家创造力的重要指标受到研究者的关注（Furman, Porter, Stern, 2002）。但国家创新能力又不能单纯等同于科技能力，而是一系列教育、科技、文化等因素相互作用的共同结果。创造力与创新对人类社会的意义不仅表现在其对科技与经济发展的推动作用，同时也成为国家和企业在全球竞争中获得成功的重要手段（Rinne, Steel, Fairweather, 2012）。从层出不穷的诺贝尔奖到繁荣发展的硅谷无处不体现着创造力与创新的巨大推力，世界如此，中国亦然。2015年中国政府工作报告中提出的"大众创业，万众创新"（2015年政府工作报告，2015）也表明，在中国发展的现阶段，创新已然成为重要举措。

无论是全球视角还是国内的现实需求，提升国家的创新能力已经成为世界性的问题，任何一个国家或是地区都在探寻创新的良药。经济学家与政策研究者最先提出了影响国家创新水平提升和能力转化的主要因素：产业结构的优化与国家收入水平能够在经济上和政策上直接作用于国家创新（Nelson & Winter, 1977; Vernon, 1966）。随着研究的深入，有研究者提出，国家是一个政治经济文化混合的实体，国家创新需要对一系列的新技术进行长期的生产和商业化。国家的创新能力不是单纯的对创新进行转化的能力,而是对创新过程更为基础和整合的反应,受到国家自身因素的影响。国家创新能力之间的差异是经济地理的差异,同时也是国家创新政策的差异(Furman,Porter,Stern,2000)。

以往研究国家创新水平的提升,最后落脚点都会放在国家高科技产业的企业与公司组织上面,将国家的创新简单地理解为企业公司创新的整合。研究者在后来也逐渐发现,尽管企业公司对国家创新做出了重要的贡献,但仅仅提升企业公司的创新水平并不等同于国家整体的创新实力(Kanter,2000)。研究者开始将国家作为创新的主体,在宏观水平上探寻影响创新能力提升的原因,试图寻找经济投入与国家政策之外能够影响国家创新的重要因素。人力资本与社会资本为国家水平以及国际性范围在内的创新提供了支持,其中,人力资本是创新活动的先决条件,对创新有直接的积极影响。人力资本产生的最有利的影响表现在对社会环境方面产生的作用,促进了知识的开放式的交流以及对合作的支持(Chiu,Kwan,Liou,2013)。除人力资本能够对国家创造力产生重要影响之外,国家的社会资本也是支持和影响创造力的重要因素。国家的社会资本往往与它的政策、法律,以及市场体制密切相关,能够为国家的创造力提供强大的支持。民主的法律和政策体制保护高创造力群体创意的自由表达和专利财产权利,获得整个社会的普遍信任,构建新型的网络纽带进行知识的共享与交换,产生高质高量的创造力产品(Kwan & Chiu,2015)。

另有研究者发现,经济与政策无法对国家创新进行全面的解释。随着跨文化研究的增多,尤其是以国家为分析单位的研究的增多,越来越多的文化心理学家开始关注国家创新能力的研究,并且发现文化在宏观水平对国家产生着长远而又密切的影响。在研究中关注国家的影响,将改变原有心理学研究中对环境尤其是宏观环境的忽略(Smith,Bond,Kagitcibasi,2006)。文化作为宏观水平的影响因素与社会心理的关系密不可分,受到心理学者的关注,进而发现,霍夫斯泰德文化价值维度与国家创新能力之间存在密切的关系。个体主义与国家创新能力存在正相关,不确定规避与国家创新能力存在负相关，与个体主义密切相关的自主性、独立性，以及自由性等方面有利于国家创造力的发展（Rinne，Steel，Fairweather，2013）。

除研究霍夫斯泰德文化价值维度对国家创造力与创新的影响之外，另有研究者关注了 GLOBE 项目（House，Hanges，Javidan，Dorfman，Gupta，2004）中的文化价值维度与国家创新之间的关系。Taylor 和 Wilson（2012）将 GLOBE 中的集体主义分为制度集体主义和内群体集体主义，使用人均专利引用数与人均科技出版物引用数作为国家创新的衡量指标，结果发现，个体主义和制度集体主义与国家创新存在正相关，而内群体集体主义与国家创新负相关。Rossberger 和 Krause（2012；2013）的研究也发现了类似的结果，他们研究发现，不确定性规避（values）、内群体集体主义（practices）与人道取向（values）能显著预测创新，其中前两者与国家创新负相关，后者与国家创新正相关。

文化对国家创造力影响的研究，除了较为经典的个体主义与集体主义的分类范畴，研究者也探讨了另一种文化分类维度——文化的松紧性对个体创造力的影响。文化的松紧性是指一个文化中社会规范的严苛程度与对超出常规的行为的容忍度（Harrington & Gelfand，2014）。文化环境较为宽松自由，容忍失败，能够对创造力行为产生促进作用，文化的松紧性成为影响创造力的重要的因素（Chua，Roth，Lemoine，2014）。在探讨了 68 个国家的价值观与信念用于确定国家的文化松紧程度之后，研究者认为创新意味着打破传统与产生变化，这与紧文化社会针对异常行为的较低容忍度产生矛盾，紧文化在一定程度上阻碍创造力的发挥（Uz，2015）。

不仅在宏观文化层面，人格的宏观分布也对国家创新能力有着重要的影响。在大五人格理论和个体层面实证研究的基础上，研究者探讨了国家层面的人格与创造力之间的关系。结果发现，大五人格中的经验的开放性与国家创造力投入产出均存在显著的正相关，宜人性与国家创造力投入之间存在显著的正相关（Steel et al.，2011）。文化作为影响国家发展的重要因素，在人格对国家创造力的影响中起到中介作用（Rossberger & Krause，2014），人格对国家创造力的影响无法脱离文化环境。

第一章 绪 论

宏观层面探讨文化与人格对国家创新能力影响的研究趋势正是当下社会生态心理学与地理心理学研究的关注点之一。宏观环境包括文化环境、政治环境、经济环境以及地理环境等众多概念。文化心理学研究者对文化环境进行了较为深入地探讨,同时也是文化心理学研究者率先探讨了影响国家创新能力的环境因素。与文化环境相比,研究者对其他环境的关注较少,社会生态视角(Socioecological Perspective)对其他环境因素进行了研究,系统关注了社会环境与个体及群体心理与行为的关系(Oishi & Graham, 2010; Oishi, 2014)。社会生态心理学主要探讨物理的、社会的生态环境(例如,气候、政治、人际关系)如何影响个体与群体的情绪、认知、行为,以及这些情绪、认知和行为反过来又如何影响物理的、社会的生态环境,探讨宏观环境与人类心理之间的相互作用(Oishi & Graham, 2010)。社会生态心理学关注的是长期以来被研究者忽视的宏观社会生态因素,人类的心理与行为受到远端宏观环境与近端微观环境的影响。一直以来,心理学研究者更关注近端的微观环境,探索个体内部心理机制的作用,而较少关注人类心理和行为也可能受到特定物理环境、气候环境、政治环境、人口环境以及文化环境的影响(Barker, 1968; Anderson, 2001; Inglehart, 1997)。社会生态心理学的视角引导研究者关注人类的心理与行为如何被自然与社会的生态环境影响,以及自然与社会生态环境如何被人类心理与行为所形塑。关注文化、政治、经济等宏观环境的研究趋势与社会生态心理学的关注点不谋而合。社会生态心理学探讨人类心理和行为与远端的自然社会生态环境间的相互影响与塑造(Oishi & Graham, 2010),社会生态心理学推动了这一研究趋势的发展。

地理学与心理学的结合日渐密切,近年来出现了众多心理学与地理学的交叉研究,众多研究发现了地理集群的开放经验对区域经济和文化发展的作用。跨文化心理学也将地理环境因素纳入研究之中,并且已经在人格特质(Schmitt et al., 2007)与价值观(Inglehart & Baker, 2000; Schwartz, 2008)方面取得了一定的研究成果。已经有研究者探讨了地理分布与人格变化的关系(Rentfrow, Gosling, Potter, 2008)、地理与区域因素对主观幸福感的影响(Rentfrow, Mellander, Florida, 2009),并且已经有研究者关注了地理分布与创造力的关系（Florida，2002）。

人类创造力进步的历史与人类城市发展的历史密切相关。达·芬奇与米开朗基罗都生活在佛罗伦萨市的周边，高创造力的人群聚居地能够吸引更多创造力人才的聚集，城市不仅提供了促进和支持创造力提升的环境，同时也由于长期的支持与发展而成为了具备较高创新能力的城市或地区，提升了整体的创新实力（Florida，2002）。创新需要不断地重组与整合，创新的过程需要具备文化与经济多样性的区域与城市的支持。技术发展和全球化的兴起在缩小了地理距离的同时，也促使众多创造力人才和实力集中的城市成为了具备较高创新能力的区域。高创造力人群需要创新水平较高的城市作为发展的沃土，创新能力较高的城市和区域也在重塑着整个世界的创新版图。

地理心理学致力于探讨心理现象在地理空间上的分布特征，探讨心理行为结构与社会结构及环境之间的交互影响，这为解释国家间创新能力的差异提供了新的研究视角。已经有地理心理学研究者关注了区域水平的城市创新能力，产生的一系列研究成果也将对探索国家的创新能力提供借鉴（Florida & Mellander，2014）。网络信息时代的到来为大规模的调查研究提供了便利，借助互联网的发展可以高效获取大量数据，开展大规模的宏观水平的心理学研究。心理学研究不再仅关注"人"的因素，研究者有条件将视角转向宏观社会生态与地理环境的作用机制。无论是在样本数量还是样本取样的代表上，这些都是前所未有的进步，为研究社会生态与心理环境的影响，以及地理心理学的发展研究提供了支撑，借此能够更好地探讨宏观环境对国家层面心理进程的影响。

社会生态心理学和地理心理学的研究视角关注当下的影响国家创新的宏观环境，而进化心理学中生命史理论研究的发展从进化的视角关注宏观环境对国家创新的影响。进化心理学认为人类心理机制是进化中自然选择的结果，人类的祖先在狩猎采集的时代积累沉淀下的心理机制能够解释现在的心理行为，人类心理的产生是对适者生存的反应（Buss，2015）。随着进化心理学的发展，越来越多的研究者开始采用进化的视角研究人类的心理与行为，其中生命史理论较有代表性。生命史理论认为，个体在生存环境中需要对有限的资源进行分配，在资源有限的情况下进行权衡，选择有效的生命史策略对资

第一章 绪 论

源进行利用,获取生存的最大收益,完成生命史性状的进化(Ellis,2004)。生命史理论研究的关键是生命史策略的选择,研究者将个体进行资源权衡而产生的策略选择放到一个连续谱系上进行讨论,构成了由快到慢的生命史策略(Ellis,1988)。环境是影响生命史策略选择的重要因素,环境的恶劣程度与不可预测性深刻影响着个体的发展(Kaplan & Gangestad,2005)。生命史理论作为解释框架,已有心理学研究者将生命史的快慢策略用于探讨亲密关系(South,Haynie,Bose,2005)、道德行为(Ellis et al.,2012)等社会心理学领域,对解释宏观环境的影响也发挥着重要的作用。

综上所述,心理学研究者已经开始关注宏观环境对国家创新能力的影响,并且将国家创新能力作为一个复杂的综合体进行研究。与此同时,社会生态心理学与地理心理学的兴起开始关注宏观环境的影响机制,进化心理学中生命史理论的发展提供了进化的依据与解释框架的支持,在这样的背景下提出我们关注的主要问题。

我们试图对影响国家创新能力的宏观环境因素进行初步的探索,已有研究发现,文化环境能够影响国家创新能力的提升,尤其是以霍夫斯泰德文化价值观为研究对象进行了探讨,并且发现了一系列有价值的研究成果(Rinne et al.,2013),但其他社会生态环境如何影响国家创新能力并未进行相对全面地探索。我们在借鉴前人研究,以及受到来自企业组织、个体等层面创造力与创新研究的启发的基础上,对影响国家创新的环境因素进行初步的探索,主要包括人口分布、社会环境、文化环境以及宏观心理环境等。从心理学研究的视角,勾画影响国家创新能力的宏观环境的主要特征。

从进化心理学生命史理论的视角,提出解释宏观环境影响国家创新的新假说。国家作为一个发展的主体,需要面临多种选择与抉择,国家的发展历程即为国家的"生命史"。国家根据宏观环境适宜发展的程度,以及环境中资源的预算进行权衡,选择快或慢的生命史策略。生命史慢策略环境或许能够促进国家创新能力的提升,促进国家创新的宏观环境特征似乎也与慢策略宏观环境有着较高的相似性,催生慢策略的环境特征也存在着促进国家创新能力提升的可能。

第二节　研究意义

首先，初步探索社会生态心理环境对国家创新力的影响。心理学一直以来都是一门主要研究"人"的学科，心理学研究的发展历史也是研究微观个体的历史，这样的发展路径对环境尤其是宏观社会环境的关注相对而言较为不足。近年来，越来越多的心理学领域的研究者开始关注社会环境的作用，强调社会环境影响心理与行为的社会生态（Socioecological）心理学视角逐渐受到研究者的关注（Oishi & Graham，2010；Oishi，2014）。社会生态心理学不仅关注近端微观环境下个体的心理过程，同时关注了远端宏观环境的影响。我们对影响国家创新能力的社会生态环境特征进行初步但相对较为全面地探索，能够对宏观环境如何影响国家创新能力进行整体的把握，勾画环境特征，解释宏观环境影响国家创新的作用机制。同时，为后续深入地研究打下基础，提供研究的方向性指导。

其次，推动创造力与创新的跨层研究。创造力与创新一直以来都是心理学研究者关注的主题，研究重点也一直放在个体与团队组织层面，对国家层面的研究关注较少。其原因可能在于，一方面，国家创新能力难以进行全面的量化评估，相当长时间内将科技的创新产出作为衡量国家创新能力的代理指标（Shane，1993）；另一方面，国家创新能力受到经济因素的影响较大，从而导致研究者过分看重经济环境的作用，忽视了其他社会生态环境的影响。推动创造力与创新的跨层研究并不代表可以将个体层面的研究结果直接推论到国家层面，但某些领域确实存在个体层面与群体层面结果的一致性。人格对创造力与创新的影响具有跨层一致性，个体的创造力与其人格中的开放性密切相关（Perrine & Brodersen，2005）。这一发现在组织层面也有体现，高开放性的个体倾向于提出新颖的问题解决方案，以创新性的观点提升环境机能（George & Zhou，2001），员工的高开放性有利于团队创造力的发展和产品创新（Aronson，Reilly，Lynn，2008）。国家层面的研究也发现，大五人格中的经验的开放性与国家创造力投入与产出均存在显著的正相关，宜人性与国家创造力投入之间存在显著的正相关（Steel，Rinne，Fairweather，2011）。推动创造力与创新的跨层研究有利于全面理解环境对国家创新水平的影响。

最后，对国家创新力的潜在驱动力进行解释，提出了"慢策略"解释假说。借鉴进化心理学生命史理论的解释框架，对国家创新的潜在驱动力进行解释。文化、人口等环境均存在可能影响国家创新能力的宏观环境因素，我们提出的新假说试图对国家创新内驱力进行解释。生命史理论认为，生物体在性状进化的过程中，面对恶劣的生存环境与有限的资源需要进行权衡，选择收益最大化的生命史策略（Ellis，2004）。影响国家创新能力的某些环境因素与催生生命史慢策略的环境特征存在一定的相似性，我们尝试在这个研究框架的基础上，对国家创新能力的内部驱动力提出一种解释的可能性，慢策略宏观环境能够促进国家创新能力的提升。通过探讨影响国家创新能力的环境特征，结合生命史策略假说，对国家创新的内部驱动力和未来走向进行研究。假说的提出是对研究国家创新能力的理论性补充，从进化的长远视角看待国家创新。

我们的研究同时也具有一定的现实意义，首先，有利于国家创新环境的构建。从制定国家宏观创新政策的角度来说，宏观层面（如城市水平、国家水平）的研究对于国家政策的制定、实施以及评价都具有重要的现实和实践意义。在进行群体层面（如城市、国家）的政策制定时，如果只单独依靠个体水平的研究结果作为依据，而缺乏群体水平的直接证据，将容易产生"反向生态学谬误"或"个体主义谬误"的风险。故而，从国家管理与政策制定的角度出发，如何推动和提高国家的创新力水平等问题具有重要的现实意义，并且需要经济学、政治学、心理学、社会学等跨学科领域研究者的共同努力。对影响国家创新能力提升的环境特征进行探索，能够为培养国家的创新环境提供方向性的指导。尽管宏观环境的改变与形成是一个漫长的过程，国家创新也是国家发展的长期要务，国家创新环境的培养与国家创新水平的提升在相互交织中协同发展。

其次，有利于推动国家创新的长远规划。国家创新是一项指向未来的长远活动，在创新的过程中面临诸多不确定，也需要投入大量的资源。生命史慢策略的宏观环境特征能够促进国家创新水平的提升，而创新也在某种程度上是慢策略的体现。进化心理学研究的视角表明国家创新无法一蹴而就，需要进行长远的发展规划。探索影响国家创新的环境因素，对现实最直接的意义在于指导创新规划的方向，为创新政策的制定提供参考。体制创新能够为国家的科技创新提供制度保障，通过体制创新调整国家创新过程中各水平要素之间的关系，协调各项影响因素，达到一种发展的平衡状态。提升国家的创新实力无法脱离长远规划对创新提供的支持，最大限度地整合各项资源，创新产生的经验才能顺利积累转化为创新知识。从进化的视角出发，发挥长远规划的优势，将现在的积淀体现于未来的创新之中，使国家创新更具活力和动力。

第三节　结构安排

本书共由五部分内容组成，具体安排如下：

第一部分，即第一章（本章）。主要阐述了国家创新力与生命史理论潜在的联系、研究背景及着力点。背景部分，对国家创新能力与生命史理论的关系进行了简单梳理。我们关注的重点在于，采用生命史理论框架对国家创新能力受社会生态环境影响的结果进行解释，提出新的假说，即国家创新力受到生命史"慢策略"的滋养，催生生命史慢策略的环境特征能够促进国家创新力的提升。本章简单梳理了生命史理论对心理学研究的启发，以不同以往的心理学视角对国家创新力的研究进行了综述，简述了从研究区域（组织、城市）水平创造力到研究宏观国家水平创新力的转变，以及与生命史理论的逻辑关系。在此基础上提出结合地理心理学、社会生态心理学以及进化心理学视角研究国家宏观水平创新力的必要性与重要性，提出本书的主要研究问题及理论、现实意义。

第二部分，包括第二章与第三章，为文献综述部分。第二章对生命史策略的产生、发展以及与心理学研究的结合进行了综述。个体生命史不仅受到微观环境的影响同时受到人类社会发展的宏观社会生态因素的影响，这一影响将会长期存在并作用于人类的行为。在相当长一段时期内生命史也会对人类群体的行为结果产生影响。创造力是人类发展的重要行为，通过这一行为产生创新的成果，进化过程中生命史策略也会对人类的创造与创新产生影响。第三章主要对不同分析水平的创造力与创新研究进行综述，对已有的社会生态因素影响国家创新力的研究进行细致梳理，讨论影响国家创新能力的社会生态环境与生命史理论"慢策略"之间的逻辑联系。我们试图采用生命史理论对国家创新力与宏观环境的关系进行解释，在社会生态心理环境影响国家创新力的基础上，采用生命史理论框架解释国家创新力，为后续的研究假说提供研究基础。

  第三部分，即第四章，提出假设与选取操作性指标部分。第一节提出慢策略宏观环境影响国家创新能力的解释假说，第二节根据前文的综述推导以及新假说提出具体研究假设，对假设的提出与推导的逻辑链条进行详细的阐述，第三节详细介绍我们采用的因变量、自变量以及控制变量的指标内涵与数据来源。

  第四部分，包括第五章、第六章、第七章以及第八章，为实证研究部分，这四章内容通过数据分析对研究假设进行验证。第五章探讨了人口学宏观特征对国家创新能力的影响，第六章探讨了社会环境对国家创新能力的影响，第七章探讨了文化环境对国家创新力的影响，第八章探讨了心理宏观分布对国家创新能力的影响。通过实证研究的结果佐证催生生命史慢策略的宏观环境特征能够促进国家创新能力提升的假说。

  第五部分，即第九章，为总结收尾部分。本章对实证研究的结果进行了分析与讨论，总结梳理了我们得到的主要结果。对生命史理论"慢策略"解释宏观环境影响国家创新力的假说进行了验证与总结。对采用生命史理论解释国家创新的可行性进行初步的验证。这一部分总结结果与发现，升华文章创新点，提出不足与存在的问题，并结合主要欠缺对未来研究与发展进行展望。根据国家创新能力研究的理论结果，参照目前中国的创新实践，将文章的理论发现转化为现实发展的助推剂，希望我们的研究结果能为中国的"双创"提供直接或间接的参考。

第二章 生命史理论及发展：
生物种群—人类个体—人类群体

生命史理论并非完整的理论，而是进化研究中重要的理论框架。建立于生物进化基础上的生命史理论（Life History Theory）认为，个体早期的生活环境，尤其是童年时期的生活经历会对此后发展的一系列生命史事件以及发生时间产生影响。其根本思想在于，个体为了能够在最大程度上获得繁衍，会根据生存环境提供的线索权衡资源与环境的关系，做出适应性的权衡与选择（Kaplan & Gangestad，2005）。生命史理论不仅可以用于解释个体层面的依恋与择偶问题，也可以应用到更广泛的研究问题之中。本章将进化心理学生命史理论的内容进行综述，以此作为支撑和解释研究结果的理论基础。第一节内容主要对生物种群生命史策略的形成进行介绍，第二节重点综述生命史理论的快策略与慢策略，第三节对生命史理论在心理学研究中的扩展应用进行梳理。本章内容是研究的理论前提，也是提出新的研究假说的主要依据之一。

第一节 生物种群的生命史策略

生命史理论是一套分析框架，用于研究不同生物选择的生命史策略的多样性，以及它们生命周期变化的原因和结果。生命史理论是生物进化理论的一部分，通过生物的生命史对生理和行为进行解释。生命史关注生物体生命周期中关键事件发生的时间，例如，出生、断奶、成熟、死亡等，尤其是幼年发育、性成熟年龄、第一次繁殖等（Vitzthum，2008）。所有生物体的发育遵循特定的顺序，从妊娠开始并以死亡结束，称之为生命史周期。生命史理论用于解释包括人类在内的生物体,如何产生和选择不同的生命史策略(Life History Strategy)对环境中有限的资源进行分配。这其中的事件通常包括出生、童年、成熟、繁殖和衰老,这些都与生物的生命史策略息息相关(Hill & Kaplan, 1999)。生物体在整个生命历程中会面临生长、性成熟、繁殖、衰老等性状的变化,某一性状的变化所需的收益需要另一性状的投入,这两者之间存在权衡的关系。生命史策略是为了适应这些复杂的变化,针对不同的权衡,采取不同的策略,促使生命史性状的协调进化。本节内容将对生物种群生命史策略的形成进行简要的梳理。

一、生命史性状的进化

生物体的生长、性成熟、繁殖、衰老等称为生物体的生命史性状(Life History Traits),生命史理论的产生正是基于生物体性状的改变带来的权衡与决策(Stearns, 1977)。关键性的性状主要包括性成熟的时间与个体尺寸、后代数量与尺寸、衰老与寿命三方面。

(1)性成熟的时间与个体尺寸

性成熟的时间并没有来自生理学的标准定义,多数研究者将其定义为生物体初次进行生育的年龄。生育开始表明生物体已经性成熟,生命史也由此进行了分化,生育前称为预备期,生育开始后的时期称为实现期(Stearns, 1977)。不同物种之间在体型上也存在差异,即使是同一物种的不同种类之间也存在性成熟和体型上的差别。例如,对于哺乳动物来说,性成熟较晚的种群,体型较大,生育后代的时间较晚,寿命也相对较长。

性成熟的年龄与生物体的体型大小是生命史性状适应进化的重要内容,性成熟的年龄与生命史中两个不同的权衡(Trade-Offs)有关。一是性成熟年龄与生育能力之间的权衡,二是性成熟年龄与后代存活之间的权衡(Kozłowski, 1992)。权衡过程中收益与付出之间差值最大时所代表的年龄是生物体在这两种权衡中最有利的性成熟年龄,收益与代价取决于生物体的生命史。例如,性成熟年龄较早的生物体,幼年期较短,有更高的概率生存到能够进行生育的年龄,并且也能较早的生育后代。由此也带来相应的风险,性成熟较早的生物体生育的后代死亡率也较高，随之也带来后代的生育能力和存活率的降低。并且，如果生物体进行生育时并未完全发育，其作为母体的繁殖能力也将受到削减，降低后代的存活率（Bell，1980）。

生物体的体型尺寸也是进化选择的结果，与上述权衡密切相关。生物体的生长发育需要时间与资源的投入，从生长发育到性成熟之间的过程也面临较高的死亡风险，因为对于一些小型生物而言，与其将更多资源投入到生长发育，不如提升繁殖能力更能应对进化的脚步。这也是为什么一些小型动物死亡率高但也选择保持较小尺寸的原因。死亡率与生物体型之间存在相互制约的关系，这一关系也造成了性成熟年龄的差异。在繁殖中，母体存活与后代存活数量之间也存在一种权衡，能够在繁殖与生长投入之间取得平衡的生命体才能适者生存（Kozłowski，1992）。

（2）后代数量与尺寸

生物体的后代数量与体型尺寸在不同种类间存在较大的差异，这一性状与生物体的进化适应密切相关。后代所获取的资源与能量主要来自母体，母体生存与后代数量和尺寸之间存在一种权衡。对于后代而言，后代数量只有一个时的适应性最好，母体能够为后代提供最大程度的能量与资源。但这一结果是在理想状态下，实际上自然界中的生物生育后代数量往往大于一个，体型尺寸也存在不同程度的变异，这与生物体生存的环境和地理位置等因素有着较高的相关性，外界环境对生物体后代的变异存在抑制作用（Mcginley，Temme，Geber，1987）。

后代的体型大小与母体之间存在一定的冲突。对于母体而言，后代的体型被限制在一定范围内有利于母体生存与选择，但对于后代而言，体型越大占有能量与资源越大，处于同辈竞争时自身更有利。母体为后代提供资源与能量，尤其是哺乳动物，幼年期的后代寄生于母体，母体的生存适应性较高时有利于后代的存活，也因此限制了后代的体型尺寸。但对于繁殖中的雄性而言，无须为后代提供能量与资源，后代的体型越大越有利于雄性的繁殖收益，但这一收益将会牺牲母体的存活与适应，也是生物体需要面临的一种权衡（Stearns，1977）。

对于母体而言，后代的数量、体型尺寸以及生育次数受到多种权衡的影响，为了达到母体与后代的最优适应，在选择生命史策略时也会受到环境的影响，尤其是在自然环境下，环境因素对母体生存与后代数量的变异有着较大的影响。

（3）衰老与死亡

随着生物体寿命的增加，存活率与生育率下降，进入到衰老的阶段。处于衰老阶段的生物体，生育率下降或是无法生育对于整个种群的繁殖而言已没有意义，同时，即使生物体在衰老阶段发生基因病变也无法遗传给后代。衰老阶段的生物体无法影响种群的生存，自然选择对衰老期的生物体也不再具有选择的意义。基因中的有害变异出现在衰老期，有利于生育期的基因选择，体现了衰老这一阶段对生物体进化的意义。这也是一种权衡，青壮年期进行繁殖有利于后代存活率的提升，在后期进行生育容易造成繁殖率的下降，繁殖时间的权衡也影响生物体进化中的适应（聂海燕等，2007）。

有研究者认为，衰老是进化的副产品。对于一个种群而言，死亡率随着繁殖能力的衰减而升高，在繁殖前期死亡率较低，随着繁殖能力的降低提升死亡率。这样的自然选择结果在于生物体在后期死亡率升高，繁殖率下降，促使生物体在前期进行繁殖，增加繁殖投入，对物种的生育能力进行自然选择。而如果死亡率较低，生物体在衰老阶段仍然会进行生育，基因在衰老期的突变概率增高，不利于后代的存活与繁殖率的提升，进而威胁种群的生存（Williams，1957）。

二、资源分配的权衡

生物体在生长、性成熟、繁殖、衰老、死亡不同的生命历程阶段都需要面对性状的改变与适应，生命史某些性状的变化所需的收益需要另一性状的投入，这两者之间即产生了权衡的关系（Stearns，1977）。权衡分为生理权衡与进化权衡两大类，生理权衡是生物体内部器官之间的能量分配权衡，进化权衡是生物体面对自然选择在性状改变上的适应性权衡（聂海燕等，2007）。生物学家通过大量的野外实验对权衡关系进行了测定，通过人工选择实验与测定表型变异的方法发现，生物的生命史性状之间存在 45 种权衡关系（Stearns，1977）。研究者对其中的四种权衡进行了相对较多的研究。

（1）维持与成长的权衡（Trade-Offs between Maintenance and Growth）。维持与成长之间的权衡在性成熟之前的幼年期已经存在，维持幼年期的存活与生长发育之间存在能量与资源的消耗权衡。生物体需要最低限度以上的能量与资源的支持，保持活性并且维持基本的生理功能，例如，脑血氧代谢、消化功能、免疫功能、抵御疾病以及捕食防御等。维持生物体的机体运转需要能量以减少幼年期的死亡率，以及保证机体的生存质量。在满足维持机能所需的能量的基础之上，生物体才能有多余的资源用于生长发育，进而达到性成熟。成长所需的资源主要用于体型尺寸的增加和学习觅食技能等。机体的成长增加了获取繁殖期能量的可能性，有利于在择偶竞争中获取成功（Hill & Kaplan，1999）。

这一领域的关注点主要在于生理发育、体型尺寸、能量的储藏、瘦弱或是肥胖等，以及在成长期间的身体活动状况。生长较快意味着成熟更早，成年后的体型也较大，在未来有利于生育体型较大的后代。但是，快速成长也会带来能量的消耗，体型较大需要更多的能量，维持能量的平衡会损害后续的生殖能力（Kuzawa，2005）。例如，人类母亲的子宫环境能量供给较差时，胎儿对能量消耗的方式会从生长转为维持。为了保证维持期生理机能的运转，胎儿会降低对能量的消耗，更能抵抗饥饿，生长较慢，性腺的发育也较为缓慢，导致成年后体型较小，繁殖能力较差等。生物体早期的维持与生长的权衡强烈影响以后的生命史策略的选择（Kuzawa，2005）。

（2）当下繁殖与未来繁殖的权衡（Trade-Offs between Current and Future Reproduction）。当下繁殖与未来繁殖的权衡是解决了维持与生长的权衡之后首先要面对的问题。生物体可以将能量用于后代的生长或是满足当下的捕食与存活需要。将能量用于当下的繁殖会增加影响未来繁殖能力的可能，而在未来进行繁殖也需要面临失去当下繁殖机会成本的可能。

生物体从环境中觅食获取能量，他们的觅食能力决定了可以支配的能量的多寡。生物体可以选择在当下进行生长和觅食，提升获取能量和繁殖的能力,在未来进行生育。生物体的幼年阶段繁殖能力为零,需要获取能量用于机体生长,在未来生育。但风险在于生物体将能量用于自身成长,在未来能够分配给后代的能量有限,生物体也面临无法存活到未来进行繁殖的可能,丧失了在当下进行繁殖的即时收益(Kaplan & Gangestad, 2005)。

在这一权衡中可能面临三种结果:其一,不进行当下的繁殖,能量用于自身的生长,在未来对繁殖进行较少的投入,这种情况往往发生在生长期环境恶劣、可获取能量的机会较少的状况下;其二,对当下繁殖与未来繁殖投入的能量进行平衡,获取繁殖时间带来的最大化收益;其三,将能量完全用于当下的繁殖然后死亡,这一情况往往出现在未来繁殖的收益小于当下繁殖时,为了减少衰老可能造成的损耗,直接从繁殖到死亡,将能量全部用于当下的繁殖(Hill & Kaplan, 1999)。

(3)后代的数量与质量的权衡(Trade-Offs between Offspring Quality and Quantity)。受制于所获取的能量的束缚,生物体更愿意将能量投入在少数的高质量后代或是大量的低质量后代上面。数量少且质量较高的后代能够获取更多的能量,健康发育等状况也相对较好(Stearns, 1977)。母体能量有限,后代数量增加会造成对每一个后代的能量投入的减少,后代生存质量下降,母体需要在后代质量与数量之间进行权衡。每增加一个后代,就会减少对其他后代的资源分配。高质量的后代是当只有一个后代时,所有资源与能量全部投入到这一个后代上面,能够最大限度地保证后代的质量,但自然环境下需要考虑到死亡率的问题,因而生物体无法只生育一个后代,而是尽可能地寻找后代质量与数量之间的投入收益的平衡点,取得收益最大化(Kaplan & Gangestad, 2005)。

人类社会中,较大的家庭规模与较差的生长生存状况之间存在较高的相关性,家庭内儿童越多,儿童的身高、体重等水平越低,并且家庭中儿童数量与儿童死亡率之间也存在较高的相关(Ellis, Figueredo, Brumbach, Schlomer, 2009)。

(4)择偶与养育后代的权衡(Trade-offs between Mating and Parenting Effort)。后代携带其养育者的遗传物质,但养育者无法平等对后代进行能量与资源的分配。这一权衡的重点在于，养育者将能量用于择偶，可以获得更多数量的后代，而如果将能量用于抚育后代，能够提升后代的质量但无法保证遗传物质的广泛传播（彭芸爽等，2016）。后代因其携带遗传物质的特性，而具有了公共资源的性质。每个养育者都能从另一个养育者的投入中获益，并且繁殖后代使他人获益（Kaplan & Gangestad，2005）。人类社会中，对抚育后代进行投资，能够提升后代的质量，对择偶进行投资能够增加后代的数量。这一权衡存在着性别差异，女性更倾向于抚育后代，男性更愿意增加择偶机会获取更多后代。女性更愿意选择具有育儿意愿的男性生育后代，对于男性而言参与后代的抚育能够获取高质量的后代，也是获益较高的权衡策略（Kaplan & Gangestad，2005）。

三、生命史策略的形成

生命史策略是为了适应性状权衡之间复杂的变化，针对不同的权衡，促使生命史性状共同协调进化。生命史策略能够帮助生物体在进化中获得生存而避免被淘汰的命运（Stearns，1977）。生态因素的改变（例如，食物供应、死亡风险）意味着生物体需要选择不同的能量分配策略，获取最大化的收益，这也导致了不同物种生命史的差异。例如，对于软体动物而言，防御捕食者的攻击需要较多的能量分配，但对于灵长类动物来说，通过社会学习和具有创造性的行为探索，可以保证能量的获取，同时也规避其他捕食者的攻击，减少相应能量的分配（Kozlowski & Wiegert，1986）。

不同的物种在应对性状的进化与权衡的基础上，在行为方面表现出一系列的选择策略。这些针对权衡的行为选择，是生物体的生命史策略（Kaplan & Gangestad，2005）。生态与环境的差异决定了采取何种生命史策略才能达到最优权衡。生物体需要在特定的生命史性状的进化上进行权衡，整体而言，这些生命史的权衡需要进行方向性的协调。生命史策略是这些行为模式的集合，分布在由快到慢的连续谱系上。例如，有些哺乳动物会表现出较短的妊娠时间，选择在早期进行繁殖，体型较小，繁殖较多的后代，并且死亡率较高，而另一些生物会选择延长生长期，在未来进行繁殖，后代体型大，数量少，但是存活率高等（Kaplan & Gangestad，2005）。生命史由快到慢的连续谱系并不意味着所有的性状都是集中在快的一端或是慢的一端，而是存在性状上的快慢混合。尽管生命史性状的权衡与策略选择的变异发生在不同的种群间，但也存在同一群体内的个体差异，生存环境的恶劣程度与不可预测性能够解释种群内生命史策略的个体差异（Ellis，2004），人类的生命史研究往往关注同一种群内的个体差异。

自然选择与种群进化过程中，一些生命史策略被自然选择保留了下来，而另一些则消失了，最主要的原因在于生存环境的恶劣性与不可预测性。最初研究者认为，生命史策略的改变与种群密度有关，提出了影响较为广泛的 r 选择（r-selection）与 K 选择（K-selection）的模型用于解释生命史策略。生命史策略的变化，最初认为是种群依据密度进行的选择（MacArthur & Wilson，1967）。生物体密度相对较低的条件有利于提升繁殖率，可以生育较多后代占有环境中的资源，此时不需要生育高质量的后代来增加竞争力。低质量的后代在资源丰富、种群密度较低的环境中可以得到较好的生存。这一选择被称为"r 选择"，r 表示物种最大的繁殖速率。与此相反的是，在生物体密度较高的条件下，要求所生育的后代具有较高的竞争力，能够对资源进行有效的利用，以便在临近饱和的环境中对有限的资源进行垄断。对繁殖的数量和速率进行限制，保持在可持续的水平上，称为"K 选择"，K 表示环境的最大承载力（MacArthur & Wilson，1967）。研究者将 r 选择与 K 选择的逻辑应用到解释生命史策略中，资源丰富的 r 环境将选择繁殖速度快和后代数量多的性状（例如，成熟早、体型小、繁殖力强），而资源有限的 K 环境将选择有利于繁殖和维持高质量后代的性状（例如，成熟晚、对养育后代进行更多的投入、生命周期长等），r-K 框架也应用在研究人类生命史变化的问题中（Ellis，1988）。

高密度与低密度环境中不同性状的选择与生物体在环境中的适应性密切相关，高密度环境（K 选择）有利于提升竞争能力（MacArthur & Wilson，1967）。研究者发现，出现 r 选择特征的动物表现出快的生命史策略，而出现 K 选择特征的动物表现出慢的生命史策略（Pianka，1970）。在构建生命史策略的过程中，r-K 选择发挥了重要的作用，但特定年龄的死亡率，环境的变异性等也对生命史策略的进化中产生重要的影响（Ellis, Figueredo, Brumbach, Schlomer, 2009）。

第二节　人类个体生命史理论

生物体从环境中获取能量（通过觅食、狩猎或是耕作）并将这些能量分配给繁殖与生存活动。那些能够有效获取能量并进行合理分配的生物体得以在进化中生存下来。环境中的能量与资源是有限的，生物体必须要对有限的资源进行权衡，做出选择，决定对哪些活动进行投入，以及在什么时间进行投入。今天的选择，意味着对明天的放弃。人类面对的资源权衡也是如此，富裕阶层相比于中产阶层更可能在奢侈品上进行较多金钱的投入，收入较高的人群相比低收入群体更能承受未来收入的不确定。生命史理论提供了一套框架用于解决如何面对权衡（Trade-Offs）的问题。生物体在生命任务与性状改变上分配时间与能量，以此在最大程度上提升他们的适应性。权衡发生在整个生命过程中，因而生命史理论要涉及发育、生长、繁殖和衰老这一系列的事件。研究者将根据不同的权衡形成的生命史策略放在一个由快到慢的连续谱系上进行评价（Fast-slow Strategy），对生物体的生命史策略进化进行系统的描述（Ellis et al., 2009）。

一、人类生命史的"快—慢"策略

研究者为了能够对不同的生命史策略进行描述，将个体在权衡中产生的生命史策略放到了一个由快到慢的连续谱系上面进行评价，产生了快策略与慢策略。生命史由快到慢的连续谱系并不意味着所有的性状都是集中在快的一端或是慢的一端，而是存在性状上的快慢混合。生命史策略在同一群体内也会表现出个体的差异（Ellis, 2004）。例如，人类群体的生命史策略对于整个生物界而言靠近连续谱系慢策略的一端，但人类群体内部也存在较大的个体差异，相对于人类整个群体而言有不同的快策略与慢策略的表现。不同的生命史策略对人类的生长发展产生不同的影响，影响人类一系列生理行为的同时也在心理层面发生作用。

整体而言，较慢的生命史策略往往指向未来，更关注个人的成长与发展，生育较晚；较快的生命史策略更注重当下的收益，更会选择较早的生育时间等（Figueredo et al.，2006）。Griskevicius 等对快慢不同的生命史策略进行了对比。生理层面，生命史快策略的一方发展速度更快，青春期开始更早，身体衰老也更快；慢策略的一方发展速度更慢，青春期开始的较晚，同时老化也较慢。择偶方面，快策略的一方首次性行为开始更早，性伴侣数量更多，两性关系也较为随意；慢策略的一方首次性行为时间更晚，性伴侣数量更少，两性关系较为稳定。养育后代方面，快策略的一方生育年龄较早，后代数量较多，对后代的投资更少；慢策略的一方生育年龄较晚，后代数量较少，对后代的投资更多。在回报倾向方面，快策略的一方时间周期更短，冲动性更高，冒险性也更高；慢策略的一方时间周期更长，冲动性更低，尽力避免冒险（Griskevicius et al.，2013）。

二、影响策略形成的因素

生命史策略是进化中应对性状改变进行权衡而产生的策略，生命史策略的权衡不仅发生在个体与资源和环境之间，也发生在机体的内部。影响生命史策略形成的原因既有外部的环境因素，也包括内部的个体因素。

（一）环境因素

外部环境的恶劣程度（harshness）与不可预测性（unpredictability）是影响生命史策略的两大环境因素。环境的恶劣程度通过外部环境造成的残疾率和致死率进行衡量，根据种群密度模型，外部环境中的资源稀缺与外部环境造成的疾病发生率和死亡率密切相关，发病率和死亡率越高表明环境越恶劣。环境的不可预测性是指环境的恶劣程度随时间和空间变化的速度，这一变化情况可以通过疾病发生率和死亡率的波动情况进行测量，波动越大，表明环境的不可预测性越大（Ellis et al.，2009）。环境的恶劣程度与不可预测性通过影响养育环境与生态环境对人类的生命史性状产生影响，带来相关变量的改变。例如，亲子关系、同伴关系、社区质量、社会经济地位、居住地变更等外部环境会影响人类的生长状况、青春期和性行为开始的时间、性伴侣的数量、青少年生育率、家庭规模以及养育风格等（Ellis et al.，2009）。

环境的恶劣程度由每个年龄段人口的致残率和死亡率作为外部指标进行衡量。以生物研究为基础的生命史理论并没有对疾病发生率带来的影响进行很好的讨论，主要关注的是死亡率的问题。疾病发生率虽然不是致命性的损伤，但通过其他形式造成的压力影响生育，影响生长过程中最佳的资源分配，以及生存和繁殖。一项在美国的研究发现，低阶层女性的健康和生育水平恶化的程度要快于中产阶层的女性，低阶层女性母亲生育率和婴儿存活率的峰值比中产阶层女性早5年出现，导致了这两个群体不同的生命史策略（Geronimus，1987）。疾病发生率与死亡率均能对人类的发展和繁衍产生影响，在探讨环境恶劣程度时，疾病发生率也是重要的内容。环境较为恶劣造成的疾病发生率与死亡率较高时，即使是成年个体也要面对较高的致残率和死亡率，此时环境造成的个体差异并不明显。与之相比，当环境的恶劣程度较低，造成的疾病发生率与死亡率较低时，环境造成的致残与死亡产生了个体差异，受到年龄、健康水平、体型、代谢能力以及免疫能力的影响，表现出较高的个体差异（Ellis et al.，2009）。人类幼年期的存活率相比于其他生物体有着较高的水平，但无论是在远古时期的狩猎社会还是在采集社会，只有约60%的儿童可以存活到青春期（Kaplan & Lancaster，2003）。狩猎社会和采集社会中，人类生存的前五年面临着较高的死亡率，而一旦个体成长到15岁左右，死亡率就会大幅下降，直到60岁以后死亡率才会再次升高。这种特定年龄段的死亡率，在狩猎社会和采集社会表现一致，是人类进化的生命史特征。人类在繁殖期极低的死亡率是推动人类形成生命史慢策略进化的动力。

多数生物生活的环境具有一定的不可预测性，这一不可预测性与资源和死亡率随时间和空间的变化有关。对于动物而言，环境的其中一个不可预测性来自捕食者的狩猎行为，另一种不可预测性来源于天气。环境中天气的不可预测性带来了食物供应的变化，尤其是冬天气候变化具有很大的随机性，进一步影响到存活率、成长期的生理发育、种群密度以及择偶繁殖期的性内竞争（Dingemanse，Both，Drent，Tinbergen，2004）。环境的不可预测性沿着时间和空间两个维度产生影响，当时间发生改变时（如好年份与坏年份），外部环境造成的致残率与死亡率也会随时间变化；当空间发生改变时，致残率和死亡率也会随着地理的不可预测性（如多种食物混合分布）而发生变化（Ellis et al.，2009）。不可预测性造成了单一的生命史策略不能达到最佳收益的局面，由于时间和空间的不可预测性，带来了生物环境适应性的降低。在这种环境下，生命史策略需要应对不可预测性，提高每一代能够实现成功繁殖的可能性，同时限制在良好环境下的成功，在总体上对失败的不良后果进行规避。人类历史上的气候变化，尤其是冰河世纪交替的时期，大脑容量较大的个体更容易生存下来，冷热交替频繁的环境下，对温度适应较好的个体更能被进化选择。提升寻找食物的技巧、发明新的技术等，对适应快速的气候变化较为重要（Ellis et al.，2009）。

（二）个体因素

（1）早期经历

个人的生命史策略的形成受到童年时期经历的影响，童年生活环境较为恶劣且不可预测性水平较高时（生活环境中资源稀缺或是居住环境较为危险）促使人们选择生命史快策略，加快了生理发育和性成熟的时间（Griskevicius，2013）。当生活环境的死亡率较高时，不同文化中的人们会选择相似的策略，在较早的年龄生育第一个孩子（Ellis et al.，2009）。预期寿命（生命周期）在恶劣和不可预测的环境中更短，人们在这样的环境中产生的早期经历更适应生命史快策略，看重当下的收益，而不是进行长远的投资（Griskevicius，2013）。与之相反，当外部因素造成的死亡率更可预测并且能够进行控制管理时，生命史慢策略具有更高的适应性，与延迟生育和对未来进行投资密切相关（Ellis et al.，2009）。

童年期不同的生活经历造成了人们的敏感性差异，在选择生命史策略上也产生了区别。这一敏感化模型认为，早期的生活条件影响个人以不同的方式应对以后生活中的逆境并做出反应。模型认为，经历不同童年期环境的成年人在没有风险的环境下表现相似，但是在面对风险与逆境时会产生不同的表现（Griskevicius, Delton, Robertson, Tybur, 2011）。童年期生活在恶劣程度较高且较为不可预测的环境中，形成的早期经历影响人们选择生命史快策略。选择生命史快策略的儿童生理发育较早，青春期开始较早，造成过早的性成熟，第一次性行为的时间也较早（Figueredo, Vásquez, Brumbach, Sefcek, Kirsner, Jacobs, 2005）。

早期经历中，居住地的变化也是影响生命史策略形成的重要因素。已有理论认为，环境的不可预测性是影响生命史策略形成的重要环境因素，环境的不可预测程度较高表明环境的恶劣程度在时间和空间上的分布较不可预测。人们早期经历了养育环境的频繁转换，例如，收养或是福利院的生活经历，以及青春期频繁的变换生活环境，搬家，移民等与形成生命史快策略呈现较高的相关性。生活环境变动频繁增加了环境的不可预测性，具有这样早期经历的个体第一次性行为开始时间较早，在青春期开始性经历，性伴侣数量较多，同时怀孕以及在青少年时期进行生育的可能性更大（Frankenhuis, Gergely, Watson, 2013）。

童年期的社会经济地位也会影响生命史策略的呈现。Griskevicius 等（2011）发现，人们的生命史策略受到童年期敏感性的影响，在安全和非冒险的环境并没有较大的差异，而面临风险与逆境时会表现出来，但良好环境中并不会外显。环境中与死亡有关的线索影响个体对冒险行为和延迟满足的选择，童年的社会经济地位在这一关系中起到调节作用。童年期社会经济地位较低的个体，在环境中出现死亡有关的线索暗示时更会采取生命史快策略，有更多的冒险行为，寻求当下的利益。童年期社会经济地位较高的个体，在面临环境中与死亡有关的暗示时，更倾向于采取生命史慢策略，更关注未来的获益，较少采取冒险行为（Griskevicius, Delton, Robertson, Tybur, 2011）。

（2）生理因素

人类生命史策略的差异也与遗传基因的变异有关。人类的生命史慢策略得到了来自人类多巴胺 D4（DRD4）基因常见的 4R 变体研究的支持。DRD4 调节脑内的多巴胺受体，这一基因变异与个体的人格差异相关，尤其是个体的外向性和新异刺激感受性的人格特征（Ebstein, 2006）。在人类史前文明中，4R 等位基因是 DRD4 基因最常见的表现形式。在前农业生产的社会中，环境恶劣资源有限的情况下，想要获取生存和成功繁殖，需要双亲共同抚养后代，以及紧密的家庭联结与合作生产，而这也是生命史慢策略的特征。这有利于维持 4R 等位基因，与厌恶风险的择偶方式和社会行为关系密切（Harpending & Cochran, 2002）。

进化过程中，DRD4 4R 等位基因在过去的 50 万年间分布于世界上的大多数地理区域，与 4R 基因相比，DRD4 7R 基因的分布更具选择性，在 4 万年~5 万年前以非随机的状态分布于世界各地。DRD4 7R 等位基因与更多的冲动和冒险行为有关，并且与迁移行为关系密切，7R 基因携带者的分布区域远离他们祖先生活的地区（Chen, Burton, Greenberger, Dmitrieva, 1999）。研究者提出了一种可能的解释，在资源丰富的环境下，7R 基因才会被选择（Harpending & Cochran, 2002）。环境中资源丰富的情况下，后代在没有双亲投资的前提下也能成长，7R 等位基因的男性携带者往往精力充沛，冲动、不顺从的行为特征促使他们选择快速的性行为，也更容易在性内竞争中取得胜利。7R 等位基因的携带者相比于 4R 基因的携带者，在资源丰富和语言多样的环境中更会采取生命史快策略。

基因之外的另一项生物因素也能够对生命史策略的选择产生影响，睾丸素水平能够影响不同的生命史策略。睾丸素主要通过影响择偶与养育后代的权衡进而影响生命史策略，生物体内的睾丸素水平的差异会带来不同的权衡决策。生物学研究者发现，注射睾丸素后的雌性树燕表现出了较高的攻击性，影响幼鸟孵化时的体温水平，降低幼鸟的出生率。睾丸素影响生物体的育幼行为，促使生物体选择继续择偶而非养育后代。研究也表明，睾丸素水平的增高促使生物体选择生命史快策略，关注后代的数量而非质量（Rosvall, 2013）。

三、生命史策略的测量

生命史策略的测量既可以通过问卷进行直接测量，也可以通过反映环境恶劣程度与不可预测性的一系列客观指标进行衡量。

(1) 问卷测量

生命史策略的基础是生物体对性状进化过程中的权衡，r 选择与 K 选择模型是基于密度依赖理论构建的，同时也是生命史策略测量的理论基础。人类的生命史策略对于整个动物界而言较慢，人类的生命史理论又称为 K 理论（K Theory）。生命史策略的问卷测量也主要针对 K 因素（K Factor）进行衡量，目前应用较为广泛的两种测量问卷分别是亚利桑那生命史量表（Arizona Life History Battery，ALHB）与 High-K Strategy 量表（HKSS）。

亚利桑那生命史量表测量了一系列与生命史策略有关的行为与认知指标，达到衡量生命史策略的目的。通过自我报告的形式测量个体在生命史策略上的差异，对多个变量的潜在结构进行收敛，聚合成 K 因素。测量分数分布在一个由快到慢（r-K）的连续谱系上面，生命史慢策略又称为高 K 策略（High-K）。量表共有 199 项，包括 mini-K 分量表，洞察、计划、控制分量表，父母关系质量分量表，家庭联结/支持分量表，朋友联结/支持分量表，亲密关系分量表，普遍利他分量表以及宗教性分量表。量表的科隆巴赫 α 系数均高于 0.7，具有良好的信效度。量表通过自我报告的形式进行测量，得分越高表明越倾向于选择生命史慢策略（Gladden，Figueredo，Jacobs，2009）。

High-K Strategy 量表（HKSS）是另一项测量生命史策略使用较为广泛的量表。亚利桑那生命史量表测量的是与生命史策略有关的一系列行为和认知指标，HKSS 量表测量的是与生命史策略相关的特质。量表共包括 26 项，测量内容包括健康与吸引性、向上流动性、社会资本、风险考量等。采用 5 点式评分的形式，从"非常不同意"到"非常同意"对项目进行评价。量表与感知到的后代质量和实际生育的孩子数量具有较高的相关性，科隆巴赫 α 系数达到了 0.92，具有良好的信效度。量表与一系列医学诊断、教育、感知到的社会支持，以及婚姻数量等相关性较高，加强了量表的结构效度（Giosan，2006）。

(2) 环境指标测量

测量生命史策略的方式除量表之外，还可以通过影响生命史策略形成的客观环境指标，以及主观对环境的判断与感受等方式进行衡量。由于环境因素是影响生命史策略的重要成因，采用环境指标进行的间接测量也能在很大程度上对生命史策略进行评价。

童年期的社会经济地位作为衡量生命史策略的客观环境指标能够反映当代社会中人们面对经济繁荣与衰退时的表现。根据生命史理论，研究者认为，人们对于资源稀缺的反应是基于早期生活环境的恶劣程度，例如，童年期的社会经济地位（SES）。研究者通过实验研究的方式发现，童年经济地位的差异造成了人们应对资源稀缺的不同表现。在社会经济地位较低的环境中长大的个体，更加冲动，更加冒险，对诱惑的抵御较差，更倾向于选择当下的收益。与之相反，在社会经济地位较高的环境中长大的个体，冲动性较低，较少冒险，延迟满足能力也较好（Griskevicius et al., 2013）。

环境的恶劣程度与不可预测性是影响生命史策略的重要因素，通过对这二者进行测量，达到测量生命史策略的目的。环境的恶劣程度由每个年龄段人口的致残率和死亡率作为外部指标进行衡量，例如，疾病流行与死亡率、预期寿命等。环境的不可预测性是指环境的恶劣程度随时间和空间变化的速度而变化，这一变化情况可以通过疾病发生率和死亡率的波动进行测量，波动越大，表明环境的不可预测性越大。例如，故意杀人率、犯罪率等外部环境不确定造成的死亡。环境的恶劣程度与不可预测性通过影响养育环境与生态环境对人类的生命史性状产生影响，带来相关变量的改变。例如，亲子关系、同伴关系、社区质量、社会经济地位、居住地变更等外部环境，会影响人类的生长状况、青春期和性行为开始的时间、性伴侣的数量、青少年生育率、家庭规模及养育风格等，这些都可以成为测量生命史策略的客观指标（Ellis et al., 2009）。

童年期搬家，或是父母失业、离异等为环境带来较高的不可预测性，可以用于对生命史策略进行评估。根据已有的进化心理学生命史策略研究发现，成长在粗糙和不可预测的环境中能够影响成年后的生命史策略。研究者探讨了通过童年早期（0~5岁）与童年晚期（6~16岁）体验到的环境恶劣性与不可预测性如何预测23岁时的性行为与冒险行为。研究结果显示，0~5岁环境的不可预测性能够显著预测性行为与冒险行为。个体在最初的5年内暴露于更多的不确定环境中，频繁搬家更换生活环境，更有可能形成较快的生命策略，也更有可能在23岁时有更多的性伴侣，更具侵略性和更多的违法行为，并且与犯罪率有着较高的相关性。与之相反，在童年晚期（6~16岁）暴露在恶劣或是不确定的环境中与23岁的上述结果并没有相关性。童年早期生活在动荡的环境中可以预测成年后的冒险行为，与生命史快策略的结果相一致（Simpson, Griskevicius, Kuo, Sung, Collins, 2012）。

第三节 人类生命史理论的社会性行为范畴扩展

生命史理论最先用于动物界的研究，解释不同动物种群的生命史策略，研究动物种群根据不同的环境线索形成生命史快策略或慢策略的差异性。生命史理论并不是完整的理论，而是一个可以进行不断充实的理论解释框架。进化心理学将生命史理论用于解释人类的心理与行为，不同于动物界的群体性研究，人类的生命史策略更关注人类群体中的个体差异。进化心理学研究人类生命史策略将人类从群体中独立出来，着重研究个体的生命史策略。生命史策略与环境的关系密不可分，环境的恶劣性与不可预测性导致个体需要对资源的分配进行权衡，产生不同的生命史策略适应进化。生命史理论来源于生物体对环境的权衡与适应，其中发展与繁衍的权衡较为重要，人类生命史理论主要探讨人类的个人成长与发展主题。例如，择偶选择、生育时间、性伴侣的数量、亲代养育投入、依恋等，尤其是生命史策略对依恋的研究已经相当成熟（Ellis et al., 2009; Griskevicius et al., 2013; 林镇超，王燕，2015）。

随着心理学研究者对生命史理论的关注与发展，逐渐有研究者开始探讨与繁衍并不直接相关的研究问题，例如，生命史与人格及自尊的关系等。人类具有社会属性使其不同于动物群体，生命史策略对人类的影响不仅表现在人类繁衍的生物属性方面，更是体现在一系列社会行为中。越来越多的研究者开始关注生命史策略对人类社会性行为的影响。与此同时，生命史理论以动物为研究对象时主要关注不同种群与群体的生命史策略差异，以及区域环境中生物群体的生命史策略等。进化心理学以人类为研究对象时没有对群体进行忽视，既关注人类个体的生命史策略，也关注不同性别、阶层、社群等人类群体的生命史策略。本节内容将对生命史理论的研究范畴扩展到社会性行为方面的部分内容进行梳理，作为后续章节提出生命史策略解释国家创新能力假说的研究基础。

（1）人格及自尊与生命史策略的关系

生命史理论为人类进化中人格的保持和变异提供了解释基础。研究者发现，生命史慢策略与较高水平的外倾向因素存在正相关，与较高水平的神经质和精神质人格因素存在着显著的负相关。K因素（K Factor）与大五人格中的开放性、尽责性、外倾性、宜人性显著正相关，与神经质显著负相关。这些结果表明，个体在生命史策略中的差异为人格的形成与改变提供了基础。K因素无法对智力水平进行预测，也表明生命史策略与智力并不具有相关性（Gladden, Figueredo, Jacobs, 2009）。这一研究表明，生命史策略与人格存在相关，但并没有对因果关系进行明确的解释与验证。生命史策略是人类根据环境做出的无意识的偏好，其与人格的相关性可能是由于不同的生命史策略影响了人格形成，但也存在具有某种人格特质的个体或群体更容易根据环境线索形成快或慢生命史策略的可能性。环境因素可以成为衡量生命史策略的间接指标，地理心理学将人格上升到区域分布水平后也具有了环境因素的特性（McCrae & Terracciano, 2005），人格的区域分布也可能影响区域内个体或是群体生命史策略的形成。

研究者使用犯罪率这一客观指标用于衡量青少年童年期生活环境的恶劣程度，个体在高犯罪率的生活环境中更倾向于形成较快的生命史策略，表现为较少对与未来有关的行为进行投入，更重视当下的收益，也更容易受到高犯罪率环境的影响而产生犯罪行为（Ellis, 2004）。在通过间接环境指标对生命史策略进行测量时，也有研究者使用环境中的犯罪率衡量生命史策略。一项针对青少年犯罪的研究显示，自尊水平较低的青少年心理与生理健康状况较差，所处阶层的社会经济地位较低，成年后更容易产生犯罪行为，低自尊青少年成年后的犯罪率显著高于高自尊群体（Trzesniewski, Donnellan, Moffitt, Robins, Poulton, Caspi, 2006），高犯罪率往往与生命史快策略联系密切，这一研究表明青少年自尊与生命史策略之间存在一定的相关，高自尊个体更可能形成生命史慢策略。与人格研究类似的是，地理心理学研究者将自尊研究扩展到区域分布水平（Schmitt & Allik，2005），自尊的区域分布同样可能对区域内个体或是群体生命史策略的形成产生影响。

（2）亲社会行为与生命史策略的关系

研究者探讨了亲社会行为与生命史慢策略之间的关系后发现，生命史快策略的个体往往具有冲动性高、冒险性强、情感依恋不足等特点。慢策略与之相反，生命史慢策略的个体冲动性较低，具有更多深思熟虑的特点，思考问题更指向未来，情感依恋发展较好，具有良好的控制情绪的能力，能够对自己的行为进行规范，更可能表现出较多的亲社会行为（Figueredo et al.，2011）。在环境恶劣的情况下，生命史快策略个体更倾向于做出占有公共资源的利己行为，较少帮助他人，慢策略个体相对更友善，愿意在资源短缺与环境恶劣的情况下帮助他人。慢策略个体更会表现出亲社会的利他行为（Figueredo & Rushton，2009）。生命史策略的产生与环境的恶劣性和不可预测性关系密切，环境较恶劣时更有可能催生快策略。研究发现，恶劣环境不利于亲社会行为的产生，给白人被试暗示环境恶劣程度较高时，被试对非裔与白人混血的个体排斥度升高，更将其看作外群体成员，接纳度降低，而暗示环境恶劣程度较低时，将不会出现这一结果（Rodeheffer，Hill，Lord，2012）。研究在一定程度上表明生命史快策略与亲社会行为负相关。有研究者认为，生命史快慢策略与亲社会行为的关系可能与对社会交往中的人际划分有关。快策略更注重当下的满足，更可能将人际关系作为获取资源的交换手段，同情心程度较低，较少考虑对方需求，相比于慢策略而言亲社会行为较少（彭芸爽等，2016）。亲社会行为与生命史策略的关系更多的是一种相关，亲社会行为从个体行为扩展为地理区域分布后也带有环境因素的特征，生命史策略本身带有随环境变化的流动性，环境的变化可能催生区域中的个体或群体产生不同的生命史策略。

（3）社会经济地位与生命史策略的关系

社会生态心理学研究者认为，社会经济地位（Socioeconomic Status，SES）

这一变量在以往研究中往往作为控制变量进行处理，但这一变量本身具有群体位置属性的特征（Oishi & Graham，2010；Oishi，2014），是个体具有的群体身份，具有相似社会经济地位的个体组成同一个群体，作为一个阶层被研究者进行探讨。研究者采用童年期的社会经济地位作为衡量生命史策略的客观环境指标探讨了当代社会中人们面对经济繁荣与衰退时的表现。根据生命史理论，研究者认为，人们对于资源稀缺的反应是基于早期生活环境的恶劣程度，例如，童年期的社会经济地位。研究者通过实验研究的方式发现，童年经济地位的差异造成了人们应对资源稀缺的不同表现。在社会经济地位较低的环境中长大的个体，更加冲动，更加冒险，对诱惑的抵御较差，更倾向于选择当下的收益。与之相反，在社会经济地位较高的环境中长大的个体，冲动性较低，较少冒险，延迟满足能力也较好（Griskevicius et al.，2013）。

人类的祖先在进化的过程中经历了饥荒与丰收的交替循环，现代人类社会也经历着类似的体验，经济的繁荣与萧条是当代社会的进化过程。资源变得稀缺时，是进行储蓄为未来做打算，还是进行消费获取当下的收益，这其中的适应机制引起了研究者的关注。根据生命史理论，研究者认为，人们对于资源稀缺的反应是基于早期生活环境的恶劣程度，例如，童年期的社会经济地位（SES）等。研究者通过实验研究的方式发现，童年经济地位的差异造成了人们应对资源稀缺的不同表现。在社会经济地位较低的环境中长大的个体，更加冲动，更加冒险，对诱惑的抵御较差，更倾向于选择当下的收益。与之相反，在社会经济地位较高的环境中长大的个体，冲动性较低，较少冒险，延迟满足能力也较好。研究者认为，早期生活环境产生的对生命史策略的影响在经济发展较好的环境中处于潜伏的状态，会在经济条件衰退的情况下表现出生命史策略的差异（Griskevicius et al.，2013）。

（4）性别平等与生命史策略的关系

性别平等随时间而变化，有研究者采用时间序列的数据探讨了性别平等与生命史策略之间的关系，对美国与英国的数据进行了分析。使用一个生态框架探讨关键生态维度以及生命史策略对性别平等随时间的变化的作用，性别平等文化变革的潜在解释变量：传染病、资源稀缺、战争和气候压力，以及青少年生育率作为生命史策略的评价指标。研究发现,在美国过去的60年(1951—2013年)中,病原体流行率的下降与性别不平等的减少相关,而且这种传染病率的变化先于性别不平等的变化出现。当控制其他生态维度以及集体主义和保守的意识形态认同时,结果稳健。另外,这些效应部分地被青少年生育率的减少(人们采用较慢的生命史策略的指标)所中和,表明生命史策略在统计上能够解释病原体流行率和性别不平等之间在时间变化上的关系。英国70年(1945—2014年)的数据结果也佐证了这一结论(Varnum & Grossmann, 2016)。这一研究结果表明,在国家研究的水平上,性别平等与生命史慢策略环境存在相关,性别平等可能也是生命史慢策略环境的特征表现。

(5) 人口学因素与生命史策略的关系

环境的恶劣程度与不可预测性对人类产生影响的最直接的反映体现在预期寿命方面。通过测量预期寿命达到测量生命史策略的目的。环境的恶劣程度由每个年龄段人口的致残率和死亡率作为外部指标进行衡量,例如,疾病流行率与死亡率、预期寿命等(Ellis et al., 2009)。青少年生育率是研究者使用较多的衡量生命史快慢策略的环境测量指标,已有研究采用青少年生育率作为生命史策略的操作性指标,探讨了生命史策略对国家内性别平等的影响作用(Varnum & Grossmann, 2016)。一个地区或国家居民的预期寿命、疾病发生率、青少年生育率等宏观人口学指标的测量能够较为客观的反映该区域或国家的生命史策略。大量的研究表明,参与暴力犯罪行为与生命史快策略显著相关。研究者对加拿大和美国的故意杀人率进行研究后发现,资源分布的不平等能够预测故意杀人类型的暴力犯罪行为,对资源分布不平等的感知越强烈,故意杀人率越高(Daly et al., 2001)。

生命史策略与区域或群体的性别比也有着一定的相关,区域或群体的性别比既可以是对生命史策略的反映,又可以是受到生命史策略影响的结果。由于生命史策略的流行性受环境影响,二者的关系尚未有确切的定论。研究者认为女性群体根据环境线索采取不同的生命史策略,通过影响生育后代的性别与质量,达到对区域或群体的性别比产生影响的结果。Trivers 和 Willard

(1973)的研究认为,高性别比(即环境中男性群体多于女性群体)的群体或环境更可能与生命史慢策略有关,高质量的女性生育男性后代能保证后续繁殖的成功性,环境条件良好的情况下,高质量的女性倾向于生育高质量的后代,这就造成了慢策略环境中男性比例偏高。但这一假设受到了其他研究者的反驳,Leimar(1996)在考察了生殖价值的变化后发现,根据生命史理论,研究者认为性别比偏低与生命史慢策略关系密切。例如,高质量的女性生育后代的性别,其生育价值受到母系群体照料的强烈影响。当后代的质量主要是由母亲的质量决定,而非父亲的质量决定时,高质量的女性相比于高质量的男性带来更高的生育价值。因此,高质量的女性倾向于生女儿,低质量女性倾向于生儿子。这一规律反映在不同女性群体层面时表现为性别比与生命史快慢策略的相关性。

生命史策略的研究往往集中在探讨个体的行为方面,但也有研究者将生命史理论用于其他分析水平的研究。研究者发现,个体预期寿命较短的社区(例如,经常需要面临较高的外部风险、杀人率高等)通常也是女性生育年龄较早的社区,研究者认为这并不是由于缺乏生育计划,而是一种类似于生命史策略的规划(Wilson & Daly,1997)。1988—1993年,男性预期寿命在54~77岁,预期寿命与杀人率之间存在着较高的相关性,经济不平等在其中也起到了重要的作用。内部原因(疾病)造成的死亡率在最好和最坏的社区中存在相似的年龄类型,但是由外部原因造成的死亡(杀人、意外、自杀)差异显著。社区的预期寿命下降,女性会选择较早进行生育(Wilson & Daly,1997)。预期寿命是承担风险的决定因素,受到生命史策略的影响。

上述对生命史理论有关的心理学研究的梳理可以发现,生命史理论的快慢策略能够在相当广的范围内影响人类的行为,这一影响不仅表现在当下,也具有一定程度的潜在影响。创造力与创新是人类重要的行为表现,也是人类在进化过程中不断适应,不断发展的能力之一。生命史理论影响人类行为的众多方面,包括道德行为、亲社会行为、择偶行为以及犯罪行为等众多领域,是否也会对人类的创造力与创新行为产生影响?生命史理论研究最初关注的是生物体种群的快慢策略,研究对象主要以生物种群为单位。目前,创造力与创新的研究者也越来越多的开始关注群体水平以及国家水平的创造力与创新研究，生命史理论快慢策略是否能够解释人类群体的创造力与创新行为？第三章将与第二章一起作为提出慢策略解释性假说的研究基础，对不同分析水平的创造力与创新研究进行综述。

第三章 作为人类行为的创新活动

创造力具有社会事件的属性（Amabile，1996），对创造力进行研究不能脱离环境的影响。人类的创造力相对于其他动物而言具有独特性，体现的是在不断变化的环境中对开放性问题的适应（Gabora & Kaufman，2010）。环境是影响创造力与创新的重要因素，生命史理论强调的生物体适应环境与资源的权衡，是否可以用来解释创造力与创新？国家创新力是否是"慢策略"的体现？本章将对回答这一问题的基础前提进行梳理。

创造力研究的早期，研究者强调创造力的特质属性，伴随着该领域的发展，开始强调环境对创新的重要作用。本章的第一节内容对创造力与创新的内涵与关系进行了综述，并提出我们的重点在于探讨国家创新能力，因此并不刻意区分创造力或是创新的概念性差异。第二节对环境影响创新的研究进展进行了综述，讨论了环境对创造力/创新的影响，提出环境的异质性与多样性无法很好的解释创新力。本章的目的在于通过对已有研究的综述，梳理环境因素对创造力与创新的影响，在此基础上提出生命史理论或许能够从进化的视角对环境影响创造力与创新进行解释，为后续提出生命史慢策略环境因素影响国家创新能力提供基础。

第一节 创造力与创新

进化的过程中，地球上大部分的生态系统与社会系统都会出现不同的演变，演变带来了经验的交流与技术的传播。相较于本土传承与适应，文化演变和社会创新造就了环境的多样性，并再次催生创新与演变。我们的祖先是如何发明和使用工具、构建信仰和价值体系的，是什么促使他们可以在迥异于发源地的环境中生存与繁衍，创造力与创新是这一切的答案（Muthukrishna & Henrich，2016）。

一、创造力与创新的内涵与关系

古希腊先哲秉持天赋神授的思想，认为创造力神秘而无法预知（Runco，2004）。近代科学巨擘达尔文认为，创造力是人类在进化过程中对抗自然的有力工具。高顿在达尔文的"适者生存"原则基础之上，提出创造力是以人类的自主选择代替了不确定的自然选择，并通过研究高创造力天才人群指导人才选拔实践（Sternberg & Lubart，1999）。1950 年，美国心理学家 Guilford 发表了题为"创造力"的演说，呼吁研究者们关注创造力的人格特质表现，且顺应当时兴起的认知心理学大潮，将创造力看作动态认知过程进行研究。由此，创造力研究领域正式迈入繁荣发展时期（Guilford，1950）。

（一）创造力的概念

创造力的研究发展至今形成了系统的理论体系并且提供了诸多实证研究的支持，对创造力的理解也日益加深。众多研究者对其概念进行了界定，对创造力的认知也越来越全面和复杂。

创造力（creativity）是一种产出具有新颖性与适用性产品的能力（Sternberg & Lubart，1999），具有灵活性、综合性与复杂性的特征（Runco & Jaeger，2012）。创造力研究的一个重要分类，是将其看作问题解决过程的重要组成部分，在这种意义上，创造力是动态而有活力的，与新颖性关系密切。创造力的思维能力使个体保持灵活性（Runco，2004），创造力体现的是一种综合性和复杂性（Albert & Runco，1988），鉴于以上的特点，创造力被定义为一种产出具有新颖性和适用性产品的能力。新颖性和适用性是创造力概念中的两个核心成分（Sternberg & Lubart，1996）。Amabile（1986）将创造力定义为新颖且具有价值的想法，Shalley（1991）将创造力定义为用新颖方法或思路解决挑战性难题的过程，这一定义认为创造力是一个动态过程，包括产生想法（idea generation）、推进想法（idea promotion）、实现想法（idea realization) 3个过程（Kanter，2000）。Sternberg 和 Lubart 认为，创造力是由 6 种基本元素构成的，包括智力、知识、思维风格、人格、动机、环境，这 6 种因素相互作用产生创造性观点与行为（Sternberg & Lubart，1995）。Plocker 等（2004）认为创造力是天赋、过程以及环境的交互产物，在特定的社会环境中，个体或是群体产生出能够被理解并且新颖有用的产品。

Gardner（1993）通过对比将创造力分成"小 C"创造力与"大 C"创造力。"小 C"创造力是指在日常生活中发现和应用的创造力，"大 C"创造力是指只有在非常偶然的状态下才会出现的重大突破。Beghetto 等提出，研究者在关注杰出创造力人群的"大 C"创造力的同时，也应当关注日常中的"小 C"创造力，甚至是关注更个体层面的"迷你"创造力——涉及个人的认识和知识建构的创作过程（Beghetto & Kaufman，2007）。创造力的研究在相当长的时间内将重点放在探讨以爱因斯坦等为代表的超常人群的创造力的产生与表现，认为只有做出创造性产品的"天才"才能拥有创造力，创造力一度成为特殊人群的专利。随着创造力实证研究的发展，研究者开始关注重大突破之外的日常生活中的创造力表现，"天才"的创造力并不具有普适性，重点转向探讨普通人群的创造力。

Boden（1990）将创造力分为心理的创造力（psychological creativity，P）与历史的创造力（historical creativity，H）。P 创造力关注的是个人层面的创造力，H 创造力从人类历史发展角度关注基础性的创造力（Nickerson，1999）。这一观点将创造力区分为个体层面微观的创造力与历史层面宏观的创造力，从微观与宏观的视角区分了创造力的研究层次。

（二）创新及其与创造力的关系

研究者对于创新的理解多集中在企业组织的环境中，认为创新是技术进步的动力，创新往往与科技发展相关联。并且在组织环境中，具有创造力的员工被视为创新之源。创新可以是对旧观念的打破与重新组合，也可以是挑战现有规则的新发现，或者是前所未有的生产过程或方式等（Garud, Tuertscher, Ven，2015）。根据这一观点，创新可以是全新的产出，也可以是在旧事物的基础上的部分革新。有研究者将创新定义为将新颖的观点、程序、产品或是规则引入某个角色、团队或是组织中进行应用，进而对个体、群体、组织或是更广阔的社会产生重要收益（Joo，McLean，Yang，2013）。由于创新多数发生于企业组织环境中，另有研究者认为，创新是企业组织参与新创意的产生、实验以及研发活动，进而产生具有竞争力的新产品与新工艺（Chadee & Roxas，2013）。

创造力与创新是一对内涵有别、外延多样，却又有所重叠的概念。从研究内容上看，创造力侧重产出具有高新颖性、适用性的想法或产品，创新关注组织中对创造性想法的成功贯彻执行。从研究术语的使用偏好看，创造力侧重个体研究，创新偏向组织与国家层面的研究。

创造力作为一种产出创新的潜力，无法在组织与国家层面进行直接测量，而只能对组织与国家地区的创新成果进行评估，衡量其创造力，将创造力理解为创新的能力。创造力（creativity）与创新（innovation）是两个紧密相连又互相重叠的概念。来自不同学科领域的研究者往往会使用不同的研究框架对二者进行不同的研究（Sternberg & Lubart，1999）。心理学研究者关注人类个体层面的创造力，经济学与组织行为学研究者更关注组织层面的创新。创造力强调在不同领域产生新颖适用的想法，创新则是成功地将这些想法在组织和国家中进行运用（Amabile，1996）。创新是创造力的体现，是创造力实体化的结果，以创造力为种子，长出创新的参天大树。

中文语境下对创造力与创新的研究并没有对其概念进行刻意地区分，并且在多数研究中都进行了混用。创造力更强调能力，创新更强调由创造力产生的结果，因此在进行个体层面的研究时多使用"创造力"，而在组织与国家、地区层面的研究时多使用"创新"。在本书讨论的范畴中，不刻意将创造力与创新进行区分。上述关于创新概念的阐述均体现出的一个特点在于，创新的主体主要是企业组织等群体，而创造力主要侧重于个体层面。本书的主要研究对象集中在国家层面的创造力与创新，即国家的创新能力。了解创造力与创新的概念定义以及彼此间的关系有利于更好地对国家水平创造力与创新进行研究与讨论，对国家创新力进行全面的把握。与此同时，本书的研究重点在国家的创新能力，研究主体是"国家"这一宏观群体，使用"创新"

一词更为恰当,故而在下文中涉及国家层面的研究时"创造力"和"创新"均指代国家的创新能力。

二、创造力的测量

创造力测量发展之初,研究者认为创造力的测量主要呈现两种形式。一种是涉及认知—情感技能,例如,托兰斯创造性思维测验;另一种测量观点认为创造力是一种人格特征,包括经验的开放性等(Torrance,1976)。随着创造力测量的发展,研究者围绕Rhodes(1961)提出的创造力的"4P"对创造力的测量进行了研究,形成了创造力测量的4个方面:创造性过程(processes)、创造性活动的主体(person)、创造性产品(products)以及创造性环境(environment)。

创造性过程的测量中,很重要的一点是对发散思维的测量。发散思维测验需要被试根据开放性的问题,在大脑内对信息进行全面的检索,给出一系列答案。发散思维的测验形式多样,可以分为语言与图形等,并且按照使用的领域不同也可以分为一般领域发散思维测验与特殊领域发散思维测验等。使用较为广泛的发散思维测验主要包括:Guilford(1967)的智力结构测验(Structure of the Intellect,SOI)以及Torrance(1972)的托兰斯创造性思维测验(Torrance Tests of Creative Thinking,TTCT)等。发散思维测验要求被试以言语或是图形的方式给出尽可能多样化的答案,并且对答案按照流畅(fluency)、灵活(flexibility)、新颖(originality)以及观点的精致性(elaboration of ideas)给出评分。发散思维测验在发展中也面临着研究者对主观评价的计分规则的质疑,但研究者对发散思维测验的研究与更新从未停止,在对创造性过程的测量中,发散思维测验仍是认可度较高的选择。

测量创造性活动的主体包括创造性人格特征、创造性活动以及创造性态度等。创造性人格测量主要关注与创造力有关的人格特征与行为表现,主要通过自我报告或是对过去行为特征进行外部评价测量创造力。例如,采用大五人格量表测量高创造性个体的人格特征等。Batey和Furnham(2006)的研究发现,创造性程度高的人群具有更为自治、对新经验更为开放、质疑规则、自信、自我接纳、有野心、易冲动等特质。对创造性活动进行测量是为了更好地判断在未来的创造性活动中哪些过去的行为更能够产出创造性的产品，采用过去的行为活动对未来进行预测。应用较为广泛的工具主要是创造力成就问卷（Creativity Achievement Questionnaire，CAQ），创造力成就问卷包括96道题目，测量了艺术和科技两方面的创造力水平。态度对创造力的影响主要体现在组织环境中，管理者的态度影响员工创造性的发挥，管理者持积极态度有利于鼓励员工对创造性活动做出更多的投入，研究者开发的量表也主要针对企业环境中影响创造力的态度进行测量（Basadur，Pringle，Kirkland，2002）。

创造性产品的测量，某些研究者认为对创造性产品进行测量是测量创造力最恰当的方式。这一观点认为，如果创造力测量的目标是为了预测什么人能在未来做出创造性的工作，那么对过去或是当下的创造性工作进行测量将是最有说服力的指标（Baer，Kaufman，Gentile，2004）。其中，一致性评估技术（Consensual Assessment Technique，CAT）是测量创造性产品中应用较为广泛的工具。一致性评估技术的出现解决了评价标准是否有效的问题，采用某个创造力领域中专家的一致性评估对创造性产品进行评价，评价标准由该领域内的专家制定，并且取得共识。一致性评估技术是由专家进行评价的他评技术，创造力评价量表多为自评，这一点有着较大的不同（Amabile，1982）。一致性评估技术应用较为广泛，尤其是企业组织环境对其使用较多，其评价信度与效度也得到了研究者的认同（Baer，Kaufman，Gentile，2004）。

创造性的环境对创造力的促进作用受到了研究者的关注，尤其是在组织环境中，例如，群体内的互动、领导风格等环境变量影响着创造力的发挥。Amabile等（1996）开发了创造力氛围测量 Assessing the Climate for Creativity 的工具用于评测员工对工作环境中影响创造性工作的因素的感知，尤其是对团队创造性工作的测量。研究者指出，这一自我测评工具是为了测量个体的感知，以及这些感知对他们创造性工作的影响。该工具由于其良好的信效度而受到广泛的应用。Nemiro（2001）也做出了类似的工作，研究者开发了一项量表用于测量基于互联网工作的虚拟团队的环境氛围对创造力的影响（Virtual Team Creative Climate measure，VTCC）。该量表测量了11项影响虚拟团队成员创造力的内容，例如，对观点的接受性、挑战等，并且量表对虚拟团队的创造性环境进行测量本身也体现了创造力测量的创新性。

三、个体水平创造力研究的主要范畴

研究者一直试图对有关创造力的诸多研究进行分类，Rhodes（1961）提出将创造力研究根据个体（person）、过程（process）、压力（press）以及产物（product）4种结构进行分类。这一分类模式自提出以后被多数研究者认同，并一直沿用至今。

心理学对创造力的研究多是针对个体进行探讨，个体（person）这一分类不仅表明了创造力研究的对象是人类个体，也提出人格特质是创造力研究中的重要组成。有大量的研究探讨了具有创造力的个体所具备的人格特质，人格与创造力的研究多数集中在大五人格模型的框架中。例如，研究发现个体的创造力与其人格中的开放性密切相关（Perrine & Brodersen，2005）。人格的研究也包括对创造力的动机的研究，个体从事创造力活动的内部动机与外部动机对创造力产生不同的影响，激发创造力的动机多数是来自个体内部（Collins & Amabile，1999），但不受评价约束的内部动机也在一定程度上限制创造力（Amabile，2003），某些情况下创造力的动机来自外部努力，Amabile（2003）的研究也发现，特定种类的外部因素也会限制创造力的发展。创造力的研究主体不仅限于个人层面，企业、地区、国家的创造力与人格的关系也受到研究者的关注。以往研究已经探讨过个体层面的人格因素与创造力之间的关系。随着全球性调查数据的公开，在国家层面开展类似的研究成为可能。在大五人格理论和个体层面实证研究的基础上，研究者探讨了国家层面的人格与创造力之间的关系。结果发现，大五人格中经验的开放性与国家创造力投入与产出均存在显著的正向关系，宜人性与国家创造力投入之间存在显著的正向关系（Steel, Rinne, Fairweather，2011）。文化作为影响国家发展的重要因素，在人格对国家创造力的影响中起到中介的作用（Rossberger & Krause，2014），人格对国家创造力的影响无法脱离文化环境。

创造力的过程方面，主要是关注创造力产生的认知心理过程。创造力一直被认为是问题解决的一部分，研究采用问题解决探讨创造力的产生过程（Zhou，Hirst，Shipton，2012），Bink 和 Marsh（2000）提出生成—选择模型解释创造活动的认知加工过程，他们认为创造活动与非创造活动进行了同样的认知加工，区别在于创造性认知活动选择了新颖的信息进行加工，而非创造性认知活动选择了寻常信息进行加工，创造性活动的关键在于信息选择的新颖性。创造力体现在顿悟方面，研究者通过人工的谜语等研究范式人为构建顿悟的产生，但也有研究者对顿悟是否能预测真实的创造力水平提出了质疑（Beaty，Nusbaum，Silvia，2014）。

创造力的压力方面，Amabile（1996）提出环境能够影响创造力，强调环境对创造力的影响是基于个体对环境的认知，根据特质与情境的互动定义创造力的压力（Runco & Jaeger，2012）。研究者认为压力是人类与环境之间的关系，因此，一些研究者主要侧重的是创造力环境因素的研究，探讨影响个体创造力发展的环境因素。社会环境与文化环境对创造力的影响是压力研究关注的重点。Murray（1938）对压力进行了分类，将其分成 α 压力和 β 压力，α 压力反映的是压力的客观部分，强调压力的客观存在性；β 压力反映的是压力的主观部分，涉及压力情景的个人解释。环境压力对创造力的影响可以是客观的竞争也可以是主观对于竞争的解释。社会生态心理学关注社会生态与心理之间的交互作用，无论是个体层面还是组织与国家层面的创造力，都会受到经济环境、文化环境、政治环境以及气候生态环境的影响，尤其是文化环境对创造力的影响已经被诸多实证研究所证实，文化环境较为宽松自由，容忍失败，能够对创造力行为产生促进作用，文化的松紧性成为影响创造力的重要因素（Chua，Roth，Lemoine，2015）。

在创造力环境的所有特殊方面中，时间压力得到了研究创造力的组织心理学研究者的普遍关注。已有的研究表明，时间压力与创造力之间并不是简单的线性关系（Amabile，Hadley，Kramer，2002），而是一种更为复杂的表现。Baer 和 Oldham（2006）的研究认为，时间压力是个人与情境之间复杂的相互作用，他们发现当员工具有高开放性的人格特质时，时间压力与员工的创造力之间存在倒"U"形的关系。时间是产生创造力的重要资源同时也是主要的压力来源，一项创造性活动的结果产出需要经历相当长的一个阶段，甚至是在顿悟之前也需要很长的酝酿期。无论是在工作环境还是在学校环境中，如果希望产生创造性的产品，充足的时间必不可少。

创造力的产品方面，人们普遍通过创造力的产出来衡量创造力的水平。尤其是对高创造性的杰出人群的研究中普遍通过衡量其产品结果达到评价创造力的目的。创造性的产品往往需要具备"新颖性"和"适应性"两种要素（Amabile，1996），这意味着普通人群的创造性产品无法进行衡量，多数研究者的关注点是指向杰出人物的创造力，例如，诺贝尔奖获得者、艺术家、剧作家等群体（Csikszentmihalyi，1997）。杰出人士被认为是具有创造力的，同时也是高产的，但这并不意味着他们的每件产品都是具有创造性的。产品的数量无法代表创造力产品的质量。创造力的产出在个人层面表现为具体的某件成果或是作品，在国家层面，研究者往往使用专利数量或是科技产业作为衡量国家创造力产出的指标（Breau，Kogler，Bolton，2014），创造力产出即为国家水平上的创新。但值得注意的是，这样的指标反映的是国家的科技创造力方面，无法反映国家的艺术创造力方面的产出。在对个体创造力的研究中，研究者既关注科技创造力的表现，同样关注艺术创造力发展，研究视角迁移到国家层面时，也不应当忽视对国家艺术创造力的研究。

研究者在原有"4P"结构的基础上加入了另外两个因素，构成了创造力研究的"6P"结构。创造力的理论路径主要讨论的是创造力研究的视角与关注点，随着研究的发展，创造力研究的"4P"结构得到了扩展，加入了说服（persuasion）和潜质（potential）两个方面，扩充了原有的理论框架。Simonton（1990）在原有框架的的基础上提出了创造力研究应当关注的另一个视角，将创造力描述为具有说服力的。他认为，具有创造性的人们改变的是其他人的思维方式，因此他们的创造性是带有说服力的，而创造力也应当被赋予具有说服力这样的含义。具有说服力的创造性个体能够影响某个领域，而不同于日常生活中每个人都能表达的新颖性。这一研究视角体现了创造力的社会属性，也部分的接纳了创造力的归因理论。Runco（2008）认为，创造力的研究应当在原有的"4P"分类框架的基础上进行深入的讨论,将现有的"5P"按照创造力表现(performance)与创造力潜质(potential)分为两大类。创造力的表现包括产品(product)和说服力(persuasion),这部分内容研究的是较为明显、清晰的创造性行为。创造力的潜质包括创造性人格(person)和环境(press),以及其他尚不清晰但存在可能性的主观的创造性过程(process)。创造力的潜质关注日常生活中创造力的表现,尤其是儿童的创造性潜质,为具有创造性潜质的儿童提供更多的教育机会,将儿童潜在的创造性更好地表现出来。

创造力研究的"4P"(或"6P")框架按照关注点的不同对创造力进行了分类讨论,试图在理论层面对创造力进行较为全面的探讨。值得注意的一点在于,这一分类框架针对的是个体水平的创造力研究,而较少涉及企业组织以及国家层面的创造力。这一分类框架是否可以应用到创造力研究的中观或是宏观水平,企业组织以及国家水平的创造力与个体创造力是否具有跨水平一致性,这些均尚未可知,有待于进一步寻找证据。

第二节 影响创造力/创新的主要环境因素

一直以来,心理学家尤其是社会心理学家对环境如何影响创新力进行了大量关注与研究。从微观个体间的人际环境到中观群体内环境(如企业组织)再到目前研究关注的国家间的宏观环境,均产生了大量的研究成果用于表明环境在创造力与创新研究中的重要作用,心理学家对环境影响创造力与创新的研究积累了相当数量的理论与实践成果。

一、微观环境的影响作用

个体的某些社会知觉能够影响创造力,例如,特定环境下对时间压力的知觉能够影响个体创造力的表现。

社会知觉对创造力的影响还表现在没有明显互动的情况下学生对教师期望的知觉影响其创造力的表现,学生在回答创造性问题时倾向于根据他们所知觉的教师的期望而非真实的数学问题情景进行作答（Sarrazy & Novotna，2013）。

个体的社会态度也能够影响创造力。发散思维是产生创造力的关键成分（Jauk，Benedek，Neubauer，2014），发散思维并不能完全等同于创造力（Runco & Acar，2012），但对个体创造力产生重要影响。特定环境中的个体，对在该环境中使用发散思维的态度影响个体创造性观点的产出，个体对使用发散思维持消极态度将会阻碍创造力的发挥（Williams，2004）。

一项以双胞胎为被试的研究探讨了遗传与环境对个体创造力的影响，研究结果发现，共享成长环境下的双胞胎被试在创造力表现上具有较高的相似性（Kandler，Riemann，Angleitner，Spinath，Borkenau，Penke，2015），环境是造成具有遗传相似性的个体间创造力产生差异的重要因素（Kandler et al.，2015）。上述研究也提示出某些环境更适合基因型的表达，遗传因素相似的情况下仍旧会产生个体间创造力表现的差异（Kandler et al.，2015）。研究主要关注多巴胺（DA）和5羟色胺（5-HT）相关的基因多态性与创造力之间的关系，Zhang等（2014a，2014b）在一项以中国汉族大学生为被试的研究中发现多巴胺受体D2基因（DRD2）以及儿茶酚-O-甲基转移酶基因（COMT）与创造力显著相关，并且DRD2与COMT之间存在显著的交互作用，这一结果为DRD2与创造力之间的潜在关系提供了实证依据，进一步揭示了个体层面创造力的遗传机制。

家庭对创造力的影响主要通过父母的教养方式发挥作用，父母的鼓励等能够正向预测儿童的创造力发展情况。父母的接纳性教养有利于儿童创造性人格的构建，自主信念以及鼓励，尤其是父亲的温暖理解能够正向影响儿童创造力发展；专制型父母教养方式、严厉惩罚等负向影响儿童创造力表现（张景焕，张木子，张舜，任菲菲，2015）。

竞争与合作情景中的创造力研究一直受到研究者的关注（Amabile，1983）。合作情景中个体提出创造性想法的目的在于取得团队的成功，竞争性情景中个体创造性的发挥最终目的是取得个人的胜利。研究发现，合作情景对获得创造性成就产生积极影响（Roseth，Johnson，Johnson，2008），而另有研究者认为，合作对创造力同时具有积极和消极的影响（Amabile，1996）。竞争情景对创造力的影响同样面临这一分歧，研究者通过实证研究发现竞争不利于创造力的发挥（Amabile，1983），但是在消极影响之外，一些研究却发现了竞争有利于创造力的实证依据（Bittner & Heidemeier，2013）。研究者认为，产生这一矛盾性结果的原因在于没有对额外的动机性因素进行控制（Goncalo & Duguid，2012），目标关注点的差异可能是造成这一结果的原因。Bittner 和 Heidemeier（2013）的研究发现，被试处于竞争性的情景表现出的创造力少于处于合作情景被试所表现的创造力，个体预防性的关注目标能够减少竞争情景对创造力的消极影响。最近的一项研究发现，在合作情景中，当个体持提升性目标（如近期理想与发展目标）有利于产生新颖性观点，在竞争性情景中，个体持预防性目标（如责任与义务）不利于创造力的发挥（Bittner，Bruena，Rietzschel，2016），这一研究结果同时佐证了情景水平中创造力问题研究的复杂性。

　　利己与利他情景中创造力表现的差异也受到了研究者的关注。Beersma 和 De Dreu（2005）发现群体成员更利己时，在随后的工作中表现出更多的创造性行为。Goncalo 和 Staw（2006）在研究中也发现，当群体成员表现出更多的利己性自我构念时创造力表现好于利他性的自我构念的成员，当个体将自身定义为一个单独的个体时创造力表现好于个体将自身定义为一个群体成员时的创造力表现（Bechtoldt，Choi，Nijstad，2012）。利己与利他情景对创造力表现的影响存在性别差异，在较高水平的动机条件下，利他情景有利于提升创造力的表现，而女性更关注他人的需要，更有同情心，也更容易做出利他的行为，当创造性行为的目标是利他取向时更有利于提升女性的创造力（Bechtoldt，Choi，Nijstad，2012）。Kemmelmeier 和 Walton（2016）在研究利己与利他情景下男女创造力差异时引入了风险的条件，研究发现利己与利他情景中创造力的表现存在性别差异。利他情景中，风险任务条件提升了男性的创造力表现；利己情景中，风险任务条件提升了女性的创造力表现；在没有风险任务的常规条件下，利他情景中女性的创造力表现普遍优于男性。这一结果表明了情景在创造力研究中的重要作用，不同情景将直接影响创造力表现,即使是创造力的性别差异也并非稳定不变而是应当在特定情景中进行讨论。

二、中观环境的影响作用

群体内水平研究个体所具有的群体资格以及在群体活动中的跨情境差异,与人际情景互动水平的不同在于强调个体的群体成员身份与位置。这一部分主要探讨群体内环境因素对创造力的影响。社会群体是指通过一定的社会关系和互动,按照一定的行为规范集合起来进行活动的人群的集合。按照该定义,学校、企业组织均属于群体的范畴,学校与企业组织内创造力影响因素的探讨理应放入群体内水平进行讨论。

(一) 学校环境中的创造力

学校作为一种群体组成形式对学生创造力的影响受到研究者的关注(Krampen,2012)。Fleith(2000)通过访谈与问卷调查的方式对教师、学生以及专家进行研究发现,学校环境中影响学生创造力的因素主要表现在教师态度、教学策略(直接)、学校活动、教室氛围和培养体系等,研究主要集中在前3个方面。

教师是学生互动的主要对象,教师是否能够有效识别和评估学生的创造力是影响学生创造力发展的重要因素(Südkamp, Kaiser, Möller, 2012),教师对待学生创造力的态度在阻碍和促进学生创造力潜质发展中发挥重要作用。研究者以波兰高中学生为被试,探讨了教师识别学生创造力的能力与程度,测量项目主要包括学生的创造性能力、创造性态度、创造性活动,以及内部动机、智力、学校表现等。研究结果发现,教师对学生创造力的评价精确性普遍偏低,学生的学校表现是其中的关键因素,与教师对学生的创造力感知正相关(Gralewski & Karwowski, 2013)。另一项关于教师与学生创造力关系的研究中,研究者探讨了教师对创造力的感知、学生数学创造力以及文化与数学创造力之间的关系,结果显示,教师对学生是否具有创造性的感知能够影响学生创造力的提升(Leikin, Subotnik, Pitta-Pantazi, Singer, Pelczer, 2013)。

教学策略方面主要表现为教师对创造力概念的理解以及教师本身计划教学的灵活性，一项研究证实，学校环境中教师与学生的互动对学生的创造力产生重要影响（Leikin et al.，2013）。另有研究者探讨了学生数学创造力的表现，结果显示，教师与学生互动水平与学生的数学创造力灵活性表现相关（Kattou，Kontoyianni，Pitta-Pantazi，Christou，2013）。

学校活动尤其是艺术类活动影响学生的创造力。艺术教育对文化传承、学业成就以及创造力的发展都有着重要的影响，受到了研究者的关注（Hambrick，Oswald，Altmann，Meinz，Gobet，Campitelli，2014）。研究者通过实验研究探讨了艺术类即兴创作活动对提升小学生发散思维与创造力的影响。研究比较了参与舞蹈即兴创作课程与非即兴创作课程的学生随后的创造力表现，以及参与口头即兴创作活动的学生与参与其他活动的学生发散思维任务的表现，结果表明，参与即兴创作活动的学生表现出了更好的发散思维能力与创造力，艺术类即兴创作活动有益于通识性的创造性认知过程，艺术教育能够提升小学生与创造力相关的其他技能（Sowden，Clements，Redlich，Lewis，2015）。

教室氛围对学生创造力的影响主要是通过师生间的良好互动以及对试错的容忍性态度发挥作用。教师允许学生分享观点、关注具有创造性的想法，容忍学生试错并且鼓励多种答案等行为能够促进学生创造力的发展（Fleith，2000）。

培养体系包括课程设置、时间安排、教学计划等方面。合理安排课程与教学计划，教学活动灵活的时间配置有利于激发学生创造力的涌现（Fleith，2000；李燕芳，王莹，2009）。

（二）企业组织中的创造力/创新

企业组织环境不仅影响员工创造力的发挥，同时影响工作团队甚至是企业组织自身的创造力。群体内水平不同于人际情景水平的关键在于员工作为组织的重要组成部分具有组织内部位置与身份属性，员工的创造性生产无法脱离组织环境而存在，组织创造力成为标记员工群体属性的重要内容。

企业组织作为环境变量影响个体员工的创造力，同时又能作为创造力研究的主体受到来自组织本身的影响，这一特殊性也造成了个体与团队创造力测量的差异。个体创造力的测量着重评估过去所形成的人格与思维方式等稳定性的特点，例如，测量个体的人格、智力、认知风格等；团体创造力的测量不同于个体之处在于关注群体成员在团队中对环境的感知而非过去形成的特征，测量团队结构的合理性与团队创造力的环境氛围，实验室研究中个体与团队创造力都可以使用一致性评估技术进行测量，由不同专家对测量主体的创造力水平进行评估，专家评分达到合理的一致性水平时，其针对主体的创造力评价才有效（Amabile，1983）。实际组织环境中往往采用量表法对个体与团队的创造力进行测量，量表可以自评也可以由同事、领导、专家进行他评。专利数量、科研论文、发明报告等外部指标也可以作为创造力的测量手段（Hoever, Van Knippenberg, Ginkel, Barkema, 2012）。

个体水平方面，企业组织作为一个相对完整的中观生态圈，其内部动力对员工创造力的影响有其独有的特点。早期研究主要是在单一水平探讨情境对员工创造力的影响因素，后续研究发现员工创造力被跨水平因素影响（Joo, McLean, Yang, 2013）。Joo 等（2013）在文章中引用了 Amabile（1996）提出的 6 种组织环境表现，用于阐述组织环境如何影响员工创造力的精度与广度，6 种表现分别为：①组织对创造力的鼓励与支持（例如，公平评判新颖想法、认可创造性工作、鼓励冒险）；②管理人员鼓励创造力（例如，澄清整体的目标设置、对新想法保持开放性）；③团队支持（例如，开放性、信任沟通、对团队中技能型同事的认可）；④资源充足（例如，设施、金钱、信息）；⑤工作任务重要而富有挑战性；⑥自主决定如何开展工作。同时列举了可能妨碍创造力的问题，例如，政策问题、对新想法的过度批评、破坏性竞争、强调保持现状、工作量与时间压力等。近期的一项研究又发现，包容性的团队氛围能够鼓励员工进行创造性想法的共享，团队文化多样性对个体创造力的影响通过员工的信息共享实现（Li, Lin, Tien, Chen, 2015）。

团体水平方面，组织环境中的创造力研究从关注个体转向关注情境并且有向整合视角发展的趋势，组织环境对创造力与创新的影响烙印于群体的动态发展之中。创造力在企业组织领域的价值日益突出，呈现不断增长的趋势，创造性思维成为组织管理人员应当具备的重要能力之一，组织管理人员在特定的组织环境中选择的领导策略作为重要的组织环境因素能够阻碍或影响组织创造力的发展。Zhang 等（2011）在中国组织环境中探讨了团队创造力的影响因素，研究关注了两种不同的领导风格，变革型领导风格（transformational）与威权型领导风格（authoritarian）对团队创造力的影响。研究者假设，不同的领导风格可以通过影响团队的工作处理过程进而影响团队创造力。结果发现，变革型领导风格能够促进团队创造力，威权型领导风格对团队创造力产生消极影响，团队内部的集体效能与知识共享在其中起到调节作用。

鉴于领导者在影响工作环境特征如组织气氛和文化方面的重要作用，有理由相信领导者可以创造或维持创造性的气氛，同时通过其领导影响消除抑制因素。一项研究支持这一结论，研究测量了 32 个中国台湾 CEO 的变革领导行为表明，变革型领导与创新支持的组织氛围有正相关（Jung，Chow，Wu，2003）。另一项研究发现了类似的结果，他们的数据显示，变革型领导与创新支持高度相关，支持了变革型领导在创造性氛围中的作用（Gumusluoglu & Ilsev，2009）。一项对澳大利亚私营部门管理人员的研究表明，变革型领导与创新气氛有着正相关关系（Sarros，Cooper，Santora，2008）。这些研究表明，领导者可以在组织层面的创造或创新气氛中发挥关键作用，从而影响员工的动机、认知和情感状态。拥有良好的领导策略与技巧的团队领导对公司的产品市场创新和行政管理创新产生较大的影响（Helfat & Martin，2014）。具有创造力的领导者和战略领导风格，有利于公司产生支持性的体制，提升公司的创新性产品的产出（Grigoriou & Rothaermel，2014）。

Dunlap-Hinkler 等（2010）研究美国的制药企业后发现，那些已经在普遍性的创新中取得成功的公司很难产生突破性的创造力产出，研究者认为，这些公司已经建立的制度所形成的企业氛围阻碍了突破性创新的发展，组织文化与氛围的开放性与自由性也能深刻影响着组织内创造力的表现。随着商业国际化合作的增加，工作团队背景呈现跨文化的特点（Groves & Feyerherm，2011）。研究者对组织中的多文化混合团队的创造力进行了研究，探讨多文化合作过程中对创造力的表现及其受到的影响。研究发现，对语言多样性持有开放态度的团队创造力表现更好，并且发现，当团队对价值多样性持开放态度时，创造力的表现会得到进一步的提升（Lauring，Paunova，Butler，2015）。具有开放性与突破性的组织团队形成的创新氛围能够提升组织创造力，团队创新氛围通过影响团队创新效能感对团队创新绩效产生影响（隋杨，陈云云，王辉，2010）。企业组织对新颖、非传统和具有突破性想法的开放度能够影响组织的创造力，对突破性想法的开放度与创造性的创新之间存在正相关关系（Acemoglu，Akcigit，Celik，2014）。异质性团队在进行观点选择时创造力的表现好于同质性团队，团队信息阐述对创造力的影响优于单纯的信息共享或任务冲突（Hoever et al.，2012）。团队文化多样性与团队创造力存在正相关关系，文化多样性对团队创造力的影响通过团队间的信息共享实现（Li et al.，2015）。

随着组织行为心理学家对团队水平研究的日益增多，将组织团队作为研究的整体，考察影响团队创造力发展的各项因素，探寻提升团队创造力的有效策略，将组织环境内创造力的研究由个体微观水平提升至中观水平，这一研究思路同样适用于学校群体。学校不仅可以作为群体环境因素影响个体创造力，同时其自身也可能成为创造力与创新的主体，例如，承担科研任务的高校，以高校为研究主体探讨影响创造力的群体因素等。

三、宏观环境与国家创新能力

宏观环境对国家创造力的影响受到研究者的关注，心理学研究者开始探讨经济因素以外的环境因素如何促进或是抑制国家创新水平的提升。

（一）国家创新能力的表达与测量

研究者较常使用专利数量作为国家创造力与创新的衡量指标。专利数量是创造性活动最直观的反映指标和衍生物，能够在数量上直接反映国家的科技创新概况（Breau，Kogler，Bolton，2014；Shane，1993），这一指标的应用范围也较为广泛，Harrington和Gelfand（2014）使用美国各州的专利数量对其境内的区域创新进行了研究。

国家创造力与创新是一项复杂的活动，仅仅采用专利数量无法对其进行全面的衡量，研究者尝试构建创造力与创新的混合指标用以反映国家创造力与创新水平。也有研究者使用不同来源的多种指标进行混合，产生新指标用于评价国家创造力。

全球创新指数（Global Innovation Index，GII）是一组使用较为广泛的创新指标，欧洲工商管理学院（INSEAD）在 2007 年首次发布了全球创新指数的报告，按照每年一次的频率更新结果（INSEAD，2009）。GII 作为一项综合指数，包含国家或经济实体的创新投入与产出的得分情况，由两组二级指标构成，分别是投入（input）分指标与产出（output）分指标。投入分指标主要用于衡量利于创新的环境因素，包括五项创新投入三级分指标，分别是制度（institutions）、人力资本和研发（human capital and research）、基础设施（infrastructure）、市场成熟度（business sophistication）和商业成熟度（business sophistication）；产出分指标是国家创新行为的结果，包括两项三级指标，分别是知识与科技产出（knowledge and technology outputs）以及创意产出（creative outputs）；各三级分指标之下又分别包含三项不同的四级指标用于合成不同的测量指标。各指标相对独立又联系紧密，对世界各个国家及地区在创新方面的优劣势、能力和绩效进行了综合反映。Kwan 和 Chiu（2015）在研究人力资本与制度支持对创造力的影响作用时，使用了 GII 作为国家创新的代理指标。全球创新指数构建了一个综合性的量化指标用于衡量国家创新水平，对各个国家和地区的创新实践有一定的指导意义。

全球创造力指数（Global Creativity Index，GCI）是另一组使用较为广泛的综合指标。Florida（2006）认为创意产业需要同时具备人才（talent）、技术（technology）和容忍度（tolerance）3 个关键要素才能更好地产生创意获得经济的发展，由此提出"3T"理论，全球创造力指数（GCI）正是基于此发展出的衡量国家创造力的综合指标。GCI 在 2004 年发布了第一版，随后 2011 年进行了指标的微调，并在 2015 年发布了最新的调查结果。GCI 通过测量创造力的"3T"分指标（technology、talent、tolerance）反映国家创造力的水平。科技（technology）指标主要探讨研发投入与专利创新，人才（talent）指标主要测量教育成就与创造力人群在劳动力中的占比，容忍度（tolerance）

主要关注国家内部对少数族裔和同性恋人群的接受程度。Rinne，Steel 和 Fairweather（2013）在研究个体主义对创造力的影响中使用全球创造力指数衡量国家创造力。

国际创新指数（International Innovation Index，III）是除 GII 与 GCI 之外的另一组综合指标。由波士顿咨询集团（BCG）、全国制造业协会（NAM）以及制造业研究所（MI）三家机构共同发布，这一指标关注创新商业产出以及公共政策对创新的鼓励与支持。该指标的关注点包括税收优惠和移民政策、教育和知识产权等。国际创新指数由创新投入和创新产出两个分指标构成，创新投入包括政府和财政政策、教育政策和创新环境；创新产出包括专利、技术转让和其他研发结果、企业绩效以及创新在商业迁移和经济增长的影响。

除全球性的创造力与创新指标之外，不同区域针对本地区创造力与创新水平发布了相应的指标，例如，欧盟发布的欧盟创新计分榜（European Innovation Scoreboard，EIS），中国发布的《国家创新指数报告》等都对本地区和国家的创新能力进行了综合性评估。现有研究针对国家创造力与创新的测量主要集中在科技层面，很大程度上忽略了艺术创造力，Harrington 和 Gelfand（2014）使用各州专利与艺术家数量作为美国创新水平的代理指标，全球性创造力与创新测量对艺术创造力的关注较少。

（二）文化环境对国家创新能力的影响

尽管新颖性和适用性是评价创造力想法和产品的重要标准，但是，不同的文化对这一标准也有不同的理解。文化对创造力的影响是复杂和相互交织的，来自一个文化的创造力的定义并不一定能够有效地应用到另一个文化中。个体主义文化更看重创造的新颖性，而集体主义文化更看重适用性（Morris & Leung，2010）。当一个群体在谋求创新性的发展时，会表现出明显的文化差异，相比于个体产生创造力想法或是完成某项创造性的任务，群体在这一过程中面对的困境较不明显，原因在于，群体选择创新性方案并做出进一步的发展与规划时需要考虑到创新的方案是否符合团队或是国家内部的规范（Li，Kwan，Liou，Chiu，2013）。群体性的行为规范和相应的文化对群体层面创造力的影响要远远大于对个体层面创造力的影响（Liou & Nisbett，2011）。

东亚地区的国家受到儒家文化的影响，形成了集体主义的文化氛围。个体生活在这种文化氛围中，关注与他人的关系，并通过他人的关系对自己进行定义，遵从集体规范，保持与他人的和谐。这样的文化氛围往往产生内向、顺从、封闭的刻板印象，不利于创造力的产生（Niu，2012）。在一项跨文化研究中，不仅美国学生认为东亚文化阻碍创造力，甚至是中国学生也存在这样的刻板印象（Wong & Niu，2012）。Zha 等（2006）研究了个体主义/集体主义以及文化对创造力的潜在影响，他们对中国与美国受过高等教育的成年被试进行了比较研究，结果发现，美国被试潜在创造力测量上得分较高，中国被试在数学技巧上有较高的优势，与假设一致的是，美国被试更个体主义，中国被试更集体主义（Zha，Walczyk，Griffith–Ross，Tobacyk，Walczyk，2006）。

文化作为宏观水平的影响因素与社会心理的关系密不可分，受到心理学者的关注。文化与国家创造力的研究中，多数研究者采用霍夫斯泰德文化价值维度探讨文化对创造力的影响，研究者发现，个体主义与国家创造力存在正相关，不确定规避与国家创造力存在负相关（Shane，1993；Lynn & Gelb，1996；Van Everdingen & Waarts，2003；Sun，2009）。而 Efrat（2014）采用专利数、科技论文数以及高科技产品出口数作为国家创新的衡量指标，研究了霍夫斯泰德文化价值维度对国家创新的影响。Busse（2014）采用了一个三维度的国际创新合成指标探讨霍夫斯泰德文化价值维度与国家创新之间的关系，研究发现权力距离与国家创新负相关，个体主义、长/短期取向以及放纵/克制 3 个维度与国家创新正相关。Rinne 等（2012）采用霍夫斯泰德文化价值与全球创新指数（Global Innovation Index，GII）分别作为文化与国家创造力的代理指标，结果发现，权力距离与国家创造力之间存在显著的负相关，而个体主义与国家创造力之间存在显著的正相关，不确定性规避与国家创造力的关系并不显著。在另一项研究中，研究者使用全球创造力指数（Global Creativity Index，GCI）以及设计与创造力指数（Design and Creativity Index，DCI）作为国家创造力的代理指标对文化价值与国家创造力水平之间的关系进行了研究。结果发现，个体主义与国家创造力存在显著的正相关，与个体主义密切相关的自主性、独立性,以及自由性等方面有利于国家创造力的发展(Rinne, Steel, Fairweather, 2013)。高权力距离的国家限制不同阶层之间的沟通与交流,特权阶层掌握大量资源,妨碍了其他阶层获得平等发展与取得成就的机会。这样的状况遏制了创新思想的发展,难以鼓励人们在社会不平等的状态下产生创新产品。相反,在低权力距离的国家,人们享有平等的权利和机会进行创造性的生产,并且容易取得成功(Hofstede, Hofstede G, Minkov 2010)。

除研究霍夫斯泰德文化价值维度对国家创造力与创新的影响之外,另有研究者关注了 GLOBE 项目(House, Hanges, Javidan, Dorfman, Gupta, 2004)中的文化价值维度与国家创新之间的关系。Taylor 和 Wilson(2012)将 GLOBE 项目中的集体主义分为制度集体主义和内群体集体主义,使用人均专利引用数与人均科技出版物引用数作为国家创新的衡量指标,结果发现,个体主义和制度集体主义与国家创新存在正相关,而内群体集体主义与国家创新存在负相关。Rossberger 和 Krause(2012;2013)的研究也发现了类似的结果,他们研究发现,不确定性规避(values)、内群体集体主义(practices)与人道取向(values)能显著预测创新,其中前两者与国家创新存在负相关,后者与国家创新存在正相关。

文化对国家创造力影响的研究,除较为经典的个体主义与集体主义的分类范畴,研究者也探讨了另一种文化分类维度——文化的松紧性对个体创造力的影响。文化的松紧性是指一个文化中社会规范的严苛程度与对超出常规的行为的容忍度(Harrington & Gelfand, 2014)。文化环境较为宽松自由,容忍失败,能够对创造力行为产生促进作用,文化的松紧性成为影响创造力的重要因素(Chua, Roth, Lemoine, 2014)。研究者探讨了 68 个国家的价值观与信念用于确定国家的文化松紧程度,认为创新意味着打破传统与产生变化,这与紧文化社会针对异常行为的较低容忍度相矛盾,紧文化在一定程度上阻碍创造力(Uz, 2015)。研究者采用跨层分析的方法研究了文化松紧性对个体创造力的影响,并且同时考虑了不同国家间的文化距离在这一关系中的调节作用。研究发现,个体所处的文化越紧,越不倾向于从事创造性工作,也越不容易在本国以外的创造性任务中取得成功；来自紧文化的个体在从事创造性任务时会选择本文化的任务并且较容易取得成功；创造性产品的生产国与产品的受众国之间的文化距离越大，来自紧文化的个体越难以在国外的创造性任务中取得成功。紧文化在跨国的创造性生产中容易产生消极作用，但如果紧文化国家能够制定出促进创新涌现的规范，同样能够有利于发挥紧文化个体的创造力以及促进本国的创造性生产（Chua，Roth，Lemoine，2014）。

（三）经济社会环境对国家创新能力的影响

科技创新是推动经济发展的关键要素，并且作为衡量国家创造力的重要指标受到研究者的关注（Furman，Porter，Stern，2002）。经济学领域的研究者倾向于将国家创新作为影响经济发展的要素进行研究，例如，一项以加拿大城市为主体的研究探讨了创新与收入不平等之间的关系，结果发现创造力水平越高的城市，收入分配越不平等（Breau，Kogler，Bolton，2014）。相比于此，心理学研究者更关注影响国家创造力与创新的经济社会环境因素，研究主要集中于人力资本与社会资本两部分。人力资本与社会资本为国家水平以及国际性范围内的创新提供了支持，其中，人力资本是创新活动的先决条件，对创新有直接的积极影响。

人力资本是指个体的知识、技能、专业、能力等带来行为的改变，促进了经济的增长，并且通过正式和连续的教育进行能力和知识的更新，以期在社会中取得更好的发展（Kwan & Chiu，2015）。人力资本产生的最有利的影响表现在对社会环境产生作用，促进了知识的开放式交流以及对合作的支持（Chiu，Kwan，Liou，2013）。人力资本的地理异质性、文化异质性以及任期异质性都能够对创造力产生积极的影响（Liu，2014）。

人力资本是影响国家创造力的一项重要因素，实证研究也表明人力资本与创造力之间存在正向的关系。在一项探讨了59个国家的研究中发现，有较高水平人力资源的国家拥有更多专利和更高比例的高科技产品输出（Dakhi & de Clercq，2004）。企业组织中更具创造力的员工会有更好的创新表现，尤其是在具有强烈创新文化氛围的国家中，公司主管良好的领导技巧策略更能够影响公司的产品市场创新和行政管理创新进而影响整个国家的创新产出与表现（Helfat & Martin，2014）。Kwan 和 Chiu（2015）对人力资本和体制支持对国家创造力的影响进行了研究。国家的创造力产出结构复杂，至少包括 3 个方面：知识创新性、知识影响和知识扩散。国家人力资本的质量能够预测国家的知识创新，体制支持和人力资本能够提升知识影响性，人力资本和体制支持对知识扩散来说都是必需的，结果表明，国家的人力资本和体制支持对国家创新能力来说都具有十分重要的推动作用。

除人力资本能够对国家创造力产生重要影响之外，国家的社会资本也是支持和影响创造力的重要因素。社会资本是社会网络中存在于成员间的信息、信任，以及相互作用的道德规范（Woolcock，1998）。国家的社会资本往往与它的政策、法律，以及市场体制密切相关，国家的社会资本表现在体制上，能够为国家的创造力提供强大的支持。民主的法律和政策体制保护高创造力群体创意的自由表达和专利财产权利，促进整个社会的普遍信任，构建新型的网络纽带进行知识的共享与交换，产生高质高量的创造力产品（Kwan & Chiu，2015）。

社会资本能够影响创新的原因在于，投资具有风险的创新项目需要研发者与投资人之间的相互信任，进而促使项目的成功，增加创新成果，即增加专利数目。研究者使用欧洲社会调查（ESS）与欧洲价值研究调查（EVS）的数据测量当前的社会资本现状，使用欧盟区域数据库提供的 R & D 工作人员数量和专利申请数量作为创新指标，探讨了欧洲 102 个地区社会资本与国家创新之间的关系。研究发现，历史性的社会制度决定当下较高水平的社会资本，并且提高创新发生率。早期制度塑造了当前社会资本并且对当前社会资本有着长远作用，影响了不同区域的创新表现，社会资本差异造成了区域创新的差异（Akçomak & Ter Weel，2009）。

目前，已经有越来越多的研究者开始关注宏观环境如何影响国家创新能力的研究，现有研究主要集中在探讨文化环境、经济环境以及社会环境等方面。现有研究显示，影响国家创新能力的宏观文化环境与经济、社会环境等往往具有文化氛围宽松，环境严苛性较低，社会资本与人力资本充足且利用合理等特征，这与生命史慢策略有关的环境表现出的特征具备一定程度的相似性。生命史慢策略是一系列生命史策略的总称，慢策略的形成往往与环境的恶劣程度较低以及不可预测性较低之间存在较为稳定的联系（Ellis et al.，2009）。现有对于宏观环境影响国家创新的研究所发现的宏观环境特征与慢策略环境特征之间具有一定程度的相似性，是否可以大胆进行假设：促进生命史慢策略产生的宏观环境是否同时能够促进国家的创新能力提升？已有研究对影响国家创新能力的宏观环境因素的探讨主要集中在文化环境以及社会资本环境等方面，催生生命史慢策略的宏观环境因素表现在方方面面，在所提出的新假说的基础上，是否可以将研究范围扩大到更广阔和全面的其他宏观环境之中，例如，人口学宏观环境、社会环境以及宏观心理环境等。我们接下来的章节将在前几章的基础上提出慢策略宏观环境影响国家创新能力提升的解释假说，并提出具体的研究假设进行实证分析，对新假说进行验证。

第四章　研究假设与研究方法

本章将在前述文献综述的基础上尝试推导提出慢策略宏观环境促进国家创新能力提升的解释性假说,并针对具体的宏观环境因素提出可验证的研究假设,对挑选的操作性指标的内容及来源进行介绍。

第一节　慢策略宏观环境促进国家创新能力假说

一、人类生命史策略与宏观环境

生命史理论是一套分析框架,用于研究不同生物选择的生命史策略的多样性,以及它们生命周期变化的原因和结果。生命史理论是生物进化理论的一部分,通过研究生物的生命史对生物体的生理和行为进行解释。生命史理论用于解释包括人类在内的生物体,如何产生和选择不同的生命史策略(Life History Strategy),对环境中有限的资源进行分配。通常包括出生、童年、成熟、繁殖和衰老等,这些都与生物的生命史策略息息相关(Hill & Kaplan, 1999)。生物体在整个生命历程中会面临生长、性成熟、繁殖、衰老等性状的变化,某性状的变化所需的收益需要另一性状的投入,这两者之间存在权衡的关系,生命史策略是为了适应这些复杂的变化,针对不同的权衡,采取不同的策略,促使生命史性状的协调进化。

权衡分为生理权衡与进化权衡两大类,生理权衡是生物体内部器官之间的能量分配权衡,进化权衡是生物体面对自然选择在性状改变上的适应性权衡(聂海燕等,2007)。不同的物种在应对性状的进化与权衡的基础上,在行为方面表现出一系列的选择策略。这些针对权衡的行为选择，是生物体的生命史策略（Kaplan & Gangestad，2005）。生态与环境的差异决定了采取何种生命史策略才能达到最优适应。生物体需要在特定的生命史性状的进化上进行权衡，整体而言，这些生命史的权衡需要进行方向性的协调。

生命史策略是这些行为模式的集合，分布在由快到慢的连续谱系上。从进化的意义上来说，较慢的生命史策略往往指向未来，更关注个人的成长与发展，生育较晚；生命史快策略更注重当下的收益，更会选择较早的生育时间等（Figueredo et al.，2006）。生命史快策略的一方发展速度更快，青春期开始更早，身体衰老也更快，首次性行为开始更早，性伴侣数量更多，两性关系也较为随意，生育年龄较早，后代数量较多，对后代的投资更少；慢策略的一方，发展速度更慢，青春期开始的较晚，同时老化也较慢，首次性行为时间更晚，性伴侣数量更少，两性关系较为稳定，生育年龄较晚，后代数量较少，对后代的投资更多（Griskevicius et al.，2013）。

生命史策略的权衡主要根据环境中的资源状况进行。外部环境的恶劣程度（harshness）与不可预测性（unpredictability）是影响生命史策略的两大环境因素。外部环境的资源稀缺与外部环境造成的疾病发生率和死亡率密切相关，发病率和死亡率越高表明环境越恶劣。环境的不可预测性是指环境的恶劣程度随时间和空间变化的速度，这一变化情况可以通过疾病发生率和死亡率的波动情况进行测量，波动越大，表明环境的不可预测性越大（Ellis et al.，2009）。环境的恶劣程度与不可预测性通过影响养育环境与生态环境对人类的生命史性状产生影响，带来相关变量的改变。例如，亲子关系、同伴关系、社区质量、社会经济地位、居住地变更等外部环境会影响人类的生长状况、青春期和性行为开始的时间、性伴侣的数量、青少年生育率、家庭规模以及养育风格等（Ellis et al.，2009）。

研究者在探讨与生命史策略有关的环境因素时，并不特意对微观环境、中观环境或是宏观环境进行区分。影响生命史策略形成的环境可以是微观的家庭环境，例如，父母的教养、童年期的家庭生活经历等；也可以是中观环境，例如，居住的社区、城市等；同样也可能是宏观环境，例如，所在国家的社会环境、文化环境等。社会生态心理学研究者认为，影响心理与行为的环境因素不仅存在于近端微观环境中，同样也应当考虑远端宏观环境的影响（Oishi & Graham，2010；Oishi，2014），不同环境可能存在不同的范畴异质性程度，产生的影响作用也不尽相同。生命史理论的研究有必要对宏观社会生态因素的影响作用进行一定的考虑，宏观环境能够影响大规模人群的生命史策略的选择与表达，将会对群体层面的行为与心理产生微观环境与中观环境所不及的影响。

生命史快慢策略的宏观环境同样包括环境的恶劣程度与不可预测性两大特征，宏观环境的恶劣程度较低，环境较为稳定，可预测性较高时更有利于催生慢策略。现有研究使用预期寿命、青少年生育率、犯罪率、人口死亡率等外部环境指标用于衡量生命史策略（Ellis et al.，2009），这些指标已经带有环境的属性，并且需要通过测量群体获取数据。指标的测量需要在特定的区域或是国家内进行，所得数据反映的也是该地区或国家的预期寿命和青少年生育率等。生命史快慢策略的产生受到环境的影响，这其中已经包含有宏观环境的作用，而目前研究者对宏观环境进行的关注相对较少，倾向于将更多的研究重点放在个体生命史策略如何影响个体行为方面。

生命史慢策略往往产生在恶劣性程度较低以及不可预测性较低的环境中，例如，预期寿命较长、环境自由宽松、疾病发生率较低、社会稳定、犯罪率较低等（Griskevicius et al.，2013）。现有的研究发现，预期寿命、疾病流行、犯罪率、青少年生育率以及社会经济地位等宏观环境因素能够催生和反映生命史快慢策略，群体的性别比也与生命史策略有着密切的关系，可能成为产生不同生命史策略的环境因素。已有地理心理学研究者将人格、自尊以及亲社会行为等上升到区域分布的水平进行研究，结合上述心理变量在个体层面显示与生命史快慢策略的关系推断，心理变量的地理分布也可能在宏观环境中有类似的表现。将生命史理论研究中已经证实的与生命史慢策略关系密切的环境指标，以及根据个体研究结果结合地理心理学规律推断得到的宏观心理变量分布的环境特征进行总结归纳，具体如图4-1所示。

慢策略端	宏观环境指标	快策略端
长	预期寿命	短
低	疾病流行	高
低	犯罪死亡率	高
低	青少年生育率	高
低	收入不平等	高
低	性别比	高
高？	人格宏观分布—开放性	低？
高？	人格宏观分布—外倾性	低？
高？	人格宏观分布—宜人性	低？
高？	人格宏观分布—尽责性	低？
低？	人格宏观分布—神经质	高？
高？	自尊宏观分布	低？
多？	亲社会行为宏观分布	少？
高？	长远取向	低？

图 4-1　生命史快慢策略宏观环境特征表现

注："？"表示推断性结果。

二、促进国家创新能力的潜在慢策略宏观环境

人类的创造力与创新相对于其他动物而言具有独特性，体现的是在不断变化的环境中对开放性问题的适应（Gabora & Kaufman，2010）。环境是影响创造力与创新的重要因素。Darwin 认为，创造力是人类在进化过程中对抗自然的有力工具。创造力是人类重要的行为表现，同时也自产生之初就带有进化的烙印。创造力从进化中来，也受到进化过程的影响，甚至可能是进化的结果。已有研究表明，生命史策略能够对人类的心理与行为产生影响，在这样的前提下，生命史策略是否也能够对创造力与创新产生影响？

生命史策略是根据性状改变的需要对环境进行权衡的结果，环境线索影响生命史策略的形成与改变，同时环境对创造力有着重要的影响，无论是个体层面，企业组织层面，或是国家层面，环境因素均发挥着重要的影响作用。

例如，文化环境方面，已经有研究者探讨了文化环境对国家创新能力的影响，个体主义与国家创造力存在正相关，不确定规避与国家创造力存在负相关（Van Everdingen & Waarts，2003；Sun，2009）。Busse（2014）采用了一个三维度的国际创新合成指标探讨霍夫斯泰德文化价值维度与国家创新之间的关系，研究发现权力距离与国家创新负相关，个体主义、长/短期取向以及放纵/克制3个维度与国家创新正相关。Taylor和Wilson（2012）将GLOBE中的集体主义分为制度集体主义和内群体集体主义，使用人均专利引用数与人均科技出版物引用数作为国家创新的衡量指标，结果发现，个体主义和制度集体主义与国家创新存在正相关，而内群体集体主义与国家创新负相关。国家所处的宏观环境包括多种因素，文化以外的其他环境因素也可能对国家创新能力发挥影响，例如，社会资本环境与人格宏观分布等，充足的社会资本以及人力资本的支持能够促进国家创新能力的提升（Chiu et al.，2013）。大五人格中的经验的开放性与国家创造力投入与产出均存在显著的正向关系，宜人性与国家创造力投入之间存在显著的正向关系（Steel，Rinne，Fairweather，2011），充足的社会资源与宏观水平的人格分布能够对国家创新能力产生影响。

适应环境是影响生命史策略形成的主要动力，人类需要适应的环境更为广阔也相对抽象，并不能仅局限于某片生态区域。环境既是生命史策略形成的主要原因，也成为研究者测量生命史策略的客观指标。前文对测量生命史策略的宏观环境指标进行了简单的梳理，主要包括预期寿命、疾病流行、犯罪死亡率、青少年出生率、收入不平等水平以及性别比等（Ellis et al.，2009；Kaplan & Lancaster，2003；Griskevicius et al.，2013；Simpson，Griskevicius，Kuo，Sung，Collins，2012；Leimar，1996）。同时也推测人格的宏观地理分布可能与生命史慢策略存在相关，能够成为产生生命史慢策略的宏观环境因素，尤其是大五人格中的开放性、尽责性、外倾性、宜人性（Gladden，Figueredo，Jacobs，2009）。同时也根据个体层面的研究，推测自尊以及亲社会行为的宏观地理分布同样可能影响生命史策略的产生（Trzesniewski et al.，2006；Figueredo et al.，2011）。前文的图4-1对可能产生生命史慢策略的宏观环境特征进行总结。

通过综述的有关生命史快慢策略以及创造力与创新的研究内容可以发现，舒适、宽松、粗糙程度较低，并且稳定可预测的环境能够催生生命史慢策略，无论是对动物种群的研究还是对人类个体的研究均体现了这一规律。对于影响创造力与创新的不同分析水平研究进行梳理后发现，促进环境中的群体或是个体产生慢策略的环境与激发创造力与创新的环境存在一定的相似性。生命史慢策略往往产生在恶劣性程度较低以及不可预测性较低的环境中，例如，预期寿命较长、环境自由宽松、疾病发生率较低、社会稳定、犯罪率较低等（Griskevicius et al., 2013）。影响国家创新能力的宏观文化环境与经济社会环境等往往具有文化氛围宽松、环境严苛性较低、社会资本与人力资本充足且利用合理等特征。如图4-2所示，结合前文对已经证实的影响国家创新能力宏观环境特征进行了梳理与归纳，以及其他研究水平的启发对可能影响国家创新能力的宏观环境指标进行总结。

创新能力高	宏观环境指标	创新能力低
多	人力资本	少
多	社会资本	少
低	收入不平等	高
松	文化松—紧	紧
高	个体主义	低
低	权力距离	高
长	长期取向	短
高	自主性	低
高	人格宏观分布—开放性	低
高	人格宏观分布—宜人性	低
高？	自尊宏观分布	低？
高？	亲社会行为宏观分布	低？

图 4-2 影响国家创新能力的宏观环境

注："?"表示推断性结果。

第四章 研究假设与研究方法

生命史策略是对环境的恶劣性和不可预测性进行权衡的产物，环境造成了资源的稀缺，促使生物体采取不同的生命史策略进行适应。快策略关注当下资源的获取，慢策略更注重未来的获益。稳定宽松、资源充足、分配合理的宏观环境有利于提升国家创新能力，与产生生命史慢策略所要求的恶劣程度较低且稳定的环境特征具有一定程度的相似性。结合图4-1与图4-2的总结归纳，发现二者存在一定的相似性特征。尽管现有研究并没有直接证明二者之间的关系，但似乎在一定程度上具有较高的相似性，值得探讨其中的关系。我们据此提出猜想，产生慢策略的宏观环境与促进国家创新能力提升的宏观环境之间具有某些相似的特征。鉴于前文所述的生命史策略的特征与产生环境，以及创造力与创新的进化属性，我们尝试采用生命史慢策略的视角对影响国家创新的环境因素进行解释。结合已有研究发现的与生命史策略有关的环境因素，以及与创造力和创新有关的微观、中观、宏观环境特征，我们试图从以下几个方面开展研究，尝试对假说进行佐证。首先，宏观人口学环境，包括预期寿命、疾病流行率、青少年生育率等已有研究证实的生命史策略环境指标，以及性别比这一在群体层面与生命史慢策略有关的人口学指标（Trivers & Willard，1973；Leimar，1996）；其次，社会环境，包括犯罪率（Ellis et al.，2009）与社会不平等，例如，收入不平等（Griskevicius et al.，2013）与性别不平等；再次，文化环境，已有研究者采用霍夫施泰德文化价值调查、GLOBE项目以及文化松紧性等探讨了文化环境与国家创新能力的关系，但仍存在一些问题，同时，文化环境是重要的社会生态环境，很大程度上也存在影响生命史策略的可能，为了进一步完善文化环境影响国家创新能力的研究，我们将文化环境也放入到研究框架之内；最后，心理环境，即心理变量的宏观分布，包括人格、自尊、亲社会行为，已有的个体层面的研究发现生命史策略与人格、自尊以及亲社会行为存在相关（Griskevicius et al.，2013；Gladden，Figueredo，Jacobs，2009），同时创造力研究也发现与人格以及自尊存在相关，受到个体层面研究的启发，我们尝试探讨宏观环境下是否存在类似的影响。本章后续内容将根据研究假设的主体思路结合已有研究进行推导，提出具体的研究假设，并对选取的操作性指标及研究方法进行介绍。

第二节 具体研究假设推导与提出

一、人口学宏观环境与国家创新能力的关系

（一）预期寿命与国家创新能力的关系

预期寿命是寿命的操作化指标，寿命指标往往被用于与人类健康有关的研究中，是争议较小且非常重要的健康衡量标准（Friedman & Kern，2014）。一项在英国本土开展的人格与寿命的研究显示，神经质与预期寿命显著负相关，尽责性与预期寿命显著正相关，同时，外倾性与预期寿命显著正相关，开放性与女性预期寿命显著正相关（Rentfrow，Jokela，Lamb，2015）。人格与创造力之间的关系已经得到大量研究的证实，预期寿命与人格关系密切，是否与创造力也存在一定的关系？例如，McCrae 和 Terracciano（2008）对 51 个国家的预期寿命等健康指标与人格特质的关系研究发现，预期寿命与外向性、尽责性的人格特质正相关。国家层面的人格特质能够影响国家的创新力水平，与此同时，预期寿命是生命史理论中反映当下环境恶劣性的客观指标（Simpson，Griskevicius，Kuo，Sung，Collins，2012），那么预期寿命是否能够影响国家创新力？

研究者将预期寿命这一衡量寿命的客观指标用于生命史理论的研究之中，将其作为衡量当下生存环境恶劣程度的一项标准。所处群体预期寿命较长促使个体选择较慢的生命史策略，个体在进行资源分配时更愿意对发展需要进行投入，而非仅仅满足繁衍需要。预期寿命较长也促使个体更关注未来发展等（Simpson，Griskevicius，Kuo，Sung，Collins，2012）。创新的过程充满不确定并且需要长期投入，较长的预期寿命能够将更多时间与精力投入到创新生产中，预期寿命较长的国家是否在创新能力上表现也更好？预期寿命是否能够影响国家创新？提出研究假设 H1：预期寿命与国家创新能力存在正相关，控制经济因素后，对国家创新能力产生正向影响。

（二）疾病流行与国家创新能力的关系

疾病流行是来自生态环境的一种威胁，也是考量环境宜居性的一项标准，

在人类进化过程中起到重要作用。病原体的流行增加了人类在社会行为上选择的压力。对于人类来说，较多心理现象的出现是为了形成抵御病原体的机制。更广义来说，人类认知和行为上的跨文化差异的存在与当地生态中的疾病流行存在相关性。疾病流行带来的威胁已经牵涉到一系列跨文化的现象差异。这些文化变异被概念化为对不同疾病的适应性反应，是行为免疫系统的一部分，用于减少个体生病的机会（Schaller & Park，2011）。

历史上疾病流行程度较高的地区更容易感受到来自环境对生存的威胁，为了能够更好地利用资源，处理疾病带来的威胁，这些地区往往会发展出较为严苛的社会规范，用于约束社会中的异常行为，减少人口流动，缩小活动范围，用于抵御疾病流行，减少人口与资源的损失（Gelfand et al.，2011）。疾病流行程度较高的地区由此形成较为传统保守的文化特征。研究者认为，集体主义的特定行为表现可以抑制病原体的传播，研究者通过采集流行病学数据和世界范围的关于个人主义和集体主义的跨国调查发现，地区性的疾病流行与集体主义文化正相关，与个人主义负相关，这一结果在控制了人均GDP以后仍然显著（Fincher，Thornhill，Murray，Schaller，2008）。世界范围内不同区域疾病流行程度的差异预示着将会形成不同的文化特点，影响个体沟通交流与选择配偶的偏好等（Quinlan，2007）。

当下的疾病流行状况与区域内的文化价值以及社会环境等存在相关。鉴于大多数人类社会具有相对重男轻女的传统，似乎更高的病原体流行率也可能带来性别不平等的行为、规范和价值观。也就是说，由于男人在大多数社会中传统上拥有更多的权利，如果病原体推动人们走向更传统的价值观念，那么人们可能希望个人和机构在病原体负荷较高时给予女性较少的权利和机会（Varnum & Grossmann，2016）。此外，横断面研究表明，在传染病更为普遍的国家，男性和女性倾向于关注体现潜在伴侣身体吸引力的信号，而女性在寻求潜在伴侣中表现出相对较大的智力和地位偏好，男性对身体吸引力的偏好较大。这也表明，更高的病原体流行率可能增加男女之间的不平等，增加男性和女性的压力，强调和发展更传统的属性和技能（Gangestad，Haselton，Buss，2006）。研究者发现，美国与英国历史上疾病流行的下降与性别不平等的减少有关，而且这种疾病流行的变化先于性别不平等的变化出现，控制了其他生态维度以及集体主义和保守的意识形态认同等变量的前提下，这一结果依然存在（Varnum & Grossmann，2016）。

尽管没有直接证据表明疾病流行与人类创造力之间的关系，但疾病流行与个体主义文化存在负相关，同时，已有证据表明个体主义文化有利于创造力的产生（Niu，2012），疾病流行是否与创造力之间存在相关。研究者对灵长类动物觅食行为进行研究后发现，选择探索创新觅食方式的灵长类动物更容易受到环境传播型疾病的威胁，而选择模仿他人的非创新型觅食方式的灵长类动物受到的威胁相对较小，疾病流行将会抑制动物对环境的创新探索（McCabe，Reader，Nunn，2015）。人类社会是否存在类似的关系，国家地区当下和历史上的疾病流行水平是否会影响国家的创新能力？提出研究假设H2：历史上以及当下疾病流行与国家创新能力负相关，控制经济因素后，不同时期的疾病流行程度均会对国家创新能力产生负向影响。

（三）青少年生育率与国家创新能力的关系

青少年生育率是指年龄在 15~19 岁的女性生育状况的测量，研究者认为，世界范围内的生育率在普遍下降，但青少年生育方式与演变方式明显不同于其他年龄组，反映出更多文化、社会环境以及心理方面的特征，也影响着总体社会的经济发展能力。一项针对巴西青少年生育率的研究结果显示，欠发达地区青少年生育率较高，并且，穷困也与青少年生育率有着较高的相关（Berquó & Cavenaghi，2005）。

青少年生育在给贫困家庭带来暂时的人口红利的同时也带来了更多的负面影响，最直接影响的是青少年的入学率。青少年生育率较高的地区往往缺少针对孕期年轻女性的教育方案，导致了高退学率。这一局面往往发生在贫困阶层，有限的教育经历带来就业机会的减少，阻碍年轻女性改善经济状况，同时阻碍整个地区的社会发展（Berquó & Cavenaghi，2005）。研究者探讨了青少年生育与年轻女性工资水平的关系，青少年时期生育阻碍了受教育年限的提升，育儿时间成本的增加影响女性对工作时间的分配。教育投入和工作经验的缺乏对青少年母亲后续的职业发展与工资水平均存在负面影响

(Klepinger, Lundberg, Plotnick, 1999)。

青少年生育率与生命史策略存在较为密切的关系。童年时期生活在贫穷、恶劣或是较为动荡的环境中,能够促使个体形成较快的生命史策略,加速生理发育,造成首次性行为和首次生育时间的提前,更容易在青少年时期进行生育,成为未婚母亲和单亲妈妈(Ellis,2004)。青少年生育率与疾病流行水平存在一定的关系,疾病流行率较高时促使青少年形成较快的生命史策略,首次生育时间更早,后代出生数量更多,产生年轻女性更侧重短期目标而不是长期的个人投资的结果(Del Giudice, Gangestad, Kaplan, 2015)。过早生育减少了女性接受教育的机会,也削减了追求职业与社会地位的能力。针对美国的一项研究表明,青少年生育率的增高伴随着疾病流行率的上升(Varnum,2014)。鉴于青少年生育对年轻女性及整体社会发展带来的负面影响,是否可以推断青少年生育率的升高会在一定程度上阻碍国家创新能力的发展?青少年生育与国家创新之间是否存在负面的联系?提出研究假设H3:青少年生育率与国家创新能力负相关,控制经济因素后,对国家创新能力产生负向影响。

(四)性别比与国家创新能力的关系

人类性别比例在自然状态下能够保持相对的平衡。正常状态下,女性数量稍多于男性,但随着人类社会的发展,出现了全球范围内的性别比例失衡。性别比既是对环境中人口性别分布的客观描述,同时又能对人类社会与发展产生一系列影响。心理学家对性别比的关注与研究主要集中在,出生性别比与育龄性别比两方面(Emlen & Oring, 1977)。性别比尤其是育龄性别比最直接的影响反映在择偶方面,有研究显示,当社会中女性数量较多时,男性往往会降低择偶标准,导致滥交行为的上升(Schmitt,2005),并且女性人口数量较多时,男性的择偶机会增大,导致男性不愿保持稳定的婚姻关系,也会带来结婚率的降低,离婚率也会上升(Pederson,1991)。一项分析了117个国家样本数据的研究发现,性别比较大的国家对女性的基础性支持相对较少,社会中男性数量与女性的入学率、劳动参与率和自杀率呈正相关,性别比例的升高一定程度上导致了女性在经济与教育上的不平等(South & Trent, 1988)。

与此同时，性别比对经济行为也能够产生影响。研究者通过实验设计启动被试在面临男性人口较多的情景时，男性对于未来的回报期望较少，更渴望当下即时的奖赏，并且降低了男性为未来进行储蓄的意向，增加了他们为即时的支出承担债务的意愿。性别比通过增加同性竞争的强度影响男性的经济行为，女性数量的减少使男性更愿意进行当下的消费而非为了未来进行储蓄（Griskevicius et al.，2012）。性别比除影响个体的择偶选择与经济选择之外，还会对社会的稳定产生影响，性别比失衡带来暴力犯罪的增加，影响社会稳定。研究者认为，男性过多更容易引发暴力犯罪行为，男性相较于女性更具攻击性。一项针对印度的研究发现，男性数量过多与故意杀人率之间存在较高的相关（Oldenburg，1992），在对英国与美国的犯罪数据进行研究后也发现了类似的结果，男性占人口比重越大越容易引发暴力犯罪行为（Barber，2003）。一项针对性别比与军费开支的研究发现，当议会中女性议员占比与该国的军费开支成反比，即女性议员数量较多时，军费开支相应减少（漆海霞，陈然，2012）。这一研究在一定程度上反映了特定领域的性别比对国家与社会所产生的影响。

通过以上论述可以发现，性别比例失衡尤其是性别比例偏高，男性数量较多时，更容易引发暴力犯罪行为，影响社会的稳定。同时带来储蓄行为减少，更渴望即时奖赏，延迟满足降低的状况，伴随着女性的教育和劳动参与率降低带来性别不平等。女性数量较多时，带来结婚率下降，男性产生更多的滥交行为。当一个社会滥交行为较多时是否可以在某种程度上表明社会的容忍度相对较高？同时，暴力行为减少，社会更为稳定。尽管没有直接证据表明性别比与国家创新之间的关系，但通过以上的推论可以提出猜想，是否性别比较低的社会环境更有利于国家创新能力的提升？提出研究假设H4：性别比与国家创新能力负相关，控制经济因素后，性别比对国家创新存在负向影响，即男性数量过多不利于国家创新能力提升。

二、社会环境与国家创新能力的关系

（一）基尼系数与国家创新能力的关系

关注创新转化的经济学研究者认为，消费人群的偏好引致企业创新，需求激励了企业的创新活动，带来社会整体创新能力的提升（Bhaduri，2006）。收入分配不平等将会影响消费人群的需求，对创新产生负面影响，极端不平等的收入分配阻碍工业化与技术创新的进步，带来产业的倒退，整个国家的创新能力也将受到重创（Murphy，Shleifer，Vishny，1988）。收入分配不平等造成社会主要财富集中在少数人手中，增加对创新产品的需求，中低水平收入者对创新产品购买力不足，而少数高收入者消费能力有限，影响企业组织创新产品的产业升级，遏制了企业创新的发展（Foellmi & Zweimüller，2006）。研究者采用省际面板数据对收入分配不平等与我国创新投入的关系进行了探讨，结果表明，收入分配不平等阻碍区域研发投入，不利于企业创新行为和研发投入，影响国家创新体系的构建（赵锦春，谢建国，2013）。

另有研究者认为，创新造成了收入不平等，创新水平的提升带来了收入分配的不平等。Breau等（2014）的研究使用加拿大的城市数据探讨了创新与收入不平等之间的关系，结果发现创新与收入不平等之间存在正向关系，创造力水平越高的城市，收入分配越不平等。研究者认为，大都会城市形成的经济组团提升了产业水平能够支付高于平均水平的工资，造成了收入分配的不平等，较高的工资水平吸引更多人才涌入，进一步加剧了这种局面。基尼系数主要用于评价收入分配的平等状况，通过收入数据绘制洛伦兹曲线并计算基尼系数，对收入的平均状况进行判定。收入分配的不平等程度与经济发展和社会进步都存在着一定的关系（Lorenz，1905）。无论是收入分配不平等阻碍创新，还是由创新造成收入分配不平等，现有研究已经表明在省际和城市等区域层面，基尼系数代表的收入分配不平等与创新之间存在相关，收入分配不平等具体如何影响国家创新？基尼系数从哪些方面影响国家创新能力的投入与产出？具体影响体现在何种环节？为了尝试对这些问题进行解答，提出假设H5：基尼系数与国家创新整体能力及投入产出存在负相关，控制经济因素后，对国家创新能力产生负向影响，这一影响在投入与产出方面均有显著影响。

（二）犯罪率与国家创新能力的关系

犯罪率是用以反映社会安定程度的一项客观指标，犯罪率较高的社会，生存环境较为恶劣，也与一系列社会问题相关。社会不平等与犯罪率之间存在较高的相关，一项针对19个不同城市居住社区的调查显示，社区内少数族裔群体的不平等带来了暴力犯罪率的上升，收入不平等更是加剧了这一局面，表明社区内经济资源分配的不平等与高犯罪率密切相关（Hipp，2007）。一项研究显示，收入不平等与故意杀人之间存在正相关，但并没有发现收入不平等与抢劫、强奸或斗殴等犯罪率之间的关系（Crutchfield，1989）。社会整体的工资分配方式与犯罪之间存在相关，非熟练工人的工资下降导致犯罪的增加，合理的就业结构与工资构成能够减少犯罪率的发生，相比于针对减少犯罪采取的威慑措施，经济回报更能有效降低犯罪率（Machin & Meghir，2004）。

研究者使用犯罪率这一客观指标用于衡量青少年童年期生活环境的恶劣程度，生活环境中的高犯罪率尤其是造成死亡的犯罪行为发生率促使个体形成较快的生命史策略，较少对与未来有关的行为进行投入（Ellis，2004）。一项针对青少年犯罪的研究显示，自尊水平较低的青少年心理与生理健康状况较差，所处的社会经济地位较低，成年后更容易产生犯罪行为，低自尊青少年成年后的犯罪率显著高于高自尊群体（Trzesniewski，Donnellan，Moffitt，Robins，Poulton，Caspi，2006）。这一研究表明青少年自尊与犯罪率之间存在较高的相关，自尊与创造力之间的关系已有大量研究者进行了探讨，尽管方向性方面仍然存在争论，但自尊与创造力之间存在较高的相关，犯罪率是否与创造力存在关系？

研究者发现，个体预期寿命较短的社区（例如，经常需要面临较高的外部风险、杀人率高等）通常也是女性生育年龄较早的社区（Wilson & Daly，1997）。1988—1993年，男性预期寿命在54~77岁，预期寿命与杀人率之间存在着较高的相关，经济不平等在其中也起到了重要的影响。内部原因（疾病）造成的死亡率在最好和最坏的社区中存在相似的年龄类型，但是由外部原因造成的死亡（杀人、意外、自杀）差异显著。社区的预期寿命下降，女性会选择较早进行生育（Wilson & Daly，1997）。

来自不同研究领域的证据表明，犯罪率，尤其是造成死亡的犯罪率，与收入不平等、自尊、社会稳定等存在密切的关系。其中也存在种种迹象表明，犯罪率与创造力及创新存在联系。犯罪率升高造成社会动荡，是否对国家对创新能力发展产生负向影响？犯罪率带来了死亡风险的提升也影响了生命史策略的形成，区域研究显示造成死亡的犯罪率对该区域生命史策略的影响更为显著，提出研究假设 H6：造成死亡的暴力犯罪率与国家创新能力负相关，控制经济因素后，对国家创新能力产生负向影响。

（三）性别平等与国家创新能力的关系

创造力是否存在性别差异一直是研究者关注的问题，由性别差异造成的性别刻板印象带来的性别不平等也在一定程度上影响创造力。Kemmelmeier 在一项实证研究中指出，创造力表现性别差异的研究存在结果并不一致的问题，并认为创造力的性别差异应当在特定情景与环境下才能进行讨论（Kemmelmeier & Walton，2016）。Kemmelmeier 等在研究中提出了个体—环境交互作用的观点，认为创造力表现的性别差异体现在特定情景中。研究采用实验的方法探讨了威胁、利己或利他、个体主义或集体主义组织模式以及正向情感或负向情感等情境下被试创造力表现，并且将创造力表现区分为他评创造力与自评创造力两种类型。结果发现，多种情景交互下，男性与女性的创造力表现存在差异。由他人对创造力表现进行客观评价时，女性在流畅性表现方面优于男性；风险情景能够提升男性的利他创造力和女性的利己创造力；创造性任务有益他人并且不存在威胁的情景下女性在创造力的新颖性表现上优于男性。对创造力表现进行自评时，女性认为自身面临风险且从事利他创造力行为时表现较好，男性认为自身在没有风险的条件下从事利他创造力表现更好。研究结果进一步表明，创造力的性别差异无法脱离特定情景，差异表现依赖于情景的多样性。

普遍的刻板印象倾向于认为创造力与独立自主的关系密不可分，而独立自主通常用来形容男性，因此人们往往认为男性比女性更具创造力。行业环境中，女性的创造性思维很少能得到认可，更多地要求女性从事创造性较低的职业，并且因此错失企业领导层的位置，女性在诸如电影和广告等创造性产业中也往往难以跻身前列（Lauzen，2014），性别刻板印象带来的性别不平等对待阻碍了女性在创意产业中的发展。研究者通过实验与资料研究发现，突破性创造力与环境中男性气质特征的刻板印象相关（如勇敢和依靠自我）而不是女性气质特征的刻板印象（如合作精神和提供支持），即使创造性产品一致，男性也会被认为相比于女性更具创造力，资料研究的结果也佐证了这一结论。女性主管接受上级评价时，会被认为其创造性劣于同级别男性主管。男性气质行为的刻板印象促进了男性对创造力的感知，对女性而言并不具备此效果。环境中存在的性别归因刻板印象是造成创造力性别差异的重要原因，而这一归因偏差也可能成为阻碍创新涌现的原因（Proudfoot，Kay，Koval，2015）。

创造力的性别差异的刻板印象可能阻碍女性在企业组织中发挥创造力，这一研究思路对国家层面的创造力与创新研究带来启发，性别的不平等是否会影响国家创新能力？性别平等是否能够促进国家创新能力的提升，或是性别不平等并不会影响国家创新，这两者并不存在个体水平或是组织行业水平的关系？提出研究假设H7：性别平等程度与国家创新正相关，控制经济因素后，性别平等对国家创新存在正向影响，即女性在教育、经济、政治以及医疗卫生等方面的平等参与有利于国家创新能力的提升。

三、文化环境与国家创新能力的关系

文化是一整套共享知识的网络，这些知识在相互关联的个体之间被进行组合、传播以及再生产（Keesing，1974）。成功的创新需要3个阶段的反复发生：①产生新想法；②挑选、编辑、营销新想法；③所在领域接受该新想法。文化对创新的影响发生在上述3个阶段中：已有文化提供参考点，用于评价想法的新颖性；文化的一致性提供了想法选择、编辑以及市场化的规范基础；文化规范决定了一个想法如何在文化中被接受。文化可以通过影响社会运作过程进而影响创新的产生与应用（Chi-Yue & Y-Y，2010）。多样与包容的文化能够为创新的产生提供更多的基础与参考。在一项针对中国创新能力的研究中，研究者认为，对政治动荡的集体记忆和外部威胁增加了中国人对安全的渴望，本能的形成了厌恶损失的思维方式而非关注获得的思维方式。厌恶损失的思维方式阻碍了文化的交流，不利于文化异质性的产生（Liou，Kwan，Chiu，2016）。历史上的闭关锁国阻碍了中国创新的步伐，也进一步表明厌恶损失的思维方式阻碍文化异质性，并不利于创新产出。

文化心理学家对如何量化文化以及探讨文化如何影响心理与行为进行了长期的研究（Chi-Yue & Y-Y，2010），通过多种角度切入对文化价值进行了衡量，我们试图对文化环境如何影响国家创新能力进行较为全面的初步探讨，选取了目前文化心理学研究中影响较为广泛的六套评价体系，尝试从多种角度研究文化对国家创新能力的影响。

（1）霍夫斯泰德的文化价值维度与国家创新能力的关系

文化与国家创新能力的研究中，多数研究者采用霍夫斯泰德文化价值维度探讨文化对创新能力的影响。例如，Rinne 等（2012）采用霍夫斯泰德文化价值维度作为文化代理指标，结果发现，权力距离与国家创造力之间存在显著的负向关系，而个体主义与国家创造力之间存在显著的正向关系。我们在第三章对文化环境影响国家创新能力的研究进行综述的过程也发现，霍夫斯泰德文化价值维度是应用较为广泛的文化环境评价指标，研究关注点也主要集中在讨论文化环境如何影响国家的专利、发明、商标注册等方面（Shane，1993；Lynn & Gelb，1996），并以单一的指标测量国家创新能力。尽管已有研究发现，文化环境能够对国家创新能力产生影响，但具体影响国家创新能力的何种方面并不十分明确（Van Everdingen & Waarts，2003）。研究者也逐渐开始选用综合衡量国家创新能力的指标代替专利与商标数量等单一指标。我们使用的全球创新指数（Global Innovation Index，GII）是一组综合性的衡量国家创新能力的指标体系，对国家创新能力分别进行了投入与产出两方面的具体评价。投入包括制度、人力资本和研发、基础设施、市场成熟度和商业成熟度 5 个方面，主要是对创新环境进行评价；产出包括知识与科技产出以及创意产出两方面，主要是对创新产品与成果进行评价。

文化对创造力与创新的影响体现在个体与组织的众多方面，研究者对文化的分类与研究并不局限于霍夫斯泰德文化价值维度，也开始使用其他文化价值或社会规范的测量数据探讨文化与国家创新之间的关系。但文化对国家创新力的影响仍然需要进一步的考察与探讨，任何一种对文化的测量都无法全面反映文化的本质。我们试图采用多种文化测量结果探讨文化与国家创新之间的关系，在验证前人研究的同时补充文化影响国家创新能力的成果，尝试从多方面反映文化与国家创新能力的关系。我们尝试在前人已有研究的基础上，探讨霍夫斯泰德文化价值维度具体影响国家创新能力的何种方面，在理论层面上试图采用慢策略宏观环境促进国家创新能力假说进行解释，在现实层面针对存在影响的具体方面提出有针对性的发展建议。根据前人已有研究结果及国家创新能力的具体评价指标提出操作性假设。

权力距离维度用于测量文化成员对权力分配不平等的接受程度。高权力距离的国家多采用层级式的结构，通过正式渠道进行信息沟通，权力较为集中；低权力距离的国家构成结构灵活，非正式沟通较多，权力分散程度更高。前人研究表明，权力距离与国家创新存在负相关，我们在采用综合指标进行验证的基础上进一步深入探索，提出研究假设 H8a：权力距离与国家创新能力负相关，控制经济因素后，对国家创新能力产生负向影响，前人研究显示权力距离对国家创新的影响结果较为稳健，我们假设权力距离能够对国家创新能力的投入与产出均产生负向影响。

个体主义—集体主义维度中的个体主义文化更关注文化成员的独立性，采用自身特征定义成员身份；集体主义文化更强调整体性，用成员所处的群体位置定义自身。研究者对这一维度如何影响国家创新能力进行了大量探讨，提出研究假设 H8b：个体主义与国家创新能力正相关，控制经济因素后，对国家创新能力产生正向影响，前人研究发现这一维度对国家创新能力的影响较为显著，我们提出个体主义对国家创新投入与产出均存在正向的影响。

不确定规避维度用于评价文化成员对环境中不确定性的避免，是对模糊性接受程度的测量，并不意味着厌恶风险，不确定性与风险具有一定的差异。不确定规避得分较低的国家对新思想接受度较高，而不确定规避得分较高的国家更倾向于避免发生变故。已有研究对不确定规避影响国家创新进行过探讨，但结果并不稳健，提出研究假设 H8c：不确定规避与国家创新能力负相关，控制经济因素后，对国家创新能力产生负向影响，不确定规避对国家创新的投入与产出存在负向影响。

长—短期取向维度又可以称为"儒家工作动力",来自彭迈克的"中国文化联结"研究项目。长期取向的国家更注重对未来的考虑,热衷勤俭与储蓄,以发展的眼光看待事物,短期取向的国家表现相反。生命史理论认为种群选择慢策略更关注未来,快策略更注重当下,与这一文化维度存在相似之处。我们根据研究假说提出假设 H8d:长期取向与国家创新能力正相关,控制经济因素后,对国家创新能力产生正向影响。

男性气质—女性气质维度评价的是国家内具有主导地位的文化价值侧重男性气质还是偏向女性气质。男性气质的国家更重视自信进取,强调发展,女性气质的国家更偏好抚育价值,重视稳定。这一维度与生命史快慢策略形成过程中对发展与维持的权衡存在相似之处,根据我们提出的慢策略宏观环境促进国家创新能力假说,慢策略环境更指向未来发展,是否与强调发展的男性气质更为相似?因此我们提出研究假设 H8e:男性气质与国家创新能力正相关,控制经济因素后,对国家创新能力产生正向影响。

放纵—抑制维度中,放纵倾向意味着允许在相对自由的程度上满足与享受生活乐趣以及与此相关的人类的其他欲望,而与之相反的抑制维度意味着要在严格的社会规范的制约与监督下实现各方面的满足。放纵倾向中对欲望的满足是指享受生活与乐趣,而不是一般意义上的人类欲望(Hofstede, Hofstede, Minkov, 2010)。来自企业组织等方面的研究结果发现,自由的氛围更有利于创造力的提升,受到这一研究结果的启发,我们提出研究假设 H8f:放纵性较高的文化价值与国家创新能力正相关,控制经济因素后,对国家创新能力产生正向影响。

(2) 英格尔哈特"世界价值观调查"文化价值维度与国家创新能力的关系

英格尔哈特通过全球范围内的价值观调查,抽取出衡量文化价值的两个因子。第一个因子是理性合法权威(Rational-Legal Authority)—传统权威(Traditional Authority),传统权威意味着重视宗教、家庭和民族自豪感,服从权威,反对堕胎、离婚、安乐死和自杀,不谈论政治等特点;英格尔哈特认为理性合法即为现代性，也称为世俗理性，其主要含义是具有成就动机和决断力，对政治有兴趣，能够接受堕胎等，与传统权威特征相反。根据对这一因子的描述，结合慢策略宏观环境促进国家创新能力假说，提出研究假设H9a：世俗理性与国家创新能力正相关，控制经济因素后，对国家创新能力产生正向影响。

第二个因子是自我表达（Self-Expression）—生存（Survival），生存价值观意味着注重人身与经济安全，对外来文化与其他种族较为排斥，不接受同性恋等，自我表达价值观特征与生存价值观相反，这一维度得分较高的国家其国民体验到较高的幸福感与快乐，对同性恋的接受也较高。自我表达一端体现了更为宽容的文化价值，结合我们的研究假说，提出假设H9b：世界价值观调查中的自我表达与国家创新能力正相关，控制经济因素后，对国家创新能力产生正向影响。

（3）GLOBE项目价值观维度与国家创新能力的关系

除研究霍夫斯泰德文化价值维度对国家创造力与创新的影响之外，另有研究者关注了GLOBE项目（House，Hanges，Javidan，Dorfman，Gupta，2004）中的文化价值维度与国家创新之间的关系。Taylor和Wilson（2012）将GLOBE中的集体主义分为制度集体主义和内群体集体主义，使用人均专利引用数与人均科技出版物引用数作为国家创新的衡量指标，结果发现，个体主义以及制度集体主义与国家创新存在正相关，而内群体集体主义与国家创新存在负相关。我们尝试采用更为综合的国家创新能力衡量指标对GLOBE项目测量的文化维度如何具体影响国家创新能力进行探讨，GLOBE项目将Hofstede的文化维度扩展为9项，我们综合前人研究及二者的联系提出具体的研究假设。

权力距离：社会、组织和群体的成员认可群体内的权力和地位被不平等地分配的程度。权力距离得分越高表明成员之间在权力、声望、地位和财富方面的阶层分化越大，即权力距离越大。提出研究假设H10a：权力距离与国家创新能力负相关，控制经济因素后，对国家创新能力产生负向影响。

不确定性规避：依靠特定的社会规则、惯例、规定、法律、体制和程序等进而避免不确定发生的程度，不确定规避得分越高表明对不确定的接受程度越低，越倾向于避免不确定。提出研究假设 H10b：不确定规避与国家创新能力负相关，控制经济因素后，对国家创新能力产生负向影响。

未来取向：成员参与导向未来的行为（如制订计划和延迟满足）的程度。未来取向高的社会强调为未来做准备，而未来取向低的社会更关注享受当下。这一维度得分越高表明国家价值观更着眼于未来。提出研究假设 H10c：未来取向与国家创新能力正相关，控制经济因素后，对国家创新能力产生正向影响。

表现取向：社会、组织或群体鼓励和奖赏成员表现出积极进取、力争优秀以及设定具有挑战性的目标并努力实现的程度。这一维度得分越高表明国家或社会价值观越倾向于表现取向。提出研究假设 H10d：表现取向与国家创新能力正相关，控制经济因素后，对国家创新能力产生正向影响。

制度性集体主义：组织和社会制度对集体分配资源的认可和鼓励集体行动的程度，这一维度得分较高的国家和社会更认可广泛的社会利益而不是达成个人目标和成就。提出研究假设 H10e：制度集体主义与国家创新能力负相关，控制经济因素后，对国家创新能力产生负向影响。

内群体集体主义：个体对于他们所处的社会、组织或家庭表达对于本群体的忠诚和凝聚力的程度。内群体集体主义维度得分较高的国家和社会的人们更愿意为他们的社会、组织或群体做出贡献。提出研究假设 H10f：内群体集体主义与国家创新能力负相关，控制经济因素后，对国家创新能力产生负向影响。

性别平等主义：社会、组织或群体促进性别平等和最小化性别角色差异的程度，这一维度得分越高表明国家或社会性别更为平等，两性之间的性别角色差异越小。提出研究假设 H10g：性别平等与国家创新能力正相关，控制经济因素后，对国家创新能力产生正向影响。

自信：社会、组织或群体成员在社会关系中表现出坚决、自信、竞争性等的程度。自信水平较高的社会鼓励成员具有坚强有力、自强不息和不屈不挠的品质，而自信水平较低的国家和社会的人们更多表现为羞怯的、屈服的和温柔的。这一维度得分越高表明国家或社会更为自信。提出研究假设H10h：自信与国家创新能力正相关，控制经济因素后，对国家创新能力产生正向影响。

人文取向：社会、组织或群体鼓励和奖赏成员表现出公正、利他、慷慨、有同情心和善良等的程度。人文取向高的社会更为重视对他人的支持，鼓励体现团体价值观，鼓励人道主义。这一维度得分越高表明国家或社会越倾向于人文取向。提出研究假设H10i：人文取向与国家创新能力正相关，控制经济因素后，对国家创新能力产生正向影响。

（4）施瓦茨文化价值维度与国家创新能力的关系

施瓦茨将通过调查研究获得的7种价值观类型划分为3个维度，分别是依附性（Embeddedness）—自主性（Autonomy），其中自主性包括智力自主性（Intellectual Autonomy）与情感自主性（Affective Autonomy）两方面；等级性（Hierarchy）—平等主义（Egalitarianism）；掌控性（Mastery）—和谐性（Harmony）。

依附性—自主性：依附性和自主性表述的是个体与群体之间的关系。依附性意味着维持现状，对那些扰乱群体团结或传统秩序的行为与倾向进行限制。自主性与依附性含义相对，自主性高的国家与社会中，个体是具有自主性的，相互之间存在界限，国家或社会鼓励个体寻找自身所具有的特殊意义并寻求能够表达自己内心的特质（例如，偏好、特质、情感和动机）。自主性包含智力自主性（Intellectual Autonomy）与情感自主性（Affective Autonomy）两方面。智力自主性表明国家和社会重视追求个人独立的想法以及认知上的方向性；情感自主性意味着国家和社会重视个人追求积极的情感体验。智力自主性和情感自主性与依附性存在较强的负相关。根据这一维度的描述提出研究假设H11a：依附性与国家创新能力负相关，控制经济因素后，对国家创新能力产生负向影响。提出研究假设H11b：情感自主性与国家创新能力正相关，控制经济因素后，对国家创新能力产生正向影响。提出研究假设H11c：智力自主性与国家创新能力正相关，控制经济因素后，对国家创新能力产生正向影响。

掌控性—和谐性：掌控性与和谐性主要描述的是人类与自然和社会的关系。掌控性意味着强调通过积极的自我主张来取得成功，掌控性代表主动地征服和改变世界，开发自然与世界用于获得个人或群体利益的最大化。提出研究假设H11d：施瓦茨文化价值中的掌控性与国家创新能力正相关，控制经济因素后，对国家创新能力产生正向影响。和谐性意味着强调和谐地融入社会环境与自然环境，和谐性代表接受世界本来的面貌，试图融入它与之成为一个整体而不是对世界进行开发。提出研究假设H11e：和谐性与国家创新能力负相关，控制经济因素后，对国家创新能力产生负向影响。

等级性—平等主义：等级性和平等主义表述的价值观均体现了维持社会架构以及社会责任感的行为。等级性意味着强调权力、角色和资源分配不平等的合理性，在等级性高的文化中，国家或社会的等级系统确保了成员能够做出对社会负责的行为。整个社会化的过程要求人们遵从分配给他们的角色所承担的义务与需要遵守的规定，否则将被惩罚。平等主义意味着超越个人利益，自愿致力于提升他人的幸福。在平等主义高的文化中，个体间处于精神上平等的地位，共同作为人类而享有权益。提出研究假设H11f：平等主义与国家创新能力正相关，控制经济因素后，对国家创新能力产生正向影响。

（5）社会公理文化价值观调查

Leung等（2002）将社会公理定义为关于自己、社会、现实世界或精神世界的一般性信念，就像是数学中的公理，它们是人们认同的并用来指导日常生活的基本前提。包括5个方面：

社会复杂性（Social Complexity）用于衡量社会是否是复杂多变的，是否存在一般规则，以及社会行为是否可能在不同的情境下产生矛盾的结果。这一维度测量内容的重要性在于，人们需要了解个体是否可以依赖以前使用过的方法，或者应该根据情境变化来指导个体的行为。该维度侧重于外部世界的所有方面，社会复杂性得分较高表明对行为所处情境的变异较为敏感，国家或社会更为复杂多变。提出研究假设H12a：社会公理中的社会复杂性与国家创新能力正相关，控制经济因素后，对国家创新能力产生正向影响。

社会犬儒主义（Cynicism）与马基雅维利主义相关联，马基雅维利主义认为操控他人是出人头地的有效策略。然而，犬儒主义在范围上更为广泛，它包括对他人的负面看法，对社会制度的不信任，以及对某些群体负面的刻板印象（如老人通常是顽固和有偏见的）。这一维度测量的是人们对社会制度的感知，即社会是仁慈的还是弱肉强食的。并且可以用于指导他们对新事物的一般性预期。在这一维度得分高表明国家或社会更犬儒主义。提出研究假设H12b：社会公理中的社会犬儒主义与国家创新能力负相关，控制经济因素后，对国家创新能力产生负向影响。

宗教性（Religious）在所有文化中都有所体现，对灵性及其结果的信念能够影响各种行为，例如，职业选择和休闲活动的选择等。这一维度得分越高表明该国家或社会中宗教对人们生活的影响越大。提出研究假设H12c：社会公理中的宗教性与国家创新能力负相关，控制经济因素后，对国家创新能力产生负向影响。

命运控制（Fate Control）涉及对控制的关注，它关注的是一个人是否可以控制所发生事件的信念。命运控制包含的结构较为广泛，事件是预定的和可预测的。众所周知，对控制的关注与众多行为相关。命运控制与控制和可预测性相关，带有明显的行为暗示即采取行动可以影响命定的结果（例如，大难不死必有后福）。这一维度得分越高，表明国家或社会更相信命中注定的程度越高。提出研究假设H12d：社会公理中的命运控制与国家创新能力负相关，控制经济因素后，对国家创新能力产生负向影响。

天道酬勤（Reward for Application）强调努力工作所能带来的收益，应用较为广泛，涵盖构建公平世界的主旨：努力工作付出的人将会得到回报。个体可以通过这一维度知晓所处社会中努力工作是否可行，所产生的相应的策略也较为不同，这些都取决于在该社会环境中取得成果需要付出有条件或是无条件的努力。这一维度得分越高，越表明国家或社会更强调付出与回报的公平性。提出研究假设H12e：天道酬勤与国家创新能力正相关，控制经济因素后，对国家创新能力产生正向影响。

（6）"松—紧"文化规范

Hofstede的文化价值维度理论影响广泛，除此之外，研究者提出使用社会文化规范的松紧性（Cultural Tightness and Looseness，CTL）的不同程度对文化进行分类。同质性文化往往较为"紧密"，社会规范也较为类似；异质性文化更为"松散"，相应的社会文化规范也具有明显的异质性，内群体成员对于是否遵守规范表现较为随意。紧文化环境不能容许或是接受文化成员在价值观或行为上有较大差异，松文化对价值观或行为的容忍度较高，能够允许文化环境中出现"不一样的声音"（Triandis，1989）。

文化的松紧性是指一个文化中社会规范的严苛程度以及对超出常规的行为的容忍度（Harrington & Gelfand，2014）。文化环境较为宽松自由，容忍失败，能够对创造力行为产生促进作用，文化的松紧性成为影响创造力的重要的因素（Chua，Roth，Lemoine，2014）。前人研究发现，以美国各州为研究对象，发现松紧文化能够对美国州水平的创新能力产生影响，研究发现，松文化环境有利于美国州水平创新能力的提升（Harrington & Gelfand，2014）。在前文对于文化环境影响国家创新能力以及现有的州水平研究的基础上提出研究假设 H13：松文化环境与国家创新能力正相关，控制经济因素后，对国家创新能力产生正向的影响，即国家的文化环境宽松时更有利于创新能力提升。

四、心理变量宏观地理分布与国家创新能力的关系

（一）人格与国家创新能力的关系

人格特质是影响个体创造力的重要因素，人格与创造力的关系最先受到创造力研究者的关注，产生了大量的研究成果。人格特质理论中最具代表性的是大五人格理论的五因素模型（Steel，Rinne，Fairweather，2011）。例如，研究发现个体的创造力与其人格中的开放性密切相关（Perrine & Brodersen，2005）。当环境允许个体表现出创造性时，高开放性的个体倾向于提出新颖的问题解决方案，以创新性的观点提升环境机能（George & Zhou，2001）。员工的高开放性有利于团队创造力的发展和产品创新（Aronson，Reilly，Lynn，2008；Homan，Hollenbeck，Humphrey，Van Knippenberg，Ilgen，Van Kleef，2008）。除经验的开放性特质与创造力高度相关之外，研究发现外倾性、尽责

性与创造力之间也存在正向关系（Furnham, Crump, Batey, Chamorro-Premuzic, 2009; Kandler, Riemann, Angleitner, Spinath, Borkenau, Penke, 2016）。还有的研究认为，创新者需要同时具有经验开放性和尽责性的特质（Fehr, 2009）。人格的研究也包括对创造力的动机的研究，个体从事创造力活动的内部动机与外部动机对创造力产生不同的影响，激发创造力的动机多数是来自个体内部（Collins & Amabile, 1999），但不受评价约束的内部动机也在一定程度上限制创造力（Amabile, 2003），某些情况下创造力的动机来自外部努力，Amabile（2003）的研究也发现，特定种类的外部因素也会限制创造力的发展。

创造力的研究主体不仅限于个人层面，企业、地区、国家的创造力与人格的关系受到研究者的关注。以往研究已经探讨过个体层面的人格因素与创造力之间的关系。随着全球性调查数据的公开，在国家层面开展类似的研究成为可能。在大五人格理论和个体层面的实证研究的基础上，研究者探讨了国家层面的人格与创造力之间的关系。结果发现，大五人格中的经验的开放性与国家创造力投入与产出均存在显著的正向关系，宜人性与国家创造力投入之间存在显著的正向关系（Steel, Rinne, Fairweather, 2011）。文化作为影响国家发展的重要因素，在人格对国家创造力的影响中起到中介的作用（Rossberger & Krause, 2014），McCrae认为大五人格的产生是基于一定的生物基因基础，文化可能无法直接改变人的特质，但是会影响到人格特质的表达（Hofstede & McCrae, 2004）。人格对国家创造力的影响无法脱离文化环境。现有对国家层面人格与创造力关系的影响仍存在一些待解决的问题，人格对国家创造力的影响具体表现在国家创新能力的哪些方面？是否对国家创新能力的投入产出存在影响？我们试图针对这些问题进一步探讨人格对国家创新能力的影响。

开放性（Openness, O）：又称为经验的开放性，主要表现为个体对知识的好奇，对新异事物的接受程度等，这一维度在传统人格研究中往往被认为与创造力有着高相关。这一维度的描述包括独创性、想象力以及尝试新鲜事物等。借鉴已有研究及结合我们提出的慢策略宏观环境促进国家创新能力假说，提出研究假设 H14a：开放性人格特质与国家创新能力正相关，控制经济因素后，对国家创新能力产生正向影响，对国家创新能力的投入与产出也存在相应的影响。

外向性（Extraversion，E）：主要表现为精力充沛的程度，反映的是情绪积极、自信热衷以及主动社交等倾向。这一维度的描述包括热情、话多等。借鉴已有研究结合我们提出的慢策略宏观环境促进国家创新能力假说，提出研究假设 H14b：外倾性人格特质与国家创新能力正相关，控制经济因素后，对国家创新能力产生正向影响，对国家创新能力的投入产出存在相似表现。

宜人性（Agreeableness，A）：主要表现为对他人富有同情心、热心友好等，侧重合作、维持和谐的人际关系等。这一维度的描述包括乐于助人、无私、宽厚等。根据前文综述及结合我们提出的慢策略宏观环境促进国家创新能力假说，提出研究假设 H14c：宜人性人格特质与国家创新能力正相关，控制经济因素后，对国家创新能力产生正向影响，对国家创新能力的投入与产出也存在方向一致的影响作用。

尽责性（Conscientiousness，C）：主要表现为对行为负责，具有组织性强和纪律性较好等特质。这一维度的描述包括工作周到、细致负责等。根据前文综述及这一人格维度的特点，结合我们提出的慢策略宏观环境促进国家创新能力假说，提出研究假设 H14d：尽责性人格特质与国家创新能力正相关，控制经济因素后，对国家创新能力产生正向影响，对国家创新能力的投入与产出也存在方向一致的影响作用。

神经质（Neuroticism，N）：主要表现为对愤怒、抑郁等负面情绪体验的敏感程度，又可称为情绪不稳定程度。这一维度的描述包括压抑、忧郁、易紧张等。根据前文综述及这一人格维度的特点，结合我们提出的慢策略宏观环境促进国家创新能力假说，提出研究假设 H14e：神经质人格特质与国家创新能力正相关，控制经济因素后，对国家创新能力产生正向影响，对国家创新能力的投入与产出也存在方向一致的影响作用。

（二）自尊与国家创新能力的关系

自尊（self-esteem）是对自我的整体评价，是根据社会角色对自我概念的评估，包括自信（self-confidence）与自重（self-respect）。自尊为个体提供生存的能力与意义，也是人格维度的重要部分（Baumeister，Smart，Boden，1996）。以往研究结果发现，Rosenberg自尊量表的测量分数与大五人格中的外倾性与神经质两个维度高度相关，这一相关性得到众多研究的证实（Kwan，Bond，Singelis，1997；Pullmann & Allik，2000；Robins，Tracy，Trzesniewski，2001）。

自尊水平较高的个体往往表现出不惧挑战和选择，倾向于开发自身能力与获取成就，人际关系较为和谐；低自尊个体与此相反，容易产生无价值感，害怕面临挑战与决策，常常感受到恐惧与焦虑，人际关系也因此受损。自尊与创造力的关系一直以来受到研究者的关注，但结论存在争议。一部分研究者认为，自尊水平较高的个体具有高开放性、高个体主义，以及容忍不确定的特质，这些特质与创造力具有较高的相关性（Zachopoulou，Makri，Pollatou，2009）。另一部分研究者认为，自尊与创造力存在负相关，研究者认为高创造力个体在成长中对规则的破坏或是过于开放性的特质会受到父母教养及社会文化的压制，造成其尽管具有高创造力但由于自尊水平较低而无法表达（Nelson，Rubin，Fox，2005）。也有研究者认为创造力可以通过训练进行提升，这种创造力的训练并不会带来自尊水平的升高，持这一观点的研究者更倾向于认为创造力与自尊之间并不存在关系（Meador，1994）。

研究者采用元分析的方法对自尊与创造力的文献进行分析，结果显示自尊与创造力之间存在显著的正相关（邓小平，张向葵，2011）。一项以进行舞蹈创意学习的学生为被试的研究发现，舞蹈创造力表现较高的被试相较于控制组被试更为敏感，具有较高舞蹈创造力的个体相较于控制组表现出了更高的自尊水平（Kalliopuska，1989）。尽管上述论述与研究均来自个体水平，但能够对组织及国家水平的自尊与创造力的关系研究进行启发。国家层面的自尊水平是否能够影响国家的创新能力？国家整体自尊水平较高是否能够带来国家创新能力的提升？自尊与创造力的关系是否存在跨水平的一致性？我们将在后续章节对这一假设进行验证与讨论。提出研究假设H15：自尊水平与国家创新能力正相关，控制经济因素后，对国家创新能力产生正向影响。

（三）同理心与国家创新能力的关系

新颖与适用是创造力的两大要素，从事创造性生产的主体更为关注新颖性，另有研究者认为，关注创造结果的实用性应当从受益人的角度进行考虑，提出亲社会动机会促使创造主体同时注重创造的新颖与适用。亲社会动机能够帮助个体从他人的视角考虑问题，提高感知他人感受与需求的敏感度，进而增强创造过程中整合加工认知资源的能力，促进创造力的产生（Grant & Berry，2011）。其中一项研究发现，内部动机与亲社会动机能够交互影响创造力。亲社会动机较高的情况下，内部动机才能发挥提升个体创造力的功效，而内部动机与亲社会动机同时提升的情况，被试的创造力水平最高，表明了促进创造力提升过程中与亲社会有关的行为与动机的重要作用（李阳，白新文，2015）。

同理心（或者同情，Empathy）是在心理层面上与他人感觉或观点保持一致的倾向，是对他人感受的敏感观察与体验。同理心与一系列的人际结果相关，例如，同理心与生活满意度、情绪智力，以及自尊等存在正相关。同理心水平较高的人们相比于水平较低的人们具有更令人满意的社会关系，更为重要的是，他们也会更加亲社会。具有较高同理心水平的人们更愿意参加志愿活动，进行慈善捐助，回应他人的各项需求，以及在生活中更为利他，这一相关性也在实证研究中得到证实（Chopik，O'Brien，Konrath，2017）。已有研究表明，同理心与亲社会行为及动机存在较高的相关性，亲社会行为与动机能够促进创造力的提升，同理心与创造力的关系也因而受到研究者的关注。一项研究发现，舞蹈创造力表现较高的被试相较于控制组被试更为敏感，同理心水平更高，并且在同理心与创造力关系的研究中女性的表现优于男性（Kalliopuska，1989）。另一项音乐创造力相关的研究也发现了类似的结果，具有较高音乐创造力的个体对他人感受更为敏感，具有较高的同理心水平（Cross，Laurence，Rabinowitch，2010）。

以上论述与研究表明，亲社会行为与动机，同理心与创造力的产生及促进具有较高的相关性，在个体水平方面已经具有相当一部分研究成果的佐证。受到个体水平研究的启发，国家水平的创新能力是否与国家水平的同理心存在一定的关系？具有较高同理心水平的国家是否在一定程度上表现出较强的创新能力？同理心是否能够影响国家创新能力的提升？提出假设 H16：同理心与国家创新能力正相关，控制经济因素后，对国家创新能力产生正向影响。

第三节 研究方法

本节主要对实证研究部分使用的变量指标的选取、内容以及数据来源进行介绍，根据具体的研究假设开展后续的实证分析。

一、操作性指标的选取

本部分内容主要包括因变量、自变量以及控制变量的操作性指标的内涵、数据来源等。

（一）国家创新能力的测量

全球创新指数（Global Innovation Index，GII）是一组使用较为广泛的创新指标，欧洲工商管理学院（INSEAD）在 2007 年首次发布了全球创新指数的报告，按照每年一次的频率更新结果（INSEAD，2009）。GII 作为一项综合指数，包含国家或经济实体的创新投入与产出的得分情况，由两组二级指标构成，分别是投入（input）分指标与产出（output）分指标。投入分指标主要用于衡量利于创新的环境因素，包括五项创新投入三级分指标，分别是制度（institutions）、人力资本和研发（human capital and research）、基础设施（infrastructure）、市场成熟度（business sophistication）和商业成熟度（business sophistication）；产出分指标是国家创新行为的结果，包括两项三级指标，分别是知识与科技产出（knowledge and technology outputs）以及创意产出（creative outputs）；各三级分指标之下又分别包含三项不同的四级指标用于合成不同的测量指标。各指标相对独立又联系紧密，对世界各个国家及地区在创新方面的优劣势、能力和绩效进行了综合反映。Kwan 和 Chiu（2015）在研究人力资本与体制支持对创造力的影响作用时，使用了 GII 作为国家创新的代理指标。全球创新指数构建了一个综合性的量化指标用于衡量国家创新水平，对各个国家和地区的创新实践有一定的指导意义。

本书搜集使用了2009—2015年的全球创新指数作为国家创新能力的因变量指标，包括投入与产出两项二级指标，以及两项二级指标包含的下属三级指标。国家创新指数不同年份报告会对指标名称与内容进行微调，例如，2009年的报告中产出指标包括三项分指标，2010年报告中产出分指标变更为两项，在此后的年份中逐渐稳定，因此本书在进行结果报告时也均按照当年指标名称进行表述。

（二）人口学宏观特征指标

（1）预期寿命

预期寿命往往从出生时算起，用于衡量人口的存活时间。人均预期寿命（Life Expectancy），是基于当前人群各年龄阶段的死亡率分布特征，计算新出生的一群人预期平均存活的时间。我们的预期寿命指标选取自世界银行发布的出生时预期寿命（Life Expectancy at Birth, Total）数据，选取2009—2015年共7年的数据。

（2）疾病流行

我们使用的疾病流行指标共有两组，一组选取了2009—2014年各国结核病发病率（Incidence of Tuberculosis），数据来源世界银行；另一组选取各国历史上疾病流行（Historical Pathogen Prevalence），Varnum和Grossmann计算了1951—2012年9种传染病死亡率得到62个国家的历史流行病指标（Varnum & Grossmann, 2016）。

（3）青少年生育率

青少年生育率（Adolescent Fertility Rate）是指每1000名女性中在15~19岁生育的女性的占比，指标选取自世界银行2009—2014年共6年的数据。与此同时，性别不平等指数中也包含有青少年生育率的数据，二者存在较高的相关水平，考虑到数据年份缺失的问题，因此研究中使用世界银行调查的数据。

（4）人口性别比

性别比用于衡量群体中男性数量与女性数量的比率，通常以每100位女性对应的男性数量作为统计标准。女婴比男婴的存活率高，并且女性寿命普遍长于男性，故而在自然状态下，女性数量通常会多于男性。有研究表明资源缺乏时，女婴的出生率高于男婴（South & Trent，1988；Doyle，2005）。我们对性别比的测量选取两组指标，一组为2010年各国全年龄性别比及2010年育龄期（21~69岁）性别比，选取自联合国数据（UN Data）；另一组为2009—2015年各国女性人口占全部人口百分比（Percentage of the population that is female, % of total），选取自世界银行（World Bank）调查数据。

（三）社会环境指标

（1）基尼系数（GINI）

基尼系数是用于判断年收入分配是否公平的一项指标，取值介于0~1。基尼系数最大为1，表示收入分配绝对不公平，最小取值为0，表示为收入分配的绝对公平，基尼系数越小，年收入分配越平均（Xie & Zhou，2014）。我们使用的基尼系数指标来源世界银行，选取2009—2015年共7年的数据。

（2）暴力犯罪

我们使用世界银行发布的各国每10万人中凶杀案件数（Intentional homicides per 100000 people）作为暴力犯罪的代理指标，选取2009—2014年共6年的数据。

（3）性别差距

性别差距主要反映全球性的性别不平等状况，根据测量指标的不同所涵盖的领域也有所不同。我们反映性别差距的指标共有两组，包括性别不平等指数（Gender Inequality Index）与性别差距指数（Gender Gap Index），前者取2011—2014年人类发展报告（*Human Development Report*），性别不平等指数由母亲死亡率（Maternal Mortality Ratio）、未成年生育率（Adolescent Birth Rate）以及女性议员占比（Share of Seats in Parliament）三项分指标构成，并且由这三项指标合成性别不平等指数（Gender Inequality Index），指数越高表明性别不平等程度越高。由于数据调查存在一定的难度导致性别不平等指数的分指标存在不同年份的缺失问题，为了保证研究的严谨性，仅使用该指标合成后的总指数及女性议员占比两项数据。性别差距指数来源为2009—2015年世界经济论坛发布的性别差距报告（*World Economic Forum's Global Gender Gap Re-*

port)。全球性别差距报告 2006 年开始发布以来一直致力于量化性别差异的程度,并对这一进展进行了长期的跟踪,较为全面的评价了全球性别差距,为男女之间较为公平的分配资源提供了一个评价模型。全球性别差距指数从健康、教育、经济以及政治 4 个方面衡量了不同国家男女之间的差异。性别不平等指数越高表明性别平等程度越差,性别差距指数采用正向计分,得分越高表明性别越平等,即男女两性之间的性别差距越小。

(四) 文化环境指标

宏观水平的文化环境主要研究广义的文化,关注国家或地区层面的文化价值与文化规范。通过描绘宏观水平的文化特征能够使研究者明晰世界性的文化分布特征以及本国文化在其中所处的位置,更有利于以全局性的视角探讨与应对文化带来的影响。本书选取了文化价值作为文化环境的代理变量。

(1) 霍夫斯泰德的文化价值维度

荷兰社会心理学家 Hofstede 提出的文化价值维度理论有着广泛的影响与应用,受到心理学、文化、政治、经济等领域研究者的关注与认可。Hofstede 的研究依托于美国 IBM 公司的研究团队,调查对象主要为世界各国的 IBM 雇员。研究根据 11600 名被试的文化价值数据进行了因素分析,在数据统计的基础上最终形成了用于评价国家文化价值的 4 个维度。Hofstede 试图通过文化价值维度建立起评价各国文化环境特征的坐标体系,构建世界性的文化地图。在这之后,学者彭迈克在中国香港对 Hofstede 的研究进行了重复,这一项目称为"中国文化联结"。研究发现了一个不同于原有 4 个维度的新的文化价值,彭迈克称为"儒家工作动力",Hofstede 认可了这一研究并将其纳入,加之后续发现的另一维度,这一文化价值体系中共有 6 个文化维度。Hofstede 将这 6 个维度命名为:个体主义—集体主义(Individualism and Collectivism)、权力距离(Power Distance)、不确定规避(Avoidance of Uncertainty)、男性气质—女性气质(Masculinity-Femininity)、长—短期取向(Short- and Long-Term Orientation)、放纵—抑制(Indulgence Versus Restraint)(Hofstede & Minkov, 2010)。

我们使用的数据取自 *Cultures and organizations, software of the mind. Inter-*

cultural cooperation and its importance for survival 一书，共有 6 个文化价值维度。其中，个体主义—集体主义维度调查了 76 个国家与地区，该维度得分越高表明该国个体主义程度越高；权力距离维度调查了 76 个国家与地区，该维度得分越高表明该国权力距离越大；不确定规避维度调查了 76 个国家与地区，该维度得分越高表明该国更倾向于避免不确定性的发生；男性气质—女性气质维度调查了 76 个国家与地区，该维度得分越高表明该国文化越具有男性气质；长—短期取向维度调查了 93 个国家和地区，该维度得分越高表明该国更持有长期取向的文化价值观；放纵—抑制维度调查了 93 个国家与地区，这一维度得分越高意味着文化价值越放纵。

（2）英格尔哈特领导的世界价值观调查

美国政治学家 Inglehart（1997）从文化变迁的视角对文化进行与其他跨文化研究不同的探讨，针对社会现代化如何影响文化变迁进行了研究。Inglehart 认为经济的发展导致了跨文化差异，主要表现在两个方面。第一个方面来源早期的工业化与工人阶级兴起，第二个方面的变化主要表现在发达的工业化社会呈现较高的富裕程度，以及服务业与知识产业的兴起。对 1981—1982 年、1990—1991 年和 1995—1998 年三波世界价值观调查（World Values Survey）进行个体层面和国家层面的因素分析之后，得到了两个因子（Inglehart，1997；Inglehart & Baker，2000）。第一个因子是理性合法权威（Rational-Legal Authority）—传统权威（Traditional Authority），第二个因子是自我表达（Self-Expression）—生存（Survival）。我们使用了第四波（WVS4）与第六波（WVS6）的世界价值观调查对上述两个维度的测量数据作为 Inglehart 文化价值观的代理指标。理性合法权威—传统权威得分越高表明国家越现代化，更坚持理性合法权威；自我表达—生存维度得分越高表明越倾向于自我表达一端。

（3）GLOBE 项目

全球领导力和组织行为效能项目（Global Leadership and Organizational Behavior Effectiveness，GLOBE）是另一项大规模的文化价值调查，由美国管理学者 House（1991）发起。House 的研究视角最初集中于领导力的调查，后来转向对国家和组织文化的研究。在1994—1997年测量了62个社会，收集了来自全球约17万经理的数据，涵盖大约1000个组织，主要来自食品加工、金融服务以及电信服务3个行业。GLOBE项目是对Hofstede研究的扩展和验证，关注了组织实践、领导态度及行为与社会层面变量之间的关系（House, Hanges, Javidan, Dorfman, Gupta, 2004）。

GLOBE项目将Hofstede的文化维度扩展为9项，分别为权力距离（power distance）、不确定规避（uncertainty avoidance）、制度性集体主义（institutional collectivism）、内群体集体主义（in-group collectivism）、自信（assertiveness）、性别平等主义（gender egalitarianism）、未来取向（future orientation）、人文取向（humane orientation）以及表现取向（performance orientation）。每一维度在测量时又分为价值（value）和实践（practice）两方面，共18项测量指标。价值测量的是对"应该是什么"的回答，实践也就是行为层面，是对实际"是什么"的回答。研究者认为理想中文化价值（values）与实际发生的行为（practices）并不能始终保持一致，但它们都能用于区分社会和组织关系，并且产生不同的结果与影响，在不同的水平上均具有解释的意义（House, Hanges, Javidan, Dorfman, Gupta, 2004）。

（4）施瓦茨的价值观调查

Schwartz的价值观调查是另一项著名的文化价值观研究，该调查中用到的价值观维度集合比Hofstede最初的研究所包含的价值观类别更为全面。在调查对象方面Schwartz的研究更具代表性，Hofstede研究使用的调查对象是公司的员工，而Schwartz研究使用的调查对象是教师和学生（Schwartz, 1994）。Schwartz（1992）最初进行了个体层面的研究，分别调查了20个国家的老师和学生，要求他们对56种价值观在多大程度上能够成为指导他们生活的准则进行评价，进而对调查结果采用了最小空间分析法（Smallest Space Analysis）进行了分析，得到10种不同的价值观类型。个体层面的研究还发现，最初的56种价值观中的44种在不同国家具有近似的含义。在个体层面研究的基础上，Schwartz（1994）对上述44种价值观进行了国家层面的最小空间分析，进而得到7种国家层面的价值观类型，这7种价值观类型被划分为3个维度：

依附性（Embeddedness）—自主性（Autonomy），其中自主性包括智力自主性（Intellectual Autonomy）与情感自主性（Affective Autonomy）两方面；等级性（Hierarchy）—平等主义（Egalitarianism）；掌控性（Mastery）—和谐性（Harmony）。3个维度划分为7个文化价值观项目。

（5）社会公理文化价值观调查

Leung等（2002）进行了社会公理（Social Axioms）的调查，以此作为对价值观的跨文化研究的补充，他们将社会公理定义为关于自己、社会、现实世界或精神世界的一般性信念，就像是数学中的公理，它们是人们认同的并用来指导日常生活的基本前提。Leung等（2002）在一些国家和地区要求学生对60项关于社会公理或信念的问题进行回答，对于各个国家和地区的数据进行分析得到了个体层面的5个因素。后来，他们将这一调查在41个国家和地区进行了重复，得到的结果均支持这一结构，这5个个体层面的因素分别为：社会犬儒主义（Cynicism）、社会复杂性（Social Complexity）、天道酬勤（Reward for Application）、宗教性（Religious）和命运控制（Fate Control）。

（6）"松—紧"文化规范

我们使用的松紧文化数据来自Uz（2015）对68个国家和地区的文化松紧性测量结果。研究者测量了特殊领域文化松紧性（Domain-Specific Index）、一般领域文化松紧性（Domain-General Index）以及松紧文化整合指标（The Combination Index）三项指标。特殊领域的文化松紧性测量的是在道德上对卖淫、堕胎、离婚、安乐死以及自杀的容忍程度。一般领域文化松紧性测量的是较为广泛的范围内的价值观和行为的松散与紧密程度。指标得分越高表明文化越宽松。

紧文化社会与松文化社会具有不同的生态，相比于松文化社会，紧文化社会有更多人口，更相互依赖。松紧性是一个复杂松散的整体系统，包含多层次的含义。社会规范的强度和对异常行为的容忍通过社会制度和实践体现出来，反映了强势情境与弱势情境的对抗。这种现象发生于日常的文化生活情境中，通过心理加工得到加强并与情境需求相协调（Gelfand et al., 2011）。社会规范的力量和宽容异常行为也会反映在普遍流行的制度和实践中。紧文化国家的制度限制许可行为的范围，松文化国家对许可行为提供了更大的包容。与松散国家相比，紧密国家更倾向于集权的政府系统，对意见分歧的容忍度较低，采取更多惩罚用于威慑和控制犯罪。同时紧文化更遵守道德规范，较少出现挑战社会制度的行为（Uz，2015）。

（五）心理宏观分布

（1）人格的国家分布

我们选取国家层面大五人格数据（McCrae & Terracciano, 2005; Schmitt, Allik, McCrae, Benet-Martínez, 2007）作为人格的代理指标。使用美国心理学家 Paul T. Costa 和 Robert R. McCrae 开发的一套基于大五人格的自评人格测验，即修订后的 NEO 人格测查（NEO-PI-R）。NEO-PI-R 通过 30 个因子对大五人格的 5 个因素进行了测量，我们 NEO-PI-R 数据取自 McCrae 和 Terracciano 于 2005 年针对 51 个文化地区的宏观人格水平调查结果。研究从 51 个文化区域选取了 12156 名大学生作为被试，数据结果呈现了不同文化的人格特征差异。大量研究表明，在进行人格有关的跨文化研究时，NEO-PI-R 是使用较为广泛的测量工具，二者显示出了在不同文化中均具有较好的结构稳定性（McCrae & Terracciano, 2005; Schmitt, Allik, McCrae, Benet-Martínez, 2007）。鉴于这样的原因，我们选取 NEO-PI-R 在不同文化地区中的调查数据作为宏观人格分布的代理指标。问卷包含 5 个人格维度，在每个人格特质维度上得分越高表明该特质水平越高。5 个维度分别为：外向性（Extraversion，E），宜人性（Agreeableness，A），尽责性（Conscientiousness，C），神经质（Neuroticism，N）以及开放性（Openness，O）。

（2）自尊的国家分布

国家层面的自尊数据选取自 Schmitt 等对 53 个国家的 16998 名被试进行测量的结果（Schmitt & Allik，2005），研究采用了 Rosenberg 的自尊量表（Rosenberg Self-Esteem Scale，RSES）。RSES 量表最早由 Rosenberg 制定（Rosenberg，1965），在其发展的过程中不断被翻译为其他语言应用到不同文化环境中进行施测。量表共有 10 项内容，采用 4 点计分法，1 代表非常不同意，2 代表不同意，3 代表同意，4 代表非常同意。量表因子分析后可以得到两个维度，分别是自我肯定（Positive Self-Evaluation）与自我批评（Negative Self-Evaluation），自我肯定部分为正向计分，自我批评部分为反向计分。在 Schmitt 等的研究中，RSES 量表在 53 个国家进行施测，科隆巴赫 α 系数均高于 0.60，并且发现该量表的因子结构具有跨国稳定性。我们同时使用了自我肯定得分、自我批评得分以及自尊整体水平得分三组结果用于衡量各国的自尊水平，得分越高表明该国的自尊水平越高。

(3) 同理心的国家分布

国家层面的同理心（Empathy）数据来源为 Chopik 等对 63 个国家 104365 名被试的测量结果。同理心量表包括两部分，分别是共情关注（Empathic Concern）与观点采择（Perspective Taking）。共情关注分量表有 7 项内容，主要测量的是对他人的同情，测量的是同理心中的情感部分，例如，"其经常对那些比我不幸的人产生温柔关怀的情感"；观点采择分量表同样包含 7 项内容，反映的是能够想象他人的观点，测量的是同理心中与认知和智力相关的内容，例如，"我经常试图通过朋友的视角想象事情的发展以此更好的理解朋友"。量表采用 5 点计分，1 表示不能很好地描述，5 表示完全符合。共情关注分量表科隆巴赫 α 系数为 0.83，观点采择分量表科隆巴赫 α 系数为 0.82，两个分量表高度相关，由此合成的同理心整合量表科隆巴赫 α 系数为 0.82，信度良好（Chopik, O'Brien, Konrath, 2016）。

(六) 控制变量：人均 GDP

已有关于国家创新能力的研究表明，教育投入、经济等因素是影响国家创新的重要因素（Csikszentmihalyi & Wolfe, 2014；Breau, Kogler, Bolton, 2014），对国家创新能力差异产生影响，因此在国家水平研究中需要对这些变量进行控制，排除因此造成的对结果的干扰（Rinne, Steel, Fairweather, 2013）。本书采用的因变量指标将教育作为国家创新能力的一部分，因此不再将教育作为控制变量。我们搜集和使用了 2009—2015 年的人均 GDP 作为经济指标进行控制，研究数据取自世界银行（World Bank）的公开调查数据。现有的人均 GDP 主要有两种计算方式，一种是以美元为核算单位的人均 GDP，另一种是按照购买力平价（Power Purchasing Parity, PPP）核算的人均 GDP

(Sultan, 1999)。采用美元汇率计算人均 GDP, 出现汇率波动时, 目标国人均 GDP 也相应受到影响, 但该国实际人均 GDP 水平并未改变。采用购买力平价对人均 GDP 进行计算, 能够更全面地进行国际比较, 并且也得到较多研究者的认可, 在对国家的人均 GDP 进行比较时更倾向于使用平价购买力核算的人均 GDP 数据 (Chadee & Roxas, 2013)。鉴于此, 我们也采用购买力平价计算的人均 GDP 作为控制变量开展实证研究。

二、分析方法

我们首先通过相关分析系统检验人口学环境、社会环境、文化环境、心理环境等宏观环境因素与国家创新能力之间的关系, 包括 GII 整体指标、投入产出二级指标, 以及各三级分指标等。在控制人均 GDP 经济因素的前提下, 采用线性回归的方式, 具体探讨各项宏观环境指标对国家创新能力的促进及阻碍作用。讨论人口学环境、社会环境、文化环境、心理环境等与慢策略有关的宏观环境因素对 GII 各级指标的具体影响, 细致分析宏观环境对国家创新能力的具体影响。第五章主要研究预期寿命、疾病流行、青少年生育以及性别比等人口学宏观环境因素与国家创新能力的关系以及影响等。第六章讨论了社会环境因素的作用, 主要是基尼系数、暴力犯罪、性别平等如何影响国家创新能力。第七章讨论了文化价值及文化规范与国家创新能力的关系以及影响, 包括霍夫斯泰德的文化维度研究、英格尔哈特领导的世界价值观调查、GLOBE 项目、施瓦茨的价值观调查、社会公理调查以及文化松紧性等。第八章讨论了心理变量的宏观地理分布对国家创新能力的影响, 包括国家水平的人格、自尊、同理心等。

第五章　人口学宏观环境与国家创新能力

本章的主要内容在于探讨预期寿命、疾病流行、青少年生育率以及性别比等人口学宏观环境特征与国家创新能力之间的关系，以及产生的影响。对前文提出的假设进行检验，为佐证假说提供人口学宏观环境方面的数据支持。

首先，本章通过相关分析系统检验预期寿命、疾病流行、青少年生育率以及性别比等指标与国家创新总指标及分指标间的关系，总结2009—2015年指标的相关性分布规律。其次，在控制人均GDP的前提下采用多元回归分析预期寿命、疾病流行、青少年生育率以及性别比等指标对国家创新能力总指标及各分指标的影响。自变量、控制变量以及因变量的指标选取与来源前文已述，在此不做另行介绍。

第一节　预期寿命与国家创新能力

一、研究方法与结果

（1）相关分析

通过相关分析系统检验预期寿命与国家创新总指标及分指标间的关系，总结2009—2015年指标的相关性分布规律。在控制人均GDP的前提下采用多元回归分析预期寿命对国家创新能力总指标及各分指标的影响。

对2009年国家创新指数与预期寿命进行简单相关分析后发现，国家创新总指数与总预期寿命显著正相关（$r=0.679$，$p<0.01$），与女性预期寿命显著正相关（$r=0.646$，$p<0.01$），与男性预期寿命显著正相关（$r=0.703$，

$p<0.01$);国家创新投入与总预期寿命显著正相关（$r=0.690$，$p<0.01$），与女性预期寿命显著正相关（$r=0.658$，$p<0.01$），与男性预期寿命显著正相关（$r=0.712$，$p<0.01$）；国家创新产出与总预期寿命显著正相关（$r=0.638$，$p<0.01$），与女性预期寿命显著正相关（$r=0.602$，$p<0.01$），与男性预期寿命显著正相关（$r=0.665$，$p<0.01$）。同时，国家创新指数中包括的三级指标与预期寿命均存在相关关系（$p<0.01$），各三级指标分别是制度、人力资本、基础设施、市场成熟、商业成熟、知识产出、竞争性产出以及财富产出八项指标。

对2010年国家创新指数与预期寿命进行简单相关分析后发现，国家创新总指数与总预期寿命显著正相关（$r=0.680$，$p<0.01$），与女性预期寿命显著正相关（$r=0.649$，$p<0.01$），与男性预期寿命显著正相关（$r=0.703$，$p<0.01$）；国家创新投入与总预期寿命显著正相关（$r=0.692$，$p<0.01$），与女性预期寿命显著正相关（$r=0.666$，$p<0.01$），与男性预期寿命显著正相关（$r=0.711$，$p<0.01$）；国家创新产出与总预期寿命显著正相关（$r=0.603$，$p<0.01$），与女性预期寿命显著正相关（$r=0.571$，$p<0.01$），与男性预期寿命显著正相关（$r=0.629$，$p<0.01$）。同时，国家创新指数中包括的三级指标与预期寿命均存在相关关系（$p<0.01$），各三级指标分别是制度、人力资本、基础设施、市场成熟度、商业成熟度、科技产出以及创意与幸福七项指标。

对2011年国家创新指数与预期寿命进行简单相关分析后发现，国家创新总指数与总预期寿命显著正相关（$r=0.728$，$p<0.01$），与女性预期寿命显著正相关（$r=0.701$，$p<0.01$），与男性预期寿命显著正相关（$r=0.744$，$p<0.01$）；国家创新投入与总预期寿命显著正相关（$r=0.729$，$p<0.01$），与女性预期寿命显著正相关（$r=0.701$，$p<0.01$），与男性预期寿命显著正相关（$r=0.745$，$p<0.01$）；国家创新产出与总预期寿命显著正相关（$r=0.668$，$p<0.01$），与女性预期寿命显著正相关（$r=0.644$，$p<0.01$），与男性预期寿命显著正相关（$r=0.682$，$p<0.01$）。同时，国家创新指数中包括的三级指标与预期寿命均存在相关关系（$p<0.01$），各三级指标分别是制度、人力资本、基础设施、市场成熟度、商业成熟度、知识技术产出以及创意产出七项指标。

对 2012 年国家创新指数与预期寿命进行简单相关分析后发现，国家创新总指数与总预期寿命显著正相关（$r=0.751$，$p<0.01$），与女性预期寿命显著正相关（$r=0.726$，$p<0.01$），与男性预期寿命显著正相关（$r=0.764$，$p<0.01$）；国家创新投入与总预期寿命显著正相关（$r=0.760$，$p<0.01$），与女性预期寿命显著正相关（$r=0.735$，$p<0.01$），与男性预期寿命显著正相关（$r=0.773$，$p<0.01$）；国家创新产出与总预期寿命显著正相关（$r=0.700$，$p<0.01$），与女性预期寿命显著正相关（$r=0.677$，$p<0.01$），与男性预期寿命显著正相关（$r=0.713$，$p<0.01$）。同时，国家创新指数中包括的三级指标与预期寿命均存在相关关系（$p<0.01$），各三级指标分别是制度、人力资本、基础设施、市场成熟度、商业成熟度、知识技术产出以及创意产出七项指标。

对 2013 年国家创新指数与预期寿命进行简单相关分析后发现，国家创新总指数与总预期寿命显著正相关（$r=0.756$，$p<0.01$），与女性预期寿命显著正相关（$r=0.731$，$p<0.01$），与男性预期寿命显著正相关（$r=0.770$，$p<0.01$）；国家创新投入与总预期寿命显著正相关（$r=0.772$，$p<0.01$），与女性预期寿命显著正相关（$r=0.750$，$p<0.01$），与男性预期寿命显著正相关（$r=0.783$，$p<0.01$）；国家创新产出与总预期寿命显著正相关（$r=0.679$，$p<0.01$），与女性预期寿命显著正相关（$r=0.652$，$p<0.01$），与男性预期寿命显著正相关（$r=0.696$，$p<0.01$）。同时，国家创新指数中包括的三级指标与预期寿命均存在相关关系（$p<0.01$），各三级指标分别是制度、人力资本、基础设施、市场成熟度、商业成熟度、知识技术产出以及创意产出七项指标。

对 2014 年国家创新指数与预期寿命进行简单相关分析后发现，国家创新总指数与总预期寿命显著正相关（$r=0.740$，$p<0.01$），与女性预期寿命显著正相关（$r=0.721$，$p<0.01$），与男性预期寿命显著正相关（$r=0.747$，$p<0.01$）；国家创新投入与总预期寿命显著正相关（$r=0.745$，$p<0.01$），与女性预期寿命显著正相关（$r=0.723$，$p<0.01$），与男性预期寿命显著正相关（$r=0.756$，$p<0.01$）；国家创新产出与总预期寿命显著正相关（$r=0.685$，$p<0.01$），与女性预期寿命显著正相关（$r=0.671$，$p<0.01$），与男性预期寿命显著正相关（$r=0.689$，$p<0.01$）。同时，国家创新指数中包括的三级指标与

预期寿命均存在相关关系（$p<0.01$），各三级指标分别是制度、人力资本、基础设施、市场成熟度、商业成熟度、知识技术产出以及创意产出七项指标。

(2) 回归分析

通过相关分析我们发现预期寿命与国家创新总指标及分指标间存在相关关系，接下来我们将进一步探讨在控制人均 GDP 的情况下，讨论预期寿命对国家创新的影响。

预期寿命作为自变量，国家创新能力作为因变量，控制 2009 年人均 GDP 的情况下，预期寿命（$t=3.184$，$p<0.01$）、女性预期寿命（$t=2.697$，$p<0.01$）、男性预期寿命（$t=3.559$，$p<0.01$）显著正向影响国家创新指数中基础设施投入；男性预期寿命（$t=2.125$，$p<0.05$）显著正向影响国家创新指数中知识产出指标。预期寿命作为自变量，国家创新能力作为因变量，控制 2010 年人均 GDP 的情况下，预期寿命（$t=2.050$，$p<0.05$）、男性预期寿命（$t=2.557$，$p<0.05$）显著正向影响国家创新指数中的基础设施投入指标。预期寿命作为自变量，国家创新能力作为因变量，控制 2011 年人均 GDP 的情况下，总预期寿命显著正向影响国家创新总指数（$t=3.216$，$p<0.01$），显著正向影响国家创新投入（$t=2.616$，$p<0.05$），显著正向影响创新产出（$t=3.219$，$p<0.01$）；女性预期寿命显著正向影响国家创新总指数（$t=2.734$，$p<0.01$），显著正向影响国家创新投入（$t=2.147$，$p<0.05$），显著负向影响国家创新产出（$t=2.820$，$p<0.01$）；男性预期寿命显著正向影响国家创新总指数（$t=3.601$，$p<0.001$），显著正向影响国家创新投入（$t=3.020$，$p<0.01$），显著正向影响国家创新产出（$t=3.508$，$p<0.01$）。性别对国家创新三级指标存在显著影响，具体结果如表 5-1 所示。

表 5-1　预期寿命与国家创新能力关系的回归分析（2011 年）

因变量	预期寿命	GDP2011		自变量		调整后 R^2	F
		β	t	β	t		
创新指数	预期寿命（总）	11.827	5.979***	0.385	3.216**	0.635	107.767
	预期寿命（女）	12.787	6.628***	0.299	2.734**	0.626	104.094
	预期寿命（男）	11.205	5.678***	0.452	3.601***	0.642	111.135

续表

因变量	预期寿命	GDP2011 β	GDP2011 t	自变量 β	自变量 t	调整后 R^2	F
创新投入	预期寿命（总）	14.875	7.290***	0.323	2.616*	0.672	126.889
创新投入	预期寿命（女）	15.809	7.962***	0.241	2.147*	0.666	123.611
创新投入	预期寿命（男）	14.200	6.969***	0.391	3.020**	0.678	130.227
创新产出	预期寿命（总）	8.733	3.824***	0.445	3.219**	0.501	62.652
创新产出	预期寿命（女）	9.706	4.365***	0.355	2.820**	0.491	60.390
创新产出	预期寿命（男）	8.176	3.579***	0.510	3.508**	0.508	64.472
人力资本	预期寿命（总）	15.732	6.364***	0.299	1.999*	0.594	90.895
人力资本	预期寿命（男）	15.098	6.093***	0.363	2.304*	0.598	92.485
基础设施	预期寿命（总）	7.948	4.263***	0.476	4.220***	0.594	90.804
基础设施	预期寿命（女）	9.103	4.970***	0.372	3.584***	0.578	85.396
基础设施	预期寿命（男）	7.225	3.908***	0.555	4.723***	0.606	95.711
市场成熟度	预期寿命（男）	13.515	4.709***	0.399	2.188*	0.498	61.932
知识技术产出	预期寿命（总）	10.879	3.449**	0.382	1.999*	0.374	37.753
知识技术产出	预期寿命（男）	9.688	3.074**	0.493	2.461*	0.384	39.375
创意产出	预期寿命（总）	6.573	2.552*	0.509	3.265**	0.404	42.761
创意产出	预期寿命（女）	7.086	2.846**	0.449	3.188**	0.402	42.373
创意产出	预期寿命（男）	6.654	2.558*	0.526	3.181**	0.402	42.340

注：预期寿命 $N=125$；*$p<0.05$，**$p<0.01$，***$p<0.001$。

预期寿命作为自变量，国家创新能力作为因变量，控制2012年人均GDP的情况下，总预期寿命显著正向影响国家创新总指数（$t=3.679$，$p<0.001$），显著正向影响国家创新投入（$t=3.548$，$p<0.01$），显著正向影响创新产出（$t=3.302$，$p<0.01$）；女性预期寿命显著正向影响国家创新总指数（$t=3.204$，$p<0.01$），显著正向影响国家创新投入（$t=3.064$，$p<0.01$），显著负向影响国家创新产出（$t=2.908$，$p<0.01$）；男性预期寿命显著正向影响国家创新总指数（$t=4.043$，$p<0.001$），显著正向影响国家创新投入（$t=3.928$，$p<0.001$），显著正向影响国家创新产出（$t=3.594$，$p<0.001$）。性别对国家创新三级指标存在显著影响，具体结果如表5-2所示。

表 5-2 预期寿命与国家创新能力关系的回归分析（2012 年）

因变量	预期寿命	GDP2012 β	GDP2012 t	自变量 β	自变量 t	调整后 R^2	F
创新指数	预期寿命（总）	13.490	7.057***	0.419	3.679***	0.678	147.433
	预期寿命（女）	14.409	7.698***	0.334	3.204**	0.671	142.744
	预期寿命（男）	12.936	6.793***	0.482	4.043***	0.684	151.463
创新投入	预期寿命（总）	15.385	7.966***	0.408	3.548**	0.709	170.466
	预期寿命（女）	16.320	8.631***	0.323	3.064**	0.703	165.350
	预期寿命（男）	14.802	7.694***	0.473	3.928***	0.715	175.000
创新产出	预期寿命（总）	11.621	5.336***	0.428	3.302**	0.575	94.990
	预期寿命（女）	12.520	5.886***	0.345	2.908**	0.568	92.286
	预期寿命（男）	11.100	5.103***	0.490	3.594***	0.581	97.214
制度	预期寿命（总）	20.171	5.619***	0.440	2.059*	0.520	76.354
	预期寿命（男）	18.873	5.266***	0.563	2.506*	0.527	78.447
人力资本	预期寿命（总）	16.931	7.157***	0.355	2.523*	0.634	121.539
	预期寿命（女）	17.692	7.683***	0.285	2.221*	0.631	119.640
	预期寿命（男）	16.481	6.957***	0.408	2.748**	0.637	123.112
基础设施	预期寿命（总）	13.390	6.952***	0.649	5.663***	0.743	201.624
	预期寿命（女）	14.272	7.559***	0.557	5.292***	0.736	195.123
	预期寿命（男）	13.185	6.832***	0.697	5.767***	0.744	203.513
市场成熟度	预期寿命（总）	12.244	4.186***	0.457	2.622*	0.455	58.989
	预期寿命（女）	12.778	4.502***	0.398	2.514*	0.453	58.496
	预期寿命（男）	12.192	4.145***	0.483	2.622*	0.455	58.988
知识技术产出	预期寿命（总）	12.168	4.086***	0.395	2.230*	0.418	50.951
	预期寿命（男）	11.611	3.891***	0.458	2.451*	0.422	51.821
创意产出	预期寿命（总）	11.060	4.675***	0.462	3.280**	0.533	80.361
	预期寿命（女）	11.967	5.184***	0.376	2.926**	0.526	78.145
	预期寿命（男）	10.571	4.469***	0.523	3.528**	0.538	82.060

注：预期寿命 $N=141$；$*p<0.05$，$**p<0.01$，$***p<0.001$。

预期寿命作为自变量，国家创新能力作为因变量，控制 2013 年人均 GDP 的情况下，总预期寿命显著正向影响国家创新总指数（$t=4.366$，$p<0.001$），显著正向影响国家创新投入（$t=4.531$，$p<0.001$），显著正向影响创新产出

($t=3.456$,$p<0.01$);女性预期寿命显著正向影响国家创新总指数($t=3.823$,$p<0.001$),显著正向影响国家创新投入($t=4.034$,$p<0.001$),显著负向影响国家创新产出($t=2.979$,$p<0.01$);男性预期寿命显著正向影响国家创新总指数($t=4.774$,$p<0.001$),显著正向影响国家创新投入($t=4.871$,$p<0.001$),显著正向影响国家创新产出($t=3.838$,$p<0.001$)。性别对国家创新三级指标存在显著影响,具体结果如表5-3所示。

表5-3 预期寿命与国家创新能力关系的回归分析(2013年)

因变量	预期寿命	GDP2013 β	GDP2013 t	自变量 β	自变量 t	调整后 R^2	F
创新指数	预期寿命(总)	11.319	6.294***	0.469	4.366***	0.665	140.249
	预期寿命(女)	12.272	6.927***	0.379	3.823***	0.656	134.326
	预期寿命(男)	10.777	6.042***	0.535	4.774***	0.673	145.208
创新投入	预期寿命(总)	13.131	6.899***	0.515	4.531***	0.696	161.426
	预期寿命(女)	14.085	7.518***	0.423	4.034***	0.688	155.238
	预期寿命(男)	12.648	6.688***	0.579	4.871***	0.702	166.064
创新产出	预期寿命(总)	9.505	4.638***	0.423	3.456**	0.533	80.733
	预期寿命(女)	10.458	5.201***	0.335	2.979**	0.523	77.671
	预期寿命(男)	8.904	4.369***	0.491	3.838***	0.541	83.517
制度	预期寿命(总)	17.173	5.527***	0.448	2.412*	0.527	78.856
	预期寿命(男)	16.013	5.180***	0.561	2.890**	0.535	81.460
人力资本	预期寿命(总)	16.615	7.159***	0.566	4.081***	0.690	156.648
	预期寿命(女)	17.503	7.699***	0.476	3.742***	0.684	152.773
	预期寿命(男)	16.272	7.021***	0.621	4.263***	0.693	158.865
基础设施	预期寿命(总)	13.426	7.085***	0.610	5.391***	0.732	191.787
	预期寿命(女)	14.126	7.610***	0.532	5.121***	0.727	187.353
	预期寿命(男)	13.364	7.030***	0.645	5.404***	0.732	192.004
市场成熟度	预期寿命(总)	9.129	3.400**	0.551	3.436**	0.446	57.457
	预期寿命(女)	9.991	3.808***	0.464	3.160**	0.440	55.919
	预期寿命(男)	8.796	3.276**	0.605	3.584***	0.450	58.334

续表

因变量	预期寿命	GDP2013		自变量		调整后 R^2	F
		β	t	β	t		
商业成熟度	预期寿命（总）	9.305	4.153***	0.401	2.997**	0.470	63.037
	预期寿命（女）	10.163	4.636***	0.321	2.619*	0.462	61.127
	预期寿命（男）	8.792	3.934***	0.461	3.287**	0.476	64.671
知识技术产出	预期寿命（总）	8.817	3.190**	0.344	2.086*	0.323	34.391
	预期寿命（男）	8.148	2.951**	0.414	2.388*	0.329	35.371
创意产出	预期寿命（总）	10.212	4.167***	0.500	3.418**	0.499	70.816
	预期寿命（女）	11.187	4.661***	0.407	3.034**	0.491	68.501
	预期寿命（男）	9.679	3.961***	0.567	3.695***	0.506	72.65

注：预期寿命 $N=142$；* $p<0.05$，** $p<0.01$，*** $p<0.001$。

预期寿命作为自变量，国家创新能力作为因变量，控制2014年人均GDP的情况下，总预期寿命显著正向影响国家创新总指数（$t=3.567$，$p<0.001$），显著正向影响国家创新投入（$t=3.769$，$p<0.001$），显著正向影响创新产出（$t=2.843$，$p<0.01$）；女性预期寿命显著正向影响国家创新总指数（$t=3.182$，$p<0.01$），显著正向影响国家创新投入（$t=3.247$，$p<0.01$），显著负向影响国家创新产出（$t=2.639$，$p<0.01$）；男性预期寿命显著正向影响国家创新总指数（$t=3.821$，$p<0.001$），显著正向影响国家创新投入（$t=4.168$，$p<0.001$），显著正向影响国家创新产出（$t=2.935$，$p<0.01$）。性别对国家创新三级指标存在显著影响，具体结果如表5-4所示。

表5-4　预期寿命与国家创新能力关系的回归分析（2014年）

因变量	预期寿命	GDP2014		自变量		调整后 R^2	F
		β	t	β	t		
创新指数	预期寿命（总）	12.011	6.413***	0.407	3.567***	0.646	127.009
	预期寿命（女）	12.746	6.929***	0.335	3.182**	0.640	123.609
	预期寿命（男）	11.680	6.286***	0.454	3.821***	0.651	129.469
创新投入	预期寿命（总）	12.548	6.624***	0.435	3.769***	0.664	137.651
	预期寿命（女）	13.486	7.223***	0.347	3.247**	0.656	132.637
	预期寿命（男）	12.023	6.424***	0.499	4.168***	0.671	141.982

续表

因变量	预期寿命	GDP2014		自变量		调整后 R^2	F
		β	t	β	t		
创新产出	预期寿命（总）	11.480	5.250***	0.379	2.843**	0.545	83.591
	预期寿命（女）	12.011	5.621***	0.322	2.639**	0.541	82.419
	预期寿命（男）	11.341	5.205***	0.409	2.935**	0.547	84.150
制度	预期寿命（总）	17.340	6.018***	0.417	2.377*	0.566	90.929
	预期寿命（男）	16.491	5.774***	0.506	2.771**	0.572	93.204
人力资本	预期寿命（总）	16.053	6.001***	0.587	3.599***	0.628	117.296
	预期寿命（女）	16.974	6.470***	0.492	3.283**	0.622	114.583
	预期寿命（男）	15.740	5.910***	0.641	3.770***	0.631	118.864
基础设施	预期寿命（总）	13.990	7.794***	0.578	5.283***	0.758	217.017
	预期寿命（女）	14.816	8.363***	0.491	4.846***	0.751	209.311
	预期寿命（男）	13.787	7.740***	0.623	5.471***	0.761	220.534
市场成熟度	预期寿命（总）	6.211	2.496*	0.341	2.250*	0.285	28.478
	预期寿命（男）	5.831	2.355*	0.389	2.455*	0.290	29.139
商业成熟度	预期寿命（男）	8.286	3.437**	0.334	2.168*	0.360	39.797
知识技术产出	预期寿命（总）	8.071	2.927**	0.456	2.713**	0.362	40.221
	预期寿命（女）	8.461	3.148**	0.406	2.643**	0.361	39.936
	预期寿命（男）	8.195	2.974**	0.469	2.661**	0.361	40.011
创意产出	预期寿命（总）	14.888	6.141***	0.302	2.045*	0.555	87.020
	预期寿命（男）	14.486	6.005***	0.349	2.265*	0.558	88.070

注：预期寿命 $N=143$；* $p<0.05$，** $p<0.01$，*** $p<0.001$。

二、分析讨论

预期寿命是反应国民健康的一项重要指标。在2009年的数据分析中，控制经济因素的情况下，预期寿命正向影响国家创新投入中的基础设施投入，对知识产出和财富产出也存在正向的影响。这一结果在2010年的数据中也有所体现。但在2009年与2010年的数据结果中，预期寿命对国家创新总指标的影响并不显著。在2011—2014年的数据结果中，预期寿命对国家创新的影响体现的较为全面，不仅影响国家创新总指数，对创新投入与产出的分指标也存在正向的影响。整体来说，国民预期寿命较长的国家更有利于创新能力的提升与发展，多数年份的数据结果也佐证了这一结论的可靠性，是对假设 H1 的验证。

总体预期寿命对国家创新水平有着正向的影响，但存在一些性别上的差异。男性预期寿命对国家创新的影响更为全面。例如，2009 年只有男性预期寿命能够显著影响国家的知识产出创新，这一结果在 2011—2013 年也如此，表明男性预期寿命能够显著影响国家的知识创新产出。在制度创新投入分指标上也存在类似结果，2012—2014 年的数据分析结果均显示，男性预期寿命对国家创新的制度投入具有显著的正向影响，但女性预期寿命的影响并不显著。

预期寿命不仅是反映人类健康的指标，同时也可以作为一项客观的环境因素用于间接测量生命史策略，预期寿命可以用来衡量环境的恶劣程度（Simpson，Griskevicius，Kuo，Sung，Collins，2012）。预期寿命长意味着客观环境较为舒适，有利于形成较慢的生命史策略。在控制了经济因素的前提下，预期寿命能够对国家创新产生正向影响，这一结果表明，受到较慢的生命史策略影响的国家创新水平发展更好。慢策略注重对未来的发展与投入等，更有利于提升国家的创新能力。

第二节　疾病流行与国家创新能力

一、研究方法与结果

通过相关分析系统检验疾病流行与国家创新总指标及分指标间的关系，总结 2009—2015 年指标的相关性分布规律。在控制人均 GDP 的前提下采用多元回归分析疾病流行对国家创新能力总指标及各分指标的影响。

（1）相关分析

对 2009 年国家创新指数与疾病流行指标进行简单相关分析后发现，国家创新总指数与肺结核发病率显著负相关（$r=-0.379$，$p<0.01$），与历史上的

疾病流行显著负相关（$r=-0.605$，$p<0.01$）；国家创新投入与肺结核发病率显著负相关（$r=-0.380$，$p<0.01$），与历史上的疾病流行显著负相关（$r=-0.631$，$p<0.01$）；国家创新产出与肺结核发病率显著负相关（$r=-0.362$，$p<0.01$），与历史上的疾病流行显著负相关（$r=-0.543$，$p<0.01$）。同时，国家创新指数中包括的三级指标与肺结核发病率及历史上的疾病流行均存在显著的负相关关系（$p<0.01$），各三级指标分别是制度、人力资本、基础设施、市场成熟、商业成熟、知识产出、竞争性产出以及财富产出八项指标。

对2010年国家创新指数与疾病流行指标进行简单相关分析后发现，国家创新总指数与肺结核发病率显著负相关（$r=-0.363$，$p<0.01$），与历史上的疾病流行显著负相关（$r=-0.696$，$p<0.01$）；国家创新投入与肺结核发病率显著负相关（$r=-0.341$，$p<0.01$），与历史上的疾病流行显著负相关（$r=-0.693$，$p<0.01$）；国家创新产出与肺结核发病率显著负相关（$r=-0.354$，$p<0.01$），与历史上的疾病流行显著负相关（$r=-0.664$，$p<0.01$）。同时，国家创新指数中除市场成熟度以外的三级指标与肺结核发病率及历史上的疾病流行均存在显著的负相关关系（$p<0.01$），分别是制度、人力资本、基础设施、商业成熟度、科技产出以及创意与幸福七项指标。

对2011年国家创新指数与疾病流行指标进行简单相关分析后发现，国家创新总指数与肺结核发病率显著负相关（$r=-0.367$，$p<0.01$），与历史上的疾病流行显著负相关（$r=-0.689$，$p<0.01$）；国家创新投入与肺结核发病率显著负相关（$r=-0.322$，$p<0.01$），与历史上的疾病流行显著负相关（$r=-0.682$，$p<0.01$）；国家创新产出与肺结核发病率显著负相关（$r=-0.388$，$p<0.01$），与历史上的疾病流行显著负相关（$r=-0.646$，$p<0.01$）。同时，国家创新指数中包括的三级指标与肺结核发病率及历史上的疾病流行均存在显著的负相关关系（$p<0.01$），各三级指标分别是制度、人力资本、基础设施、市场成熟度、商业成熟度、知识技术产出以及创意产出七项指标。

对2012年国家创新指数与疾病流行指标进行简单相关分析后发现，国家创新总指数与肺结核发病率显著负相关（$r=-0.377$，$p<0.01$），与历史上的疾病流行显著负相关（$r=-0.707$，$p<0.01$）；国家创新投入与肺结核发病率

显著负相关（$r=-0.365$，$p<0.01$），与历史上的疾病流行显著负相关（$r=-0.683$，$p<0.01$）；国家创新产出与肺结核发病率显著负相关（$r=-0.370$，$p<0.01$），与历史上的疾病流行显著负相关（$r=-0.694$，$p<0.01$）。同时，国家创新指数中包括的三级指标与肺结核发病率及历史上的疾病流行均存在显著的负相关关系（$p<0.01$），各三级指标分别是制度、人力资本、基础设施、市场成熟度、商业成熟度、知识技术产出以及创意产出七项指标。

对2013年国家创新指数与疾病流行指标进行简单相关分析后发现，国家创新总指数与肺结核发病率显著负相关（$r=-0.415$，$p<0.01$），与历史上的疾病流行显著负相关（$r=-0.691$，$p<0.01$）；国家创新投入与肺结核发病率显著负相关（$r=-0.412$，$p<0.01$），与历史上的疾病流行显著负相关（$r=-0.682$，$p<0.01$）；国家创新产出与肺结核发病率显著负相关（$r=-0.386$，$p<0.01$），与历史上的疾病流行显著负相关（$r=-0.656$，$p<0.01$）。同时，国家创新指数中包括的三级指标与肺结核发病率及历史上的疾病流行均存在显著的负相关关系（$p<0.01$），各三级指标分别是制度、人力资本、基础设施、市场成熟度、商业成熟度、知识技术产出以及创意产出七项指标。

对2014年国家创新指数与疾病流行指标进行简单相关分析后发现，国家创新总指数与肺结核发病率显著负相关（$r=-0.418$，$p<0.01$），与历史上的疾病流行显著负相关（$r=-0.691$，$p<0.01$）；国家创新投入与肺结核发病率显著负相关（$r=-0.409$，$p<0.01$），与历史上的疾病流行显著负相关（$r=-0.667$，$p<0.01$）；国家创新产出与肺结核发病率显著负相关（$r=-0.398$，$p<0.01$），与历史上的疾病流行显著负相关（$r=-0.680$，$p<0.01$）。同时，国家创新指数中包括的三级指标与肺结核发病率及历史上的疾病流行均存在显著的负相关关系（$p<0.01$），各三级指标分别是制度、人力资本、基础设施、市场成熟度、商业成熟度、知识技术产出以及创意产出七项指标。

（2）回归分析

通过相关分析我们发现，肺结核发病率及历史上的疾病流行与国家创新总指标及分指标间存在相关关系，接下来我们将进一步探讨在控制人均GDP的情况下，肺结核发病率及历史上的疾病流行对国家创新的影响。

疾病流行作为自变量（肺结核发病率 $N=126$；历史疾病流行 $N=77$），国家创新能力作为因变量，控制 2009 年人均 GDP 的情况下，历史上的疾病流行显著负向影响国家创新指数中的基础设施投入（$t=-2.241$，$p<0.05$），肺结核发病率显著正向影响财富产出（$t=2.801$，$p<0.01$）。

疾病流行作为自变量，国家创新能力作为因变量，控制 2010 年人均 GDP 的情况下，历史上的疾病流行显著负向影响国家创新总指数（$t=-2.495$，$p<0.05$），显著负向影响国家创新投入（$t=-2.559$，$p<0.05$），显著负向影响创新产出（$t=-2.090$，$p<0.05$）。疾病流行对国家创新三级指标存在显著影响，具体结果如表 5-5 所示。

表 5-5 疾病流行与国家创新能力关系的回归分析（2010 年）

因变量	疾病流行	GDP2010		自变量		调整后 R^2	F
		β	t	β	t		
创新指数	疾病流行（历史）	1.147	8.134***	-0.229	-2.495*	0.726	101.746
创新投入	疾病流行（历史）	1.213	8.339***	-0.242	-2.559*	0.736	106.953
创新产出	疾病流行（历史）	1.080	6.741***	-0.218	-2.090*	0.645	70.187
制度	疾病流行（历史）	1.177	6.139***	-0.366	-2.929**	0.652	72.172
人力资本	疾病流行（历史）	0.878	4.787***	-0.353	-2.957**	0.573	52.038
基础设施	疾病流行（历史）	1.703	10.191***	-0.398	-3.655***	0.817	171.026
市场成熟度	肺结核发病	1.198	10.844***	0.001	2.886**	0.495	62.754

注：肺结核发病率 $N=128$；历史疾病流行 $N=78$；*$p<0.05$，**$p<0.01$，***$p<0.001$。

疾病流行作为自变量，国家创新能力作为因变量，控制 2011 年人均 GDP 的情况下，历史上的疾病流行显著负向影响国家创新总指数（$t=-2.225$，$p<0.05$），显著负向影响创新产出（$t=-2.244$，$p<0.05$）。疾病流行对国家创新三级指标存在显著影响，具体结果如表 5-6 所示。

表 5-6 疾病流行与国家创新能力关系的回归分析（2011 年）

因变量	疾病流行	GDP2011		自变量		调整后 R^2	F
		β	t	β	t		
创新指数	疾病流行（历史）	16.637	7.085***	-3.279	-2.225*	0.679	81.225
创新产出	疾病流行（历史）	13.140	4.936***	-3.750	-2.244*	0.549	47.323

续表

因变量	疾病流行	GDP2011		自变量		调整后 R^2	F
		β	t	β	t		
制度	疾病流行（历史）	20.404	5.724***	-7.473	-3.340**	0.659	74.550
创意产出	肺结核发病	11.720	6.810***	-0.011	-2.280*	0.379	38.479

注：肺结核发病率 $N=125$；历史疾病流行 $N=77$；*$p<0.05$，**$p<0.01$，***$p<0.001$。

疾病流行作为自变量，国家创新能力作为因变量，控制2012年人均GDP的情况下，历史上的疾病流行显著负向影响国家创新总指数（$t=-2.822$，$p<0.01$），显著负向影响创新产出（$t=-3.234$，$p<0.01$）。疾病流行对国家创新三级指标存在显著影响，具体结果如表5-7所示。

表5-7 疾病流行与国家创新能力关系的回归分析（2012年）

因变量	疾病流行	GDP2012		自变量		调整后 R^2	F
		β	t	β	t		
创新指数	疾病流行（历史）	18.714	7.898***	-4.235	-2.822**	0.716	100.699
创新产出	疾病流行（历史）	14.729	5.497***	-5.487	-3.234**	0.618	65.030
制度	疾病流行（历史）	24.684	6.060***	-9.430	-3.655***	0.668	80.445
人力资本	疾病流行（历史）	22.519	7.809***	-4.061	-2.223*	0.691	89.453
基础设施	肺结核发病	20.894	15.073***	-0.008	-2.127*	0.639	157.615
知识技术产出	疾病流行（历史）	16.920	4.220***	-5.362	-2.112*	0.459	34.459
创意产出	疾病流行（历史）	12.515	4.860***	-5.636	-3.455**	0.593	58.594

注：肺结核发病率 $N=141$；历史疾病流行 $N=80$；*$p<0.05$，**$p<0.01$，***$p<0.001$。

疾病流行作为自变量，国家创新能力作为因变量，控制2013年人均GDP的情况下，历史上的疾病流行显著负向影响国家创新总指数（$t=-2.175$，$p<0.05$），显著负向影响创新产出（$t=-2.117$，$p<0.05$）。疾病流行对国家创新三级指标存在显著影响，具体结果如表5-8所示。

表5-8 疾病流行与国家创新能力关系的回归分析（2013年）

因变量	疾病流行	GDP2013		自变量		调整后 R^2	F
		β	t	β	t		
创新指数	疾病流行（历史）	19.026	8.926***	-2.918	-2.175*	0.736	111.254

续表

因变量	疾病流行	GDP2013 β	t	自变量 β	t	调整后 R^2	F
创新产出	疾病流行（历史）	15.321	6.554***	-3.115	-2.117*	0.624	66.689
制度	疾病流行（历史）	22.809	6.402***	-8.112	-3.617**	0.684	86.307
人力资本	肺结核发病	22.547	13.907***	-0.011	-2.275*	0.665	139.898
创意产出	肺结核发病	15.177	9.017***	-0.012	-2.323*	0.477	64.942
	疾病流行（历史）	14.786	5.664***	-4.577	-2.785**	0.606	61.794

注：肺结核发病率 $N=142$；历史疾病流行 $N=80$；* $p<0.05$，** $p<0.01$，*** $p<0.001$。

疾病流行作为自变量，国家创新能力作为因变量，控制2014年人均GDP的情况下，历史上的疾病流行显著负向影响国家创新总指数（$t=-2.216$，$p<0.05$），显著负向影响创新产出（$t=-2.521$，$p<0.05$）。疾病流行对国家创新三级指标存在显著影响，具体结果如表5-9所示。

表5-9 疾病流行与国家创新能力关系的回归分析（2014年）

因变量	疾病流行	GDP2014 β	t	自变量 β	t	调整后 R^2	F
创新指数	疾病流行（历史）	18.955	8.573***	-3.050	-2.216*	0.727	104.623
创新产出	疾病流行（历史）	15.891	6.608***	-3.775	-2.521*	0.649	73.116
制度	疾病流行（历史）	22.510	6.240***	-7.824	-3.484**	0.673	81.292
创意产出	疾病流行（历史）	16.643	6.631***	-4.233	-2.709**	0.659	76.229

注：肺结核发病率 $N=143$；历史疾病流行 $N=80$；* $p<0.05$，** $p<0.01$，*** $p<0.001$。

疾病流行作为自变量，国家创新能力作为因变量，控制2015年人均GDP的情况下，历史上的疾病流行显著负向影响国家创新总指数（$t=-2.713$，$p<0.01$），显著负向影响国家创新投入（$t=-2.033$，$p<0.05$），显著负向影响创新产出（$t=-2.885$，$p<0.01$）。疾病流行对国家创新三级指标存在显著影响，具体结果如表5-10所示。

表 5-10 疾病流行与国家创新能力关系的回归分析（2015 年）

因变量	疾病流行	GDP2015		自变量		调整后 R^2	F
		β	t	β	t		
创新指数	疾病流行（历史）	19.337	8.514***	-3.807	-2.713**	0.741	111.166
创新投入	疾病流行（历史）	22.010	9.998***	-2.765	-2.033*	0.772	131.312
创新产出	疾病流行（历史）	16.663	6.122***	-4.851	-2.885**	0.642	69.922
制度	疾病流行（历史）	25.151	7.314***	-7.510	-3.535**	0.723	101.305
创意产出	疾病流行（历史）	15.267	5.873***	-6.849	-4.264***	0.691	86.992

二、分析讨论

疾病流行可以分为当下的疾病流行与历史上的疾病流行两种维度。肺结核发病率代表当下疾病流行与 2009—2015 年的国家创新水平存在简单的负相关，历史上的疾病流行与历年国家创新能力之间也存在负相关。但在控制了经济因素之后，肺结核代表的当下疾病流行状况对国家创新能力的影响大幅削减。仅在 2009 年正向影响创新的财富产出指标，在 2010 年正向影响创新的市场成熟度，在 2011 年负向影响创意产出，在 2012 年负向影响创新的基础设施投入，在 2013 年负向影响人力资本投入与创新产出。这一系列结果中并无稳定的规律可循，因此无法得出稳定的结果。

历史上的疾病流行状况对国家创新能力的影响较为稳定，在控制经济因素的情况下，对 2010—2015 年的国家创新总指数存在显著的负向影响。并且，历史上的疾病流行能够显著负向影响 2011—2014 年的国家创新产出，尤其是对创意产出分指标有着显著且稳定的影响。这一结果表明，历史上的疾病流行不仅与国家创新能力负相关，同时，在控制经济因素的情况下，对国家创新能力产生负向影响。当下的疾病流行状况对国家创新能力的影响并不显著，研究结果部分的验证了假设 H2。

疾病流行率较高的地区往往意味着当地较高的人口死亡率，因此疾病流行也可以作为反映环境恶劣程度的客观指标。这一客观指标也可以用于对生命史策略的选择进行测量。高发病率与高死亡率催生较快的生命史策略，环境的恶劣性促使人们更关注当下的生存与获利，对未来的关注则较少。反之，低发病率与低死亡率催生较慢的生命史策略,人们受到的死亡威胁较少,更关注未来,愿意为以后的发展进行投入,也更倾向于延迟满足。历史上的疾病流行对国家创新能力的负向影响表明,在历史上疾病发病率与死亡率较高的地区不利于创新的产生与发展,历史上更多采取较快的生命史策略的国家创新能力相对较差,创新水平较高的国家所处的宏观环境更可能催生生命史慢策略。

第三节 青少年生育率与国家创新能力

一、研究方法与结果

通过相关分析系统检验青少年生育率与国家创新总指标及分指标间的关系,总结2009—2015年指标的相关性分布规律。在控制人均GDP的前提下采用多元回归分析青少年生育率等指标对国家创新能力总指标及各分指标的影响。

(1) 相关分析

对2009年国家创新指数与青少年生育率进行简单相关分析后发现,国家创新总指数与青少年生育率显著负相关($r=-0.630$,$p<0.01$),国家创新投入与青少年生育率显著负相关($r=-0.631$,$p<0.01$),国家创新产出与青少年生育率显著负相关($r=-0.603$,$p<0.01$)。同时,国家创新指数中包括的三级指标与青少年生育率均存在负相关关系($p<0.01$),各三级指标分别是制度、人力资本、基础设施、市场成熟、商业成熟、知识产出、竞争性产出以及财富产出八项指标。

对2010年国家创新指数与青少年生育率进行简单相关分析后发现,国家创新总指数与青少年生育率显著负相关($r=-0.633$,$p<0.01$),国家创新投入与青少年生育率显著负相关($r=-0.656$,$p<0.01$),国家创新产出与青少年生育率显著负相关($r=-0.551$,$p<0.01$)。同时,国家创新指数中包括的三级指标与青少年生育率均存在负相关关系($p<0.01$),各三级指标分别是制度、人力资本、基础设施、市场成熟度、商业成熟度、科技产出以及创意与

幸福七项指标。

对 2011—2015 年国家创新指数与青少年生育率进行简单相关分析后发现，2011 年国家创新总指数与青少年生育率显著负相关（$r=-0.666$，$p<0.01$），国家创新投入与青少年生育率显著负相关（$r=-0.678$，$p<0.01$），国家创新产出与青少年生育率显著负相关（$r=-0.599$，$p<0.01$）；2012 年国家创新总指数与青少年生育率显著负相关（$r=-0.685$，$p<0.01$），国家创新投入与青少年生育率显著负相关（$r=-0.698$，$p<0.01$），国家创新产出与青少年生育率显著负相关（$r=-0.634$，$p<0.01$）；2013 年国家创新总指数与青少年生育率显著负相关（$r=-0.675$，$p<0.01$），国家创新投入与青少年生育率显著负相关（$r=-0.708$，$p<0.01$），国家创新产出与青少年生育率显著负相关（$r=-0.585$，$p<0.01$）；2014 年国家创新总指数与青少年生育率显著负相关（$r=-0.638$，$p<0.01$），国家创新投入与青少年生育率显著负相关（$r=-0.653$，$p<0.01$），国家创新产出与青少年生育率显著负相关（$r=-0.580$，$p<0.01$）；2015 年国家创新总指数与青少年生育率显著负相关（$r=-0.645$，$p<0.01$），国家创新投入与青少年生育率显著负相关（$r=-0.674$，$p<0.01$），国家创新产出与青少年生育率显著负相关（$r=-0.578$，$p<0.01$）。同时，国家创新指数中包括的三级指标与青少年生育率均存在负相关关系（$p<0.01$），各三级指标分别是制度、人力资本、基础设施、市场成熟度、商业成熟度、知识技术产出以及创意产出七项指标。

（2）回归分析

青少年生育率作为自变量，国家创新能力作为因变量，控制 2009 年人均 GDP 的情况下，2009 年青少年生育率（$N=126$）显著负向影响国家创新指数中的基础设施投入（$t=-2.054$，$p<0.05$）。青少年生育率作为自变量，国家创新能力作为因变量，在控制 2010 年人均 GDP 的情况下，2010 年青少年生育率（$N=128$）显著负向影响国家创新指数中的市场成熟度（$t=-2.077$，$p<0.05$）。青少年生育率作为自变量，国家创新能力作为因变量，控制 2011 年人均 GDP 的情况下，2011 年青少年生育率（$N=125$）显著负向影响国家创新指数中的市场成熟度（$t=-2.472$，$p<0.05$）。青少年生育率作为自变量，国

家创新能力作为因变量，在控制 2012 年人均 GDP 的情况下，2012 年青少年生育率显著负向影响国家创新总指数（$t=-2.989$，$p<0.01$），显著负向影响国家创新投入（$t=-3.050$，$p<0.01$），显著负向影响国家创新产出（$t=-2.548$，$p<0.05$）。2012 年青少年生育率对国家创新三级指标存在显著影响，具体结果如表 5-11 所示。

表 5-11 青少年生育率与国家创新能力关系的回归分析（2012 年）

因变量	GDP2012		青少年生育率		调整后 R^2	F
	β	t	β	t		
创新指数	15.424	9.086***	-0.061	-2.989**	0.668	140.835
创新投入	17.077	10.001***	-0.062	-3.050**	0.703	165.213
创新产出	13.791	7.133***	-0.059	-2.548*	0.562	90.116
人力资本	15.530	7.810***	-0.102	-4.259***	0.662	137.150
基础设施	18.240	10.054***	-0.064	-2.942**	0.701	164.217
市场成熟度	12.810	5.046***	-0.092	-3.013**	0.463	60.938
知识技术产出	12.666	4.890***	-0.079	-2.552*	0.424	52.246

注：青少年生育率 $N=141$；*$p<0.05$，**$p<0.01$，***$p<0.001$。

青少年生育率作为自变量，国家创新能力作为因变量，控制 2013 年人均 GDP 的情况下，青少年生育率显著负向影响国家创新总指数（$t=-2.332$，$p<0.05$），显著负向影响国家创新投入（$t=-2.949$，$p<0.01$）。青少年生育率对国家创新三级指标存在显著影响，具体结果如表 5-12 所示。

表 5-12 青少年生育率与国家创新能力关系的回归分析（2013 年）

因变量	GDP2013		青少年生育率		调整后 R^2	F
	β	t	β	t		
创新指数	14.440	8.202***	-0.048	-2.332*	0.634	122.094
创新投入	15.835	8.554***	-0.064	-2.949**	0.672	144.220
人力资本	17.492	8.041***	-0.103	-4.016***	0.689	155.883
基础设施	17.854	9.365***	-0.057	-2.551*	0.690	156.568
市场成熟度	10.321	4.086***	-0.095	-3.194**	0.440	56.102
知识技术产出	9.314	3.601***	-0.063	-2.075*	0.323	34.358

注：青少年生育率 $N=142$；*$p<0.05$，**$p<0.01$，***$p<0.001$。

青少年生育率作为自变量,国家创新能力作为因变量,控制2014年人均GDP的情况下,青少年生育率显著负向影响国家创新投入（$t=-2.131$，$p<0.05$）。青少年生育率对国家创新三级指标存在显著影响,具体结果如表5-13所示。

表5-13 青少年生育率与国家创新能力关系的回归分析（2014年）

因变量	GDP2014		青少年生育率		调整后R^2	F
	β	t	β	t		
创新投入	15.470	8.786***	−0.046	−2.131*	0.641	124.416
人力资本	17.328	7.202***	−0.105	−3.585***	0.627	117.167
市场成熟度	7.172	3.199***	−0.058	−2.106*	0.282	28.050

注：青少年生育率 $N=143$；*$p<0.05$，**$p<0.01$，***$p<0.001$。

青少年生育率作为自变量,国家创新能力作为因变量,控制2015年人均GDP的情况下,青少年生育率显著负向影响国家创新总指数（$t=-1.990$，$p<0.05$），显著负向影响国家创新投入（$t=-2.732$，$p<0.01$）。青少年生育率对国家创新三级指标存在显著影响,具体结果如表5-14所示。

表5-14 青少年生育率与国家创新能力关系的回归分析（2015年）

因变量	GDP2015		青少年生育率		调整后R^2	F
	β	t	β	t		
创新指数	16.005	8.836***	−0.044	−1.990*	0.637	117.463
创新投入	15.644	9.062***	−0.057	−2.732**	0.672	137.167
制度	21.556	8.152***	−0.065	−2.018*	0.606	103.102
人力资本	17.043	7.721***	−0.105	−3.911***	0.660	129.888
基础设施	21.198	12.095***	−0.042	−1.985*	0.751	201.983
市场成熟度	6.659	3.084**	−0.083	−3.150**	0.349	36.705

注：青少年生育率 $N=141$；*$p<0.05$，**$p<0.01$，***$p<0.001$。

二、分析讨论

青少年生育率与国家创新之间存在简单的负相关,结果显著。这一结果在2009—2015年的数据分析结果中均有所体现。在控制了经济因素以后,青少年生育率对国家创新产生负向影响，并且在不同年份中均有所体现。在2009年，青少年生育率显著负向影响国家创新的基础设施投入。在2010年与2011年，青少年生育率显著负向影响国家创新的市场成熟度。在2012年、2013年以及2015年青少年生育率显著负向影响国家创新总指数，2014年青少年生育率显著负向影响国家创新投入。多数年份的研究数据表明，青少年生育率对国家创新存在负向影响，青少年生育率越高的国家越不利于创新水平的提升。这一结果对假设H3进行了验证。

青少年生育率对国家创新的负面影响尤其体现在国家创新投入方面，对国家创新产出的影响较少，仅影响了2012年的创新产出，以及2013年的知识技术产出。而对于创新投入的影响在2009—2015年均有所体现。青少年时期生育影响女性的受教育年限，导致退学率升高，不仅造成了女性受教育机会的不平等，同时产生的直接影响在于，优质人力资源的减少。人力资本是国家创新的重要投入，优质人力资源的减少将会对国家创新产生负面的影响。青少年生育率也作为衡量性别平等的一项指标受到研究者的关注，人类发展报告将青少年生育率放入性别不平等指数中用于衡量国家性别不平等程度。青少年生育率越高的地区性别平等程度越差，也从另一个方面佐证了性别平等与国家创新水平之间的关系。

青少年生育率是与生命史策略直接相关的因素，生命史快策略能够加快个体的生理发育，月经提前，生育年龄也相应提前，青少年时期生育是生命史快策略的重要指标（Ellis，2004）。青少年生育率较高的国家所处环境更倾向于产生的是较快的生命史策略，伴随高青少年生育率的是国家创新水平的下降。

第四节　性别比与国家创新能力

一、研究方法与结果

通过相关分析系统检验性别比与国家创新总指标及分指标间的关系，在控制人均GDP的前提下采用多元回归分析性别比对国家创新能力总指标及各分指标的影响。

(1) 相关分析

对 2009 年国家创新指数与性别比进行简单相关分析后发现,国家创新总指数与 2010 年育龄性别比显著正相关 ($r=0.188$,$p<0.05$),国家创新产出与 2009 年女性占比显著负相关 ($r=-0.191$,$p<0.05$),与 2010 年育龄性别比显著正相关 ($r=0.251$,$p<0.01$),与 2010 年总性别比显著正相关 ($r=0.195$,$p<0.05$)。同时,国家创新指数部分三级指标与性别比存在不同程度的相关关系,财富产出与 2009 年女性占比显著负相关 ($r=-0.418$,$p<0.01$),制度与 2010 年育龄性别比显著正相关 ($r=0.177$,$p<0.05$),财富产出与 2010 年育龄性别比显著正相关 ($r=0.501$,$p<0.05$),财富产出与 2010 总性别比显著正相关 ($r=0.447$,$p<0.01$)。对 2010 年国家创新指数与性别比进行简单相关分析后发现,国家创新总指数与性别之间相关关系不显著。对 2011 年国家创新指数与性别比进行简单相关分析后发现,国家创新总指数与性别之间相关关系不显著。对 2012 年国家创新指数与性别比进行简单相关分析后发现,国家创新能力三级指标人力资本投入与 2010 年育龄性别比显著正相关 ($r=0.216$,$p<0.05$),商业成熟度与 2010 年育龄性别比显著正相关 ($r=0.203$,$p<0.05$),创意产出与 2010 年育龄性别比显著正相关 ($r=0.179$,$p<0.05$)。对 2013 年国家创新指数与性别比进行简单相关分析后发现,国家创新与性别之间相关关系不显著。对 2014 年国家创新指数与性别比进行简单相关分析后发现,国家创新与性别之间相关关系不显著。对 2015 年国家创新指数与性别比进行简单相关分析后发现,国家创新能力三级指标基础设施投入与 2010 年育龄性别比显著正相关 ($r=0.200$,$p<0.05$)。

(2) 回归分析

性别比作为自变量,国家创新能力作为因变量,控制 2009 年人均 GDP 的情况下,女性占比显著正向影响国家创新投入 ($t=2.303$,$p<0.05$),性别对国家创新三级指标存在显著影响,具体结果如表 5-15 所示。

表 5-15 性别比与国家创新能力关系的回归分析（2009 年）

因变量	性别比	GDP2009		自变量		调整后 R^2	F
		β	t	β	t		
创新指数	女性占比	1.592	15.158***	0.032	2.303*	0.649	115.811
	育龄性别比	1.625	15.225***	-0.004	-2.593**	0.663	119.118
	总性别比	1.603	15.338***	-0.005	-2.536**	0.657	118.705
人力资本	女性占比	1.305	13.678***	0.026	2.026*	0.601	94.367
	育龄性别比	1.334	13.720***	-0.003	-2.363*	0.609	96.669
	总性别比	1.314	13.791***	-0.004	-2.248*	0.607	96.007
基础设施	女性占比	2.117	18.633***	0.059	3.868***	0.736	173.777
	育龄性别比	2.155	18.320***	-0.006	-3.709***	0.734	170.776
	总性别比	2.123	18.476***	-0.009	-3.744***	0.735	171.228
市场成熟度	女性占比	1.736	13.956***	0.042	2.518**	0.609	97.752
	育龄性别比	1.786	14.139***	-0.005	-3.013**	0.621	101.425
	总性别比	1.754	14.165***	-0.007	-2.905**	0.618	100.627
财富产出	女性占比	1.125	16.051***	-0.046	-4.885***	0.731	169.241
	育龄性别比	1.083	15.217***	0.005	5.298***	0.739	175.063
	总性别比	1.112	15.965***	0.007	5.272***	0.738	174.617

注：女性占比 $N=126$；2010 年育龄性别比 $N=125$；2010 年总性别比 $N=125$；* $p<0.05$，** $p<0.01$，*** $p<0.001$。

性别比作为自变量，国家创新能力作为因变量，控制 2010 年人均 GDP 的情况下，女性占比显著正向影响国家创新总指数（$t=2.592, p<0.01$），显著正向影响国家创新投入（$t=2.548, p<0.01$），显著正向影响创新产出（$t=2.169, p<0.05$）；育龄性别比显著负向影响国家创新总指数（$t=-2.574, p<0.01$），显著负向影响国家创新投入（$t=-2.383, p<0.05$），显著负向影响国家创新产出（$t=-2.286, p<0.05$）；总性别比显著负向影响国家创新总指数（$t=-2.621, p<0.01$），显著负向影响国家创新投入（$t=-2.484, p<0.01$），显著负向影响国家创新产出（$t=-2.278, p<0.05$）。性别对国家创新三级指标存在显著影响，具体结果如表 5-16 所示。

表5-16 性别比与国家创新能力关系的回归分析（2010年）

因变量	性别比	GDP2010 β	GDP2010 t	自变量 β	自变量 t	调整后 R^2	F
创新指数	女性占比	1.117	14.610***	0.027	2.592**	0.627	107.012
	育龄性别比	1.140	14.384***	-0.003	-2.574**	0.628	105.591
	总性别比	1.126	14.521***	-0.004	-2.621**	0.635	105.906
创新投入	女性占比	1.266	15.470***	0.028	2.548**	0.654	120.161
	育龄性别比	1.282	15.040***	-0.003	-2.383*	0.650	116.199
	总性别比	1.268	15.234***	-0.004	-2.484**	0.651	116.877
创新产出	女性占比	0.968	11.010***	0.026	2.169*	0.486	60.668
	育龄性别比	0.100	11.006***	-0.003	-2.286*	0.493	61.346
	总性别比	0.984	11.064***	-0.004	-2.278*	0.493	61.307
基础设施	女性占比	1.743	16.719***	0.032	2.235*	0.690	141.048
	育龄性别比	1.759	16.167***	-0.003	-2.004*	0.685	136.018
	总性别比	1.747	16.431***	-0.005	-2.140*	0.687	136.901
市场成熟度	女性占比	1.124	11.637***	0.050	3.782***	0.517	68.388
	育龄性别比	1.159	11.630***	-0.005	-3.993***	0.518	67.691
	总性别比	1.129	11.566***	-0.008	-3.977***	0.518	67.574
科技产出	女性占比	0.987	10.713***	0.034	2.720**	0.472	57.424
	育龄性别比	1.040	11.133***	-0.004	-3.058**	0.496	62.085
	总性别比	1.017	11.103***	-0.006	-2.986**	0.495	61.674

注：女性占比 $N=128$；2010年育龄性别比 $N=126$；2010年总性别比 $N=126$；* $p<0.05$，** $p<0.01$，*** $p<0.001$。

性别比作为自变量，国家创新能力作为因变量，控制2011年人均GDP的情况下，女性占比显著正向影响国家创新总指数（$t=2.885$，$p<0.01$），显著正向影响国家创新投入（$t=2.541$，$p<0.01$），显著正向影响创新产出（$t=2.708$，$p<0.01$）；育龄性别比显著负向影响国家创新总指数（$t=-2.442$，$p<0.05$），显著负向影响国家创新投入（$t=-2.384$，$p<0.05$），显著负向影响国家创新产出（$t=-2.132$，$p<0.05$）；总性别比显著负向影响国家创新总指数（$t=-2.548$，$p<0.01$），显著负向影响国家创新投入（$t=-2.489$，$p<0.01$），显著负向影响国家创新产出（$t=-2.190$，$p<0.05$）。性别对国家创新三级指标存在显著影响，具体结果如表5-17所示。

表 5-17 性别比与国家创新能力关系的回归分析（2011 年）

因变量	性别比	GDP2011 β	GDP2011 t	自变量 β	自变量 t	调整后 R^2	F
创新指数	女性占比	17.728	14.498***	0.457	2.885**	0.629	105.181
	育龄性别比	17.886	13.916***	-0.041	-2.442*	0.618	98.904
	总性别比	17.686	14.081***	-0.063	-2.548**	0.620	99.576
创新投入	女性占比	19.879	15.857***	0.412	2.541**	0.671	126.317
	育龄性别比	19.963	15.289***	-0.040	-2.348*	0.663	120.222
	总性别比	19.780	15.510***	-0.063	-2.489**	0.665	121.207
创新产出	女性占比	15.500	10.935***	0.497	2.708**	0.489	59.812
	育龄性别比	15.726	10.550***	-0.042	-2.132*	0.478	56.426
	总性别比	15.513	10.636***	-0.063	-2.190*	0.479	56.663
基础设施	女性占比	14.861	12.374***	0.345	2.216*	0.552	76.746
	育龄性别比	15.066	12.030***	-0.035	-2.114*	0.546	73.907
	总性别比	14.883	12.143***	-0.052	-2.154*	0.547	74.094
市场成熟度	女性占比	19.525	11.219***	0.544	2.413*	0.502	62.941
	育龄性别比	19.950	11.081***	-0.063	-2.691**	0.501	61.747
	总性别比	19.590	11.108***	-0.093	-2.681**	0.501	61.696
创意产出	女性占比	14.201	8.822***	0.505	2.422*	0.382	39.006
	育龄性别比	14.507	8.622***	-0.047	-2.150*	0.375	37.344
	总性别比	14.256	8.657***	-0.071	-2.188*	0.376	37.472

注：女性占比 $N=125$；2010 年育龄性别比 $N=123$；2010 年总性别比 $N=123$；* $p<0.05$，** $p<0.01$，*** $p<0.001$。

性别比作为自变量，国家创新能力作为因变量，控制 2012 年人均 GDP 的情况下，女性占比显著正向影响国家创新总指数（$t=3.446$，$p<0.001$），显著正向影响国家创新投入（$t=2.733$，$p<0.01$），显著正向影响创新产出（$t=3.653$，$p<0.001$）；育龄性别比显著负向影响国家创新总指数（$t=-3.000$，$p<0.01$），显著负向影响国家创新投入（$t=-2.419$，$p<0.05$），显著负向影响国家创新产出（$t=-3.147$，$p<0.01$）；总性别比显著负向影响国家创新总指数（$t=-3.217$，$p<0.01$），显著负向影响国家创新投入（$t=-2.608$，$p<0.01$），显著负向影响国家创新产出（$t=-3.359$，$p<0.001$）。性别对国家创

新三级指标存在显著影响,具体结果如表 5-18 所示。

表 5-18 性别比与国家创新能力关系的回归分析(2012 年)

因变量	性别比	GDP2012		自变量		调整后 R^2	F
		β	t	β	t		
创新指数	女性占比	20.059	17.027***	0.567	3.446***	0.675	145.052
	育龄性别比	20.245	16.410***	-0.053	-3.000**	0.665	137.156
	总性别比	20.021	16.657***	-0.083	-3.217**	0.668	139.073
创新投入	女性占比	21.635	17.961***	0.460	2.733**	0.699	162.282
	育龄性别比	21.744	17.330***	-0.043	-2.419*	0.692	155.138
	总性别比	21.566	17.618***	-0.068	-2.608**	0.694	156.639
创新产出	女性占比	18.496	13.969***	0.676	3.653***	0.582	97.684
	育龄性别比	18.758	13.502***	-0.062	-3.147**	0.570	91.797
	总性别比	18.489	13.661***	-0.097	-3.359***	0.574	93.314
制度	女性占比	27.202	12.388***	0.673	2.193*	0.522	76.938
	总性别比	27.081	12.170***	-0.100	-2.103*	0.517	74.428
基础设施	女性占比	22.879	17.847***	0.451	2.520**	0.697	160.533
	育龄性别比	22.970	17.142***	-0.039	-2.056*	0.689	152.967
	总性别比	22.831	17.469***	-0.064	-2.288*	0.691	154.563
市场成熟度	女性占比	19.816	11.265***	0.868	3.531***	0.475	63.942
	育龄性别比	20.289	11.152***	-0.092	-3.566***	0.472	62.189
	总性别比	19.788	11.107***	-0.135	-3.548***	0.471	62.078
知识技术产出	女性占比	19.337	11.206***	1.127	4.673***	0.480	65.147
	育龄性别比	19.921	10.987***	-0.108	-4.208***	0.466	60.691
	总性别比	19.423	11.018***	-0.168	-4.441***	0.473	62.388

注:女性占比 $N=141$;2010 年育龄性别比 $N=139$;2010 年总性别比 $N=139$;*$p<0.05$,**$p<0.01$,***$p<0.001$。

性别比作为自变量,国家创新能力作为因变量,控制 2013 年人均 GDP 的情况下,女性占比显著正向影响国家创新总指数($t=4.385$,$p<0.001$),显著正向影响国家创新投入($t=3.687$,$p<0.001$),显著正向影响创新产出($t=4.275$,$p<0.001$);育龄性别比显著负向影响国家创新总指数($t=-3.920$,$p<0.001$),显著负向影响国家创新投入($t=-3.401$,$p<0.001$),显

著负向影响国家创新产出（$t=-3.731$，$p<0.001$）；总性别比显著负向影响国家创新总指数（$t=-4.075$，$p<0.001$），显著负向影响国家创新投入（$t=-3.563$，$p<0.001$），显著负向影响国家创新产出（$t=-3.846$，$p<0.001$）。性别对国家创新三级指标存在显著影响，具体结果如表5-19所示。

表5-19 性别比与国家创新能力关系的回归分析（2013年）

因变量	性别比	GDP2013		自变量		调整后 R^2	F
		β	t	β	t		
创新指数	女性占比	18.668	16.748***	0.675	4.385***	0.666	140.465
	育龄性别比	18.944	16.186***	-0.064	-3.920***	0.654	131.708
	总性别比	18.626	16.330***	-0.098	-4.075***	0.657	133.340
创新投入	女性占比	20.998	17.397***	0.615	3.687***	0.682	151.343
	育龄性别比	21.282	16.884***	-0.060	-3.401***	0.675	144.474
	总性别比	20.993	17.085***	-0.093	-3.563***	0.678	146.103
创新产出	女性占比	16.339	13.124***	0.736	4.275***	0.551	87.056
	育龄性别比	16.606	12.682***	-0.068	-3.731***	0.535	80.443
	总性别比	16.258	12.725***	-0.104	-3.846***	0.538	81.302
制度	女性占比	24.150	12.515***	0.620	2.325*	0.525	78.431
	育龄性别比	24.351	12.093***	-0.056	-1.994*	0.517	74.881
	总性别比	24.108	12.262***	-0.089	-2.145*	0.519	75.517
人力资本	女性占比	25.494	17.740***	0.823	4.142***	0.691	157.374
	育龄性别比	25.986	17.376***	-0.084	-4.019***	0.686	152.069
	总性别比	25.588	17.593***	-0.131	-4.244***	0.690	154.750
基础设施	女性占比	22.337	17.735***	0.476	2.733**	0.692	158.075
	育龄性别比	22.494	17.066***	-0.042	-2.292*	0.685	150.753
	总性别比	22.344	17.410***	-0.070	-2.578**	0.688	152.915
市场成熟度	女性占比	17.753	10.656***	0.786	3.415***	0.446	57.334
	育龄性别比	18.199	10.518***	-0.081	-3.350***	0.440	55.320
	总性别比	17.743	10.477***	-0.120	-3.337***	0.440	55.247
知识技术产出	女性占比	14.903	9.053***	0.921	4.047***	0.376	43.126
	育龄性别比	15.211	8.852***	-0.089	-3.681***	0.359	39.641
	总性别比	14.793	8.842***	-0.137	-3.883***	0.365	40.741

续表

因变量	性别比	GDP2013		自变量		调整后 R^2	F
		β	t	β	t		
创意产出	女性占比	17.776	11.494***	0.549	2.567**	0.482	66.055
	育龄性别比	18.003	11.132***	−0.048	−2.124*	0.473	62.979
	总性别比	17.726	11.197***	−0.070	−2.096*	0.473	62.868

注：女性占比 $N=142$；2010年育龄性别比 $N=140$；2010年总性别比 $N=140$；* $p<0.05$，** $p<0.01$，*** $p<0.001$。

性别比作为自变量，国家创新能力作为因变量，控制2014年人均GDP的情况下，女性占比显著正向影响国家创新总指数（$t=4.178$，$p<0.001$），显著正向影响国家创新投入（$t=2.970$，$p<0.01$），显著正向影响创新产出（$t=4.624$，$p<0.001$）；育龄性别比显著负向影响国家创新总指数（$t=-3.802$，$p<0.001$），显著负向影响国家创新投入（$t=-2.757$，$p<0.01$），显著负向影响国家创新产出（$t=-4.169$，$p<0.001$）；总性别比显著负向影响国家创新总指数（$t=-3.993$，$p<0.001$），显著负向影响国家创新投入（$t=-2.885$，$p<0.01$），显著负向影响国家创新产出（$t=-4.386$，$p<0.001$）。性别对国家创新三级指标存在显著影响，具体结果如表5-20所示。

表5-20 性别比与国家创新能力关系的回归分析（2014年）

因变量	性别比	GDP2014		自变量		调整后 R^2	F
		β	t	β	t		
创新指数	女性占比	18.415	16.312***	0.658	4.178***	0.657	133.214
	育龄性别比	18.748	15.867***	−0.063	−3.802***	0.649	126.516
	总性别比	18.468	16.028***	−0.098	−3.993***	0.652	128.459
创新投入	女性占比	19.054	16.130***	0.490	2.970**	0.652	130.278
	育龄性别比	19.239	15.669***	−0.048	−2.757**	0.646	125.091
	总性别比	19.027	15.852***	−0.074	−2.885**	0.648	126.072
创新产出	女性占比	17.779	13.880***	0.826	4.624***	0.583	97.588
	育龄性别比	18.259	13.596***	−0.079	−4.169***	0.573	92.428
	总性别比	17.912	13.692***	−0.122	−4.386***	0.579	94.389

续表

因变量	性别比	GDP2014 β	GDP2014 t	自变量 β	自变量 t	调整后 R^2	F
制度	女性占比	23.785	13.495***	0.598	2.431*	0.567	91.220
	育龄性别比	23.980	13.047***	-0.053	-2.066*	0.559	87.189
	总性别比	23.767	13.225***	-0.085	-2.220*	0.561	87.926
人力资本	女性占比	24.862	14.960***	0.683	2.945**	0.617	111.967
	育龄性别比	25.176	14.577***	-0.068	-2.783**	0.611	107.836
	总性别比	24.897	14.764***	-0.107	-2.969**	0.614	109.154
市场成熟度	女性占比	11.601	7.672***	0.566	2.682**	0.295	29.938
	育龄性别比	12.028	7.746***	-0.066	-3.020**	0.301	30.223
	总性别比	11.653	7.640***	-0.095	-2.920**	0.298	29.820
知识技术产出	女性占比	15.848	9.959***	1.118	5.034***	0.433	53.791
	育龄性别比	16.472	9.837***	-0.105	-4.470***	0.417	49.544
	总性别比	16.016	9.836***	-0.164	-4.734***	0.426	51.380
创意产出	女性占比	19.717	13.407***	0.536	2.611**	0.563	89.938
	育龄性别比	20.050	13.112***	-0.052	-2.428*	0.560	87.371
	总性别比	19.812	13.240***	-0.080	-2.520*	0.561	87.872

注：女性占比 $N=143$；2010 年育龄性别比 $N=141$；2010 年总性别比 $N=141$；* $p<0.05$，** $p<0.01$，*** $p<0.001$。

性别比作为自变量，国家创新能力作为因变量，控制 2015 年人均 GDP 的情况下，女性占比显著正向影响国家创新总指数（$t=4.913$，$p<0.001$），显著正向影响国家创新投入（$t=3.752$，$p<0.001$），显著正向影响创新产出（$t=5.125$，$p<0.001$）；育龄性别比显著负向影响国家创新总指数（$t=-4.698$，$p<0.001$），显著负向影响国家创新投入（$t=-3.567$，$p<0.001$），显著负向影响国家创新产出（$t=-4.938$，$p<0.001$）；总性别比显著负向影响国家创新总指数（$t=-4.818$，$p<0.001$），显著负向影响国家创新投入（$t=-3.672$，$p<0.001$），显著负向影响国家创新产出（$t=-5.048$，$p<0.001$）。性别对国家创新三级指标存在显著影响，具体结果如表 5-21 所示。

表 5-21 性别比与国家创新能力关系的回归分析（2015 年）

因变量	性别比	GDP2015		自变量		调整后 R^2	F
		β	t	β	t		
创新指数	女性占比	19.932	16.978***	0.780	4.913***	0.684	144.821
	育龄性别比	20.451	16.670***	-0.078	-4.698***	0.678	139.083
	总性别比	20.062	16.753***	-0.118	-4.818***	0.681	140.624
创新投入	女性占比	20.086	17.137***	0.594	3.752***	0.687	146.841
	育龄性别比	20.386	16.701***	-0.059	-3.567***	0.681	140.924
	总性别比	20.098	16.849***	-0.090	-3.672***	0.683	142.033
创新产出	女性占比	19.779	14.197***	0.965	5.125***	0.605	102.846
	育龄性别比	20.516	14.123***	-0.097	-4.938***	0.602	99.899
	总性别比	20.027	14.120***	-0.146	-5.048***	0.604	101.075
制度	女性占比	26.526	14.577***	0.639	2.598**	0.613	106.448
	育龄性别比	26.747	14.053***	-0.056	-2.177*	0.605	101.400
	总性别比	26.511	14.250***	-0.088	-2.324*	0.607	102.221
人力资本	女性占比	24.523	15.739***	0.692	3.286**	0.649	123.880
	育龄性别比	24.957	15.393***	-0.070	-3.189**	0.645	119.887
	总性别比	24.666	15.614***	-0.111	-3.427***	0.649	121.972
基础设施	女性占比	24.298	19.957***	0.331	2.011*	0.752	202.189
	总性别比	24.242	19.763***	-0.050	-1.986*	0.752	199.512
市场成熟度	女性占比	12.847	8.656***	0.725	3.613***	0.363	38.975
	育龄性别比	13.209	8.576***	-0.073	-3.510***	0.356	37.164
	总性别比	12.782	8.447***	-0.105	-3.406***	0.352	36.648
商业成熟度	女性占比	12.240	7.840***	0.588	2.786**	0.313	31.310
	育龄性别比	12.677	7.865***	-0.065	-2.994**	0.315	31.093
	总性别比	12.292	7.767***	-0.094	-2.899**	0.312	30.703
知识技术产出	女性占比	17.874	10.242***	1.105	4.685***	0.451	55.522
	育龄性别比	18.709	10.272***	-0.109	-4.437***	0.445	53.617
	总性别比	18.169	10.229***	-0.166	-4.564***	0.450	54.524
创意产出	女性占比	21.678	14.168***	0.823	3.979***	0.600	100.738
	育龄性别比	22.317	14.046***	-0.085	-3.938***	0.599	98.749
	总性别比	21.879	14.072***	-0.127	-3.986***	0.600	99.177

注：女性占比 $N=141$；2010 年育龄性别比 $N=139$；2010 年总性别比 $N=139$；* $p<0.05$，** $p<0.01$，*** $p<0.001$。

二、分析讨论

性别比与国家创新能力之家的关系整体上是一种负相关的关系。在控制了经济因素的情况下，这一关系更为显著，并且在2009—2015年各年的数据结果上均有所体现。但由于性别比数据选取自2010年，无法与创新数据进行时间上的对接，因此采用2009—2015年女性人口占总人口的比例的数据作为性别比的替代数据对研究结果进行了重复。女性人口占总人口比例与国家创新之间存在正相关，在控制了经济因素以后，女性占比能够正向影响国家创新。这一结果在2009—2015年各年份上均有所体现，表明这一结果的稳健性。整体而言对假设H4进行了验证，表明假设成立的合理性。育龄性别比对国家创新的负向影响是对结果的进一步验证，控制经济因素的前提下这一结果尤为显著。育龄性别比数据选取自2010年，对后续2011—2015年国家创新产生负向影响，表明性别比对国家创新的影响是长远和具有预测属性的。性别比不仅能够对当年的国家创新产生影响，同时能够影响后续几年的创新水平。这一研究结果在2009—2015年数据中均有体现，有一定的稳健性与普遍性。

性别比对国家创新的影响也存在于创新投入与创新产出的不同阶段，对制度投入、人力资本投入、基础设施投入、市场投入均存在较为显著的影响，对科技产出与创意产出也存在相应的影响。国家中女性人口数量的增多不仅保持了社会稳定和人口平衡，也影响到了国家的创新投入与产出。女性数量的增多，导致男性的择偶机会增大，男性进入婚姻的意愿降低，造成结婚率降低，同时，性别比的降低使女性有更多机会参与社会生产与接受教育（South & Trent，1988）。女性数量的提升减弱了男性的择偶竞争，男性无须将大部分资源用于择偶与繁衍，能够对未来发展进行更多的投入，对于男性而言采取这样的"慢策略"能够提升男性对于未来回报投入与期望，促使其产生更多的创造性活动。在这样的前提下，男性与女性均能够有机会及资源参与到创新的生产活动之中，进而推动国家创新水平的提升。

第五节　本章小结

本章的主要内容是对人口学宏观环境如何影响国家创新能力进行了研究，探讨了人口学宏观环境与国家创新能力，以及国家创新投入和国家创新产出之间的关系。研究选取了国家水平的预期寿命、疾病流行情况、青少年生育率以及性别比作为提出研究假设的操作性指标，具体从上述几个方面开展了实证研究。

研究结果发现，首先，无论是整体预期寿命或是男性以及女性的预期寿命对国家创新能力都能够产生正向的影响，国家水平上的预期寿命越长越有利于国家创新能力的提升，这一结果在国家创新投入与产出方面方向一致。具体而言，总体预期寿命主要影响国家创新的人力资本创新投入，基础设施创新投入，市场成熟度创新投入，知识科技创新产出及创意创新产出几个方面。男性预期寿命对国家创新能力的具体影响，除对市场成熟度创新投入影响并不显著之外，其余影响领域与总体预期寿命一致。女性预期寿命的具体影响主要表现在基础设施创新投入以及创意创新产出两方面，影响范围小于男性预期寿命。

其次，在疾病流行方面，研究发现历史上的疾病流行能够对国家创新能力以及国家创新产出产生负向影响。对于国家而言，过去历史上国家的疾病流行程度越高，越不利于当下国家创新能力的提升。这一影响直接体现在制度创新投入与创意创新产出方面，传染流行性较高的肺结核代表的当下疾病流行状况也负向影响创意创新产出。

再次，青少年生育率对国家创新能力的负向影响也得到了证实，国家的青少年生育率越高越不利于国家创新能力的提升。这一影响结果主要体现在国家的整体创新能力以及创新投入方面，对国家创新产出的影响并不显著。具体而言，青少年生育率主要对人力资本创新投入、基础设施创新投入以及市场成熟度创新投入三个方面存在负面的影响。

最后，性别比对国家创新能力的影响主要体现在，女性人口在总人口中的占比越高，越有利于国家创新能力的提升，对国家创新投入与国家创新产出也存在正向影响。女性人口占比对国家创新的影响具体表现在制度创新投入、人力资本创新投入、基础设施创新投入、市场成熟度创新投入以及知识科技创新产出与创意创新产出几个方面。2010年的育龄性别比与总人口性别比对国家创新能力存在负面的影响，性别比越高越不利于国家创新能力的提升，这一结果与女性占比得到的结果一致。并且，2010年的两组性别比不仅能够影响本年度的国家创新能力，对后续五年的国家创新能力仍然存在负向影响，也表明性别比过高对国家创新能力有着深远的负面影响。

整体而言，人口学宏观环境中的预期寿命、疾病流行以及青少年生育率已经有研究证实是催生生命史快慢策略的重要环境因素（Ellis et al., 2009），性别比也已有研究者认为与生命史策略策略密切相关（Leimar, 1996）。国家水平而言，预期寿命年限较长、疾病流行程度较低、青少年生育率较低以及较低的性别比反映的是慢策略的宏观环境，同时也是促进国家创新能力提升的宏观环境表现。在人口学宏观环境研究中得到的结果完全证实了生命史慢策略宏观环境促进国家创新能力的假说。催生慢策略的人口宏观环境或者说与慢策略关系密切的人口宏观环境能够促进国家创新能力的提升。

人口宏观环境对国家创新能力的影响相比于经济环境影响国家创新能力而言存在着范畴异质性程度的差异。研究结果已经证实国家水平的预期寿命、疾病流行、青少年生育率、性别比等人口宏观环境因素能够影响国家创新能力，相比于经济环境而言，人口宏观环境与国家创新能力的范畴异质性更强。经济环境是直接影响国家创新能力的主要环境因素，但人口宏观环境能够从远端对国家创新能力产生影响，例如，青少年生育率越低越有利于国家创新能力的提升，但并不意味着推后整个国家的生育时间就一定能够提升国家创新能力。人口宏观环境因素从较为宏观和远端的水平间接影响着国家创新，在取得更为确切的研究证据之前，谨慎进行因果推论，并且在这一影响过程中或许存在其他调节因素的作用，有待后续研究的探讨与发现。

第六章　社会环境与国家创新能力

本章的主要内容在于探讨基尼系数、暴力犯罪以及性别平等社会环境特征与国家创新能力之间的关系以及产生的影响。对前文提出的假设进行检验，为佐证假说提供社会环境方面的数据支持。

本章首先通过相关分析系统检验基尼系数、暴力犯罪以及性别平等指标与国家创新总指标及分指标间的关系，总结2009—2015年指标的相关性分布规律。其次在控制人均GDP的前提下采用多元回归分析基尼系数、暴力犯罪以及性别平等指标对国家创新能力总指标及各分指标的影响。自变量、控制变量以及因变量的指标选取与来源前文已述，在此不做另行介绍。

第一节　基尼系数与国家创新能力

一、研究方法与结果

通过相关分析系统检验基尼系数以及暴力犯罪死亡率等指标与国家创新总指标及分指标间的关系，总结2009—2015年指标的相关性分布规律。其次在控制人均GDP的前提下采用多元回归分析基尼系数以及暴力犯罪死亡率等指标对国家创新能力总指标及各分指标的影响。

（1）相关分析

对2009年国家创新指数与基尼系数进行简单相关分析后发现，国家创新总指数与基尼系数显著负相关（$r=-0.438$，$p<0.01$），国家创新投入与基尼系数显著负相关（$r=-0.425$，$p<0.01$），国家创新产出与基尼系数显著负相

关（$r=-0.444$，$p<0.01$）。同时，国家创新指数部分三级指标与基尼系数存在不同程度的负相关关系，各三级指标分别是制度、人力资本、基础设施、市场成熟、商业成熟、知识产出、竞争性产出以及财富产出八项指标。

对2010年国家创新指数与基尼系数进行简单相关分析后发现，国家创新总指数与基尼系数显著负相关（$r=-0.499$，$p<0.01$），国家创新投入与基尼系数显著负相关（$r=-0.464$，$p<0.01$），国家创新产出与基尼系数显著负相关（$r=-0.518$，$p<0.01$）。同时，国家创新指数部分三级指标与基尼系数存在不同程度的负相关关系（$p<0.01$），各三级指标分别是制度、人力资本、基础设施、市场成熟度、商业成熟度、科技产出以及创意与幸福七项指标。

对2011—2014年国家创新指数与基尼系数进行简单相关分析后发现，2011年国家创新总指数与基尼系数显著负相关（$r=-0.497$，$p<0.01$），国家创新投入与基尼系数显著负相关（$r=-0.483$，$p<0.01$），国家创新产出与基尼系数显著负相关（$r=-0.482$，$p<0.01$）；2012年国家创新总指数与基尼系数显著负相关（$r=-0.505$，$p<0.01$），国家创新投入与基尼系数显著负相关（$r=-0.515$，$p<0.01$），国家创新产出与基尼系数显著负相关（$r=-0.472$，$p<0.01$）；2013年与2014年基尼系数与国家创新能力相关不显著，仅在知识技术产出一项上表现出显著负相关（$p<0.01$）。

（2）回归分析

基尼系数作为自变量，国家创新能力作为因变量，在控制2009年人均GDP的情况下，基尼系数显著负向影响国家创新总指数（$t=-2.057$，$p<0.05$），显著负向影响国家创新产出（$t=-2.159$，$p<0.05$）。基尼系数对国家创新三级指标存在显著影响，具体结果如表6-1所示。

表6-1 基尼系数与国家创新能力关系的回归分析（2009年）

因变量	GDP2009		GINI2009		调整后 R^2	F
	β	t	β	t		
创新指数	1.530	11.044***	-0.013	-2.057*	0.716	82.988
创新产出	1.335	10.548***	-0.012	-2.159*	0.701	77.040
制度	1.441	6.688***	-0.019	-2.014*	0.505	34.096

续表

因变量	GDP2009		GINI2009		调整后 R^2	F
	β	t	β	t		
基础设施	2.158	13.071***	-0.031	-4.184***	0.802	132.805
知识产出	1.396	7.202***	-0.022	-2.571*	0.557	41.889
财富产出	1.143	10.102***	-0.010	-2.007*	0.681	70.262

注：基尼系数（GINI）$N=66$；*$p<0.05$，**$p<0.01$，***$p<0.001$。

基尼系数为自变量，在控制2010年人均GDP的情况下，显著负向影响国家创新总指数（$t=-2.772$，$p<0.01$），显著负向影响国家创新投入（$t=-2.132$，$p<0.05$），显著负向影响国家创新产出（$t=-3.086$，$p<0.01$）。具体结果如表6-2所示。

表6-2 基尼系数与国家创新能力关系的回归分析（2010年）

因变量	GDP2010		GINI2010		调整后 R^2	F
	β	t	β	t		
创新指数	1.234	10.731***	-0.017	-2.772**	0.721	87.379
创新投入	1.404	11.545***	-0.014	-2.132*	0.735	93.859
创新产出	1.063	8.675***	-0.021	-3.086**	0.650	63.283
人力资本	1.277	8.560***	-0.019	-2.286*	0.622	56.105
基础设施	1.905	12.719***	-0.021	-2.589*	0.775	116.086
科技产出	1.071	7.760***	-0.018	-2.367*	0.584	47.972
创意与幸福	1.057	7.104***	-0.023	-2.884**	0.567	44.793

注：基尼系数 $N=68$；*$p<0.05$，**$p<0.01$，***$p<0.001$。

基尼系数作为自变量，国家创新能力作为因变量，在控制2011年人均GDP的情况下，基尼系数显著负向影响国家创新总指数（$t=-3.766$，$p<0.001$），显著负向影响国家创新投入（$t=-3.711$，$p<0.001$），显著负向影响国家创新产出（$t=-3.189$，$p<0.01$）。基尼系数对国家创新三级指标存在显著影响，具体结果如表6-3所示。

表6-3 基尼系数与国家创新能力关系的回归分析（2011年）

因变量	GDP2011 β	GDP2011 t	GINI2011 β	GINI2011 t	调整后 R^2	F
创新指数	18.003	11.507***	−0.293	−3.766***	0.757	97.751
创新投入	20.246	13.434***	−0.278	−3.711***	0.802	126.781
创新产出	15.614	8.069***	−0.307	−3.189**	0.619	51.465
制度	29.019	11.033***	−0.381	−2.911**	0.729	84.509
人力资本	18.413	9.128***	−0.486	−4.841***	0.707	75.793
商业成熟度	19.371	7.755***	−0.299	−2.408*	0.579	43.678
知识技术产出	16.040	5.957***	−0.585	−4.368***	0.557	39.991

注：基尼系数（GINI）$N=63$；*$p<0.05$，**$p<0.01$，***$p<0.001$。

基尼系数作为自变量，国家创新能力作为因变量，在控制2012年人均GDP的情况下，基尼系数显著负向影响国家创新总指数（$t=-3.566$，$p<0.01$），显著负向影响国家创新投入（$t=-3.939$，$p<0.001$），显著负向影响国家创新产出（$t=-2.843$，$p<0.01$）。基尼系数对国家创新三级指标存在显著影响，具体结果如表6-4所示。

表6-4 基尼系数与国家创新能力关系的回归分析（2012年）

因变量	GDP2012 β	GDP2012 t	GINI2012 β	GINI2012 t	调整后 R^2	F
创新指数	22.180	11.037***	−0.355	−3.566**	0.738	92.508
创新投入	23.163	12.467***	−0.363	−3.939***	0.781	117.177
创新产出	21.211	8.631***	−0.346	−2.843**	0.633	56.941
制度	31.804	9.087***	−0.671	−3.868***	0.679	69.720
人力资本	24.129	10.665***	−0.567	−5.059***	0.755	101.097
市场成熟度	14.494	4.862***	−0.376	−2.546*	0.394	22.143
知识技术产出	21.308	6.343***	−0.570	−3.424**	0.535	38.340

注：基尼系数（GINI）$N=66$；*$p<0.05$，**$p<0.01$，***$p<0.001$。

基尼系数作为自变量，国家创新能力作为因变量，在控制2013年人均GDP的情况下，基尼系数显著负向影响人力资本、知识技术产出三级分指标，显著正向影响创意产出三级分指标，具体结果如表6-5所示。

表6-5 基尼系数与国家创新能力关系的回归分析（2013年）

因变量	GDP2013		GINI2013		调整后 R^2	F
	β	t	β	t		
人力资本	19.365	4.826***	−0.317	−2.312*	0.450	14.103
知识技术产出	11.214	2.398	−0.430	−2.695*	0.252	6.380
创意产出	10.611	2.946**	0.311	2.527*	0.295	7.685

注：基尼系数（GINI）$N=33$；*$p<0.05$，**$p<0.01$，***$p<0.001$。

基尼系数作为自变量，国家创新能力作为因变量，在控制2014年人均GDP的情况下，基尼系数显著负向影响国家创新总指数（$t=-2.971$，$p<0.01$），显著负向影响国家创新投入（$t=-2.639$，$p<0.01$），显著负向影响国家创新产出（$t=-2.175$，$p<0.05$）。基尼系数对国家创新三级指标存在显著影响，具体结果如表6-6所示。

表6-6 基尼系数与国家创新能力关系的回归分析（2014年）

因变量	GDP2014		GINI2014		调整后 R^2	F
	β	t	β	t		
创新指数	11.694	6.918***	−0.194	−2.971**	0.631	24.890
创新投入	10.569	7.167***	−0.150	−2.639**	0.643	26.166
创新产出	12.815	4.532***	−0.238	−2.175*	0.415	10.923
人力资本	18.043	6.890***	−0.426	−4.208***	0.652	27.284
知识技术产出	4.821	1.417	−0.483	−3.676***	0.297	6.918

注：基尼系数（GINI）$N=29$；*$p<0.05$，**$p<0.01$，***$p<0.001$。

二、分析讨论

基尼系数负向影响国家创新能力。基尼系数作为一项经济指标主要被经济学家用于衡量收入分配的不平等程度，但心理学研究者也将基尼系数作为社会不平等程度的客观指标之一用于研究。整体而言，基尼系数与国家创新之间呈显著负相关，这一结果在2009—2012年的数据分析中得到了验证，但2013年与2014年的数据分析结果显示，基尼系数与国家创新总指数相关并不显著，但与知识技术产出显著负相关。从多数年份仅简单相关的结果来看，基尼系数与国家创新能力之间存在显著的负相关，结果稳健。

在控制人均 GDP 这一经济因素后，2009—2012 年以及 2014 年数据分析结果显示，基尼系数显著负向影响国家创新能力，社会不平等程度越高，越不利于国家创新水平的提升。这一负面影响尤其体现在创新产出方面，基尼系数对知识技术产出有着显著的负向影响。即使在 2013 年基尼系数对国家创新总指数影响并不显著的情况下，仍然对知识技术产出与创意产出存在负向影响，表明基尼系数对创新产出的负向影响显著。仅从数据分析结果来看，基尼系数与国家创新能力负相关，控制人均 GDP 以后，基尼系数对国家创新力产生负向影响，研究假设 H5 成立。

第二节　暴力犯罪死亡影响国家创新能力

一、研究方法与结果

（1）相关分析

对 2009 年国家创新指数与暴力犯罪死亡率进行简单相关分析后发现，国家创新总指数与暴力犯罪显著负相关（$r=-0.292$，$p<0.01$），国家创新投入与暴力犯罪显著负相关（$r=-0.272$，$p<0.01$），国家创新产出与暴力犯罪显著负相关（$r=-0.310$，$p<0.01$）。同时，国家创新指数三级指标与暴力犯罪存在不同程度的负相关关系，各三级指标分别是制度、人力资本、基础设施、市场成熟、商业成熟、知识产出、竞争性产出以及财富产出八项指标。

对 2010 年国家创新指数与暴力犯罪死亡率进行简单相关分析后发现，国家创新总指数与暴力犯罪显著负相关（$r=-0.327$，$p<0.01$），国家创新投入与暴力犯罪显著负相关（$r=-0.274$，$p<0.01$），国家创新产出与暴力犯罪显著负相关（$r=-0.362$，$p<0.01$）。同时，国家创新指数三级指标中，除市场成熟度之外的其余指标与暴力犯罪存在不同程度的负相关关系，分别是制度、人力资本、基础设施、商业成熟度、科技产出以及创意与幸福六项指标。对 2011—2014 年国家创新指数与暴力犯罪死亡率进行简单相关分析后发现，

2011年国家创新总指数与暴力犯罪显著负相关（$r=-0.340$，$p<0.01$），国家创新投入与暴力犯罪显著负相关（$r=-0.343$，$p<0.01$），国家创新产出与暴力犯罪显著负相关（$r=-0.310$，$p<0.01$）；2012年国家创新总指数与暴力犯罪显著负相关（$r=-0.328$，$p<0.01$），国家创新投入与暴力犯罪显著负相关（$r=-0.318$，$p<0.01$），国家创新产出与暴力犯罪显著负相关（$r=-0.321$，$p<0.01$）；2013年国家创新总指数与暴力犯罪显著负相关（$r=-0.392$，$p<0.01$），国家创新投入与暴力犯罪显著负相关（$r=-0.381$，$p<0.01$），国家创新产出与暴力犯罪显著负相关（$r=-0.375$，$p<0.01$）；2014年国家创新总指数与暴力犯罪显著负相关（$r=-0.426$，$p<0.01$），国家创新投入与暴力犯罪显著负相关（$r=-0.411$，$p<0.01$），国家创新产出与暴力犯罪显著负相关（$r=-0.413$，$p<0.01$）。同时，国家创新指数三级指标与暴力犯罪存在不同程度的负相关关系，各三级指标分别是制度、人力资本、基础设施、市场成熟度、商业成熟度、知识技术产出以及创意产出七项指标。

（2）回归分析

暴力犯罪作为自变量，国家创新能力作为因变量，在控制2009年人均GDP的情况下，暴力犯罪显著负向影响国家创新总指数（$t=-2.413$，$p<0.05$），显著负向影响国家创新投入（$t=-2.005$，$p<0.05$），显著负向影响国家创新产出（$t=-2.685$，$p<0.01$）。暴力犯罪对国家创新三级指标存在显著影响，具体结果如表6-7所示。

表6-7 暴力犯罪与国家创新能力关系的回归分析（2009年）

因变量	GDP2009		暴力犯罪		调整后 R^2	F
	β	t	β	t		
创新指数	1.486	14.440***	-0.008	-2.413*	0.689	119.312
创新投入	1.703	14.278***	-0.008	-2.005*	0.651	100.858
创新产出	1.269	13.101***	-0.008	-2.685**	0.651	100.858
制度	1.429	10.158***	-0.012	-2.650**	0.538	63.279
基础设施	2.182	16.856***	-0.011	-2.620*	0.750	161.304
知识产出	1.290	9.300***	-0.014	-3.137**	0.509	56.514

注：暴力犯罪 $N=109$；* $p<0.05$，** $p<0.01$，*** $p<0.001$。

暴力犯罪作为自变量，国家创新能力作为因变量，在控制 2010 年人均 GDP 的情况下，暴力犯罪显著负向影响国家创新总指数（$t=-3.138$，$p<0.01$），显著负向影响国家创新投入（$t=-2.070$，$p<0.05$），显著负向影响国家创新产出（$t=-3.659$，$p<0.001$）。暴力犯罪对国家创新三级指标存在显著影响，具体结果如表 6-8 所示。

表 6-8 暴力犯罪与国家创新能力关系的回归分析（2010 年）

因变量	GDP2010		暴力犯罪		调整后 R^2	F
	β	t	β	t		
创新指数	1.148	13.596***	-0.009	-3.138**	0.665	111.332
创新投入	1.262	13.403***	-0.007	-2.070*	0.646	102.393
创新产出	1.033	11.340***	-0.012	-3.659***	0.598	83.476
人力资本	1.034	9.438***	-0.008	-2.203*	0.487	53.759
商业成熟度	1.138	10.061***	-0.008	-2.122*	0.515	60.045
科技产出	0.987	9.671***	-0.011	-3.006**	0.516	60.099
创意与幸福	1.080	9.306***	-0.013	-3.096**	0.501	56.708

注：暴力犯罪 $N=113$；*$p<0.05$，**$p<0.01$，***$p<0.001$。

暴力犯罪作为自变量，国家创新能力作为因变量，在控制 2011 年人均 GDP 的情况下，暴力犯罪显著负向影响国家创新总指数（$t=-2.754$，$p<0.01$），显著负向影响国家创新投入（$t=-2.928$，$p<0.01$），显著负向影响国家创新产出（$t=-2.199$，$p<0.05$）。暴力犯罪对国家创新三级指标存在显著影响，具体结果如表 6-9 所示。

表 6-9 暴力犯罪与国家创新能力关系的回归分析（2011 年）

因变量	GDP2011		暴力犯罪		调整后 R^2	F
	β	t	β	t		
创新指数	18.122	12.153***	-0.130	-2.754**	0.642	89.821
创新投入	20.575	14.149***	-0.135	-2.928**	0.706	119.894
创新产出	15.575	8.691***	-0.125	-2.199*	0.481	46.912
制度	27.546	12.1779***	-0.190	-2.661**	0.642	89.637
人力资本	21.072	11.810***	-0.144	-2.548*	0.627	84.103

续表

因变量	GDP2011		暴力犯罪		调整后 R^2	F
	β	t	β	t		
基础设施	16.073	11.652***	-0.091	-2.076*	0.614	79.589
知识技术产出	16.377	6.801***	-0.234	-3.075**	0.402	34.343

注：暴力犯罪 $N=100$；*$p<0.05$，**$p<0.01$，***$p<0.001$。

暴力犯罪作为自变量，国家创新能力作为因变量，在控制2012年人均GDP的情况下，暴力犯罪显著负向影响国家创新总指数（$t=-3.432$，$p<0.01$），显著负向影响国家创新投入（$t=-3.334$，$p<0.01$），显著负向影响国家创新产出（$t=-3.067$，$p<0.01$）。暴力犯罪对国家创新三级指标存在显著影响，具体结果如表6-10所示。

表6-10 暴力犯罪与国家创新能力关系的回归分析（2012年）

因变量	GDP2012		暴力犯罪		调整后 R^2	F
	β	t	β	t		
创新指数	19.777	14.905***	-0.178	-3.432**	0.689	131.488
创新投入	21.697	16.300***	-0.174	-3.334**	0.722	154.348
创新产出	17.874	11.801***	-0.182	-3.067**	0.585	84.286
制度	27.116	11.245***	-0.295	-3.126**	0.565	77.621
人力资本	21.397	13.114***	-0.215	-3.368**	0.635	103.839
基础设施	23.145	16.599***	-0.145	-2.647**	0.723	155.275
市场成熟度	20.077	9.937***	-0.162	-2.044*	0.489	57.408
知识技术产出	17.032	8.583***	-0.310	-3.988***	0.469	53.207

注：暴力犯罪 $N=119$；*$p<0.05$，**$p<0.01$，***$p<0.001$。

暴力犯罪作为自变量，国家创新能力作为因变量，在控制2013年人均GDP的情况下，暴力犯罪显著负向影响人力资本、知识技术产三级分指标，具体结果如表6-11所示。

表 6-11 暴力犯罪与国家创新能力关系的回归分析（2013 年）

因变量	GDP2013		暴力犯罪		调整后 R^2	F
	β	t	β	t		
人力资本	28.905	12.160***	−0.146	−2.073*	0.694	98.622
知识技术产出	14.102	4.770***	−0.241	−2.761**	0.340	23.139

注：暴力犯罪 $N=87$；*$p<0.05$，**$p<0.01$，***$p<0.001$。

暴力犯罪作为自变量，国家创新能力作为因变量，在控制 2014 年人均 GDP 的情况下，暴力犯罪显著负向影响国家创新总指数（$t=-2.090$，$p<0.05$），显著负向影响国家创新产出（$t=-2.309$，$p<0.05$）。暴力犯罪对国家创新三级指标存在显著影响，具体结果如表 6-12 所示。

表 6-12 暴力犯罪与国家创新能力关系的回归分析（2014 年）

因变量	GDP2014		暴力犯罪		调整后 R^2	F
	β	t	β	t		
创新指数	20.450	11.047***	−0.114	−2.090*	0.678	78.957
创新产出	19.131	9.114***	−0.142	−2.309*	0.602	56.991
人力资本	29.408	10.880***	−0.178	−2.240*	0.675	77.744
基础设施	22.848	11.513***	−0.134	−2.291*	0.698	86.514
知识技术产出	18.073	6.487***	−0.198	−2.422*	0.460	32.471

注：暴力犯罪 $N=77$；*$p<0.05$，***$p<0.001$。

二、分析讨论

犯罪指标选用的是每十万人中故意杀人的罪犯数量，故意杀人包括各种形式犯罪导致的死亡。造成人员死亡的犯罪行为往往带有暴力行为的特征，同时对整个社会的安全产生较大的威胁，影响社会的稳定。整体而言，暴力犯罪与国家创新能力呈显著负相关，直观上来说，即一个国家的故意杀人罪犯数量越多，国家的创新水平能力越低。暴力犯罪与国家创新之间的负相关在 2009—2014 年的数据分析结果中均有所体现，仅从简单相关的分析而言，结果稳健。

控制人均 GDP 这一经济因素后，2009—2014 年的数据分析结果显示，暴力犯罪对国家创新产生了显著的负向影响，犯罪的增多将损害国家提升创新水平的能力。这一影响尤其反应在知识技术产出这一项指标方面，2009—2014年全部年份的结果均显示，暴力犯罪不利于国家的知识技术产出。暴力犯罪的增多造成的直接后果是社会环境的动荡，对国家创新投入相关的指标也有着显著的负向影响，例如，基础设施、人力资本等。可以认为，暴力犯罪率与国家创新能力负相关，控制经济因素后，对国家创新能力产生负向影响，对假设H6进行了验证。

研究者使用犯罪率这一客观指标用于衡量青少年童年期生活环境的恶劣程度，高犯罪率促使个体形成较快的生命史策略，较少对与未来有关的行为进行投入（Ellis，2004）。国家创新是一项需要进行长远和持续投入的生产活动，国家犯罪率的升高损害了对国家创新的长远持续的投入，有可能在促使国家形成较快的生命史策略的同时也阻碍了国家创新能力的发展。

第三节　性别平等与国家创新能力

一、研究方法与结果

分别采用性别不平等指数与性别差距指数两组数据测量性别差距与国家创新能力的关系，进而，在对人均GDP进行控制的情况下采用回归分析探讨性别差距对国家创新能力的影响。

（一）性别不平等指数与国家创新能力关系分析

（1）相关分析

对2011年国家创新指数与性别不平等指数进行简单相关分析后发现，国家创新总指数与性别不平等总指数呈显著负相关（$r=-0.833$，$p<0.01$），与性别不平等指数的分指标女性议员占比呈显著正相关（$r=0.316$，$p<0.01$）；国家创新投入分指标与性别不平等总指数呈显著负相关（$r=-0.832$，$p<0.01$），与性别不平等指数的分指标女性议员占比呈显著正相关（$r=0.299$，$p<0.01$）；国家创新产出分指标与性别不平等总指数呈显著负相关（$r=$

-0.768，$p<0.01$），与性别不平等指数的分指标女性议员占比呈显著正相关（$r=0.309$，$p<0.01$）。同时，国家创新指数的三级分指标均与性别不平等总指数呈显著负相关（$p<0.01$），与性别不平等指数的分指标女性议员占比呈显著正相关（$p<0.01$），各三级指标分别是制度、人力资本、基础设施、市场成熟度、商业成熟度、知识技术产出以及创意产出七项指标。

对2012年国家创新指数与性别不平等指数进行简单相关分析后发现，国家创新总指数与性别不平等总指数呈显著负相关（$r=-0.857$，$p<0.01$），与性别不平等指数的分指标女性议员占比呈显著正相关（$r=0.215$，$p<0.05$）；国家创新投入分指标与性别不平等总指数呈显著负相关（$r=-0.853$，$p<0.01$），与性别不平等指数的分指标女性议员占比呈显著正相关（$r=0.206$，$p<0.05$）；国家创新产出分指标与性别不平等总指数呈显著负相关（$r=-0.818$，$p<0.01$），与性别不平等指数的分指标女性议员占比呈显著正相关（$r=0.214$，$p<0.05$）。同时，国家创新指数的三级分指标均与性别不平等总指数呈显著负相关，各三级指标分别是制度、人力资本、基础设施、市场成熟度、商业成熟度、知识技术产出以及创意产出七项指标。制度投入（$r=0.233$，$p<0.01$）、基础设施投入（$r=0.192$，$p<0.05$）、市场成熟度（$r=0.214$，$p<0.05$）、知识技术产出（$r=0.173$，$p<0.05$）以及创意产出（$r=0.218$，$p<0.05$）等国家创新指数三级指标与性别不平等指数的分指标女性议员占比呈显著正相关。

对2013年国家创新指数与性别不平等指数进行简单相关分析后发现，国家创新总指数与性别不平等总指数呈显著负相关（$r=-0.870$，$p<0.01$），与性别不平等指数的分指标女性议员占比呈显著正相关（$r=0.238$，$p<0.01$）；国家创新投入分指标与性别不平等总指数呈显著负相关（$r=-0.875$，$p<0.01$），与性别不平等指数的分指标女性议员占比呈显著正相关（$r=0.231$，$p<0.01$）；国家创新产出分指标与性别不平等总指数呈显著负相关（$r=-0.800$，$p<0.01$），与性别不平等指数的分指标女性议员占比呈显著正相关（$r=0.228$，$p<0.01$）。同时，国家创新指数的三级分指标均与性别不平等总指数呈显著负相关（$p<0.01$），各三级指标分别是制度、人力资本、基础设

施、市场成熟度、商业成熟度、知识技术产出以及创意产出七项指标。其中，除知识技术产出之外，其余各指标与性别不平等指数的分指标女性议员占比呈显著正相关。

对 2014 年国家创新指数与性别不平等指数进行简单相关分析后发现，国家创新总指数与性别不平等总指数呈显著负相关（$r=-0.838$，$p<0.01$），与性别不平等指数的分指标女性议员占比呈显著正相关（$r=0.219$，$p<0.05$）；国家创新投入分指标与性别不平等总指数呈显著负相关（$r=-0.832$，$p<0.01$），与性别不平等指数的分指标女性议员占比呈显著正相关（$r=0.224$，$p<0.05$）；国家创新产出分指标与性别不平等总指数呈显著负相关（$r=-0.790$，$p<0.01$），与性别不平等指数的分指标女性议员占比呈显著正相关（$r=0.199$，$p<0.05$）。同时，国家创新指数的三级分指标均与性别不平等总指数呈显著负相关（$p<0.01$），各三级指标分别是制度、人力资本、基础设施、市场成熟度、商业成熟度、知识技术产出以及创意产出七项指标。其中，除知识技术产出之外，其余各指标与性别不平等指数的分指标女性议员占比呈显著正相关。

(2) 回归分析

性别不平等作为自变量，国家创新能力作为因变量，控制 2011 年人均 GDP 的情况下，性别不平等总指数显著负向影响国家创新总指数（$t=-7.367$，$p<0.001$），女性议员占比显著正向影响国家创新总指数（$t=4.827$，$p<0.001$）；性别不平等总指数显著负向影响国家创新投入（$t=-6.838$，$p<0.001$），女性议员占比显著正向影响国家创新投入（$t=4.894$，$p<0.001$）；性别不平等总指数显著负向影响国家创新产出（$t=-6.235$，$p<0.001$），女性议员占比显著正向影响国家创新产出（$t=3.859$，$p<0.001$）。同时，性别不平等指数显著负向影响国家创新三级分指标，女性议员占比显著正向影响国家创新指数的三级分指标，如表 6-13 所示。

表 6-13 性别不平等与国家创新能力关系的回归分析（2011年）

因变量	性别不平等	GDP2011 β	t	自变量 β	t	调整后 R^2	F
创新指数	性别不平等指数	8.037	4.874***	-32.197	-7.367***	0.743	165.816
	女性议员占比	16.642	15.002***	0.252	4.827***	0.689	132.601
创新投入	性别不平等指数	10.732	6.351***	-30.622	-6.838***	0.770	191.484
	女性议员占比	18.784	16.773***	0.258	4.894***	0.731	162.309
创新产出	性别不平等指数	5.533	2.628*	-33.538	-6.235***	0.605	88.299
	女性议员占比	14.429	10.729***	0.244	3.859***	0.536	69.754
制度	性别不平等指数	15.840	5.157***	-36.282	-4.457***	0.639	101.795
	女性议员占比	25.071	12.798***	0.296	3.207**	0.605	91.972
人力资本	性别不平等指数	10.656	4.905***	-32.645	-5.670***	0.682	123.153
	女性议员占比	19.864	13.652***	0.193	2.819**	0.629	101.942
基础设施	性别不平等指数	7.369	4.613***	-26.183	-6.184***	0.691	128.652
	女性议员占比	14.000	13.467***	0.243	4.959***	0.648	110.632
市场成熟度	性别不平等指数	8.692	3.426**	-33.181	-4.934***	0.572	77.240
	女性议员占比	17.642	10.946***	0.263	3.463***	0.538	70.323
商业成熟度	性别不平等指数	11.140	4.011***	-24.697	-3.356**	0.508	59.797
	女性议员占比	17.345	10.373***	0.295	3.752***	0.519	65.309
知识技术产出	性别不平等指数	5.894	2.012*	-37.119	-4.781***	0.472	51.881
	女性议员占比	15.986	8.403***	0.220	2.452*	0.400	40.733
创意产出	性别不平等指数	4.750	1.994*	-30.017	-4.756***	0.468	51.225
	女性议员占比	12.865	8.444***	0.269	3.753***	0.432	46.265

注：性别不平等指数 $N=116$；女性议员占比 $N=123$；*$p<0.05$，**$p<0.01$，***$p<0.001$。

性别不平等作为自变量，国家创新能力作为因变量，控制 2012 年人均 GDP 的情况下，性别不平等总指数显著负向影响国家创新总指数（$t=-9.261$，$p<0.001$），女性议员占比显著正向影响国家创新总指数（$t=4.405$，$p<0.001$）；性别不平等总指数显著负向影响国家创新投入（$t=-8.760$，$p<0.001$），女性议员占比显著正向影响国家创新投入（$t=4.453$，$p<0.001$）；性别不平等总指数显著负向影响国家创新产出（$t=-8.015$，$p<0.001$），女性议员占比显著正向影响国家创新产出（$t=3.794$，$p<0.001$）。同时，性别不

平等指数显著负向影响国家创新三级分指标，女性议员占比显著正向影响国家创新指数的三级分指标，如表6-14所示。

表6-14 性别不平等与国家创新能力关系的回归分析（2012年）

因变量	性别不平等	GDP2012		自变量		调整后 R^2	F
		β	t	β	t		
创新指数	性别不平等指数	9.210	6.296***	-37.816	-9.261***	0.794	243.831
	女性议员占比	19.162	17.049***	0.233	4.405***	0.698	156.853
创新投入	性别不平等指数	11.358	7.652***	-36.297	-8.760***	0.810	270.180
	女性议员占比	20.773	18.514***	0.235	4.453***	0.730	183.287
创新产出	性别不平等指数	7.072	4.025***	-39.312	-8.015***	0.699	147.587
	女性议员占比	17.558	13.547***	0.231	3.794***	0.595	100.193
制度	性别不平等指数	12.175	4.042***	-53.210	-6.328***	0.631	108.537
	女性议员占比	25.698	12.186***	0.379	3.815***	0.547	82.635
人力资本	性别不平等指数	12.912	6.855***	-35.288	-6.711***	0.744	184.464
	女性议员占比	22.121	15.714***	0.179	2.701**	0.653	128.159
基础设施	性别不平等指数	12.657	7.891***	-36.320	-8.111***	0.802	256.676
	女性议员占比	22.101	18.312***	0.219	3.855***	0.723	176.807
市场成熟度	性别不平等指数	6.471	2.612*	-43.219	-6.248***	0.558	80.574
	女性议员占比	17.904	10.490***	0.257	3.205**	0.470	60.965
商业成熟度	性别不平等指数	12.533	6.586***	-13.476	-2.537*	0.574	85.761
	女性议员占比	16.002	13.234***	0.141	2.473*	0.573	91.435
知识技术产出	性别不平等指数	3.600	1.497	-52.865	-7.875***	0.596	93.865
	女性议员占比	17.920	10.005***	0.224	2.661**	0.441	54.236
创意产出	性别不平等指数	10.525	4.944***	-25.840	-4.348***	0.576	86.611
	女性议员占比	17.194	12.156***	0.239	3.583***	0.543	81.345

注：性别不平等指数 $N=128$；女性议员占比 $N=137$；* $p<0.05$，** $p<0.01$，*** $p<0.001$。

性别不平等作为自变量，国家创新能力作为因变量，控制2013年人均GDP的情况下，性别不平等总指数显著负向影响国家创新总指数（$t=-9.595$，$p<0.001$），女性议员占比显著正向影响国家创新总指数（$t=4.839$，$p<0.001$）；性别不平等总指数显著负向影响国家创新投入（$t=-9.605$，$p<0.001$），女性议员占比显著正向影响国家创新投入（$t=4.714$，$p<0.001$）；

性别不平等总指数显著负向影响国家创新产出（$t=-7.389$，$p<0.001$），女性议员占比显著正向影响国家创新产出（$t=4.078$，$p<0.001$）。同时，性别不平等指数显著负向影响国家创新三级分指标，女性议员占比显著正向影响国家创新指数的三级分指标，如表6-15所示。

表6-15 性别不平等与国家创新能力关系的回归分析（2013年）

因变量	性别不平等	GDP2013		自变量		调整后 R^2	F
		β	t	β	t		
创新指数	性别不平等指数	6.362	4.237***	-38.720	-9.595***	0.782	229.002
	女性议员占比	17.667	16.249***	0.248	4.839***	0.684	147.305
创新投入	性别不平等指数	8.096	5.118***	-40.835	-9.605***	0.802	257.744
	女性议员占比	19.894	17.151***	0.258	4.714***	0.704	161.884
创新产出	性别不平等指数	4.629	2.512*	-36.598	-7.389***	0.649	118.594
	女性议员占比	15.440	12.459***	0.239	4.078***	0.564	88.227
制度	性别不平等指数	9.187	3.141**	-48.051	-6.113***	0.614	101.940
	女性议员占比	22.825	11.961***	0.329	3.648***	0.540	80.170
人力资本	性别不平等指数	10.863	5.510***	-47.237	-8.914***	0.794	246.275
	女性议员占比	24.468	16.752***	0.240	3.475**	0.687	149.081
基础设施	性别不平等指数	10.926	6.281***	-36.387	-7.784***	0.785	232.946
	女性议员占比	21.454	17.861***	0.221	3.897***	0.715	170.349
市场成熟度	性别不平等指数	2.786	1.150	-45.479	-6.986***	0.562	82.603
	女性议员占比	15.883	9.871***	0.290	3.813***	0.456	57.680
商业成熟度	性别不平等指数	6.726	3.166**	-27.004	-4.730***	0.534	73.658
	女性议员占比	14.841	11.067***	0.212	3.349**	0.500	68.528
知识技术产出	性别不平等指数	0.724	0.289	-44.815	-6.667***	0.492	62.600
	女性议员占比	13.974	8.256***	0.191	2.391*	0.353	37.844
创意产出	性别不平等指数	8.540	3.539***	-28.373	-4.375***	0.534	73.735
	女性议员占比	16.909	11.269***	0.286	4.039***	0.519	73.704

注：性别不平等指数 $N=129$；女性议员占比 $N=136$；*$p<0.05$，**$p<0.01$，***$p<0.001$。

性别不平等作为自变量，国家创新能力作为因变量，控制2014年人均GDP的情况下，性别不平等总指数显著负向影响国家创新总指数（$t=-7.853$，$p<0.001$），女性议员占比显著正向影响国家创新总指数（$t=3.557$，

$p<0.01$）；性别不平等总指数显著负向影响国家创新投入（$t=-7.512$，$p<0.001$），女性议员占比显著正向影响国家创新投入（$t=3.862$，$p<0.001$）；性别不平等总指数显著负向影响国家创新产出（$t=-6.585$，$p<0.001$），女性议员占比显著正向影响国家创新产出（$t=2.716$，$p<0.01$）。同时，性别不平等指数显著负向影响国家创新三级分指标，女性议员占比显著正向影响制度投入、人力资本、基础设置、市场成熟度、商业成熟度以及创意产出等国家创新指数的三级分指标，如表6-16所示。

表6-16 性别不平等与国家创新能力关系的回归分析（2014年）

因变量	性别不平等	GDP2014 β	GDP2014 t	自变量 β	自变量 t	调整后 R^2	F
创新指数	性别不平等指数	7.805	4.876***	-34.323	-7.853***	0.745	187.889
创新指数	女性议员占比	17.954	16.235***	0.176	3.557**	0.675	141.307
创新投入	性别不平等指数	8.605	5.231***	-33.748	-7.512***	0.745	187.802
创新投入	女性议员占比	18.491	16.308***	0.196	3.862***	0.679	143.892
创新产出	性别不平等指数	7.006	3.610***	-34.898	-6.585***	0.652	120.975
创新产出	女性议员占比	17.419	13.556***	0.156	2.716**	0.589	97.623
制度	性别不平等指数	11.366	4.259***	-40.225	-5.520***	0.631	110.390
制度	女性议员占比	22.862	13.030***	0.234	2.981**	0.573	91.480
人力资本	性别不平等指数	10.128	4.524***	-50.052	-8.187***	0.745	188.033
人力资本	女性议员占比	24.865	15.506***	0.219	3.060**	0.652	127.548
基础设施	性别不平等指数	14.187	8.310***	-26.094	-5.597***	0.777	223.817
基础设施	女性议员占比	21.748	19.255***	0.162	3.203**	0.741	194.015
市场成熟度	性别不平等指数	1.319	0.561	-30.764	-4.793***	0.350	35.528
市场成熟度	女性议员占比	10.680	7.139***	0.157	2.345*	0.294	29.126
商业成熟度	性别不平等指数	6.039	2.561*	-21.571	-3.349**	0.381	40.326
商业成熟度	女性议员占比	12.310	8.438***	0.207	3.173**	0.378	42.058
知识技术产出	性别不平等指数	2.009	0.820	-44.452	-6.648***	0.515	69.014
创意产出	性别不平等指数	12.001	5.224***	-25.373	-4.044***	0.605	99.162
创意产出	女性议员占比	19.344	13.676***	0.216	3.415**	0.599	101.901

注：性别不平等指数 $N=133$；女性议员占比 $N=138$；*$p<0.05$，**$p<0.01$，***$p<0.001$。

(二) 性别差距指数与国家创新能力关系

（1）相关分析

对 2009 年国家创新指数与性别差距指数进行简单相关分析后发现，国家创新总指数与性别差距总指数呈显著正相关（$r=0.373$，$p<0.01$），与性别差距指数教育分指标呈显著正相关（$r=0.382$，$p<0.01$），与政治权力分指标呈显著正相关（$r=0.359$，$p<0.01$）；国家创新投入分指标与性别差距总指数呈显著正相关（$r=0.412$，$p<0.01$），与教育分指标呈显著正相关（$r=0.394$，$p<0.01$），与政治权力分指标呈显著正相关（$r=0.382$，$p<0.01$）；国家创新产出分指标与性别差距总指数呈显著相关（$r=0.308$，$p<0.01$），与教育分指标呈显著正相关（$r=0.351$，$p<0.01$），与政治权力分指标呈显著正相关（$r=0.314$，$p<0.01$）。同时，国家创新指数的三级分指标制度、人力资本、基础设施、市场成熟、商业成熟、知识产出、竞争性产出以及财富产出八项指标均与性别差距总指数、教育分指标以及政治权力分指标呈显著正相关（$p<0.01$），与经济参与及健康分指标不相关。

对 2010 年国家创新指数与性别差距指数进行简单相关分析后发现，国家创新总指数与性别差距总指数呈显著正相关（$r=0.557$，$p<0.01$），与性别差距指数经济分指标呈显著正相关（$r=0.325$，$p<0.01$），与教育分指标呈显著正相关（$r=0.411$，$p<0.01$），与政治权力分指标呈显著正相关（$r=0.461$，$p<0.01$）；国家创新投入分指标与性别差距总指数呈显著正相关（$r=0.564$，$p<0.01$），与经济参与分指标呈显著正相关（$r=0.310$，$p<0.01$），与教育分指标呈显著正相关（$r=0.494$，$p<0.01$），与健康分指标呈正相关（$r=0.190$，$p<0.05$），与政治权力分指标呈显著正相关（$r=0.428$，$p<0.01$）；国家创新产出分指标与性别差距总指数呈显著相关（$r=0.500$，$p<0.01$），与经济参与分指标呈显著正相关（$r=0.315$，$p<0.01$），与教育分指标呈显著正相关（$r=0.279$，$p<0.01$），与政治权力分指标呈显著正相关（$r=0.457$，$p<0.01$）。同时，国家创新指数的三级分指标制度、人力资本、基础设施、市场成熟度、商业成熟度、科技产出以及创意与幸福七项指标均与性别差距总指数、经济参与、教育分指标以及政治权力分指标呈显著正相关（$p<0.05$）；人力资本、

基础设施与健康分指标显著正相关（$p<0.05$）。

对 2011 年国家创新指数与性别差距指数进行简单相关分析后发现，国家创新总指数与性别差距总指数呈显著正相关（$r=0.582$，$p<0.01$），与性别差距指数经济分指标呈显著正相关（$r=0.404$，$p<0.01$），与教育分指标呈显著正相关（$r=0.479$，$p<0.01$），与政治权力分指标呈显著正相关（$r=0.434$，$p<0.01$）；国家创新投入分指标与性别差距总指数呈显著正相关（$r=0.578$，$p<0.01$），与经济参与分指标呈显著正相关（$r=0.414$，$p<0.01$），与教育分指标呈显著正相关（$r=0.508$，$p<0.01$），与健康分指标呈正相关（$r=0.185$，$p<0.05$），与政治权力分指标呈显著正相关（$r=0.400$，$p<0.01$）；国家创新产出分指标与性别差距总指数呈显著相关（$r=0.539$，$p<0.01$），与经济参与分指标呈显著正相关（$r=0.359$，$p<0.01$），与教育分指标呈显著正相关（$r=0.411$，$p<0.01$），与政治权力分指标呈显著正相关（$r=0.435$，$p<0.01$）。同时，国家创新指数的三级分指标制度、人力资本、基础设施、市场成熟度、商业成熟度、知识技术产出以及创意产出七项指标与性别差距总指数、经济参与、教育分指标以及政治权力分指标呈显著正相关（$p<0.01$），基础设施、商业成熟度以及创意产出与健康分指标显著正相关（$p<0.05$）。

对 2012 年国家创新指数与性别差距指数进行简单相关分析后发现，国家创新总指数与性别差距总指数呈显著正相关（$r=0.537$，$p<0.01$），与性别差距指数经济分指标呈显著正相关（$r=0.333$，$p<0.01$），与教育分指标呈显著正相关（$r=0.513$，$p<0.01$），与政治权力分指标呈显著正相关（$r=0.353$，$p<0.01$）；国家创新投入分指标与性别差距总指数呈显著正相关（$r=0.525$，$p<0.01$），与经济参与分指标呈显著正相关（$r=0.331$，$p<0.01$），与教育分指标呈显著正相关（$r=0.552$，$p<0.01$），与政治权力分指标呈显著正相关（$r=0.310$，$p<0.01$）；国家创新产出分指标与性别差距总指数呈显著相关（$r=0.521$，$p<0.01$），与经济参与分指标呈显著正相关（$r=0.318$，$p<0.01$），与教育分指标呈显著正相关（$r=0.443$，$p<0.01$），与政治权力分指标呈显著正相关（$r=0.382$，$p<0.01$）。同时，国家创新指数的三级分指标制度、人力资本、基础设施、市场成熟度、商业成熟度、知识技术产出以及创意产出七项

指标与性别差距总指数、经济参与、教育分指标以及政治权力分指标呈显著正相关（$p<0.01$），人力资本以及基础设施与健康分指标显著正相关（$p<0.05$）。

对 2013 年国家创新指数与性别差距指数进行简单相关分析后发现，国家创新总指数与性别差距总指数呈显著正相关（$r=0.557$，$p<0.01$），与性别差距指数经济分指标呈显著正相关（$r=0.387$，$p<0.01$），与教育分指标呈显著正相关（$r=0.487$，$p<0.01$），与教育分指标呈显著正相关（$r=0.184$，$p<0.05$），与政治权力分指标呈显著正相关（$r=0.376$，$p<0.01$）；国家创新投入分指标与性别差距总指数呈显著正相关（$r=0.551$，$p<0.01$），与经济参与分指标呈显著正相关（$r=0.369$，$p<0.01$），与教育分指标呈显著正相关（$r=0.517$，$p<0.01$），与健康分指标呈显著正相关（$r=0.190$，$p<0.05$），与政治权力分指标呈显著正相关（$r=0.328$，$p<0.01$）；国家创新产出分指标与性别差距总指数呈显著相关（$r=0.560$，$p<0.01$），与经济参与分指标呈显著正相关（$r=0.369$，$p<0.01$），与教育分指标呈显著正相关（$r=0.415$，$p<0.01$），与政治权力分指标呈显著正相关（$r=0.401$，$p<0.01$）。同时，国家创新指数的三级分指标制度、人力资本、基础设施、市场成熟度、商业成熟度、知识技术产出以及创意产出七项指标与性别差距总指数、经济参与、教育分指标以及政治权力分指标呈显著正相关（$p<0.01$），制度投入、人力资本、基础设施、商业成熟度以及创意产出与健康分指标显著相关（$p<0.05$）。

对 2014 年国家创新指数与性别差距指数进行简单相关分析后发现，国家创新总指数与性别差距总指数呈显著正相关（$r=0.525$，$p<0.01$），与性别差距指数经济分指标呈显著正相关（$r=0.350$，$p<0.01$），与教育分指标呈显著正相关（$r=0.487$，$p<0.01$），与政治权力分指标呈显著正相关（$r=0.365$，$p<0.01$）；国家创新投入分指标与性别差距总指数呈显著正相关（$r=0.517$，$p<0.01$），与经济参与分指标呈显著正相关（$r=0.351$，$p<0.01$），与教育分指标呈显著正相关（$r=0.522$，$p<0.01$），与政治权力分指标呈显著正相关（$r=0.332$，$p<0.01$）；国家创新产出分指标与性别差距总指数呈显著相关（$r=0.496$，$p<0.01$），与经济参与分指标呈显著正相关（$r=0.325$，$p<0.01$），与

教育分指标呈显著正相关（$r=0.417$，$p<0.01$），与政治权力分指标呈显著正相关（$r=0.374$，$p<0.01$）。同时，国家创新指数的三级分指标制度、人力资本、基础设施、市场成熟度、商业成熟度、知识技术产出以及创意产出七项指标与性别差距总指数、经济参与、教育分指标以及政治权力分指标呈显著正相关（$p<0.01$）。

对 2015 年国家创新指数与性别差距指数进行简单相关分析后发现，国家创新总指数与性别差距总指数呈显著正相关（$r=0.526$，$p<0.01$），与性别差距指数经济分指标呈显著正相关（$r=0.382$，$p<0.01$），与教育分指标呈显著正相关（$r=0.480$，$p<0.01$），与政治权力分指标呈显著正相关（$r=0.348$，$p<0.01$）；国家创新投入分指标与性别差距总指数呈显著正相关（$r=0.523$，$p<0.01$），与经济参与分指标呈显著正相关（$r=0.374$，$p<0.01$），与教育分指标呈显著正相关（$r=0.543$，$p<0.01$），与政治权力分指标呈显著正相关（$r=0.318$，$p<0.01$）；国家创新产出分指标与性别差距总指数呈显著相关（$r=0.499$，$p<0.01$），与经济参与分指标呈显著正相关（$r=0.367$，$p<0.01$），与教育分指标呈显著正相关（$r=0.391$，$p<0.01$），与政治权力分指标呈显著正相关（$r=0.357$，$p<0.01$）。同时，国家创新指数的三级分指标制度、人力资本、基础设施、市场成熟度、商业成熟度、知识技术产出以及创意产出七项指标与性别差距总指数、经济参与、教育分指标以及政治权力分指标呈显著正相关（$p<0.01$）。

（2）回归分析

性别差距作为自变量，国家创新能力作为因变量，控制 2009 年人均 GDP 的情况下，性别差距总指数显著正向影响国家创新总指数（$t=2.184$，$p<0.05$），教育显著负向影响国家创新总指数（$t=-3.559$，$p<0.01$），政治权力显著正向影响国家创新（$t=4.088$，$p<0.001$）；性别差距指数显著正向影响国家创新投入（$t=2.997$，$p<0.01$），经济参与显著正向影响国家创新投入（$t=2.573$，$p<0.05$），教育显著负向影响国家创新（$t=-2.916$，$p<0.01$），政治权力显著正向影响创新投入（$t=4.526$，$p<0.001$）；教育显著负向影响国家创新产出（$t=-3.918$，$p<0.001$），政治权力显著正向影响国家创新产出

($t=3.051$，$p<0.01$）。同时，性别差距总指数、经济参与以及政治权力等显著正向影响部分国家创新三级分指标，教育显著负向影响国家创新指数部分三级分指标，如表6-17所示。

表6-17 性别差距指数与国家创新能力关系的回归分析（2009年）

因变量	性别差距	GDP2009		自变量		调整后 R^2	F
		β	t	β	t		
创新指数	性别差距指数	1.298	13.628***	1.849	2.184*	0.665	116.256
	教育	1.626	14.211***	-2.669	-3.559**	0.686	127.774
	政治权力	1.297	14.808***	4.475	4.088***	0.696	133.677
创新投入	性别差距指数	1.416	13.016***	2.900	2.997**	0.658	112.796
	经济参与	1.523	14.611***	1.214	2.573*	0.652	109.534
	教育	1.774	13.112***	-2.586	-2.916**	0.657	112.133
	政治权力	1.436	14.293***	1.872	4.526***	0.688	128.674
创新产出	教育	1.477	13.819***	-2.745	-3.918***	0.666	116.748
	政治权力	1.159	13.612***	1.070	3.051**	0.650	108.638
制度	教育	1.706	10.523***	-4.833	-4.548***	0.503	59.628
	政治权力	1.136	8.853***	2.127	4.027***	0.486	55.759
人力资本	性别差距指数	1.167	11.975***	2.227	2.570*	0.616	94.138
	经济参与	1.249	13.397***	0.907	2.151*	0.610	91.659
	政治权力	1.193	12.836***	1.175	3.070**	0.625	97.669
基础设施	性别差距指数	1.865	15.568***	3.919	3.678***	0.735	162.249
	经济参与	2.011	17.729***	1.931	3.762***	0.737	163.327
	教育	2.224	14.443***	-2.229	-2.208*	0.716	147.375
	政治权力	1.918	16.813***	1.943	4.138***	0.743	168.433
市场成熟	性别差距指数	1.469	11.407***	3.371	2.943**	0.602	88.873
	经济参与	1.593	12.782***	1.128	2.001*	0.587	83.340
	政治权力	1.499	12.427***	2.021	4.073***	0.627	98.309
商业成熟	性别差距指数	1.428	9.995***	2.879	2.267*	0.530	66.300
	经济参与	1.534	11.281***	1.283	2.085*	0.526	65.481
	教育	1.919	11.151***	-3.960	-3.509**	0.556	73.726
	政治权力	1.436	10.829***	2.101	3.849***	0.565	76.314

续表

因变量	性别差距	GDP2009 β	GDP2009 t	自变量 β	自变量 t	调整后 R^2	F
知识产出	教育	1.608	10.197***	-3.920	-3.792***	0.498	58.585
	政治权力	1.152	9.205***	1.582	3.072**	0.478	54.135
竞争性产出	教育	1.415	8.300***	-2.514	-2.250*	0.418	42.648
	政治权力	1.104	8.387***	1.409	2.599*	0.426	44.062
财富产出	教育	1.407	14.138***	-1.780	-2.729**	0.698	134.754
	健康	1.264	17.118***	-13.929	-4.063***	0.719	149.069

注：性别差距指数 $N=118$；*$p<0.05$，**$p<0.01$，***$p<0.001$。

性别差距作为自变量，国家创新能力作为因变量，控制2010年人均GDP的情况下，性别差距总指数显著正向影响国家创新总指数（$t=5.299$，$p<0.001$），经济参与显著正向影响国家创新总指数（$t=4.581$，$p<0.001$），教育显著负向影响国家创新总指数（$t=-2.208$，$p<0.05$），政治权力显著正向影响国家创新总指数（$t=6.713$，$p<0.001$）；性别差距指数显著正向影响国家创新投入（$t=5.566$，$p<0.001$），经济参与显著正向影响国家创新投入（$t=4.388$，$p<0.001$），政治权力显著正向影响创新投入（$t=5.956$，$p<0.001$）；性别差距总指数显著正向影响国家创新产出（$t=3.931$，$p<0.001$），经济参与显著正向影响国家创新产出（$t=3.807$，$p<0.001$），教育显著负向影响国家创新产出（$t=-3.578$，$p<0.01$），政治权力显著正向影响国家创新产出（$t=5.791$，$p<0.001$）。同时，性别差距总指数、经济参与以及政治权力等显著正向影响部分国家创新三级分指标，教育显著负向影响国家创新指数部分三级分指标，如表6-18所示。

表6-18　性别差距指数与国家创新能力关系的回归分析（2010年）

因变量	性别差距	GDP2010 β	GDP2010 t	自变量 β	自变量 t	调整后 R^2	F
创新指数	性别差距指数	0.918	12.204***	3.430	5.299***	0.684	132.120
	经济参与	1.041	14.546***	1.488	4.581***	0.668	122.878
	教育	1.211	12.190***	-1.283	-2.208*	0.625	101.890
	政治权力	0.991	14.819***	1.811	6.713***	0.717	154.255

续表

因变量	性别差距	GDP2010		自变量		调整后 R^2	F
		β	t	β	t		
创新投入	性别差距指数	1.047	12.869***	3.897	5.566***	0.707	146.649
	经济参与	1.189	15.118***	1.567	4.388***	0.682	13.530
	政治权力	1.141	15.154***	1.809	5.956***	0.715	152.831
创新产出	性别差距指数	0.788	8.933***	2.985	3.931***	0.537	71.323
	经济参与	0.893	10.863***	1.421	3.807***	0.534	70.295
	教育	1.107	10.828***	−2.260	−3.578**	0.528	68.651
	政治权力	0.842	10.817***	1.817	5.791***	0.592	88.819
制度	性别差距指数	1.022	9.420***	4.452	4.445***	0.572	81.960
	经济参与	1.170	11.489***	1.902	4.115***	0.563	79.081
	政治权力	1.127	11.053***	1.828	4.444***	0.572	81.956
人力资本	性别差距指数	0.874	9.341***	4.269	5.298***	0.593	88.473
	经济参与	1.033	11.327***	1.607	3.862***	0.553	75.191
	政治权力	0.971	11.241***	2.021	5.827***	0.609	94.419
基础设施	性别差距指数	1.521	14.375***	4.219	4.634***	0.728	162.839
	经济参与	1.671	16.756***	1.877	4.146***	0.719	156.061
	健康	1.668	15.680***	9.482	2.002*	0.689	135.197
	政治权力	1.623	16.470***	1.938	4.875***	0.732	166.477
市场成熟度	性别差距指数	0.835	8.200***	4.101	4.678***	0.530	69.095
	经济参与	0.991	9.987***	1.354	3.007**	0.482	57.374
	政治权力	0.943	9.751***	1.691	4.332***	0.519	66.251
商业成熟度	性别差距指数	0.977	9.300***	2.652	2.934**	0.524	67.666
	经济参与	1.074	10.870***	1.023	2.280*	0.511	64.269
	政治权力	1.026	10.722***	1.574	4.080***	0.552	75.681
科技产出	性别差距指数	0.781	8.042***	3.419	4.091***	0.503	62.163
	经济参与	0.902	9.934***	1.590	3.858***	0.493	60.499
	教育	1.118	9.092***	−1.681	−2.339*	0.458	52.065
	政治权力	0.852	9.694***	1.845	5.203***	0.538	71.424
创意与幸福	性别差距指数	0.797	7.423***	2.530	2.739**	0.424	45.597
	经济参与	0.885	8.881***	1.240	2.742**	0.424	45.612
	教育	1.223	9.667***	−2.846	−3.847***	0.456	51.662
	政治权力	0.832	8.688***	1.785	4.624***	0.481	57.128

注：性别差距指数 $N=123$；$*p<0.05$，$**p<0.01$，$***p<0.001$。

性别差距作为自变量，国家创新能力作为因变量，控制 2011 年人均 GDP 的情况下，性别差距总指数显著正向影响国家创新总指数（$t=5.797$，$p<0.001$），经济参与显著正向影响国家创新总指数（$t=5.021$，$p<0.001$），政治权力显著正向影响国家创新总指数（$t=5.334$，$p<0.001$）；性别差距指数显著正向影响国家创新投入（$t=5.918$，$p<0.001$），经济参与显著正向影响国家创新投入（$t=5.728$，$p<0.001$），政治权力显著正向影响创新投入（$t=4.878$，$p<0.001$）；性别差距总指数显著正向影响国家创新产出（$t=4.721$，$p<0.001$），经济参与显著正向影响国家创新产出（$t=3.687$，$p<0.001$），政治权力显著正向影响国家创新产出（$t=4.812$，$p<0.001$）。同时，性别差距总指数、经济参与以及政治权力等显著正向影响部分国家创新三级分指标，如表 6-19 所示。

表 6-19 性别差距指数与国家创新能力关系的回归分析（2011 年）

因变量	性别差距	GDP2011		自变量		调整后 R^2	F
		β	t	β	t		
创新指数	性别差距指数	14.053	11.204***	58.542	5.797***	0.678	121.836
	经济参与	15.845	13.091***	26.129	5.021***	0.658	111.627
	政治权力	15.585	12.950***	23.485	5.334***	0.666	115.571
创新投入	性别差距指数	16.560	13.354***	59.089	5.918***	0.734	159.781
	经济参与	18.278	15.613***	28.830	5.728***	0.730	156.545
	政治权力	18.211	14.980***	21.695	4.878***	0.712	143.371
创新产出	性别差距指数	11.492	7.598***	57.495	4.721***	0.518	62.695
	经济参与	13.343	9.107***	23.221	3.687***	0.484	55.030
	政治权力	12.895	9.075***	25.014	4.812***	0.521	63.457
制度	性别差距指数	22.142	10.346***	68.673	3.986***	0.608	90.146
	经济参与	23.955	12.164***	38.462	4.543***	0.622	95.556
	政治权力	24.203	11.665***	22.523	2.967**	0.585	82.091
人力资本	性别差距指数	18.002	11.038***	47.431	3.612***	0.624	96.534
	经济参与	19.341	12.688***	24.229	3.697***	0.626	97.287
	政治权力	19.384	12.362***	16.353	2.851**	0.609	90.561

续表

因变量	性别差距	GDP2011 β	GDP2011 t	自变量 β	自变量 t	调整后 R^2	F
基础设施	性别差距指数	11.565	9.587***	54.526	5.614***	0.623	96.021
	经济参与	13.377	11.176***	20.511	3.986***	0.577	79.529
	政治权力	12.880	11.421***	24.021	5.823***	0.629	98.542
市场成熟度	性别差距指数	15.184	8.423***	57.023	3.929***	0.527	65.172
	经济参与	16.837	9.941***	27.960	3.840***	0.525	64.518
	政治权力	16.810	9.692***	20.326	3.204**	0.508	60.273
商业成熟度	性别差距指数	15.912	8.815***	67.670	4.657***	0.567	76.313
	经济参与	17.884	10.518***	32.894	4.500***	0.563	74.899
	政治权力	17.782	10.219***	25.242	3.965***	0.547	70.437
知识技术产出	性别差距指数	13.262	6.250***	66.358	3.884***	0.419	42.426
	经济参与	15.148	7.630***	33.544	3.930***	0.420	42.702
	政治权力	14.971	7.443***	27.145	3.689***	0.412	41.284
创意产出	性别差距指数	9.711	5.805***	48.735	3.618***	0.383	36.671
	政治权力	10.811	6.939***	22.903	4.019***	0.397	38.930

注：性别差距指数 $N=117$；** $p<0.01$，*** $p<0.001$。

性别差距作为自变量，国家创新能力作为因变量，控制2012年人均GDP的情况下，性别差距总指数显著正向影响国家创新总指数（$t=6.760$, $p<0.001$），经济参与显著正向影响国家创新总指数（$t=6.519$, $p<0.001$），政治权力显著正向影响国家创新总指数（$t=5.584$, $p<0.001$）；性别差距指数显著正向影响国家创新投入（$t=6.780$, $p<0.001$），经济参与显著正向影响国家创新投入（$t=7.146$, $p<0.001$），政治权力显著正向影响创新投入（$t=4.804$, $p<0.001$）；性别差距总指数显著正向影响国家创新产出（$t=5.750$, $p<0.001$），经济参与显著正向影响国家创新产出（$t=5.114$, $p<0.001$），政治权力显著正向影响国家创新产出（$t=5.488$, $p<0.001$）。同时，性别差距总指数、经济参与以及政治权力等显著正向影响部分国家创新三级分指标，如表6-20所示。

表6-20 性别差距指数与国家创新能力关系的回归分析（2012年）

因变量	性别差距	GDP2012		自变量		调整后 R^2	F
		β	t	β	t		
创新指数	性别差距指数	16.871	14.722***	65.416	6.760***	0.738	174.025
	经济参与	18.976	17.114***	30.957	6.519***	0.733	169.522
	政治权力	18.438	15.963***	24.316	5.584***	0.713	153.602
创新投入	性别差距指数	18.777	16.568***	64.885	6.780***	0.772	209.658
	经济参与	20.857	19.498***	32.739	7.146***	0.779	217.893
	政治权力	20.408	17.370***	21.278	4.804***	0.736	172.611
创新产出	性别差距指数	14.977	11.007***	66.070	5.750***	0.626	103.775
	经济参与	17.110	12.826***	29.220	5.114***	0.608	96.402
	政治权力	16.484	12.459***	27.372	5.488***	0.618	100.624
制度	性别差距指数	22.680	10.548***	96.616	5.321***	0.601	93.553
	经济参与	25.761	12.918***	52.912	6.195***	0.626	103.934
	政治权力	25.144	11.529***	30.330	3.689***	0.557	78.378
人力资本	性别差距指数	20.338	13.646***	51.280	4.075***	0.673	127.852
	经济参与	21.980	15.519***	26.363	4.346***	0.679	130.976
	政治权力	21.639	14.632***	16.341	2.931**	0.653	116.882
基础设施	性别差距指数	20.132	15.695***	54.943	5.073***	0.737	173.062
	经济参与	21.906	17.504***	24.276	4.529***	0.727	164.750
	政治权力	21.419	17.031***	21.493	4.533***	0.727	164.808
市场成熟度	性别差距指数	15.751	8.802***	70.764	4.683***	0.518	67.019
	经济参与	18.016	10.632***	36.536	5.034***	0.529	70.062
	政治权力	17.629	9.723***	19.485	2.851**	0.466	54.702
商业成熟度	性别差距指数	14.939	11.658***	50.778	4.693***	0.624	103.111
	经济参与	16.575	13.393***	23.583	4.449***	0.618	100.567
	政治权力	16.159	12.792***	18.750	3.937***	0.606	95.653
知识技术产出	性别差距指数	15.232	7.819***	78.329	4.762***	0.478	57.284
	经济参与	17.747	9.523***	38.498	4.826***	0.480	57.787
	政治权力	17.094	8.926***	29.642	4.105***	0.456	52.512
创意产出	性别差距指数	14.716	10.670***	53.941	4.632***	0.589	89.133
	经济参与	16.472	12.026***	19.984	3.407**	0.558	78.788
	政治权力	15.870	12.142***	25.167	5.107***	0.602	93.996

注：性别差距指数 $N=125$；** $p<0.01$，*** $p<0.001$。

性别差距作为自变量，国家创新能力作为因变量，控制2013年人均GDP的情况下，性别差距总指数显著正向影响国家创新总指数（$t=7.064$，$p<0.001$），经济参与显著正向影响国家创新总指数（$t=6.327$，$p<0.001$），政治权力显著正向影响国家创新总指数（$t=5.774$，$p<0.001$）；性别差距指数显著正向影响国家创新投入（$t=6.696$，$p<0.001$），经济参与显著正向影响国家创新投入（$t=6.575$，$p<0.001$），政治权力显著正向影响创新投入（$t=4.896$，$p<0.001$）；性别差距总指数显著正向影响国家创新产出（$t=5.968$，$p<0.001$），经济参与显著正向影响国家创新产出（$t=4.936$，$p<0.001$），政治权力显著正向影响国家创新产出（$t=5.502$，$p<0.001$）。同时，性别差距总指数、经济参与以及政治权力等显著正向影响部分国家创新三级分指标，健康分指标显著正向影响商业成熟度及创意产出，如表6-21所示。

表6-21 性别差距指数与国家创新能力关系的回归分析（2013年）

因变量	性别差距	GDP2013 β	GDP2013 t	自变量 β	自变量 t	调整后 R^2	F
创新指数	性别差距指数	15.328	13.330***	65.320	7.064***	0.720	60.318
创新指数	经济参与	17.361	15.422***	28.849	6.327***	0.703	147.610
创新指数	政治权力	17.210	14.929***	23.632	5.774***	0.690	138.989
创新投入	性别差距指数	17.867	14.720***	65.353	6.696***	0.744	80.781
创新投入	经济参与	19.861	17.133***	30.873	6.575***	0.741	178.461
创新投入	政治权力	19.815	16.023***	21.497	4.896***	0.707	150.548
创新产出	性别差距指数	12.790	9.407***	65.259	5.968***	0.587	89.135
创新产出	经济参与	14.861	11.081***	26.815	4.936***	0.555	78.415
创新产出	政治权力	14.606	11.079***	25.757	5.502***	0.573	84.044
制度	性别差距指数	19.922	9.972***	88.958	5.538***	0.595	92.149
制度	经济参与	22.549	12.173***	46.496	6.197***	0.615	99.912
制度	政治权力	22.634	11.244***	27.269	3.815***	0.547	75.991
人力资本	性别差距指数	22.596	14.046***	63.307	4.894***	0.703	147.724
人力资本	经济参与	24.581	15.777***	27.190	4.309***	0.692	140.022
人力资本	政治权力	24.448	15.469***	21.972	3.915***	0.684	135.399

续表

因变量	性别差距	GDP2013 β	GDP2013 t	自变量 β	自变量 t	调整后 R^2	F
基础设施	性别差距指数	20.238	15.621***	50.337	4.832***	0.738	175.822
	经济参与	21.849	17.238***	20.008	3.897***	0.723	162.534
	政治权力	21.621	17.398***	20.444	4.633***	0.735	172.764
市场成熟度	性别差距指数	13.700	7.737***	67.092	4.712***	0.482	58.704
	经济参与	15.731	9.370***	32.542	4.785***	0.485	59.283
	政治权力	15.751	8.953***	20.392	3.264**	0.437	49.119
商业成熟度	性别差距指数	12.881	8.824***	57.079	4.863***	0.533	71.836
	经济参与	14.600	10.584***	28.110	5.031***	0.539	73.351
	健康	14.724	9.828***	139.907	2.106*	0.462	54.314
	政治权力	14.624	10.060***	17.413	3.374**	0.490	60.650
知识技术产出	性别差距指数	11.339	5.809***	62.820	4.002***	0.361	36.003
	经济参与	13.295	7.097***	27.746	3.657***	0.348	34.143
	政治权力	13.112	6.968***	23.963	3.586***	0.346	33.785
创意产出	性别差距指数	14.241	9.464***	67.758	5.600***	0.579	86.239
	经济参与	16.428	10.987***	25.903	4.277***	0.540	73.694
	健康	16.457	10.408***	156.960	2.239*	0.492	60.945
	政治权力	16.100	11.135***	27.576	5.372***	0.572	83.836

注：性别差距指数 $N=126$；*$p<0.05$，**$p<0.01$，***$p<0.001$。

性别差距作为自变量，国家创新能力作为因变量，控制2014年人均GDP的情况下，性别差距总指数显著正向影响国家创新总指数（$t=6.648$，$p<0.001$），经济参与显著正向影响国家创新总指数（$t=5.453$，$p<0.001$），政治权力显著正向影响国家创新总指数（$t=5.982$，$p<0.001$）；性别差距指数显著正向影响国家创新投入（$t=6.539$，$p<0.001$），经济参与显著正向影响国家创新投入（$t=5.602$，$p<0.001$），政治权力显著正向影响创新投入（$t=5.272$，$p<0.001$）；性别差距总指数显著正向影响国家创新产出（$t=5.563$，$p<0.001$），经济参与显著正向影响国家创新产出（$t=4.441$，$p<0.001$），政治权力显著正向影响国家创新产出（$t=5.570$，$p<0.001$）。同时，性别差距总指数、经济参与以及政治权力等显著正向影响部分国家创新三级分指标，

如表 6-22 所示。

表 6-22 性别差距指数与国家创新能力关系的回归分析（2014 年）

因变量	性别差距	GDP2014 β	GDP2014 t	自变量 β	自变量 t	调整后 R^2	F
创新指数	性别差距指数	15.514	13.128***	65.689	6.648***	0.696	139.213
	经济参与	17.040	14.192***	27.139	5.453***	0.666	121.605
	政治权力	17.051	14.493***	25.518	5.982***	0.679	128.967
创新投入	性别差距指数	16.793	14.023***	65.467	6.539***	0.715	152.622
	经济参与	18.299	15.191***	27.973	5.602***	0.693	137.717
	政治权力	18.363	15.067***	23.297	5.272***	0.686	133.004
创新产出	性别差距指数	14.236	10.046***	65.913	5.563***	0.583	85.516
	经济参与	15.783	11.045***	26.307	4.441***	0.549	74.664
	政治权力	15.741	11.460***	27.740	5.570***	0.583	85.588
制度	性别差距指数	20.337	11.499***	97.395	6.587***	0.652	114.236
	经济参与	22.523	12.927***	44.753	6.197***	0.641	108.909
	政治权力	22.704	12.451***	32.774	4.957***	0.606	94.107
人力资本	性别差距指数	22.800	12.248***	66.824	4.294***	0.630	104.168
	经济参与	24.400	13.109***	24.773	3.211**	0.607	94.493
	政治权力	24.369	13.330***	25.615	3.864***	0.621	99.995
基础设施	性别差距指数	20.351	16.232***	43.774	4.176***	0.734	168.336
	经济参与	21.447	16.917***	13.428	2.555*	0.711	150.121
	政治权力	21.331	17.713***	19.534	4.474***	0.739	172.637
市场成熟度	性别差距指数	9.072	5.571***	59.947	4.403***	0.350	33.556
	经济参与	10.365	6.634***	30.655	4.734***	0.364	35.585
	政治权力	10.564	6.445***	18.194	3.061**	0.299	26.819
商业成熟度	性别差距指数	11.412	7.251***	59.381	4.513***	0.436	47.794
	经济参与	12.762	8.253***	26.284	4.101***	0.421	45.063
	政治权力	12.849	8.189***	20.349	3.577**	0.404	41.964
知识技术产出	性别差距指数	12.670	6.802***	65.315	4.194***	0.403	41.806
	经济参与	14.168	7.731***	28.169	3.708***	0.386	38.960
	政治权力	14.179	7.811***	26.478	4.023***	0.397	40.763

续表

因变量	性别差距	GDP2014		自变量		调整后 R^2	F
		β	t	β	t		
创意产出	性别差距指数	15.807	10.402***	66.571	5.240***	0.588	87.168
	经济参与	17.405	11.281***	24.492	3.830***	0.548	74.365
	政治权力	17.310	11.849***	28.995	5.474***	0.594	89.683

注：性别差距指数 $N=125$；*$p<0.05$，**$p<0.01$，***$p<0.001$。

性别差距作为自变量，国家创新能力作为因变量，控制2015年人均GDP的情况下，性别差距总指数显著正向影响国家创新总指数（$t=6.907$，$p<0.001$），经济参与显著正向影响国家创新总指数（$t=6.294$，$p<0.001$），政治权力显著正向影响国家创新总指数（$t=5.384$，$p<0.001$）；性别差距指数显著正向影响国家创新投入（$t=6.892$，$p<0.001$），经济参与显著正向影响国家创新投入（$t=6.268$，$p<0.001$），政治权力显著正向影响创新投入（$t=4.786$，$p<0.001$）；性别差距总指数显著正向影响国家创新产出（$t=5.826$，$p<0.001$），经济参与显著正向影响国家创新产出（$t=5.354$，$p<0.001$），政治权力显著正向影响国家创新产出（$t=5.073$，$p<0.001$）。同时，性别差距总指数、经济参与以及政治权力等显著正向影响部分国家创新三级分指标，如表6-23所示。

表6-23 性别差距指数与国家创新能力关系的回归分析（2015年）

因变量	性别差距	GDP2015		自变量		调整后 R^2	F
		β	t	β	t		
创新指数	性别差距指数	16.304	14.008***	68.683	6.907***	0.716	158.678
	经济参与	17.811	15.431***	30.609	6.294***	0.702	148.234
	政治权力	17.916	15.013***	22.800	5.384***	0.681	134.528
创新投入	性别差距指数	17.160	15.466***	65.328	6.892***	0.746	184.457
	经济参与	18.594	16.893***	29.072	6.268***	0.733	172.618
	政治权力	18.738	16.148***	19.707	4.786***	0.703	148.977
创新产出	性别差距指数	15.448	10.670***	72.053	5.826***	0.606	97.143
	经济参与	17.028	11.946***	32.156	5.354***	0.592	91.813
	政治权力	17.094	11.881***	25.901	5.073***	0.584	88.853

续表

因变量	性别差距	GDP2015		自变量		调整后 R^2	F
		β	t	β	t		
制度	性别差距指数	22.590	12.932***	93.917	6.293***	0.681	134.346
	经济参与	24.598	14.514***	44.508	6.233***	0.679	133.443
	政治权力	24.893	13.678***	26.804	4.150***	0.630	107.397
人力资本	性别差距指数	22.026	13.485***	59.947	4.296***	0.663	124.174
	经济参与	23.397	14.480***	23.986	3.523**	0.648	116.242
	政治权力	23.421	14.519***	20.438	3.570**	0.649	116.682
基础设施	性别差距指数	22.609	18.622***	40.245	3.880***	0.774	215.088
	经济参与	23.585	19.465***	13.372	2.619*	0.760	198.673
	政治权力	23.499	19.946***	15.772	3.773***	0.773	213.444
市场成熟度	性别差距指数	9.831	6.691***	56.438	4.496***	0.405	43.494
	经济参与	10.951	7.912***	30.962	5.309***	0.436	49.338
	政治权力	11.294	7.529***	12.605	2.368*	0.337	32.785
商业成熟度	性别差距指数	8.742	5.785***	76.181	5.901***	0.421	46.431
	经济参与	10.442	6.947***	32.540	5.138***	0.388	40.665
	政治权力	10.583	6.828***	22.942	4.171***	0.349	34.513
知识技术产出	性别差距指数	14.374	7.478***	68.715	4.184***	0.431	48.377
	经济参与	15.770	8.609***	36.147	4.683***	0.449	51.835
	政治权力	15.979	8.416***	23.133	3.433**	0.407	43.903
创意产出	性别差距指数	16.521	11.591***	75.354	6.188***	0.642	113.229
	经济参与	18.285	12.519***	28.134	4.572***	0.599	94.384
	政治权力	18.206	12.996***	28.671	5.767***	0.631	107.775

注：性别差距指数 $N=132$；*$p<0.05$，**$p<0.01$，***$p<0.001$。

二、分析讨论

性别平等与国家创新存在正相关，控制经济因素后性别平等对国家创新产生的正向影响也较为显著，这一结果在2009—2015年各年份结果中均有所体现。采用性别不平等指数与性别差距指数两套指标进行计算均验证了这一结果，表明假设H7成立。性别不平等指数是对国家性别不平等的程度进行了衡量，得分越高表明国家性别平等程度越低，性别不平等程度与国家创新之间存在负相关，控制经济因素以后，性别不平等显著阻碍了国家创新水平的提升。这一结果在2009—2015年数据分析中均有所体现，佐证了结果成立的可能性较高。女性议员占总议员数量的比例是性别不平等指数中对女性政治参与平等程度的衡量，占比越高表明该国女性政治参与平等程度越高，在进行数据分析的多数年份中，女性议员占比与国家创新之间存在正相关，控制经济因素后，女性议员占比显著影响国家创新。女性政治参与越平等越有利于国家创新水平的提升。性别差距指数佐证了性别不平等指数得到的研究结果。性别差距指数是对男性与女性在经济参与、教育参与、健康水平以及政治权力等方面差距的衡量，得分越高表明性别平等程度越好。2009—2015年各年的研究结果均表明性别差距总指数、经济参与、教育参与、政治权力与国家创新之间正相关，在控制了经济因素后，性别差距总指数、教育参与以及政治权力能够正向影响国家创新水平，健康指标与国家创新的关系并不显著。性别不平等指数与性别差距指数的结果均表明性别平等有利于国家创新水平的提升，结果在多数年份上被验证，具有相当程度的稳健性。

性别平等，尤其是教育参与和政治权力的平等深刻影响着国家的创新能力，体现在国家创新投入与产出的不同方面。性别平等通过影响制度投入、人力资本、基础设施投入、市场成熟、商业成熟等影响国家的创新投入，通过影响科技产出与创意产出影响国家整体的创新产出。国家的创新需要优秀人力资本的参与，保持均衡的性别比和提升性别平等程度能够在更大程度上发挥男性与女性的创造力。国家推行相应政策改善女性的教育和政治参与状况，有利于女性获得更多机会与发展，同时也有利于保持人力资本的繁荣。女性的受教育水平的提升能够为国家创新提供更多的优质人力资本，与性别比影响国家创新结合来看，女性的教育参与度与教育水平是国家生命史"慢策略"的体现。女性受教育年限的增长，受教育水平的提升将女性从关注后代繁衍的"快策略"中解放出来，将更多精力与资源投入国家创新的发展之中。与此同时，女性政治参与和政治权力的平等有利于发挥女性对于国家政策的影响。

第四节　本章小结

本章对社会环境如何影响国家创新能力进行了研究，探讨了社会环境与国家创新能力，以及国家创新投入和国家创新产出之间的关系。研究选取了国家水平的基尼系数，暴力犯罪率以及性别平等程度作为提出研究假设的操作性指标，从上述几个方面开展具体实证研究。

研究结果发现，首先，基尼系数代表的社会不平等程度对国家创新能力产生负向影响，基尼系数越高社会越不平等，越不利于国家创新能力的提升。这一研究结论与前人的发现较为一致，而我们进行了更为细致的研究后发现，基尼系数对国家创新投入与国家创新产出均存在负向的影响，具体表现在影响人力资本创新投入与知识科技创新产出两方面。

其次，我们实证结果表明，造成死亡的暴力犯罪率越高越不利于国家创新能力的提升，这一负面影响同时也体现在国家创新投入与国家创新产出两方面。具体影响表现在人力资本创新投入，基础设施创新投入以及知识科技产出三方面，较高的暴力犯罪率不利于国家创新能力在这三方面的表现。

最后，性别平等能够正向影响国家创新能力，国家内性别平等水平越高，越有利于国家创新能力的提升，这一影响也表现在国家创新投入与国家创新产出方面。研究采用性别不平等指数与性别差距指数两套数据探讨了性别平等对国家创新能力的影响，得到了一致的结果，表明研究结果在一定程度上较为稳健，同时，性别平等对国家创新投入与产出的七项分指标均存在显著的正向影响。具体来说，性别不平等指数中衡量女性政治参与的分指标，女性议员数量在总议员数量的占比，能够正向影响国家创新能力，对投入产出及各项分指标也存在一致性的影响。女性的政治参与水平越高越有利于国家创新能力的发展，性别差距指数中女性政治权力平等性程度分指标对国家创新能力的影响也得到了一致的结果。性别差距指数的另一项分指标，女性经济参与的平等水平同样能够正向影响国家创新能力，并且对国家创新投入与产出及其分指标存在显著正向影响。上述结果表明，国家内女性与男性的平等程度，尤其是参与政治活动以及经济生产方面的平等性程度越高，越能够促进国家创新能力的提升。

生命史理论的研究中，社会经济地位的不平等带来不同的生命史策略选择，也有研究者采用童年期的社会经济地位作为衡量生命史策略的客观环境指标（Griskevicius et al., 2013）。不平等程度较低时催生生命史慢策略，不平等程度较高时更容易催生生命史快策略。这三项环境因素中，基尼系数代表的社会不平等水平是产生不同的生命史快慢策略的重要社会环境，研究得到的结论与生命史慢策略宏观环境促进国家创新能力提升的假说一致。基尼系数较低时社会更平等，更能催生生命史慢策略，这一社会环境也有利于国家创新能力的提升。性别平等是社会平等重要内容，并且有研究显示，生命史慢策略能够中介病原体流行率和性别不平等之间在时间变化上的关系（Varnum & Grossmann, 2016），表明生命史慢策略与性别平等之间也存在千丝万缕的联系，进一步佐证了假说成立的可行性。同时，犯罪率尤其是造成死亡的暴力犯罪率也是衡量生命史快慢策略的重要环境指标（Ellis et al., 2009），暴力犯罪率较低更有利于国家创新能力的提升也是对慢策略宏观环境促进国家创新能力提升的假说的佐证。整体而言，社会环境影响国家创新能力的研究结果表明，在一定程度上慢策略宏观环境能够促进国家创新能力的提升。

第七章　文化环境与国家创新力

　　一个国家或地区文化环境的形成受到历史发展与文明进化的影响，受制于文化进化产生的历史条件和地理条件。东亚地区多广阔平原，气候适宜，历史上以农耕文化为主，农业生产无法由一人之力完成，仰赖生产者的团结协作，由此形成了集体主义的文化氛围。同时，农业社会需要强大的社会规范来保证合作生产的需要，清晰的社会规范以及严格的约束措施保证了规范的执行，所形成的文化更为紧密。西方地区的文化发源于古希腊时期，欧洲多岛屿，地形破碎，无法进行农业耕种，进而发展出了以渔业与狩猎为主的生产方式。渔猎文化对合作性的要求较低，劳动生产凭一己之力即可完成，催生了个体主义的文化氛围，对文化成员的要求较为宽容，异常行为并不会威胁到整体的生存，社会规范较为模糊，文化更为松散（盛明明，2017）。

　　本章主要内容在于探讨宏观文化环境与国家创新能力之间的关系，以及产生的影响。对前文提出的假设进行检验，为佐证假说提供文化环境的数据支持。首先，通过相关分析系统检验霍夫施泰德文化维度、英格尔哈特文化价值观、GLOBE 项目、施瓦茨文化维度、社会公理以及松紧文化等文化价值观及文化规范指标与国家创新总指标及分指标间的关系，总结 2009—2015 年指标的相关性分布规律。其次，在控制人均 GDP 的前提下采用多元回归分析霍夫施泰德文化维度、英格尔哈特文化价值观、GLOBE、施瓦茨文化维度、社会公理以及松紧文化等文化价值观及文化规范指标对国家创新能力总指标及各分指标的影响。自变量、控制变量以及因变量的指标选取与来源前文已述，在此不做另行介绍。

第一节 霍夫施泰德文化维度与国家创新能力

一、研究方法与结果

首先,通过相关分析系统检验霍夫施泰德文化价值各维度与国家创新总指标及分指标间的关系,总结 2009—2015 年指标的相关性分布规律。其次,在控制人均 GDP 的前提下采用多元回归分析霍夫施泰德文化价值维度对国家创新能力总指标及各分指标的影响。

(1) 相关分析

对 2009 年国家创新指数与霍夫施泰德文化价值维度进行简单相关分析后发现,国家创新总指数与权力距离显著负相关($r=-0.578$,$p<0.01$),与个体主义显著正相关($r=0.702$,$p<0.01$),与不确定规避显著负相关($r=-0.213$,$p<0.05$),与长期取向显著正相关($r=0.377$,$p<0.01$);国家创新投入与权力距离显著负相关($r=-0.628$,$p<0.01$),与个体主义显著正相关($r=0.713$,$p<0.01$),与不确定规避显著负相关($r=-0.228$,$p<0.05$),与长期取向显著正相关($r=0.343$,$p<0.01$),与放纵抑制显著正相关($r=0.250$,$p<0.05$);国家创新产出与权力距离显著负相关($r=-0.489$,$p<0.01$),与个体主义显著正相关($r=0.657$,$p<0.01$),与长期取向显著正相关($r=0.406$,$p<0.01$)。同时,国家创新指数三级指标制度、人力资本、基础设施、市场成熟、商业成熟、知识产出、竞争性产出以及财富产出与权力距离($p<0.01$)、不确定规避($p<0.05$)显著负相关,与个体主义($p<0.01$)、长期取向($p<0.01$)及放纵抑制($p<0.05$)显著正相关。

对 2010 年国家创新指数与霍夫施泰德文化价值维度进行简单相关分析后发现,国家创新总指数与权力距离显著负相关($r=-0.625$,$p<0.01$),与个体主义显著正相关($r=0.708$,$p<0.01$),与长期取向显著正相关($r=0.379$,$p<0.01$);国家创新投入与权力距离显著负相关($r=-0.643$,$p<0.01$),与个体主义显著正相关($r=0.721$,$p<0.01$),与长期取向显著正相关($r=0.355$,

$p<0.01$);国家创新产出与权力距离显著负相关($r=-0.576$,$p<0.01$),与个体主义显著正相关($r=0.660$,$p<0.01$),与长期取向显著正相关($r=0.388$,$p<0.01$)。同时,国家创新指数三级指标制度、人力资本、基础设施、市场成熟度、商业成熟度、科技产出以及创意与幸福七项指标与权力距离显著负相关($p<0.01$),与个体主义($p<0.01$)、长期取向($p<0.01$)显著正相关。

对2011年国家创新指数与霍夫施泰德文化价值维度进行简单相关分析后发现,国家创新总指数与权力距离显著负相关($r=-0.624$,$p<0.01$),与个体主义显著正相关($r=0.704$,$p<0.01$),与不确定规避显著负相关($r=-0.213$,$p<0.05$),与长期取向显著正相关($r=0.418$,$p<0.01$);国家创新投入与权力距离显著负相关($r=-0.603$,$p<0.01$),与个体主义显著正相关($r=0.684$,$p<0.01$),与不确定规避显著负相关($r=-0.230$,$p<0.05$),与长期取向显著正相关($r=0.380$,$p<0.01$);国家创新产出与权力距离显著负相关($r=-0.600$,$p<0.01$),与个体主义显著正相关($r=0.673$,$p<0.01$),与长期取向显著正相关($r=0.429$,$p<0.01$)。同时,国家创新指数三级指标制度、人力资本、基础设施、市场成熟度、商业成熟度、知识技术产出以及创意产出七项指标与权力距离显著负相关($p<0.01$),其中的市场成熟度、商业成熟度、知识技术产出与不确定规避显著负相关($p<0.05$),上述七项三级指标与个体主义($p<0.01$)、长期取向($p<0.01$)显著正相关。

对2012年国家创新指数与霍夫施泰德文化价值维度进行简单相关分析后发现,国家创新总指数与权力距离显著负相关($r=-0.632$,$p<0.01$),与个体主义显著正相关($r=0.735$,$p<0.01$),与长期取向显著正相关($r=0.478$,$p<0.01$);国家创新投入与权力距离显著负相关($r=-0.615$,$p<0.01$),与个体主义显著正相关($r=0.715$,$p<0.01$),与长期取向显著正相关($r=0.410$,$p<0.01$);国家创新产出与权力距离显著负相关($r=-0.620$,$p<0.01$),与个体主义显著正相关($r=0.719$,$p<0.01$),与长期取向显著正相关($r=0.529$,$p<0.01$)。同时,国家创新指数三级指标制度、人力资本、基础设施、市场成熟度、商业成熟度、知识技术产出以及创意产出七项指标与权力距离显著负相关($p<0.01$),市场成熟度与不确定规避显著负相关($p<0.05$),七项三级

指标与个体主义、长期取向显著正相关。

对 2013 年国家创新指数与霍夫施泰德文化价值维度进行简单相关分析后发现，国家创新总指数与权力距离显著负相关（$r=-0.634$，$p<0.01$），与个体主义显著正相关（$r=0.734$，$p<0.01$），与长期取向显著正相关（$r=0.450$，$p<0.01$）；国家创新投入与权力距离显著负相关（$r=-0.603$，$p<0.01$），与个体主义显著正相关（$r=0.715$，$p<0.01$），与长期取向显著正相关（$r=0.416$，$p<0.01$）；国家创新产出与权力距离显著负相关（$r=-0.625$，$p<0.01$），与个体主义显著正相关（$r=0.704$，$p<0.01$），与长期取向显著正相关（$r=0.461$，$p<0.01$）。同时，国家创新指数三级指标制度、人力资本、基础设施、市场成熟度、商业成熟度、知识技术产出以及创意产出七项指标与权力距离显著负相关（$p<0.01$），市场成熟度与不确定规避显著负相关（$p<0.05$），七项三级指标与个体主义、长期取向显著正相关（$p<0.01$）。

对 2014 年国家创新指数与霍夫施泰德文化价值维度进行简单相关分析后发现，国家创新总指数与权力距离显著负相关（$r=-0.624$，$p<0.01$），与个体主义显著正相关（$r=0.741$，$p<0.01$），与长期取向显著正相关（$r=0.456$，$p<0.01$）；国家创新投入与权力距离显著负相关（$r=-0.602$，$p<0.01$），与个体主义显著正相关（$r=0.702$，$p<0.01$），与长期取向显著正相关（$r=0.401$，$p<0.01$）；国家创新产出与权力距离显著负相关（$r=-0.607$，$p<0.01$），与个体主义显著正相关（$r=0.736$，$p<0.01$），与长期取向显著正相关（$r=0.492$，$p<0.01$）。同时，国家创新指数三级指标制度、人力资本、基础设施、市场成熟度、商业成熟度、知识技术产出以及创意产出七项指标与权力距离显著负相关（$p<0.01$），市场成熟度与不确定规避显著负相关（$p<0.01$），七项三级指标与个体主义、长期取向显著正相关（$p<0.01$）。

对 2015 年国家创新指数与霍夫施泰德文化价值维度进行简单相关分析后发现，国家创新总指数与权力距离显著负相关（$r=-0.621$，$p<0.01$），与个体主义显著正相关（$r=0.734$，$p<0.01$），与长期取向显著正相关（$r=0.468$，$p<0.01$）；国家创新投入与权力距离显著负相关（$r=-0.589$，$p<0.01$），与个体主义显著正相关（$r=0.704$，$p<0.01$），与长期取向显著正相关（$r=0.429$，

$p<0.01$);国家创新产出与权力距离显著负相关($r=-0.618$, $p<0.01$),与个体主义显著正相关($r=0.722$, $p<0.01$),与长期取向显著正相关($r=0.487$, $p<0.01$)。同时,国家创新指数三级指标制度、人力资本、基础设施、市场成熟度、商业成熟度、知识技术产出以及创意产出七项指标与权力距离显著负相关($p<0.01$),市场成熟度与不确定规避显著负相关($p<0.05$),七项三级指标与个体主义、长期取向显著正相关($p<0.01$)。

(2) 回归分析

霍夫施泰德文化价值作为自变量,国家创新能力作为因变量,控制 2009 年人均 GDP 的情况下,权力距离显著负向影响国家创新总指数($t=-4.201$, $p<0.001$),显著负向影响国家创新投入($t=-5.401$, $p<0.001$),显著负向影响国家创新产出($t=-2.433$, $p<0.05$);不确定规避显著负向影响国家创新总指数($t=-5.661$, $p<0.001$),显著负向影响国家创新投入($t=-5.902$, $p<0.001$),显著负向影响国家创新产出($t=-4.577$, $p<0.001$);个体主义显著正向影响国家创新总指数($t=5.303$, $p<0.001$),显著正向影响国家创新投入($t=5.650$, $p<0.001$),显著正向影响国家创新产出($t=4.148$, $p<0.001$);长期取向显著正向影响国家创新产出($t=2.309$, $p<0.05$)。霍夫施泰德文化价值对国家创新三级指标存在显著影响,具体结果如表 7-1 所示。

表 7-1 霍夫施泰德文化维度与国家创新能力关系的回归分析(2009 年)

因变量	文化维度	GDP2009 β	GDP2009 t	自变量 β	自变量 t	调整后 R^2	F
创新指数	权力距离	1.238	10.367***	-0.011	-4.201***	0.701	100.579
	不确定规避	1.524	15.050***	-0.012	-5.661***	0.738	120.902
	个体主义	1.081	8.688***	0.013	5.303***	0.729	115.365
创新投入	权力距离	1.337	10.252***	-0.015	-5.401***	0.724	112.575
	不确定规避	1.724	14.944***	-0.014	-5.902***	0.737	120.348
	个体主义	1.190	8.438***	0.016	5.650***	0.731	116.357
创新产出	权力距离	1.142	9.451***	-0.006	-2.433*	0.623	71.115
	不确定规避	1.325	13.076***	-0.010	-4.577***	0.677	90.154
	个体主义	0.974	7.827***	0.010	4.148***	0.666	85.791
	长期取向	1.221	8.963***	0.006	2.309*	0.592	54.789

续表

因变量	文化维度	GDP2009		自变量		调整后 R^2	F
		β	t	β	t		
制度	权力距离	0.992	6.008***	-0.020	-5.610***	0.580	59.791
	不确定规避	1.490	9.839***	-0.017	-5.355***	0.570	57.320
	个体主义	0.874	4.677***	0.018	4.893***	0.551	53.129
人力资本	权力距离	1.157	9.059***	-0.008	-3.065**	0.623	71.336
	不确定规避	1.387	12.702***	-0.010	-4.581***	0.665	85.487
	个体主义	1.036	7.596***	0.010	3.756***	0.642	77.092
基础设施	权力距离	1.982	13.740***	-0.015	-4.888***	0.796	167.287
	不确定规避	2.352	17.222***	-0.011	-3.881***	0.778	150.037
	个体主义	1.829	11.746***	0.016	5.191***	0.802	173.241
	长期取向	2.389	14.561***	0.007	2.305*	0.780	132.372
市场成熟	权力距离	1.331	7.924***	-0.013	-3.697***	0.593	62.904
	确定规避	1.690	11.927***	-0.016	-5.343***	0.647	78.976
	个体主义	1.144	6.437***	0.016	4.515***	0.619	70.159
商业成熟	权力距离	1.229	7.524***	-0.019	-5.388***	0.634	74.655
	不确定规避	1.708	11.577***	-0.017	-5.467***	0.637	75.545
	个体主义	1.075	5.973***	0.018	5.244***	0.629	73.063
知识产出	权力距离	1.118	6.522***	-0.009	-2.580*	0.475	39.394
	不确定规避	1.374	9.119***	-0.011	-3.529**	0.507	44.625
	个体主义	0.899	5.047***	0.014	4.059***	0.526	48.251
	长期取向	1.254	6.622***	0.011	2.932**	0.485	35.904
竞争性产出	不确定规避	1.291	7.892***	-0.011	-3.387**	0.439	34.197
	个体主义	0.818	4.185***	0.014	3.660***	0.450	35.743
财富产出	不确定规避	1.307	15.461***	-0.006	-3.649***	0.739	121.206
	男性气质	1.265	14.341***	-0.004	-2.064*	0.712	105.908

注：权力距离 $N=87$；个体主义 $N=87$；男性气质 $N=87$；不确定规避 $N=87$；长期取向 $N=76$；放纵抑制 $N=70$；* $p<0.05$，** $p<0.01$，*** $p<0.001$。

霍夫施泰德文化价值作为自变量，国家创新能力作为因变量，控制2010年人均 GDP 的情况下，权力距离显著负向影响国家创新总指数（$t=-5.434$，$p<0.001$），显著负向影响国家创新投入（$t=-5.900$，$p<0.001$），显著负向影响国家创新产出（$t=-4.122$，$p<0.001$）；不确定规避显著负向影响国家创新

总指数（$t=-5.330$，$p<0.001$），显著负向影响国家创新投入（$t=-4.979$，$p<0.001$），显著负向影响国家创新产出（$t=-4.750$，$p<0.001$）；个体主义显著正向影响国家创新总指数（$t=5.745$，$p<0.001$），显著正向影响国家创新投入（$t=6.141$，$p<0.001$），显著正向影响国家创新产出（$t=4.410$，$p<0.001$）。霍夫施泰德文化价值对国家创新三级指标存在显著影响，具体结果如表7-2所示。

表7-2 霍夫施泰德文化维度与国家创新能力关系的回归分析（2010年）

因变量	文化维度	GDP2010 β	GDP2010 t	自变量 β	自变量 t	调整后 R^2	F
创新指数	权力距离	1.064	11.109***	-0.011	-5.434***	0.744	127.433
创新指数	不确定规避	1.350	15.489***	-0.010	-5.330***	0.741	125.769
创新指数	个体主义	0.954	9.253***	0.012	5.745***	0.752	132.588
创新投入	权力距离	1.094	10.849***	-0.013	-5.900***	0.747	129.159
创新投入	不确定规避	1.415	14.823***	-0.010	-4.979***	0.723	114.798
创新投入	个体主义	0.974	8.938***	0.013	6.141***	0.753	133.311
创新产出	权力距离	1.034	9.515***	-0.010	-4.122***	0.666	87.846
创新产出	不确定规避	1.287	13.432***	-0.010	-4.750***	0.684	94.968
创新产出	个体主义	0.935	7.967***	0.010	4.410***	0.674	90.983
制度	权力距离	1.027	7.312***	-0.016	-5.258***	0.617	71.076
制度	不确定规避	1.422	10.689***	-0.012	-4.250***	0.581	61.417
制度	个体主义	0.915	5.861***	0.015	4.902***	0.604	67.432
人力资本	权力距离	0.925	7.747***	-0.014	-5.472***	0.641	78.696
人力资本	不确定规避	1.265	10.793***	-0.009	-3.603***	0.579	60.805
人力资本	个体主义	0.762	6.076***	0.016	6.307***	0.669	89.066
人力资本	男性气质	1.209	9.999***	-0.007	-2.355*	0.544	52.969
基础设施	权力距离	1.725	14.450***	-0.014	-5.198***	0.810	186.749
基础设施	不确定规避	2.048	17.642***	-0.009	-3.495**	0.781	156.447
基础设施	个体主义	1.663	12.293***	0.013	4.818***	0.804	178.948
基础设施	男性气质	1.995	16.743***	-0.007	-2.422*	0.766	143.459
市场成熟度	权力距离	0.891	6.504***	-0.009	-2.884**	0.482	41.514
市场成熟度	不确定规避	1.125	9.468***	-0.010	-4.091***	0.525	49.093
市场成熟度	个体主义	0.770	5.252***	0.010	3.523**	0.504	45.200

续表

因变量	文化维度	GDP2010		自变量		调整后 R^2	F
		β	t	β	t		
商业成熟度	权力距离	0.898	7.084***	-0.012	-4.472***	0.578	60.640
	不确定规避	1.209	10.451***	-0.011	-4.298***	0.572	59.138
	个体主义	0.787	5.705***	0.013	4.565***	0.582	61.467
	长期取向	1.160	7.714***	0.007	2.312*	0.535	44.143
科技产出	权力距离	0.935	7.619***	-0.011	-4.062***	0.587	62.941
	不确定规避	1.212	10.972***	-0.010	-4.219***	0.593	64.290
	个体主义	0.777	6.076***	0.013	5.163***	0.625	73.490
创意与幸福	权力距离	1.131	8.118***	-0.009	-2.853**	0.569	58.409
	不确定规避	1.360	11.056***	-0.009	-3.595**	0.590	63.592
	个体主义	1.093	7.087***	0.008	2.413*	0.558	55.898

注：权力距离 $N=89$；个体主义 $N=89$；男性气质 $N=89$；不确定规避 $N=89$；长期取向 $N=77$；放纵抑制 $N=71$；* $p<0.05$，** $p<0.01$，*** $p<0.001$。

霍夫施泰德文化价值作为自变量，国家创新能力作为因变量，控制2011年人均GDP的情况下，权力距离显著负向影响国家创新总指数（$t=-5.427$, $p<0.001$），显著负向影响国家创新投入（$t=-4.941$, $p<0.001$），显著负向影响国家创新产出（$t=-4.682$, $p<0.001$）；不确定规避显著负向影响国家创新总指数（$t=-4.713$, $p<0.001$），显著负向影响国家创新投入（$t=-5.353$, $p<0.001$），显著负向影响国家创新产出（$t=-3.265$, $p<0.01$）；个体主义显著正向影响国家创新总指数（$t=5.519$, $p<0.001$），显著正向影响国家创新投入（$t=4.947$, $p<0.001$），显著正向影响国家创新产出（$t=4.846$, $p<0.001$）；长期取向显著正向影响国家创新总指数（$t=2.470$, $p<0.05$），显著正向影响国家创新产出（$t=2.622$, $p<0.05$）。霍夫施泰德文化价值对国家创新三级指标存在显著影响，具体结果如表7-3所示。

表 7-3 霍夫施泰德文化维度与国家创新能力关系的回归分析（2011 年）

因变量	文化维度	GDP2011 β	GDP2011 t	自变量 β	自变量 t	调整后 R^2	F
创新指数	权力距离	16.229	10.525***	-0.172	-5.427***	0.730	116.024
	不确定规避	20.190	14.060***	-0.140	-4.713***	0.712	105.884
	个体主义	14.598	8.696***	0.177	5.519***	0.733	117.440
	长期取向	21.161	11.430***	0.080	2.470*	0.697	86.178
创新投入	权力距离	18.717	11.099***	-0.171	-4.941***	0.736	119.351
	不确定规避	22.846	15.258***	-0.165	-5.353***	0.746	125.696
	个体主义	17.152	9.304***	0.174	4.947***	0.736	119.445
创新产出	权力距离	13.670	7.700***	-0.170	-4.682***	0.615	68.758
	不确定规避	17.621	10.359***	-0.114	-3.265**	0.568	56.927
	个体主义	11.974	6.213***	0.178	4.846***	0.620	70.400
	长期取向	17.265	8.214***	0.097	2.622*	0.565	49.054
制度	权力距离	20.681	7.865***	-0.249	-4.624***	0.619	70.172
	不确定规避	26.389	10.334***	-0.146	-2.773**	0.562	55.528
	个体主义	18.641	6.432***	0.245	4.443***	0.613	68.417
人力资本	权力距离	20.263	9.946***	-0.162	-3.878***	0.677	90.171
	不确定规避	24.050	12.639***	-0.118	-3.015**	0.656	82.180
	个体主义	19.094	8.477***	0.154	3.591**	0.670	87.291
基础设施	权力距离	14.694	9.697***	-0.131	-4.225***	0.677	90.151
	不确定规避	17.781	12.582***	-0.101	-3.468**	0.657	82.549
	个体主义	13.213	8.104***	0.143	4.600***	0.687	94.472
市场成熟度	权力距离	19.320	7.200***	-0.134	-2.428*	0.506	44.599
	不确定规避	22.941	10.691***	-0.246	-5.561***	0.615	68.843
	个体主义	16.808	5.886***	0.179	3.298**	0.533	49.423
	长期取向	23.254	7.567***	0.120	2.230*	0.517	40.654
商业成熟度	权力距离	18.617	7.429***	-0.178	-3.467**	0.559	54.764
	不确定规避	23.066	10.777***	-0.215	-4.873***	0.607	66.641
	个体主义	18.008	6.414***	0.147	2.741**	0.537	50.196
知识技术产出	权力距离	15.092	5.773***	-0.246	-4.580***	0.521	47.209
	不确定规避	20.863	8.512***	-0.188	-3.733***	0.486	41.200
	个体主义	12.425	4.413***	0.264	4.918***	0.535	49.950
	长期取向	20.598	6.743***	0.125	2.332*	0.471	33.937

续表

因变量	文化维度	GDP2011 β	GDP2011 t	自变量 β	自变量 t	调整后 R^2	F
创意产出	权力距离	12.248	6.135***	-0.096	-2.335*	0.437	33.957
	个体主义	11.522	5.260***	0.092	2.209*	0.433	33.468

注：权力距离 $N=87$；个体主义 $N=87$；男性气质 $N=87$；不确定规避 $N=87$；长期取向 $N=76$；放纵抑制 $N=70$；*$p<0.05$，**$p<0.01$，***$p<0.001$。

霍夫施泰德文化价值作为自变量，国家创新能力作为因变量，控制 2012 年人均 GDP 的情况下，权力距离显著负向影响国家创新总指数（$t=-5.738$，$p<0.001$），显著负向影响国家创新投入（$t=-5.304$，$p<0.001$），显著负向影响国家创新产出（$t=-5.214$，$p<0.001$）；不确定规避显著负向影响国家创新总指数（$t=-3.764$，$p<0.001$），显著负向影响国家创新投入（$t=-4.328$，$p<0.001$），显著负向影响国家创新产出（$t=-2.756$，$p<0.01$）；个体主义显著正向影响国家创新总指数（$t=6.634$，$p<0.001$），显著正向影响国家创新投入（$t=5.939$，$p<0.001$），显著正向影响国家创新产出（$t=6.110$，$p<0.001$）；长期取向显著正向影响国家创新总指数（$t=2.915$，$p<0.01$），显著正向影响国家创新产出（$t=3.830$，$p<0.001$）。霍夫施泰德文化价值对国家创新三级指标存在显著影响，具体结果如表 7-4 所示。

表 7-4 霍夫施泰德文化维度与国家创新能力关系的回归分析（2012 年）

因变量	文化维度	GDP2012 β	GDP2012 t	自变量 β	自变量 t	调整后 R^2	F
创新指数	权力距离	18.266	11.402***	-0.198	-5.738***	0.749	136.697
	不确定规避	23.098	14.638***	-0.126	-3.764***	0.703	108.819
	个体主义	15.931	9.484***	0.221	6.634***	0.770	153.160
	长期取向	23.176	11.921***	0.102	2.915**	0.723	102.913
创新投入	权力距离	20.396	12.011***	-0.194	-5.304***	0.756	141.630
	不确定规避	25.280	15.758***	-0.147	-4.328***	0.734	126.701
	个体主义	18.220	10.092***	0.212	5.939***	0.770	152.987
创新产出	权力距离	16.128	8.934***	-0.203	-5.214***	0.666	91.743
	不确定规避	20.925	11.664***	-0.105	-2.756**	0.598	68.771

续表

因变量	文化维度	GDP2012 β	GDP2012 t	自变量 β	自变量 t	调整后 R^2	F
创新产出	个体主义	13.638	7.193***	0.229	6.110***	0.693	103.649
	长期取向	19.554	9.297***	0.145	3.830***	0.653	74.462
制度	权力距离	23.157	7.737***	-0.364	-5.646***	0.637	80.705
	不确定规避	31.717	10.469***	-0.180	-2.801**	0.546	55.816
	个体主义	19.066	6.018***	0.399	6.355***	0.661	89.523
人力资本	权力距离	22.319	11.066***	-0.179	-4.120***	0.708	111.319
	不确定规避	26.593	13.765***	-0.099	-2.412*	0.674	94.912
	个体主义	21.354	9.477***	0.160	3.583***	0.696	105.237
基础设施	权力距离	22.632	12.634***	-0.127	-3.282**	0.737	128.269
	个体主义	20.687	10.887***	0.157	4.167***	0.753	139.681
	长期取向	25.229	12.824***	0.108	3.055**	0.751	118.352
市场成熟度	权力距离	17.646	6.573***	-0.190	-3.292**	0.493	45.304
	不确定规避	23.075	10.196***	-0.246	-5.131***	0.561	59.238
	个体主义	14.956	5.219***	0.227	4.010***	0.519	50.020
商业成熟度	权力距离	16.180	8.228***	-0.110	-2.589*	0.555	57.752
	不确定规避	19.318	11.346***	-0.144	-3.974***	0.594	67.465
	个体主义	14.991	7.002***	0.119	2.798**	0.560	58.955
知识技术产出	权力距离	17.567	6.569***	-0.224	-3.895***	0.519	50.115
	不确定规避	23.140	9.260***	-0.158	-2.988**	0.488	44.446
	个体主义	13.413	4.923***	0.302	5.602***	0.584	64.843
	长期取向	20.188	7.331***	0.221	4.458***	0.590	57.173
创意产出	权力距离	14.704	8.147***	-0.181	-4.661***	0.620	75.338
	个体主义	13.881	6.806***	0.156	3.876***	0.596	68.081
	男性气质	18.401	10.434***	-0.089	-2.128*	0.550	56.722

注：权力距离 N=93；个体主义 N=93；男性气质 N=93；不确定规避 N=93；长期取向 N=80；放纵抑制 N=74；* $p<0.05$，** $p<0.01$，*** $p<0.001$。

霍夫施泰德文化价值作为自变量，国家创新能力作为因变量，控制 2013 年人均 GDP 的情况下，权力距离显著负向影响国家创新总指数（$t=-5.821$，$p<0.001$），显著负向影响国家创新投入（$t=-4.945$，$p<0.001$），显著负向影响国家创新产出（$t=-5.327$，$p<0.001$）；不确定规避显著负向影响国家创新

总指数（$t=-3.621$，$p<0.001$），显著负向影响国家创新投入（$t=-4.002$，$p<0.001$），显著负向影响国家创新产出（$t=-2.517$，$p<0.05$）；个体主义显著正向影响国家创新总指数（$t=6.63$，$p<0.001$），显著正向影响国家创新投入（$t=5.813$，$p<0.001$），显著正向影响国家创新产出（$t=5.766$，$p<0.001$）；长期取向显著正向影响国家创新总指数（$t=2.304$，$p<0.05$），显著正向影响国家创新产出（$t=2.580$，$p<0.05$）。霍夫施泰德文化价值对国家创新三级指标存在显著影响，具体结果如表7-5所示。

表7-5 霍夫施泰德文化维度与国家创新能力关系的回归分析（2013年）

因变量	文化维度	GDP2013 β	GDP2013 t	自变量 β	自变量 t	调整后 R^2	F
创新指数	权力距离	17.473	12.184***	-0.179	-5.821***	0.769	152.700
创新指数	不确定规避	21.835	15.361***	-0.109	-3.621***	0.722	119.373
创新指数	个体主义	15.418	10.210***	0.197	6.633***	0.787	168.934
创新指数	长期取向	22.581	12.669***	0.074	2.304*	0.736	109.713
创新投入	权力距离	20.393	12.100***	-0.178	-4.945***	0.753	139.441
创新投入	不确定规避	24.900	15.732***	-0.134	-4.002***	0.733	125.768
创新投入	个体主义	18.159	10.234***	0.203	5.813***	0.771	154.591
创新产出	权力距离	14.554	9.273***	-0.179	-5.327***	0.682	98.508
创新产出	不确定规避	18.771	11.929***	-0.084	-2.517*	0.608	71.647
创新产出	个体主义	12.679	7.526***	0.191	5.766***	0.694	104.426
创新产出	长期取向	18.672	9.841***	0.088	2.580*	0.644	71.657
制度	权力距离	21.552	8.107***	-0.296	-5.206***	0.638	81.116
制度	不确定规避	28.625	10.872***	-0.154	-2.766**	0.565	60.068
制度	个体主义	17.812	6.400***	0.339	6.175***	0.669	93.038
人力资本	权力距离	26.605	13.840***	-0.170	-4.119***	0.779	161.324
人力资本	不确定规避	30.760	16.907***	-0.106	-2.754**	0.757	143.099
人力资本	个体主义	25.169	11.936***	0.170	4.082***	0.778	16.725
基础设施	权力距离	22.779	14.057***	-0.108	-3.105**	0.770	153.139
基础设施	个体主义	21.118	12.239***	0.133	3.925***	0.782	164.683
基础设施	长期取向	24.781	14.291***	0.108	3.473**	0.791	148.235

续表

因变量	文化维度	GDP2013 β	GDP2013 t	自变量 β	自变量 t	调整后 R^2	F
市场成熟度	权力距离	16.007	6.260***	-0.196	-3.576**	0.490	44.729
	不确定规避	21.454	9.816***	-0.229	-4.975***	0.544	55.215
	个体主义	12.905	4.799***	0.245	4.630***	0.530	52.312
商业成熟度	权力距离	15.028	7.381***	-0.123	-2.811**	0.520	50.297
	不确定规避	18.299	10.047***	-0.121	-3.142**	0.530	52.226
	个体主义	13.792	6.211***	0.129	2.956**	0.524	51.119
知识技术产出	权力距离	12.817	5.189***	-0.165	-3.116**	0.403	31.739
	不确定规避	16.825	7.319***	-0.098	-2.014*	0.367	27.373
	个体主义	9.628	3.737***	0.226	4.458***	0.459	39.587
	长期取向	14.315	5.594***	0.160	3.475**	0.458	33.918
创意产出	权力距离	16.302	9.123***	-0.193	-5.045***	0.669	93.088
	个体主义	15.734	7.661***	0.156	3.868***	0.636	80.478

注：权力距离 $N=93$；个体主义 $N=93$；男性气质 $N=93$；不确定规避 $N=93$；长期取向 $N=80$；放纵抑制 $N=74$；*$p<0.05$，**$p<0.01$，***$p<0.001$。

霍夫施泰德文化价值作为自变量，国家创新能力作为因变量，控制2014年人均GDP的情况下，权力距离显著负向影响国家创新总指数（$t=-5.402$，$p<0.001$），显著负向影响国家创新投入（$t=-4.778$，$p<0.001$），显著负向影响国家创新产出（$t=-4.877$，$p<0.001$）；不确定规避显著负向影响国家创新总指数（$t=-3.596$，$p<0.01$），显著负向影响国家创新投入（$t=-3.959$，$p<0.001$），显著负向影响国家创新产出（$t=-2.614$，$p<0.05$）；个体主义显著正向影响国家创新总指数（$t=6.297$，$p<0.001$），显著正向影响国家创新投入（$t=5.048$，$p<0.001$），显著正向影响国家创新产出（$t=6.140$，$p<0.001$）；长期取向显著正向影响国家创新总指数（$t=2.100$，$p<0.05$），显著正向影响国家创新产出（$t=2.894$，$p<0.01$）。霍夫施泰德文化价值对国家创新三级指标存在显著影响，具体结果如表7-6所示。

表 7-6 霍夫施泰德文化维度与国家创新能力关系的回归分析（2014 年）

因变量	文化维度	GDP2014 β	GDP2014 t	自变量 β	自变量 t	调整后 R^2	F
创新指数	权力距离	17.441	11.552***	-0.173	-5.402***	0.751	135.407
	不确定规避	21.655	14.734***	-0.112	-3.596**	0.711	110.389
	个体主义	15.283	9.627***	0.197	6.297***	0.772	151.544
	长期取向	22.536	12.315***	0.069	2.100*	0.730	103.589
创新投入	权力距离	19.102	11.357***	-0.171	-4.778***	0.735	124.225
	不确定规避	23.370	14.882***	-0.131	-3.959***	0.716	113.301
	个体主义	17.344	9.506***	0.181	5.048***	0.741	128.283
创新产出	权力距离	15.783	9.300***	-0.176	-4.877***	0.675	93.493
	不确定规避	19.943	11.979***	-0.092	-2.614*	0.616	72.531
	个体主义	13.225	7.531***	0.212	6.140***	0.711	110.701
	长期取向	19.544	10.072***	0.101	2.894**	0.669	77.892
制度	权力距离	22.156	9.087***	-0.269	-5.201***	0.677	94.132
	不确定规避	28.490	11.736***	-0.134	-2.603*	0.607	69.667
	个体主义	19.257	7.335***	0.290	5.619***	0.689	99.601
人力资本	权力距离	26.642	11.829***	-0.178	-3.717***	0.727	119.757
	个体主义	24.901	10.115***	0.186	3.834***	0.730	121.183
基础设施	权力距离	22.273	13.093***	-0.098	-2.719**	0.745	130.739
	不确定规避	24.684	15.791***	-0.067	-2.030*	0.735	124.696
	个体主义	20.655	11.335***	0.125	3.487**	0.757	139.534
	长期取向	24.962	12.831***	0.075	2.105*	0.745	112.136
市场成熟度	权力距离	11.712	4.994***	-0.156	-3.142**	0.397	30.269
	不确定规避	16.156	8.323***	-0.218	-5.317***	0.493	44.277
	个体主义	9.712	3.831***	0.179	3.598**	0.415	32.608
	放纵抑制	17.241	6.203***	0.104	2.093*	0.392	23.890
商业成熟度	权力距离	12.730	6.057***	-0.151	-3.391**	0.475	41.243
	不确定规避	16.705	8.948***	-0.152	-3.841***	0.492	44.043
	个体主义	12.219	5.180***	0.125	2.693**	0.451	37.591
知识技术产出	权力距离	13.938	6.015***	-0.173	-3.508**	0.478	41.747
	不确定规避	18.072	8.300***	-0.099	-2.158*	0.434	35.182
	个体主义	10.035	4.301***	0.256	5.572***	0.561	57.834
	长期取向	16.244	6.535***	0.152	3.403**	0.519	42.063

续表

因变量	文化维度	GDP2014 β	GDP2014 t	自变量 β	自变量 t	调整后 R^2	F
创意产出	权力距离	17.640	10.025***	-0.179	-4.786***	0.696	103.108
	不确定规避	21.826	12.594***	-0.085	-2.314*	0.639	79.690
	个体主义	16.416	8.347***	0.169	4.364***	0.685	97.951

注：权力距离 $N=92$；个体主义 $N=92$；男性气质 $N=92$；不确定规避 $N=92$；长期取向 $N=79$；放纵抑制 $N=74$；* $p<0.05$，** $p<0.01$，*** $p<0.001$。

霍夫施泰德文化价值作为自变量，国家创新能力作为因变量，控制2015年人均GDP的情况下，权力距离显著负向影响国家创新总指数（$t=-5.421$，$p<0.001$），显著负向影响国家创新投入（$t=-4.608$，$p<0.001$），显著负向影响国家创新产出（$t=-5.153$，$p<0.001$）；不确定规避显著负向影响国家创新总指数（$t=-3.417$，$p<0.01$），显著负向影响国家创新投入（$t=-3.673$，$p<0.001$），显著负向影响国家创新产出（$t=-2.720$，$p<0.01$）；个体主义显著正向影响国家创新总指数（$t=6.184$，$p<0.001$），显著正向影响国家创新投入（$t=5.250$，$p<0.001$），显著正向影响国家创新产出（$t=5.816$，$p<0.001$）；长期取向显著正向影响国家创新总指数（$t=2.024$，$p<0.05$），显著正向影响国家创新产出（$t=2.458$，$p<0.05$）。霍夫施泰德文化价值对国家创新三级指标存在显著影响，具体结果如表7-7所示。

表7-7 霍夫施泰德文化维度与国家创新能力关系的回归分析（2015年）

因变量	文化维度	GDP2015 β	GDP2015 t	自变量 β	自变量 t	调整后 R^2	F
创新指数	权力距离	17.950	11.231***	-0.183	-5.421***	0.746	130.496
	不确定规避	22.377	14.290***	-0.112	-3.417**	0.700	103.858
	个体主义	15.785	9.350***	0.204	6.184***	0.764	143.808
	长期取向	23.332	12.500***	0.068	2.024*	0.738	106.374
创新投入	权力距离	19.728	12.326***	-0.156	-4.608***	0.759	139.232
	不确定规避	23.599	15.756***	-0.116	-3.673***	0.740	126.074
	个体主义	17.849	10.471***	0.175	5.250***	0.772	149.980

续表

因变量	文化维度	GDP2015 β	GDP2015 t	自变量 β	自变量 t	调整后 R^2	F
创新产出	权力距离	16.172	8.372***	-0.210	-5.153***	0.654	84.026
创新产出	不确定规避	21.155	11.067***	-0.109	-2.720**	0.583	62.407
创新产出	个体主义	13.719	6.686***	0.233	5.816***	0.675	92.229
创新产出	长期取向	21.411	9.981***	0.095	2.458*	0.660	73.729
制度	权力距离	24.843	10.369***	-0.252	-4.980***	0.714	110.945
制度	不确定规避	30.845	13.132***	-0.137	-2.769**	0.662	87.137
制度	个体主义	22.041	8.590***	0.275	5.481***	0.727	118.227
人力资本	权力距离	25.224	11.856***	-0.156	-3.482**	0.727	117.894
人力资本	个体主义	23.412	10.178***	0.173	3.851***	0.734	122.329
基础设施	权力距离	23.318	14.156***	-0.087	-2.517*	0.770	148.413
基础设施	不确定规避	25.488	16.952***	-0.064	-2.016*	0.764	143.709
基础设施	个体主义	21.536	12.353***	0.123	3.609**	0.786	162.290
市场成熟度	权力距离	13.559	6.679***	-0.131	-3.056**	0.499	44.882
市场成熟度	不确定规避	17.177	9.956***	-0.167	-4.610***	0.555	55.861
市场成熟度	个体主义	11.505	5.320***	0.163	3.862***	0.527	50.018
商业成熟度	权力距离	11.698	5.576***	-0.151	-3.419**	0.451	37.185
商业成熟度	不确定规避	15.613	8.303***	-0.141	-3.578***	0.457	38.094
商业成熟度	个体主义	10.766	4.628***	0.140	3.073**	0.438	35.341
知识技术产出	权力距离	14.769	5.678***	-0.197	-3.600***	0.466	39.445
知识技术产出	不确定规避	19.667	8.180***	-0.144	-2.845**	0.439	35.395
知识技术产出	个体主义	11.711	4.269***	0.245	4.567***	0.506	46.030
知识技术产出	长期取向	17.934	6.449***	0.154	3.071**	0.505	39.279
创意产出	权力距离	17.576	9.338***	-0.222	-5.601	0.698	102.741
创意产出	个体主义	15.727	7.573***	0.222	5.459***	0.694	100.802

注：权力距离 $N=92$；个体主义 $N=92$；男性气质 $N=92$；不确定规避 $N=92$；长期取向 $N=79$；放纵抑制 $N=74$；*$p<0.05$，**$p<0.01$，***$p<0.001$。

二、分析讨论

霍夫施泰德文化维度与国家创新之间的关系一直以来受到诸多研究者的关注，Georgas 等研究者将文化价值作为心理变量进行研究，表明文化与心理之间的密切关系（Georgas，Van De Vijver，Berry，2004）。现有研究也较为认可个体主义与国家创新之间的正向关系。同时也存在对新加入的两个维度的关注不足的问题，长期取向与放纵抑制两项文化价值与国家创新能力之间的关系并未进行足够的讨论。2009—2015 年霍夫施泰德文化价值与国家创新能力的数据分析结果显示，仅从简单相关而言，权力距离与国家创新能力存在显著的负相关，权力距离越大的国家创新水平相对越低；个体主义与国家创新能力显著正相关，个体主义水平越高的国家，创新能力相对也越高。这两项结果验证了前人的研究与已有研究结果一致。长期取向与国家创新能力正相关，对未来的关注程度越高，国家的创新水平也越高，这一结果在 2009—2015 年的各年数据分析中均有所体现，较为稳健。

控制经济因素后，霍夫施泰德文化价值不同维度对国家创新能力产生了不同程度的影响。权力距离显著负向影响国家创新能力，国家的权力距离过高不利于提升创新能力。权力距离衡量的是文化中权力分配不平等的程度，高权力距离的国家多采用层级式的结构，通过正式渠道进行信息沟通，权力较为集中；低权力距离的国家构成结构灵活，非正式沟通较多，权力分散程度更高。灵活的权力构成更有利于国家创新能力的提升，权力的过于集中对国家创新的投入与产出均存在负面的影响。这一结果对假设 H8a 进行了验证。

个体主义对国家创新能力存在显著的正向影响，这一结果在大量研究中已有证实。个体主义文化更关注独立性，集体主义文化更强调整体性，对于创新活动而言，较高的独立性更有利于产生高创新性的产品，提升国家整体创新能力。对假设 H8b 进行了验证。

不确定规避在进行简单相关分析时与国家创新之间的关系并不显著，而对人均 GDP 进行控制后发现，不确定规避对国家创新有着显著的负向影响。不确定规避是对模糊性接受程度的测量，并不意味着厌恶风险，不确定性与风险具有一定的差异。不确定规避得分较低的国家对新思想接受度较高，而不确定规避得分较高的国家更倾向于避免发生变故。对不确定的接受程度较低的国家对新思想的接受水平也相对较低，这一文化特点不利于国家创新水平的提升。对假设 H8c 进行了验证。

长期取向对国家创新有着显著的正向影响,主要影响国家创新产出,对国家创新投入的影响较小。长期取向的国家更注重对未来的考虑,热衷勤俭与储蓄,以发展的眼光看待事物;短期取向的国家表现相反,更关注眼前的利益。长期取向对未来发展的关注与较慢的生命史策略有着相似的关注点,慢策略关注未来发展,国家对未来的关注也更有利于提升创新实力。这一结果对假设 H8d 进行了验证。

文化有其进化传统与历史根源,国家文化以较慢的速度产生变化,整体看来具有相当程度的稳定性。文化在各国历史发展的过程中不断得到巩固并体现在国民群体的价值观体系之中,并且在可预见的范围内对国家产生影响,同时也会影响国家的创新发展水平。个体主义国家更看重独立性,而现阶段的国家创新更依靠多领域的合作,集体主义国家的合作精神有助于提升国家创新水平。创新意味着多变与怀疑,具有较高的不确定性,在社会稳定的前提下,对不确定性接受程度较高的国家产出创新性产品的可能性更高。权力距离高意味着信息沟通主要通过正式渠道进行,并且规则与管控较严密,其缺少灵活性的特征可能阻碍国家创新,但高权力距离国家的政策执行往往较为有效,某种程度上也能对国家创新产生正向影响。男性气质看重自信与冒险更有利于国家产生突破性的创新,而女性气质重视抚育的特征也能够促进创新成果的长期转化。长期取向的国家发展更着眼于未来,科技进步与创新本身具有指向未来的特性,但长期取向倾向于节俭储蓄等也会在一定程度上限制国家创新的投入。

第二节 英格尔哈特世界价值观维度与国家创新能力

一、研究方法与结果

(1) 相关分析

对 2009 年国家创新指数与世界价值观维度进行简单相关分析后发现,国家创新总指数与世俗理性 WVS4 显著正相关($r=0.353$,$p<0.05$),与自我表

达 WVS4 显著负相关（$r=-0.383$，$p<0.05$），与世俗理性 WVS6 显著正相关（$r=0.344$，$p<0.05$）；国家创新投入与世俗理性 WVS4 显著正相关（$r=0.375$，$p<0.05$），与自我表达 WVS4 显著负相关（$r=-0.365$，$p<0.05$），与世俗理性 WVS6 显著正相关（$r=0.378$，$p<0.01$）；国家创新产出与自我表达 WVS4 显著负相关（$r=-0.392$，$p<0.05$），与世俗理性 WVS6 显著正相关（$r=0.286$，$p<0.05$）。同时，国家创新指数三级指标基础设施、市场成熟与世俗理性 WVS4 显著正相关（$p<0.05$），制度、人力资本、基础设施、市场成熟、商业成熟、知识产出、竞争性产出与世俗理性 WVS6 显著正相关（$p<0.05$），人力资本、商业成熟、知识产出、竞争性产出与自我表达 WVS4 显著负相关（$p<0.05$）。对 2010 年国家创新指数与世界价值观维度进行简单相关分析后发现，国家创新总指数与世俗理性 WVS4 显著正相关（$r=0.539$，$p<0.01$），与世俗理性 WVS6 显著正相关（$r=0.448$，$p<0.01$）；国家创新投入与世俗理性 WVS4 显著正相关（$r=0.499$，$p<0.01$），与世俗理性 WVS6 显著正相关（$r=0.405$，$p<0.01$）；国家创新产出与世俗理性 WVS4 显著正相关（$r=0.545$，$p<0.01$），与自我表达 WVS4 显著负相关（$r=-0.366$，$p<0.05$），与世俗理性 WVS6 显著正相关（$r=0.464$，$p<0.01$）。同时，国家创新指数三级指标制度、人力资本、基础设施、市场成熟度、商业成熟度、科技产出以及创意与幸福七项指标与世俗理性 WVS4 显著正相关（$p<0.05$），除制度外其余六项指标与世俗理性 WVS6 显著正相关（$p<0.05$），商业成熟度、创意与幸福与自我表达 WVS4 显著负相关（$p<0.05$）。对 2011 年国家创新指数与世界价值观维度进行简单相关分析后发现，国家创新总指数与世俗理性 WVS4 显著正相关（$r=0.581$，$p<0.01$），与世俗理性 WVS6 显著正相关（$r=0.414$，$p<0.01$）；国家创新投入与世俗理性 WVS4 显著正相关（$r=0.571$，$p<0.01$），与世俗理性 WVS6 显著正相关（$r=0.410$，$p<0.01$）；国家创新产出与世俗理性 WVS4 显著正相关（$r=0.523$，$p<0.01$），与世俗理性 WVS6 显著正相关（$r=0.378$，$p<0.01$），与自我表达 WVS6 显著正相关（$r=0.278$，$p<0.05$）。同时，国家创新指数三级指标制度、人力资本、基础设施、市场成熟度、商业成熟度、知识技术产出以及创意产出七项指标与世俗理性 WVS4 显著正相关

（$p<0.05$），除制度外其余六项指标与世俗理性 WVS6 显著正相关（$p<0.05$），创意产出与自我表达 WVS6 显著正相关（$p<0.05$），市场成熟度与自我表达 WVS4 显著负相关（$p<0.05$）。对 2012 年国家创新指数与世界价值观维度进行简单相关分析后发现，国家创新总指数与世俗理性 WVS4 显著正相关（$r=0.600$，$p<0.01$），与世俗理性 WVS6 显著正相关（$r=0.456$，$p<0.01$），与自我表达 WVS6 显著正相关（$r=0.291$，$p<0.05$）；国家创新投入与世俗理性 WVS4 显著正相关（$r=0.568$，$p<0.01$），与世俗理性 WVS6 显著正相关（$r=0.400$，$p<0.01$）；国家创新产出与世俗理性 WVS4 显著正相关（$r=0.588$，$p<0.01$），与世俗理性 WVS6 显著正相关（$r=0.483$，$p<0.01$），与自我表达 WVS6 显著正相关（$r=0.336$，$p<0.05$）。同时，国家创新指数三级指标制度、人力资本、基础设施、市场成熟度、商业成熟度、知识技术产出以及创意产出七项指标与世俗理性 WVS4 显著正相关（$p<0.05$），除制度外其余六项指标与世俗理性 WVS6 显著正相关（$p<0.05$），基础设施、创意产出与自我表达 WVS6 显著正相关（$p<0.05$）。对 2013 年国家创新指数与世界价值观维度进行简单相关分析后发现，国家创新总指数与世俗理性 WVS4 显著正相关（$r=0.606$，$p<0.01$），与世俗理性 WVS6 显著正相关（$r=0.451$，$p<0.01$），与自我表达 WVS6 显著正相关（$r=0.291$，$p<0.05$）；国家创新投入与世俗理性 WVS4 显著正相关（$r=0.592$，$p<0.01$），与世俗理性 WVS6 显著正相关（$r=0.453$，$p<0.01$）；国家创新产出与世俗理性 WVS4 显著正相关（$r=0.570$，$p<0.01$），与世俗理性 WVS6 显著正相关（$r=0.415$，$p<0.01$），与自我表达 WVS6 显著正相关（$r=0.330$，$p<0.05$）。同时，国家创新指数三级指标制度、人力资本、基础设施、市场成熟度、商业成熟度、知识技术产出以及创意产出七项指标与世俗理性 WVS4 显著正相关（$p<0.01$），与世俗理性 WVS6 显著正相关（$p<0.05$），人力资本、基础设施、创意产出分指标与自我表达 WVS6 显著正相关（$p<0.05$）。对 2014 年国家创新指数与世界价值观维度进行简单相关分析后发现，国家创新总指数与世俗理性 WVS4 显著正相关（$r=0.590$，$p<0.01$），与世俗理性 WVS6 显著正相关（$r=0.485$，$p<0.01$），与自我表达 WVS6 显著正相关（$r=0.284$，$p<0.05$）；国家创新投入与世俗理性 WVS4 显

著正相关（$r=0.578$，$p<0.01$），与世俗理性 WVS6 显著正相关（$r=0.452$，$p<0.01$）；国家创新产出与世俗理性 WVS4 显著正相关（$r=0.551$，$p<0.01$），与世俗理性 WVS6 显著正相关（$r=0.488$，$p<0.01$），与自我表达 WVS6 显著正相关（$r=0.319$，$p<0.05$）。同时，国家创新指数三级指标制度、人力资本、基础设施、市场成熟度、商业成熟度、知识技术产出以及创意产出七项指标与世俗理性 WVS4 显著正相关（$p<0.01$），与世俗理性 WVS6 显著正相关（$p<0.05$），人力资本、基础设施、创意产出分指标与自我表达 WVS6 显著正相关（$p<0.05$）。对 2015 年国家创新指数与世界价值观维度进行简单相关分析后发现，国家创新总指数与世俗理性 WVS4 显著正相关（$r=0.614$，$p<0.01$），与世俗理性 WVS6 显著正相关（$r=0.511$，$p<0.01$），与自我表达 WVS6 显著正相关（$r=0.277$，$p<0.05$）；国家创新投入与世俗理性 WVS4 显著正相关（$r=0.600$，$p<0.01$），与世俗理性 WVS6 显著正相关（$r=0.472$，$p<0.01$）；国家创新产出与世俗理性 WVS4 显著正相关（$r=0.590$，$p<0.01$），与世俗理性 WVS6 显著正相关（$r=0.528$，$p<0.01$），与自我表达 WVS6 显著正相关（$r=0.309$，$p<0.05$）。同时，国家创新指数三级指标制度、人力资本、基础设施、市场成熟度、商业成熟度、知识技术产出以及创意产出七项指标与世俗理性 WVS4 显著正相关（$p<0.01$），与世俗理性 WVS6 显著正相关（$p<0.05$），人力资本、基础设施、创意产出分指标与自我表达 WVS6 显著正相关（$p<0.05$）。

（2）回归分析

世界价值观调查作为自变量，国家创新能力作为因变量，控制 2009 年人均 GDP 的情况下，世俗理性 WVS6 显著正向影响国家创新总指数（$t=2.276$，$p<0.05$），显著正向影响国家创新投入（$t=2.695$，$p<0.01$）；自我表达 WVS4 显著负向影响国家创新总指数（$t=-3.638$，$p<0.01$），显著负向影响国家创新投入（$t=-3.531$，$p<0.01$），显著负向影响国家创新产出（$t=-3.467$，$p<0.01$）。世界价值观调查对国家创新三级指标存在显著影响，具体结果如表 7-8 所示。

表 7-8　世界价值观调查与国家创新能力关系的回归分析（2009 年）

因变量	世界价值观调查	GDP2009		自变量		调整后 R^2	F
		β	t	β	t		
创新指数	世俗理性 WVS6	1.450	7.743***	1.981	2.276*	0.585	36.303
	自我表达 WVS4	1.533	7.050***	−0.029	−3.638**	0.657	31.699
创新投入	世俗理性 WVS6	1.576	7.528***	2.621	2.695**	0.584	36.120
	自我表达 WVS4	1.701	7.361***	−0.030	−3.531**	0.671	33.561
创新产出	自我表达 WVS4	1.358	6.182***	−0.028	−3.467**	0.603	25.313
制度	自我表达 WVS4	1.306	4.631***	−0.026	−2.511*	0.448	13.982
人力资本	世俗理性 WVS6	1.138	6.356***	1.917	2.305*	0.498	25.848
	自我表达 WVS4	1.399	5.797***	−0.029	−3.235**	0.570	22.204
基础设施	世俗理性 WVS6	2.037	9.455***	4.000	3.995***	0.703	60.237
	自我表达 WVS4	2.293	10.147***	−0.027	−3.210**	0.778	56.928
市场成熟	世俗理性 WVS6	1.698	6.189***	3.046	2.390*	0.490	25.006
	自我表达 WVS4	1.708	6.110***	−0.030	−2.917**	0.580	23.078
商业成熟	自我表达 WVS4	1.808	5.831***	−0.039	−3.376**	0.578	22.875
知识产出	自我表达 WVS4	1.368	4.712***	−0.039	−3.595**	0.511	17.714
竞争性产出	世俗理性 WVS6	1.242	4.168***	3.311	2.392*	0.333	13.479
	自我表达 WVS4	1.600	4.811***	−0.034	−2.786**	0.477	15.574
财富产出	世俗理性 WVS6	1.569	10.991***	−1.412	−2.128*	0.704	60.474
	自我表达 WVS4	1.110	9.715***	−0.012	−2.822**	0.759	51.419

注：世俗理性 WVS4 $N=37$；自我表达 WVS4 $N=33$；世俗理性 WVS6 $N=52$；自我表达 WVS6 $N=52$；* $p<0.05$，** $p<0.01$，*** $p<0.001$。

世界价值观调查作为自变量，国家创新能力作为因变量，控制 2010 年人均 GDP 的情况下，世俗理性 WVS6 显著正向影响国家创新总指数（$t=3.570$，$p<0.01$），显著正向影响国家创新投入（$t=2.787$，$p<0.01$），显著正向影响国家创新产出（$t=3.806$，$p<0.001$）；自我表达 WVS4 显著负向影响国家创新总指数（$t=-3.307$，$p<0.01$），显著负向影响国家创新投入（$t=-2.756$，$p<0.01$），显著负向影响国家创新产出（$t=-3.269$，$p<0.01$）。世界价值观调查对国家创新三级指标存在显著影响，具体结果如表 7-9 所示。

表 7-9　世界价值观调查与国家创新能力关系的回归分析（2010 年）

因变量	世界价值观调查	GDP2010 β	GDP2010 t	自变量 β	自变量 t	调整后 R^2	F
创新指数	世俗理性 WVS6	1.225	8.458***	2.365	3.570**	0.661	49.852
	自我表达 WVS4	1.242	7.280***	-0.021	-3.307**	0.667	32.034
创新投入	世俗理性 WVS6	1.335	8.104***	2.099	2.787**	0.625	42.698
	自我表达 WVS4	1.390	6.736***	-0.021	-2.756**	0.622	26.534
创新产出	世俗理性 WVS6	1.117	7.365***	2.639	3.806***	0.617	41.341
	自我表达 WVS4	1.094	6.389***	-0.020	-3.269**	0.615	25.805
基础设施	世俗理性 WVS6	1.877	10.636***	3.150	3.904***	0.748	75.041
市场成熟度	世俗理性 WVS6	0.867	4.006***	2.690	2.717**	0.348	14.359
	自我表达 WVS4	1.026	3.919***	-0.023	-2.458*	0.385	10.723
商业成熟度	世俗理性 WVS6	1.337	6.956***	1.996	2.272*	0.545	31.000
	自我表达 WVS4	1.231	4.762***	-0.034	-3.577**	0.520	17.778
科技产出	世俗理性 WVS6	1.081	6.198***	2.847	3.570**	0.546	31.026
	自我表达 WVS4	1.279	6.179***	-0.017	-2.255*	0.571	21.668
创意与幸福	世俗理性 WVS4	0.953	4.422***	2.656	2.601*	0.589	26.100
	世俗理性 WVS6	10155	5.903***	2.413	2.697**	0.491	25.083
	自我表达 WVS4	0.913	4.460***	-0.024	-3.178**	0.475	15.033

注：世俗理性 WVS4 $N=36$；自我表达 WVS4 $N=32$；世俗理性 WVS6 $N=52$；自我表达 WVS6 $N=52$；* $p<0.05$，** $p<0.01$，*** $p<0.001$。

世界价值观调查作为自变量，国家创新能力作为因变量，在控制 2011 年人均 GDP 的情况下，世俗理性 WVS6 显著正向影响国家创新总指数（$t=3.092$，$p<0.01$），显著正向影响国家创新投入（$t=3.146$，$p<0.01$），显著正向影响国家创新产出（$t=2.455$，$p<0.05$）；自我表达 WVS4 显著负向影响国家创新总指数（$t=-2.298$，$p<0.05$），显著负向影响国家创新投入（$t=-2.479$，$p<0.05$）；世俗理性 WVS4 显著正向影响国家创新总指数（$t=2.945$，$p<0.01$），显著正向影响国家创新投入（$t=2.871$，$p<0.01$），显著正向影响国家创新产出（$t=2.484$，$p<0.05$）。世界价值观调查对国家创新三级指标存在显著影响，具体结果如表 7-10 所示。

表 7-10 世界价值观调查与国家创新能力关系的回归分析（2011 年）

因变量	世界价值观调查	GDP2011 β	GDP2011 t	自变量 β	自变量 t	调整后 R^2	F
创新指数	世俗理性 WVS6	17.214	7.835***	33.372	3.092**	0.609	42.334
	自我表达 WVS4	17.289	5.678***	−0.261	−2.298*	0.532	19.201
	世俗理性 WVS4	14.203	4.878***	39.080	2.945**	0.587	26.616
创新投入	世俗理性 WVS6	19.649	8.758***	34.575	3.146**	0.655	51.229
	自我表达 WVS4	20.632	7.209***	−0.264	−2.479*	0.642	29.664
	世俗理性 WVS4	18.616	6.498***	37.502	2.871**	0.682	39.560
创新产出	世俗理性 WVS6	14.781	5.560***	31.968	2.455*	0.445	22.269
	世俗理性 WVS4	9.793	2.727*	40.661	2.484*	0.369	11.525
基础设施	世俗理性 WVS6	16.293	7.890***	38.944	3.850***	0.634	46.862
	自我表达 WVS4	18.430	7.261***	−0.202	−2.142*	0.638	29.183
	世俗理性 WVS4	14.477	5.833***	33.343	2.947**	0.648	34.170
市场成熟度	世俗理性 WVS6	17.898	5.390***	48.958	3.010**	0.458	23.436
	自我表达 WVS4	18.542	4.379***	−0.459	−2.911**	0.453	14.251
	世俗理性 WVS4	17.761	4.001***	41.482	2.050*	0.458	16.198
商业成熟度	世俗理性 WVS6	16.675	5.836***	56.114	4.009***	0.533	31.277
	自我表达 WVS4	20.544	6.338***	−0.311	−2.580*	0.589	23.963
	世俗理性 WVS4	19.622	5.558***	43.110	2.679*	0.619	30.242
知识技术产出	世俗理性 WVS6	20.714	6.274***	32.961	2.038*	0.481	25.518
	世俗理性 WVS4	11.687	2.500*	60.410	2.835**	0.381	12.088

注：世俗理性 WVS4 $N=37$；自我表达 WVS4 $N=33$；世俗理性 WVS6 $N=54$；自我表达 WVS6 $N=54$；*$p<0.05$，**$p<0.01$，***$p<0.001$。

世界价值观调查作为自变量，国家创新能力作为因变量，在控制 2012 年人均 GDP 的情况下，世俗理性 WVS6 显著正向影响国家创新总指数（$t=3.666$，$p<0.01$），显著正向影响国家创新投入（$t=2.907$，$p<0.01$），显著正向影响国家创新产出（$t=3.765$，$p<0.001$）；世俗理性 WVS4 显著正向影响国家创新总指数（$t=3.314$，$p<0.01$），显著正向影响国家创新投入（$t=2.915$，$p<0.01$），显著正向影响国家创新产出（$t=3.104$，$p<0.01$）。世界价值观调查对国家创新三级指标存在显著影响，具体结果如表 7-11 所示。

表 7-11　世界价值观调查与国家创新能力关系的回归分析（2012 年）

因变量	世界价值观调查	GDP2012 β	GDP2012 t	自变量 β	自变量 t	调整后 R^2	F
创新指数	世俗理性 WVS6	18.956	8.478***	39.407	3.666**	0.651	52.306
	世俗理性 WVS4	16.833	5.987***	40.869	3.314**	0.666	37.897
创新投入	世俗理性 WVS6	22.072	9.137***	33.763	2.907**	0.661	54.720
	世俗理性 WVS4	21.456	7.265***	37.767	2.915**	0.714	47.244
创新产出	世俗理性 WVS6	15.855	6.362***	45.112	3.765***	0.549	34.467
	世俗理性 WVS4	12.234	3.792***	43.923	3.104**	0.510	20.225
人力资本	世俗理性 WVS4	22.019	5.976***	33.097	2.048*	0.611	30.001
基础设施	世俗理性 WVS6	22.868	9.398***	50.347	4.303***	0.702	65.866
	自我表达 WVS4	27.795	8.852***	-0.240	-2.115*	0.712	41.784
	世俗理性 WVS4	22.582	8.017***	44.804	3.626**	0.764	60.831
市场成熟度	世俗理性 WVS6	16.681	4.538***	49.888	2.822**	0.383	18.080
	世俗理性 WVS4	18.212	3.964***	55.722	2.765**	0.499	19.425
商业成熟度	世俗理性 WVS6	17.149	6.815***	31.761	2.625*	0.533	32.336
	自我表达 WVS4	16.057	5.737***	-0.249	-2.461*	0.532	19.758
知识技术产出	世俗理性 WVS6	16.651	5.087***	69.689	4.428***	0.507	29.302
	自我表达 WVS4	19.944	4.242***	-0.392	-2.305*	0.397	11.841
	世俗理性 WVS4	14.042	2.900**	58.993	2.777**	0.406	13.650

注：世俗理性 WVS4 $N=38$；自我表达 WVS4 $N=34$；世俗理性 WVS6 $N=56$；自我表达 WVS6 $N=56$；* $p<0.05$，** $p<0.01$，*** $p<0.001$。

世界价值观调查作为自变量，国家创新能力作为因变量，在控制 2013 年人均 GDP 的情况下，世俗理性 WVS6 显著正向影响国家创新总指数（$t=3.589$，$p<0.01$），显著正向影响国家创新投入（$t=3.661$，$p<0.01$），显著正向影响国家创新产出（$t=2.878$，$p<0.001$）；世俗理性 WVS4 显著正向影响国家创新总指数（$t=3.314$，$p<0.01$），显著正向影响国家创新投入（$t=3.151$，$p<0.01$），显著正向影响国家创新产出（$t=2.815$，$p<0.01$）。世界价值观调查对国家创新三级指标存在显著影响，具体结果如表 7-12 所示。

表 7-12 世界价值观调查与国家创新能力关系的回归分析（2013 年）

因变量	世界价值观调查	GDP2013 β	GDP2013 t	自变量 β	自变量 t	调整后 R^2	F
创新指数	世俗理性 WVS6	18.223	8.450***	36.858	3.589**	0.648	51.623
	世俗理性 WVS4	16.275	6.101***	38.323	3.314**	0.676	39.573
创新投入	世俗理性 WVS6	21.293	8.792***	42.220	3.661**	0.664	55.446
	世俗理性 WVS4	21.007	6.867***	41.785	3.151**	0.707	45.692
创新产出	世俗理性 WVS6	15.155	6.599***	31.471	2.878**	0.528	31.819
	世俗理性 WVS4	11.544	4.043***	34.847	2.815**	0.514	20.540
制度	世俗理性 WVS4	22.346	4.083***	48.528	2.045*	0.462	16.915
人力资本	世俗理性 WVS6	22.350	7.983***	53.208	3.991***	0.638	49.540
	世俗理性 WVS4	25.364	7.671***	49.201	3.432**	0.749	56.295
基础设施	世俗理性 WVS6	22.323	10.080***	47.936	4.546***	0.730	75.320
	自我表达 WVS4	25.973	9.547***	-0.210	-2.166*	0.742	48.351
	世俗理性 WVS4	21.808	8.749***	37.810	3.499**	0.787	69.520
市场成熟度	世俗理性 WVS6	16.833	4.837***	45.413	2.740**	0.401	19.435
	世俗理性 WVS4	17.714	3.935***	51.009	2.614*	0.490	51.009
商业成熟度	世俗理性 WVS6	16.238	6.040***	40.128	3.135**	0.504	28.904
	自我表达 WVS4	17.342	5.754***	-0.238	-2.220*	0.526	19.280
知识技术产出	世俗理性 WVS6	14.946	5.025***	39.598	2.796**	0.418	20.759
	自我表达 WVS4	17.617	4.589***	-0.296	-2.160*	0.422	13.067
	世俗理性 WVS4	12.270	3.388***	46.622	2.970**	0.471	17.456
创意产出	自我表达 WVS6	14.474	4.680***	0.188	2.222*	0.382	17.993

注：世俗理性 WVS4 $N=38$；自我表达 WVS4 $N=34$；世俗理性 WVS6 $N=56$；自我表达 WVS6 $N=56$；$*p<0.05$，$**p<0.01$，$***p<0.001$。

世界价值观调查作为自变量，国家创新能力作为因变量，在控制 2014 年人均 GDP 的情况下，世俗理性 WVS6 显著正向影响国家创新总指数（$t=3.927$，$p<0.001$），显著正向影响国家创新投入（$t=3.486$，$p<0.01$），显著正向影响国家创新产出（$t=3.731$，$p<0.001$）；世俗理性 WVS4 显著正向影响国家创新总指数（$t=3.136$，$p<0.01$），显著正向影响国家创新投入（$t=3.066$，$p<0.01$），显著正向影响国家创新产出（$t=2.525$，$p<0.05$）。世界价值观调查对国家创新三级指标存在显著影响，具体结果如表 7-13 所示。

表7-13 世界价值观调查与国家创新能力关系的回归分析（2014年）

因变量	世界价值观调查	GDP2014 β	GDP2014 t	自变量 β	自变量 t	调整后 R^2	F
创新指数	世俗理性WVS6	17.185	7.598***	41.210	3.927***	0.618	44.730
	世俗理性WVS4	17.159	6.512***	35.373	3.136**	0.697	42.339
创新投入	世俗理性WVS6	19.762	7.977***	40.068	3.486**	0.623	45.671
	世俗理性WVS4	20.727	7.299***	37.284	3.066**	0.73.	49.707
创新产出	世俗理性WVS6	14.610	5.972***	42.344	3.731***	0.524	30.766
	世俗理性WVS4	13.592	4.390***	33.469	2.525*	0.530	21.328
制度	世俗理性WVS4	22.957	5.033***	47.731	2.444*	0.575	25.398
人力资本	世俗理性WVS6	21.101	7.001***	63.214	4.520***	0.610	43.189
	世俗理性WVS4	27.322	8.300***	39.484	2.801**	0.762	58.712
基础设施	世俗理性WVS6	22.797	10.031***	42.454	4.026***	0.718	69.861
	世俗理性WVS4	22.659	8.649***	28.856	2.572*	0.769	61.052
市场成熟度	世俗理性WVS6	11.852	3.418**	35.746	2.222*	0.257	10.339
	世俗理性WVS4	15.300	3.819**	44.270	2.581*	0.486	18.015
商业成熟度	世俗理性WVS6	15.383	5.432***	36.257	2.759**	0.445	22.665
	自我表达WVS4	14.606	4.275***	-0.269	-2.043*	0.405	11.888
知识技术产出	世俗理性WVS6	12.650	4.139***	55.447	3.910***	0.419	20.468
	自我表达WVS4	19.135	4.621***	-0.376	-2.355*	0.453	14.272
	世俗理性WVS4	13.261	3.313**	45.788	2.672*	0.448	15.596
创意产出	自我表达WVS6	16.483	5.942***	0.150	2.009*	0.464	24.339
	世俗理性WVS6	16.602	6.130***	29.201	2.324*	0.476	25.563

注：世俗理性WVS4 $N=38$；自我表达WVS4 $N=34$；世俗理性WVS6 $N=56$；自我表达WVS6 $N=56$；*$p<0.05$，**$p<0.01$，***$p<0.001$。

世界价值观调查作为自变量，国家创新能力作为因变量，控制2015年人均GDP的情况下，世俗理性WVS6显著正向影响国家创新总指数（$t=4.396$，$p<0.001$），显著正向影响国家创新投入（$t=3.813$，$p<0.001$），显著正向影响国家创新产出（$t=4.439$，$p<0.001$）；世俗理性WVS4显著正向影响国家创新总指数（$t=3.100$，$p<0.01$），显著正向影响国家创新投入（$t=2.981$，$p<0.01$），显著正向影响国家创新产出（$t=2.619$，$p<0.05$）。世界价值观调查对国家创新三级指标存在显著影响，具体结果如表7-14所示。

表 7-14 世界价值观调查与国家创新能力关系的回归分析（2015 年）

因变量	世界价值观调查	GDP2015 β	GDP2015 t	自变量 β	自变量 t	调整后 R^2	F
创新指数	世俗理性 WVS6	17.797	7.672***	47.017	4.396***	0.635	47.992
创新指数	世俗理性 WVS4	18.396	6.995***	36.061	3.100**	0.735	49.586
创新投入	世俗理性 WVS6	19.310	7.916***	42.884	3.813***	0.629	46.722
创新投入	世俗理性 WVS4	21.147	7.791***	35.786	2.981**	0.763	57.464
创新产出	世俗理性 WVS6	16.285	6.515***	51.159	4.439***	0.582	38.596
创新产出	世俗理性 WVS4	15.646	4.988***	36.325	2.619*	0.604	27.644
制度	世俗理性 WVS4	25.679	5.565***	47.292	2.317*	0.627	30.455
人力资本	世俗理性 WVS6	19.660	6.755***	63.184	4.709***	0.604	42.164
人力资本	世俗理性 WVS4	24.494	7.538***	40.839	2.842**	0.750	53.454
基础设施	世俗理性 WVS6	23.451	9.686***	35.204	3.154**	0.688	60.662
市场成熟度	世俗理性 WVS6	11.978	3.659***	36.121	2.393*	0.286	11.841
市场成熟度	世俗理性 WVS4	15.949	4.407***	39.625	2.476*	0.551	22.486
商业成熟度	世俗理性 WVS6	12.278	4.651***	52.416	4.307***	0.473	25.238
商业成熟度	自我表达 WVS4	15.196	4.784***	-0.249	-2.048*	0.463	14.339
知识技术产出	世俗理性 WVS6	14.272	4.587***	62.378	4.348***	0.472	25.097
知识技术产出	自我表达 WVS4	21.111	4.886***	-0.399	-2.410*	0.488	15.792
知识技术产出	世俗理性 WVS4	14.516	3.432**	54.563	2.917**	0.502	18.627
创意产出	自我表达 WVS6	18.326	6.145***	0.184	2.306*	0.489	26.841
创意产出	世俗理性 WVS6	18.293	6.416***	39.993	3.043**	0.522	30.473

注：世俗理性 WVS4 $N=38$；自我表达 WVS4 $N=34$；世俗理性 WVS6 $N=56$；自我表达 WVS6 $N=56$；* $p<0.05$，** $p<0.01$，*** $p<0.001$。

二、分析讨论

世界价值观调查从两个维度对文化进行了描述，分别是世俗理性与自我表达。对 2009—2015 年的国家创新能力与两次世界价值观调查的文化描述进行简单相关分析后发现，第四波调查的世俗理性与国家创新之间存在显著的正相关，第六波世俗理性与国家创新能力之间也存在这一相关关系，且正相关显著。这一结果在多数年份上表现稳定，能够保证结果的稳健性。第六波调查的自我表达维度与国家创新的部分指标之间存在显著的负相关关系，尤其是与艺术创新关系密切的创意产出和自我表达存在显著的正相关，结果在2011—2015年的数据分析中均有所体现，结果稳健。

控制经济因素后，世界价值调查的文化维度对国家创新产生显著的影响。第四波与第六波调查的世俗理性对国家创新能力产生显著的正向影响，这一结果在2009—2015年的数据分析中均有所体现。英格尔哈特认为理性合法即为现代性，也称为世俗理性，其主要含义是具有成就动机和决断力，对政治有兴趣，能够接受堕胎、离婚、安乐死，对宗教的重视程度较低，反对服从权威等。世俗理性描述的是较为现代性的文化特征，相比于传统权威，更偏重世俗理性的文化有利于国家创新能力的提升，是对假设H9a的验证。

自我表达对国家创新能力的影响主要体现在2009—2011年的数据分析中，第四波世界价值观调查的自我表达显著负向影响国家创新能力，但这一结果在2012—2015年的数据分析中出现较少，只对少数国家创新的分指标产生影响。第六波世界价值观调查的自我表达对创意产出表现出了显著的正向影响，控制经济因素的情况下仍然显著。自我表达是与生存价值相反的维度，生存价值观意味着注重人身与经济安全，对外来文化与其他种族较为排斥，不接受同性恋等，自我表达价值观特征与生存价值观相反，这一维度得分较高的国家其国民能体验到较高的幸福感与快乐，对同性恋的接受也较高。这一文化价值对创意产出的积极影响表明重视自我表达的文化对艺术创新有着积极推动作用。由于自我表达对国家创新的影响结果并不稳健，因此只是部分验证了假设H9b，后续对其应先机制需要进一步的研究与探讨。

第三节　GLOBE项目价值观维度与国家创新能力

一、研究方法与结果

（1）相关分析

对2009年国家创新指数与GLOBE文化维度（实践）进行简单相关分析

后发现，国家创新总指数与不确定规避显著正相关（$r=0.632$，$p<0.01$），与未来取向显著正相关（$r=0.627$，$p<0.01$），与权力距离显著负相关（$r=-0.393$，$p<0.01$），与制度集体主义显著正相关（$r=0.397$，$p<0.01$），与表现取向显著正相关（$r=0.422$，$p<0.01$），与内群体集体主义显著负相关（$r=-0.627$，$p<0.01$）；国家创新投入与不确定规避显著正相关（$r=0.656$，$p<0.01$），与未来取向显著正相关（$r=0.640$，$p<0.01$），与权力距离显著负相关（$r=-0.416$，$p<0.01$），与制度集体主义显著正相关（$r=0.407$，$p<0.01$），与表现取向显著正相关（$r=0.449$，$p<0.01$），与内群体集体主义显著负相关（$r=-0.662$，$p<0.01$）；国家创新产出与不确定规避显著正相关（$r=0.574$，$p<0.01$），与未来取向显著正相关（$r=0.580$，$p<0.01$），与权力距离显著负相关（$r=-0.346$，$p<0.01$），与制度集体主义显著正相关（$r=0.365$，$p<0.01$），与表现取向显著正相关（$r=0.369$，$p<0.01$），与内群体集体主义显著负相关（$r=-0.553$，$p<0.01$）。同时，国家创新指数三级指标制度、人力资本、基础设施、市场成熟、商业成熟、知识产出、竞争性产出以及财富产出八项指标与不确定规避显著正相关（$p<0.01$），与未来取向显著正相关（$p<0.01$），除竞争性产出外其余指标与制度集体主义显著正相关（$p<0.05$），除财富产出外其余指标与表现取向显著正相关（$p<0.01$）；八项三级指标除竞争性产出外与权力距离显著负相关（$p<0.05$），基础设施、竞争性产出与人文取向显著负相关（$p<0.05$），八项指标与内群体集体主义显著负相关（$p<0.01$）。对2009年国家创新指数与GLOBE文化维度（价值）进行简单相关分析后发现，国家创新总指数与不确定规避显著负相关（$r=-0.703$，$p<0.01$），与未来取向显著负相关（$r=-0.473$，$p<0.01$），与制度集体主义显著负相关（$r=-0.400$，$p<0.01$），与内群体集体主义显著负相关（$r=-0.379$，$p<0.01$）；国家创新投入与不确定规避显著负相关（$r=-0.723$，$p<0.01$），与未来取向显著负相关（$r=-0.476$，$p<0.01$），与制度集体主义显著正相关（$r=-0.400$，$p<0.01$），与内群体集体主义显著负相关（$r=-0.337$，$p<0.01$），与性别平等显著正相关（$r=0.273$，$p<0.05$）；国家创新产出与不确定规避显著负相关（$r=-0.647$，$p<0.01$），与未来取向显著负相关（$r=-0.448$，$p<$

0.01），与制度集体主义显著负相关（$r=-0.332$，$p<0.05$），与内群体集体主义显著负相关（$r=-0.415$，$p<0.01$）。同时，国家创新指数三级指标制度、人力资本、基础设施、市场成熟、商业成熟、知识产出、竞争性产出以及财富产出八项指标与不确定规避显著负相关（$p<0.01$），与未来取向显著负相关（$p<0.01$），与制度集体主义显著负相关（$p<0.05$），与内群体集体主义显著负相关（$p<0.01$）；基础设施、市场成熟、竞争性产出与性别平等显著正相关（$p<0.05$）。

对2010年国家创新指数与GLOBE文化维度（实践）进行简单相关分析后发现，国家创新总指数与不确定规避显著正相关（$r=0.663$，$p<0.01$），与未来取向显著正相关（$r=0.597$，$p<0.01$），与权力距离显著负相关（$r=-0.496$，$p<0.01$），与制度集体主义显著正相关（$r=0.408$，$p<0.01$），与表现取向显著正相关（$r=0.445$，$p<0.01$），与内群体集体主义显著负相关（$r=-0.696$，$p<0.01$）；国家创新投入与不确定规避显著正相关（$r=0.659$，$p<0.01$），与未来取向显著正相关（$r=0.609$，$p<0.01$），与权力距离显著负相关（$r=-0.480$，$p<0.01$），与制度集体主义显著正相关（$r=0.380$，$p<0.01$），与人文取向显著负相关（$r=0.267$，$p<0.05$），与表现取向显著正相关（$r=0.412$，$p<0.01$），与内群体集体主义显著负相关（$r=-0.715$，$p<0.01$）；国家创新产出与不确定规避显著正相关（$r=0.633$，$p<0.01$），与未来取向显著正相关（$r=0.555$，$p<0.01$），与权力距离显著负相关（$r=-0.487$，$p<0.01$），与制度集体主义显著正相关（$r=0.414$，$p<0.01$），与表现取向显著正相关（$r=0.457$，$p<0.01$），与内群体集体主义显著负相关（$r=-0.640$，$p<0.01$）。同时，国家创新指数三级指标制度、人力资本、基础设施、市场成熟度、商业成熟度、科技产出以及创意与幸福七项指标与不确定规避显著正相关（$p<0.01$），与未来取向显著正相关（$p<0.01$），与制度集体主义显著正相关（$p<0.05$），与表现取向显著正相关（$p<0.05$）；七项指标与权力距离显著负相关（$p<0.01$），基础设施与人文取向显著负相关（$p<0.01$），七项指标与内群体集体主义显著负相关（$p<0.01$）。

对2010年国家创新指数与GLOBE文化维度（价值）进行简单相关分析

后发现，国家创新总指数与不确定规避显著负相关（$r=-0.765$，$p<0.01$），与未来取向显著负相关（$r=-0.543$，$p<0.01$），与制度集体主义显著负相关（$r=-0.511$，$p<0.01$），与内群体集体主义显著负相关（$r=-0.373$，$p<0.01$），与性别平等显著正相关（$r=0.265$，$p<0.05$）；国家创新投入与不确定规避显著负相关（$r=-0.753$，$p<0.01$），与未来取向显著负相关（$r=-0.530$，$p<0.01$），与制度集体主义显著正相关（$r=-0.492$，$p<0.01$），与内群体集体主义显著负相关（$r=-0.332$，$p<0.05$），与性别平等显著正相关（$r=0.283$，$p<0.05$）；国家创新产出与不确定规避显著负相关（$r=-0.741$，$p<0.01$），与未来取向显著负相关（$r=-0.530$，$p<0.01$），与制度集体主义显著负相关（$r=-0.504$，$p<0.01$），与表现取向显著负相关（$r=-0.275$，$p<0.05$），与内群体集体主义显著负相关（$r=-0.398$，$p<0.01$）。同时，国家创新指数三级指标制度、人力资本、基础设施、市场成熟度、商业成熟度、科技产出以及创意与幸福七项指标与不确定规避显著负相关（$p<0.01$），与未来取向显著负相关（$p<0.01$），与制度集体主义显著负相关（$p<0.01$），商业成熟度与表现取向显著负相关（$p<0.05$），除市场程度外其余六项指标与内群体集体主义显著负相关（$p<0.05$）；人力资本、基础设施与性别平等显著正相关（$p<0.05$）。

对2011年国家创新指数与GLOBE文化维度（实践）进行简单相关分析后发现，国家创新总指数与不确定规避显著正相关（$r=0.591$，$p<0.01$），与未来取向显著正相关（$r=0.531$，$p<0.01$），与权力距离显著负相关（$r=-0.460$，$p<0.01$），与制度集体主义显著正相关（$r=0.357$，$p<0.01$），与人文取向显著负相关（$r=-0.261$，$p<0.05$），与表现取向显著正相关（$r=0.348$，$p<0.01$），与内群体集体主义显著负相关（$r=-0.645$，$p<0.01$）；国家创新投入与不确定规避显著正相关（$r=0.595$，$p<0.01$），与未来取向显著正相关（$r=0.540$，$p<0.01$），与权力距离显著负相关（$r=-0.471$，$p<0.01$），与制度集体主义显著正相关（$r=0.384$，$p<0.01$），与表现取向显著正相关（$r=0.369$，$p<0.01$），与内群体集体主义显著负相关（$r=-0.639$，$p<0.01$）；国家创新产出与不确定规避显著正相关（$r=0.542$，$p<0.01$），与

未来取向显著正相关（$r=0.478$，$p<0.01$），与权力距离显著负相关（$r=-0.471$，$p<0.01$），与制度集体主义显著正相关（$r=0.307$，$p<0.05$），与表现取向显著正相关（$r=0.293$，$p<0.05$），与内群体集体主义显著负相关（$r=-0.606$，$p<0.01$）。同时，国家创新指数三级指标制度、人力资本、基础设施、市场成熟度、商业成熟度、知识技术产出以及创意产出七项指标与不确定规避显著正相关（$p<0.01$），与未来取向显著正相关（$p<0.01$），除创意产除外其余六项指标与制度集体主义显著正相关（$p<0.05$），除人力资本和创意产出外其余五项指标与表现取向显著正相关（$p<0.05$）；七项指标与权力距离显著负相关（$p<0.05$），人力资本、基础设施、创意产出与人文取向显著负相关（$p<0.05$），七项指标与内群体集体主义显著负相关（$p<0.01$）。

对2011年国家创新指数与GLOBE文化维度（价值）进行简单相关分析后发现，国家创新总指数与不确定规避显著负相关（$r=-0.735$，$p<0.01$），与未来取向显著负相关（$r=-0.513$，$p<0.01$），与制度集体主义显著负相关（$r=-0.488$，$p<0.01$），与表现取向显著负相关（$r=-0.257$，$p<0.05$），与内群体集体主义显著负相关（$r=-0.368$，$p<0.01$），与性别平等显著正相关（$r=0.297$，$p<0.05$）；国家创新投入与不确定规避显著负相关（$r=-0.728$，$p<0.01$），与未来取向显著负相关（$r=-0.494$，$p<0.01$），与制度集体主义显著正相关（$r=-0.535$，$p<0.01$），与内群体集体主义显著负相关（$r=-0.336$，$p<0.01$），与性别平等显著正相关（$r=0.302$，$p<0.05$）；国家创新产出与不确定规避显著负相关（$r=-0.686$，$p<0.01$），与未来取向显著负相关（$r=-0.497$，$p<0.01$），与制度集体主义显著负相关（$r=-0.408$，$p<0.01$），与内群体集体主义显著负相关（$r=-0.372$，$p<0.01$），与性别平等显著正相关（$r=0.270$，$p<0.05$）。同时，国家创新指数三级指标制度、人力资本、基础设施、市场成熟度、商业成熟度、知识技术产出以及创意产出七项指标与不确定规避显著负相关（$p<0.01$），与未来取向显著负相关（$p<0.01$），除创意产出外其余六项指标与制度集体主义显著负相关（$p<0.01$），制度、知识技术产出与表现取向显著负相关（$p<0.05$），除基础设施外其余六项指标与内群体集体主义显著负相关（$p<0.05$）；除制度、市场成熟度、知识技术产出外其余四项指

标与性别平等显著正相关（$p<0.05$）。

对2012年国家创新指数与GLOBE文化维度（实践）进行简单相关分析后发现，国家创新总指数与不确定规避显著正相关（$r=0.614$，$p<0.01$），与未来取向显著正相关（$r=0.535$，$p<0.01$），与权力距离显著负相关（$r=-0.466$，$p<0.01$），与制度集体主义显著正相关（$r=0.357$，$p<0.01$），与人文取向显著负相关（$r=-0.285$，$p<0.05$），与表现取向显著正相关（$r=0.343$，$p<0.01$），与内群体集体主义显著负相关（$r=-0.670$，$p<0.01$）；国家创新投入与不确定规避显著正相关（$r=0.547$，$p<0.01$），与未来取向显著正相关（$r=0.499$，$p<0.01$），与权力距离显著负相关（$r=-0.488$，$p<0.01$），与制度集体主义显著正相关（$r=0.347$，$p<0.01$），与人文取向显著负相关（$r=-0.301$，$p<0.05$），与表现取向显著正相关（$r=0.323$，$p<0.05$），与内群体集体主义显著负相关（$r=-0.636$，$p<0.01$）；国家创新产出与不确定规避显著正相关（$r=0.655$，$p<0.01$），与未来取向显著正相关（$r=0.545$，$p<0.01$），与权力距离显著负相关（$r=-0.459$，$p<0.01$），与制度集体主义显著正相关（$r=0.346$，$p<0.01$），与表现取向显著正相关（$r=0.346$，$p<0.01$），与内群体集体主义显著负相关（$r=-0.670$，$p<0.01$）。同时，国家创新指数三级指标制度、人力资本、基础设施、市场成熟度、商业成熟度、知识技术产出以及创意产出七项指标与不确定规避显著正相关（$p<0.01$），与未来取向显著正相关（$p<0.01$），除创意产出外其余六项指标与制度集体主义显著正相关（$p<0.05$），市场成熟度、商业成熟度、知识技术产出与表现取向显著正相关（$p<0.05$）；七项指标与权力距离显著负相关（$p<0.01$），制度、人力资本、基础设施与人文取向显著负相关（$p<0.05$），七项指标与内群体集体主义显著负相关（$p<0.01$）。

对2012年国家创新指数与GLOBE文化维度（价值）进行简单相关分析后发现，国家创新总指数与不确定规避显著负相关（$r=-0.768$，$p<0.01$），与未来取向显著负相关（$r=-0.536$，$p<0.01$），与制度集体主义显著负相关（$r=-0.520$，$p<0.01$），与内群体集体主义显著负相关（$r=-0.360$，$p<0.01$），与性别平等显著正相关（$r=0.335$，$p<0.01$）；国家创新投入与不确

定规避显著负相关（$r=-0.715$，$p<0.01$），与未来取向显著负相关（$r=-0.475$，$p<0.01$），与制度集体主义显著正相关（$r=-0.521$，$p<0.01$），与内群体集体主义显著负相关（$r=-0.301$，$p<0.05$），与性别平等显著正相关（$r=0.326$，$p<0.05$）；国家创新产出与不确定规避显著负相关（$r=-0.785$，$p<0.01$），与未来取向显著负相关（$r=-0.573$，$p<0.01$），与制度集体主义显著负相关（$r=-0.521$，$p<0.01$），与内群体集体主义显著负相关（$r=-0.406$，$p<0.01$），与性别平等显著正相关（$r=0.327$，$p<0.05$）。同时，国家创新指数三级指标制度、人力资本、基础设施、市场成熟度、商业成熟度、知识技术产出以及创意产出七项指标与不确定规避显著负相关（$p<0.01$），与未来取向显著负相关（$p<0.01$），与制度集体主义显著负相关（$p<0.01$），基础设施、知识技术产出与表现取向显著负相关（$p<0.05$），除人力资本外其余六项指标与内群体集体主义显著负相关（$p<0.01$）；除商业成熟度、知识技术产出外其余五项指标与性别平等显著正相关（$p<0.05$）。

对2013年国家创新指数与GLOBE文化维度（实践）进行简单相关分析后发现，国家创新总指数与不确定规避显著正相关（$r=0.568$，$p<0.01$），与未来取向显著正相关（$r=0.513$，$p<0.01$），与权力距离显著负相关（$r=-0.454$，$p<0.01$），与制度集体主义显著正相关（$r=0.305$，$p<0.05$），与人文取向显著负相关（$r=-0.285$，$p<0.05$），与表现取向显著正相关（$r=0.344$，$p<0.01$），与内群体集体主义显著负相关（$r=-0.636$，$p<0.01$）；国家创新投入与不确定规避显著正相关（$r=0.525$，$p<0.01$），与未来取向显著正相关（$r=0.485$，$p<0.01$），与权力距离显著负相关（$r=-0.440$，$p<0.01$），与制度集体主义显著正相关（$r=0.328$，$p<0.05$），与人文取向显著负相关（$r=-0.312$，$p<0.05$），与表现取向显著正相关（$r=0.330$，$p<0.05$），与内群体集体主义显著负相关（$r=-0.616$，$p<0.01$）；国家创新产出与不确定规避显著正相关（$r=0.578$，$p<0.01$），与未来取向显著正相关（$r=0.509$，$p<0.01$），与权力距离显著负相关（$r=-0.437$，$p<0.01$），与表现取向显著正相关（$r=0.335$，$p<0.01$），与内群体集体主义显著负相关（$r=-0.614$，$p<0.01$）。同时，国家创新指数三级指标制度、人力资本、基础设

施、市场成熟度、商业成熟度、知识技术产出以及创意产出七项指标与不确定规避显著正相关（$p<0.01$），与未来取向显著正相关（$p<0.01$），除创意产出外其余六项指标与制度集体主义显著正相关（$p<0.05$），除人力资本、基础设施外其余五项指标与表现取向显著正相关（$p<0.05$）；七项分指标与权力距离显著负相关（$p<0.01$），除市场成熟度、知识技术产出外其余五项分指标与人文取向显著负相关（$p<0.05$），七项指标与内群体集体主义显著负相关（$p<0.01$）。

对2013年国家创新指数与GLOBE文化维度（价值）进行简单相关分析后发现，国家创新总指数与不确定规避显著负相关（$r=-0.761$，$p<0.01$），与未来取向显著负相关（$r=-0.523$，$p<0.01$），与制度集体主义显著负相关（$r=-0.466$，$p<0.01$），与内群体集体主义显著负相关（$r=-0.331$，$p<0.05$），与性别平等显著正相关（$r=0.379$，$p<0.01$）；国家创新投入与不确定规避显著负相关（$r=-0.705$，$p<0.01$），与未来取向显著负相关（$r=-0.488$，$p<0.01$），与制度集体主义显著正相关（$r=-0.510$，$p<0.01$），与内群体集体主义显著负相关（$r=-0.305$，$p<0.05$），与性别平等显著正相关（$r=0.354$，$p<0.01$）；国家创新产出与不确定规避显著负相关（$r=-0.773$，$p<0.01$），与未来取向显著负相关（$r=-0.528$，$p<0.01$），与制度集体主义显著负相关（$r=-0.374$，$p<0.01$），与内群体集体主义显著负相关（$r=-0.338$，$p<0.01$），与性别平等显著正相关（$r=0.381$，$p<0.01$）。同时，国家创新指数三级指标制度、人力资本、基础设施、市场成熟度、商业成熟度、知识技术产出以及创意产出七项指标与不确定规避显著负相关（$p<0.01$），与未来取向显著负相关（$p<0.01$），除创意产出外其余六项指标与制度集体主义显著负相关（$p<0.01$），人力资本、基础设施与表现取向显著负相关（$p<0.05$），除市场成熟度、创意产出外其余五项分指标与内群体集体主义显著负相关（$p<0.05$）；七项分指标与性别平等显著正相关（$p<0.05$）。

对2014年国家创新指数与GLOBE文化维度（实践）进行简单相关分析后发现，国家创新总指数与不确定规避显著正相关（$r=0.565$，$p<0.01$），与未来取向显著正相关（$r=0.507$，$p<0.01$），与权力距离显著负相关（$r=$

-0.442，$p<0.01$），与制度集体主义显著正相关（$r=0.329$，$p<0.05$），与人文取向显著负相关（$r=-0.298$，$p<0.05$），与表现取向显著正相关（$r=0.330$，$p<0.05$），与内群体集体主义显著负相关（$r=-0.638$，$p<0.01$）；国家创新投入与不确定规避显著正相关（$r=0.549$，$p<0.01$），与未来取向显著正相关（$r=0.513$，$p<0.01$），与权力距离显著负相关（$r=-0.443$，$p<0.01$），与制度集体主义显著正相关（$r=0.341$，$p<0.01$），与人文取向显著负相关（$r=-0.307$，$p<0.05$），与表现取向显著正相关（$r=0.347$，$p<0.01$），与内群体集体主义显著负相关（$r=-0.623$，$p<0.01$）；国家创新产出与不确定规避显著正相关（$r=0.553$，$p<0.01$），与未来取向显著正相关（$r=0.473$，$p<0.01$），与权力距离显著负相关（$r=-0.419$，$p<0.01$），与制度集体主义显著正相关（$r=0.297$，$p<0.05$），与人文取向显著负相关（$r=-0.271$，$p<0.05$），与表现取向显著正相关（$r=0.292$，$p<0.05$），与内群体集体主义显著负相关（$r=-0.621$，$p<0.01$）。同时，国家创新指数三级指标制度、人力资本、基础设施、市场成熟度、商业成熟度、知识技术产出以及创意产出七项指标与不确定规避显著正相关（$p<0.01$），与未来取向显著正相关（$p<0.01$），除创意产出外其余六项指标与制度集体主义显著正相关（$p<0.05$），除人力资本外其余六项指标与表现取向显著正相关（$p<0.05$）；七项分指标与权力距离显著负相关（$p<0.01$），除市场成熟度、商业成熟度、知识技术产出外其余四项分指标与人文取向显著负相关（$p<0.05$），七项分指标与内群体集体主义显著负相关（$p<0.01$）。

对2014年国家创新指数与GLOBE文化维度（价值）进行简单相关分析后发现，国家创新总指数与不确定规避显著负相关（$r=-0.740$，$p<0.01$），与未来取向显著负相关（$r=-0.535$，$p<0.01$），与制度集体主义显著负相关（$r=-0.499$，$p<0.01$），与表现取向显著负相关（$r=-0.284$，$p<0.05$），与内群体集体主义显著负相关（$r=-0.359$，$p<0.01$），与性别平等显著正相关（$r=0.350$，$p<0.01$）；国家创新投入与不确定规避显著负相关（$r=-0.711$，$p<0.01$），与未来取向显著负相关（$r=-0.491$，$p<0.01$），与制度集体主义显著正相关（$r=-0.510$，$p<0.01$），与内群体集体主义显著负相关（$r=-0.313$，

$p<0.05$),与性别平等显著正相关($r=0.345$,$p<0.01$);国家创新产出与不确定规避显著负相关($r=-0.733$,$p<0.01$),与未来取向显著负相关($r=-0.556$,$p<0.01$),与制度集体主义显著负相关($r=-0.460$,$p<0.01$),与表现取向显著负相关($r=-0.304$,$p<0.05$),与内群体集体主义显著负相关($r=-0.392$,$p<0.01$),与性别平等显著正相关($r=0.337$,$p<0.01$)。同时,国家创新指数三级指标制度、人力资本、基础设施、市场成熟度、商业成熟度、知识技术产出以及创意产出七项指标与不确定规避显著负相关($p<0.01$),与未来取向显著负相关($p<0.01$),与制度集体主义显著负相关($p<0.01$),人力资本、基础设施、知识技术产出与表现取向显著负相关($p<0.05$),除市场成熟度外其余六项分指标与内群体集体主义显著负相关($p<0.05$);除基础设施外其余六项分指标与性别平等显著正相关($p<0.05$)。

对2015年国家创新指数与GLOBE文化维度(实践)进行简单相关分析后发现,国家创新总指数与不确定规避显著正相关($r=0.563$,$p<0.01$),与未来取向显著正相关($r=0.503$,$p<0.01$),与权力距离显著负相关($r=-0.447$,$p<0.01$),与制度集体主义显著正相关($r=0.314$,$p<0.05$),与人文取向显著负相关($r=-0.300$,$p<0.05$),与表现取向显著正相关($r=0.350$,$p<0.01$),与内群体集体主义显著负相关($r=-0.632$,$p<0.01$);国家创新投入与不确定规避显著正相关($r=0.547$,$p<0.01$),与未来取向显著正相关($r=0.499$,$p<0.01$),与权力距离显著负相关($r=-0.440$,$p<0.01$),与制度集体主义显著正相关($r=0.324$,$p<0.05$),与人文取向显著负相关($r=-0.325$,$p<0.05$),与表现取向显著正相关($r=0.348$,$p<0.01$),与内群体集体主义显著负相关($r=-0.625$,$p<0.01$);国家创新产出与不确定规避显著正相关($r=0.558$,$p<0.01$),与未来取向显著正相关($r=0.488$,$p<0.01$),与权力距离显著负相关($r=-0.436$,$p<0.01$),与制度集体主义显著正相关($r=0.292$,$p<0.05$),与人文取向显著负相关($r=-0.264$,$p<0.05$),与表现取向显著正相关($r=0.338$,$p<0.01$),与内群体集体主义显著负相关($r=-0.613$,$p<0.01$)。同时,国家创新指数三级指标制度、人力资本、基础设施、市场成熟度、商业成熟度、知识技术产出以及

创意产出七项指标与不确定规避显著正相关（$p<0.01$），与未来取向显著正相关（$p<0.01$），除创意产出外其余六项指标与制度集体主义显著正相关（$p<0.05$），除人力资本外其余六项指标与表现取向显著正相关（$p<0.05$）；七项分指标与权力距离显著负相关（$p<0.01$），除市场成熟度、知识技术产出外其余五项分指标与人文取向显著负相关（$p<0.05$），七项指标与内群体集体主义显著负相关（$p<0.01$），制度与性别平等显著正相关（$p<0.05$）。

对2015年国家创新指数与GLOBE文化维度（价值）进行简单相关分析后发现，国家创新总指数与不确定规避显著负相关（$r=-0.741$，$p<0.01$），与未来取向显著负相关（$r=-0.547$，$p<0.01$），与制度集体主义显著负相关（$r=-0.486$，$p<0.01$），与表现取向显著负相关（$r=-0.291$，$p<0.05$），与内群体集体主义显著负相关（$r=-0.355$，$p<0.01$），与性别平等显著正相关（$r=0.354$，$p<0.01$）；国家创新投入与不确定规避显著负相关（$r=-0.716$，$p<0.01$），与未来取向显著负相关（$r=-0.515$，$p<0.01$），与制度集体主义显著正相关（$r=-0.504$，$p<0.01$），与表现取向显著负相关（$r=-0.265$，$p<0.05$），与内群体集体主义显著负相关（$r=-0.322$，$p<0.05$），与性别平等显著正相关（$r=0.351$，$p<0.01$）；国家创新产出与不确定规避显著负相关（$r=-0.736$，$p<0.01$），与未来取向显著负相关（$r=-0.558$，$p<0.01$），与制度集体主义显著负相关（$r=-0.450$，$p<0.01$），与表现取向显著负相关（$r=-0.305$，$p<0.05$），与内群体集体主义显著负相关（$r=-0.375$，$p<0.01$），与性别平等显著正相关（$r=0.343$，$p<0.01$）。同时，国家创新指数三级指标制度、人力资本、基础设施、市场成熟度、商业成熟度、知识技术产出以及创意产出七项指标与不确定规避显著负相关（$p<0.01$），与未来取向显著负相关（$p<0.01$），与制度集体主义显著负相关（$p<0.01$），人力资本、基础设施、知识技术产出与表现取向显著负相关（$p<0.05$），除市场成熟度外其余六项分指标与内群体集体主义显著负相关（$p<0.05$）；除基础设施外其余六项分指标与性别平等显著正相关（$p<0.05$）。

（2）回归分析

GLOBE文化维度作为自变量，国家创新能力作为因变量，在控制2009年人均GDP的情况下，自信（价值）显著正向影响国家创新总指数（$t=2.426$，$p<0.05$），显著正向影响国家创新产出（$t=2.827$，$p<0.01$）；制度集体主义（实践）显著正向影响国家创新总指数（$t=3.406$，$p<0.01$），显著正向影响国家创新投入（$t=3.489$，$p<0.01$），显著正向影响国家创新产出（$t=2.851$，$p<0.01$）；制度集体主义（价值）显著负向影响国家创新总指数（$t=-2.864$，$p<0.01$），显著负向影响国家创新投入（$t=-3.421$，$p<0.01$）；内群体集体主义（实践）显著负向影响国家创新总指数（$t=-3.124$，$p<0.01$），显著负向影响国家创新投入（$t=-3.835$，$p<0.001$）；内群体集体主义（价值）显著负向影响国家创新产出（$t=-2.259$，$p<0.05$）；未来取向（实践）显著正向影响国家创新总指数（$t=6.872$，$p<0.001$），显著正向影响国家创新投入（$t=6.999$，$p<0.001$），显著正向影响国家创新产出（$t=5.426$，$p<0.001$）；性别平等（实践）显著负向影响国家创新总指数（$t=-2.109$，$p<0.05$），显著负向影响国家创新产出（$t=-2.513$，$p<0.05$）；表现取向（实践）显著正向影响国家创新总指数（$t=5.035$，$p<0.001$），显著正向影响国家创新投入（$t=5.409$，$p<0.001$），显著正向影响国家创新产出（$t=3.968$，$p<0.001$）；不确定规避（实践）显著正向影响国家创新总指数（$t=5.363$，$p<0.001$），显著正向影响国家创新投入（$t=5.812$，$p<0.001$），显著正向影响国家创新产出（$t=4.047$，$p<0.001$）；不确定规避（价值）显著负向影响国家创新总指数（$t=-4.648$，$p<0.001$），显著负向影响国家创新投入（$t=-5.127$，$p<0.001$），显著负向影响国家创新产出（$t=-3.443$，$p<0.01$）；GLOBE文化维度对国家创新三级指标存在显著影响，具体结果如表7-15所示。

表7-15 GLOBE文化维度与国家创新能力关系的回归分析（2009年）

因变量	文化维度	GDP2009		自变量		调整后R^2	F
		β	t	β	t		
创新指数	自信V	1.865	10.289***	0.268	2.426*	0.650	52.971
	制度集体主义P	1.673	9.734***	0.530	3.406**	0.680	60.609
	制度集体主义V	1.639	9.092***	-0.405	-2.864**	0.663	56.063
	内群体集体主义P	1.405	6.744***	-0.333	-3.124**	0.671	58.144
	未来取向P	1.439	10.486***	0.827	6.872***	0.793	108.170

续表

因变量	文化维度	GDP2009 β	GDP2009 t	自变量 β	自变量 t	调整后 R^2	F
创新指数	性别平等 P	1.848	10.104***	-0.401	-2.109*	0.641	51.053
	表现取向 P	1.709	11.058***	0.752	5.035***	0.736	78.968
	不确定规避 P	1.444	8.872***	0.575	5.363***	0.747	83.524
	不确定规避 V	1.222	6.192***	-0.589	-4.648***	0.723	73.959
创新投入	制度集体主义 P	1.860	9.188***	0.640	3.489**	0.660	55.390
	制度集体主义 V	1.796	8.658***	-0.557	-3.421**	0.658	54.804
	内群体集体主义 P	1.466	6.175***	-0.466	-3.835***	0.673	58.546
	未来取向 P	1.646	9.859***	0.988	6.999***	0.782	101.232
	表现取向 P	1.901	10.653***	0.933	5.409***	0.730	76.662
	不确定规避 P	1.571	8.404***	0.715	5.812***	0.744	82.286
	不确定规避 V	1.283	5.663***	-0.746	-5.127***	0.720	72.961
创新产出	自信 V	1.661	10.128***	0.282	2.827**	0.644	51.563
	制度集体主义 P	1.485	9.134***	0.420	2.851**	0.644	51.739
	内群体集体主义 V	1.447	8.397***	-0.375	-2.259*	0.626	47.906
	未来取向 P	1.340	9.283***	0.662	5.426***	0.735	78.757
	性别平等 P	1.645	9.926***	-0.433	-2.513*	0.634	49.443
	表现取向 P	1.516	9.930***	0.570	3.968***	0.679	60.360
	不确定规避 P	1.317	8.102***	0.433	4.047***	0.686	62.195
	不确定规避 V	1.162	5.968***	-0.431	-3.443**	0.665	56.465
制度	制度集体主义 P	1.758	7.498***	0.718	3.381**	0.578	39.301
	制度集体主义 V	1.677	7.043***	-0.650	-3.479	0.582	39.982
	内群体集体主义 P	1.272	4.716***	-0.563	-4.072***	0.609	44.525
	未来取向 P	1.506	7.865***	1.143	7.059***	0.734	78.219
	表现取向 P	1.810	8.415***	0.975	4.690***	0.636	50.014
	不确定规避 P	1.367	6.902***	0.919	7.050***	0.734	78.084
	不确定规避 V	1.054	4.132***	-0.898	-5.483***	0.671	58.187
人力资本	制度集体主义 P	1.318	7.868***	0.585	3.857***	0.610	44.885
	制度集体主义 V	1.294	7.190***	-0.405	-2.867**	0.569	37.932
	内群体集体主义 P	1.114	5.230***	-0.285	-2.607*	0.559	36.447
	未来取向 P	1.187	7.540***	0.711	5.338***	0.675	59.096

第七章 文化环境与国家创新力

续表

因变量	文化维度	GDP2009		自变量		调整后 R^2	F
		β	t	β	t		
人力资本	表现取向 P	1.368	8.622***	0.703	4.586***	0.642	51.308
	不确定规避 P	1.152	6.593***	0.483	4.201***	0.626	47.777
	不确定规避 V	0.975	4.658***	-0.484	-3.602**	0.599	42.894
基础设施	制度集体主义 V	2.433	10.459***	-0.525	-2.873**	0.716	71.551
	内群体集体主义 P	2.119	7.915***	-0.443	-3.231**	0.726	75.008
	未来取向 P	2.318	10.994***	0.855	4.794***	0.770	94.863
	未来取向 V	2.367	9.275***	-0.422	-2.218*	0.700	66.270
	性别平等 V	2.494	10.679***	0.457	2.448*	0.705	67.969
	表现取向 P	2.541	11.787***	0.780	3.745***	0.740	80.680
	不确定规避 P	2.262	9.904***	0.604	4.020***	0.748	84.061
	不确定规避 V	1.894	7.438***	-0.763	-4.667***	0.767	92.955
市场成熟	自信 V	2.013	7.606***	0.392	2.434*	0.503	29.302
	制度集体主义 P	1.757	6.778***	0.644	2.743**	0.516	30.809
	制度集体主义 V	1.678	6.395***	-0.604	-2.936**	0.524	31.836
	内群体集体主义 P	1.321	4.371***	-0.505	-3.263**	0.539	33.741
	未来取向 P	1.521	6.655***	1.055	5.456***	0.644	51.706
	表现取向 P	1.787	7.824***	1.070	4.847***	0.615	45.808
	不确定规避 P	1.457	5.784***	0.737	4.444***	0.596	42.296
	不确定规避 V	1.234	4.003***	-0.690	-3.484**	0.549	35.141
商业成熟	制度集体主义 P	1.950	8.279***	0.830	3.893***	0.630	48.774
	制度集体主义 V	1.906	7.587***	-0.602	-3.053**	0.596	42.387
	内群体集体主义 P	1.516	5.319***	-0.535	-3.664***	0.621	46.880
	未来取向 P	1.706	8.635***	1.182	7.073***	0.754	86.981
	表现取向 P	2.009	9.587***	1.134	5.600***	0.701	66.537
	不确定规避 P	1.630	7.235***	0.832	5.613***	0.701	66.697
	不确定规避 V	1.271	4.734***	-0.893	-5.175***	0.684	61.514
知识产出	自信 V	1.871	7.590***	0.346	2.308*	0.501	29.081
	制度集体主义 P	1.631	6.870***	0.647	3.009**	0.530	32.607
	内群体集体主义 V	1.565	6.229***	-0.599	-2.475*	0.507	29.837
	未来取向 P	1.415	6.750***	0.996	5.619***	0.654	53.896

续表

因变量	文化维度	GDP2009		自变量		调整后 R^2	F
		β	t	β	t		
知识产出	性别平等 P	1.868	7.639***	-0.619	-2.434*	0.506	29.648
	表现取向 P	1.679	7.534***	0.859	3.990***	0.576	39.092
	不确定规避 P	1.387	5.810***	0.639	4.064***	0.580	39.658
	不确定规避 V	1.112	3.960***	-0.685	-3.794***	0.567	37.653
竞争性产出	内群体集体主义 P	1.025	3.169**	-0.377	-2.277*	0.366	17.199
	未来取向 P	1.150	4.481***	0.857	3.948***	0.461	24.967
	表现取向 P	1.369	5.397***	0.844	3.444**	0.431	22.181
	不确定规避 P	1.092	3.989***	0.610	3.388**	0.427	21.896
	不确定规避 V	0.816	2.557*	-0.668	-3.257**	0.420	21.247
财富产出	自信 V	1.549	13.013***	0.166	2.286*	0.749	84.763
	制度集体主义 P	1.432	12.549***	0.318	3.079**	0.766	92.795
	性别平等 V	1.574	14.116***	-0.325	-3.646***	0.779	99.983
	人文取向 P	1.629	13.875***	0.334	3.433**	0.774	97.146

注：GLOBE 文化维度 N=58；P（实践），V（价值）；*p<0.05，**p<0.01，***p<0.001。

GLOBE 文化维度作为自变量，国家创新能力作为因变量，在控制 2010 年人均 GDP 的情况下，自信（价值）显著正向影响国家创新总指数（$t=2.635$，$p<0.05$），显著正向影响国家创新产出（$t=2.942$，$p<0.01$）；制度集体主义（实践）显著正向影响国家创新总指数（$t=3.583$，$p<0.01$），显著正向影响国家创新投入（$t=2.937$，$p<0.01$），显著正向影响国家创新产出（$t=3.726$，$p<0.001$）；制度集体主义（价值）显著负向影响国家创新总指数（$t=-4.732$，$p<0.001$），显著负向影响国家创新投入（$t=-4.404$，$p<0.001$），显著负向影响国家创新产出（$t=-4.259$，$p<0.001$）；内群体集体主义（实践）显著负向影响国家创新总指数（$t=-4.473$，$p<0.001$），显著负向影响国家创新投入（$t=-5.245$，$p<0.001$），显著负向影响国家创新产出（$t=-3.113$，$p<0.01$）；内群体集体主义（价值）显著负向影响国家创新产出（$t=-2.072$，$p<0.05$）；未来取向（实践）显著正向影响国家创新总指数（$t=6.005$，$p<0.001$），显著正向影响国家创新投入（$t=6.074$，$p<0.001$），显著正向影响

国家创新产出（$t=4.839$，$p<0.001$）；未来取向（价值）显著负向影响国家创新总指数（$t=-2.942$，$p<0.01$），显著负向影响国家创新投入（$t=-2.718$，$p<0.001$），显著负向影响国家创新产出（$t=-2.783$，$p<0.01$）；表现取向（实践）显著正向影响国家创新总指数（$t=5.845$，$p<0.001$），显著正向影响国家创新投入（$t=4.576$，$p<0.001$），显著正向影响国家创新产出（$t=6.216$，$p<0.001$）；权力距离（实践）显著负向影响国家创新总指数（$t=-2.381$，$p<0.05$），显著负向影响国家创新投入（$t=-2.228$，$p<0.05$），显著负向影响国家创新产出（$t=-2.224$，$p<0.05$）；不确定规避（实践）显著正向影响国家创新总指数（$t=6.214$，$p<0.001$），显著正向影响国家创新投入（$t=5.911$，$p<0.001$），显著正向影响国家创新产出（$t=5.324$，$p<0.001$）；不确定规避（价值）显著负向影响国家创新总指数（$t=-6.099$，$p<0.001$），显著负向影响国家创新投入（$t=-6.185$，$p<0.001$），显著负向影响国家创新产出（$t=-4.907$，$p<0.001$）；GLOBE 文化维度对国家创新三级指标存在显著影响，具体结果如表 7-16 所示。

表 7-16 GLOBE 文化维度与国家创新能力关系的回归分析（2010 年）

因变量	文化维度	GDP2010 β	GDP2010 t	自变量 β	自变量 t	调整后 R^2	F
创新指数	自信 V	1.699	11.017***	0.244	2.635*	0.681	60.785
	制度集体主义 P	1.520	10.351***	0.470	3.583**	0.709	69.279
	制度集体主义 V	1.440	10.272***	−0.513	−4.732***	0.746	83.034
	内群体集体主义 P	1.203	7.266***	−0.374	−4.473***	0.737	76.609
	未来取向 P	1.385	10.634***	0.653	6.005***	0.784	102.721
	未来取向 V	1.413	8.588***	−0.356	−2.942**	0.690	63.248
	表现取向 P	1.550	12.282***	0.703	5.845***	0.780	99.987
	权力距离 P	1.454	8.679***	−0.347	−2.381*	0.674	58.950
	不确定规避 P	1.301	9.796***	0.536	6.214***	0.790	106.402
	不确定规避 V	1.048	6.768***	−0.598	−6.099***	0.787	104.366
创新投入	制度集体主义 P	1.577	9.348***	0.443	2.937**	0.659	55.004
	制度集体主义 V	1.481	9.314***	−0.524	−4.404***	0.709	69.106
	内群体集体主义 P	1.154	6.576***	−0.465	−5.245***	0.738	79.734

影响国家创新能力的宏观社会生态因素

续表

因变量	文化维度	GDP2010		自变量		调整后 R^2	F
		β	t	β	t		
创新投入	未来取向 P	1.408	9.769***	0.731	6.074***	0.765	92.030
	未来取向 V	1.456	7.880***	-0.370	-2.718**	0.652	53.388
	表现取向 P	1.605	10.545***	0.664	4.576***	0.715	71.128
	权力距离 P	1.498	7.991***	-0.363	-2.228*	0.637	50.213
	不确定规避 P	1.327	8.806***	0.578	5.911***	0.760	89.471
	不确定规避 V	1.030	6.017***	-0.671	-6.185***	0.768	93.800
创新产出	自信 V	1.662	10.737***	0.273	2.942**	0.671	57.980
	制度集体主义 P	1.469	9.903***	0.494	3.726***	0.696	65.077
	制度集体主义 V	1.403	9.560***	-0.484	-4.259***	0.714	70.842
	内群体集体主义 P	1.255	6.906***	-0.286	-3.113**	0.676	59.386
	内群体集体主义 V	1.467	8.881***	-0.325	-2.072*	0.646	52.064
	未来取向 P	1.365	9.550***	0.577	4.839***	0.733	78.009
	未来取向 V	1.373	8.137***	-0.345	-2.783**	0.666	56.748
	表现取向 P	1.500	11.968***	0.742	6.216***	0.777	98.648
	权力距离 P	1.415	8.245***	-0.332	-2.224*	0.650	52.951
	不确定规避 P	1.278	8.917***	0.495	5.324***	0.749	84.685
	不确定规避 V	1.067	6.264***	-0.530	-4.907***	0.736	78.897
制度	制度集体主义 P	1.743	7.907***	0.447	2.272*	0.573	38.508
	制度集体主义 V	1.626	7.742***	-0.605	-3.724***	0.627	48.150
	内群体集体主义 P	1.247	5.343***	-0.532	-4.510***	0.660	55.308
	未来取向 P	1.557	7.766***	0.781	4.666***	0.666	56.897
	未来取向 V	1.623	6.742***	-0.370	-2.091*	0.567	37.634
	表现取向 P	1.762	8.818***	0.765	4.015***	0.639	50.641
	权力距离 P	1.600	6.777***	-0.499	-2.428*	0.578	39.320
	不确定规避 P	1.414	7.255***	0.713	5.633***	0.705	67.931
	不确定规避 V	1.136	4.807***	-0.735	-4.911***	0.676	59.497
人力资本	自信 P	1.371	7.204***	-0.406	-2.034*	0.492	28.145
	制度集体主义 P	1.261	6.889***	0.544	3.327**	0.546	34.716
	制度集体主义 V	1.162	6.650***	-0.609	-4.504***	0.603	43.458
	内群体集体主义 P	0.806	4.146***	-0.512	-5.217***	0.637	50.036

续表

因变量	文化维度	GDP2010		自变量		调整后 R^2	F
		β	t	β	t		
人力资本	未来取向 P	1.155	6.381***	0.614	4.067***	0.582	39.910
	未来取向 V	1.123	5.546***	−0.437	−2.933	0.528	32.380
	表现取向 P	1.335	7.042***	0.408	2.260*	0.501	29.064
	权力距离 P	1.156	5.662***	−0.461	−2.594*	0.514	30.602
	不确定规避 P	1.073	5.788***	0.508	4.223***	0.589	41.135
	不确定规避 V	0.674	3.537**	−0.735	−6.092***	0.676	59.419
基础设施	制度集体主义 V	2.162	12.055***	−0.474	−3.413**	0.773	96.543
	内群体集体主义 P	1.819	9.371***	−0.457	−4.661***	0.804	115.520
	未来取向 P	2.097	12.353***	0.643	4.537***	0.801	113.372
	未来取向 V	2.101	10.647***	−0.391	−2.694**	0.757	88.288
	性别平等 V	2.220	12.373***	0.430	3.037**	0.765	91.988
	表现取向 P	2.272	13.082***	0.561	3.387**	0.773	96.211
	不确定规避 P	2.026	11.468***	0.508	4.426***	0.798	111.489
	不确定规避 V	1.643	9.015***	−0.718	−6.219***	0.839	147.409
市场成熟度	自信 V	1.297	6.112***	0.305	2.396*	0.397	19.398
	制度集体主义 P	1.093	5.216***	0.491	2.623*	0.408	20.285
	制度集体主义 V	0.996	4.895***	−0.572	−3.631**	0.463	25.177
	内群体集体主义 P	0.765	3.155**	−0.388	−3.168**	0.437	22.733
	未来取向 P	0.925	4.793***	0.757	4.701***	0.526	32.107
	表现取向 P	1.110	6.160***	0.879	5.117***	0.550	35.274
	不确定规避 P	0.874	4.207***	0.543	4.026***	0.486	27.527
	不确定规避 V	0.737	2.904**	−0.481	−2.989**	0.427	21.879
商业成熟度	自信 V	1.694	8.355***	0.267	2.193*	0.549	35.048
	制度集体主义 P	1.505	7.608***	0.482	2.728**	0.568	37.824
	制度集体主义 V	1.449	7.236***	−0.448	−2.892**	0.574	38.801
	内群体集体主义 P	1.123	5.076***	−0.435	−3.893***	0.616	45.968
	未来取向 P	1.297	7.839***	0.863	6.249***	0.715	71.173
	未来取向 V	1.346	6.314***	−0.45.	−2.872**	0.574	38.680
	表现取向 P	1.536	8.464***	0.715	4.134***	0.627	48.005
	不确定规避 P	1.236	6.767***	0.623	5.251***	0.675	59.066
	不确定规避 V	0.953	4.448***	−0.685	−5.047***	0.666	56.853

续表

因变量	文化维度	GDP2010 β	GDP2010 t	自变量 β	自变量 t	调整后 R^2	F
科技产出	自信 V	1.516	8.502***	0.278	2.598*	0.560	36.568
	制度集体主义 P	1.287	8.063***	0.661	4.635***	0.645	51.983
	制度集体主义 V	1.225	7.465***	-0.572	-4.499***	0.640	50.687
	内群体集体主义 P	1.018	5.066***	-0.366	-3.607**	0.601	43.119
	未来取向 P	1.190	7.338***	0.655	4.841***	0.654	54.026
	未来取向 V	1.206	6.272***	-0.379	-2.682*	0.563	37.031
	表现取向 P	1.348	9.070***	0.785	5.545***	0.684	61.676
	权力距离 P	1.248	6.407***	-0.371	-2.191	0.545	34.529
	不确定规避 P	1.102	6.667***	0.544	5.068***	0.664	56.383
	不确定规避 V	0.890	4.478***	-0.561	-4.454***	0.638	50.261
创意与幸福	自信 V	1.805	10.021***	0.268	2.482*	0.638	50.332
	制度集体主义 V	1.579	8.742***	-0.394	-2.818**	0.648	52.621
	内群体集体主义 V	1.585	8.487***	-0.409	-2.305*	0.633	49.245
	未来取向 P	1.539	8.663***	0.496	3.347**	0.666	56.812
	未来取向 V	1.539	7.786***	-0.308	-2.121*	0.628	48.198
	表现取向 P	1.649	10.412***	0.699	4.630***	0.711	69.968
	不确定规避 P	1.452	8.117***	0.445	3.836***	0.683	61.326
	不确定规避 V	1.247	5.988***	-0.493	-3.738***	0.680	60.375

注：GLOBE 文化维度 $N=58$；P（实践），V（价值）；*$p<0.05$，**$p<0.01$，***$p<0.001$。

GLOBE 文化维度作为自变量，国家创新能力作为因变量，在控制2011年人均 GDP 的情况下，自信（价值）显著正向影响国家创新投入（$t=2.099$，$p<0.05$）；制度集体主义（实践）显著正向影响国家创新总指数（$t=2.763$，$p<0.01$），显著正向影响国家创新投入（$t=3.219$，$p<0.01$）；制度集体主义（价值）显著负向影响国家创新总指数（$t=-4.244$，$p<0.001$），显著负向影响国家创新投入（$t=-5.292$，$p<0.001$），显著负向影响国家创新产出（$t=-2.684$，$p<0.05$）；内群体集体主义（实践）显著负向影响国家创新总指数（$t=-3.952$，$p<0.001$），显著负向影响国家创新投入（$t=-3.827$，$p<0.001$），显著负向影响国家创新产出（$t=-3.262$，$p<0.01$）；未来取向（实

践）显著正向影响国家创新总指数（$t=4.877$，$p<0.001$），显著正向影响国家创新投入（$t=5.129$，$p<0.001$），显著正向影响国家创新产出（$t=3.569$，$p<0.01$）；未来取向（价值）显著负向影响国家创新总指数（$t=-2.910$，$p<0.01$），显著负向影响国家创新投入（$t=-2.597$，$p<0.05$），显著负向影响国家创新产出（$t=-2.655$，$p<0.05$）；性别平等（价值）显著正向影响国家创新总指数（$t=2.060$，$p<0.05$），显著正向影响国家创新投入（$t=2.142$，$p<0.05$）；表现取向（实践）显著正向影响国家创新总指数（$t=4.049$，$p<0.001$），显著正向影响国家创新投入（$t=4.495$，$p<0.001$），显著正向影响国家创新产出（$t=2.792$，$p<0.01$）；权力距离（实践）显著负向影响国家创新总指数（$t=-2.034$，$p<0.05$），显著负向影响国家创新投入（$t=-2.207$，$p<0.05$）；不确定规避（实践）显著正向影响国家创新总指数（$t=5.060$，$p<0.001$），显著正向影响国家创新投入（$t=5.177$，$p<0.001$），显著正向影响国家创新产出（$t=3.798$，$p<0.001$）；不确定规避（价值）显著负向影响国家创新总指数（$t=-5.264$，$p<0.001$），显著负向影响国家创新投入（$t=-5.097$，$p<0.001$），显著负向影响国家创新产出（$t=-4.140$，$p<0.001$）；GLOBE文化维度对国家创新三级指标存在显著影响，具体结果如表7-17所示。

表7-17 GLOBE文化维度与国家创新能力关系的回归分析（2011年）

因变量	文化维度	GDP2011		自变量		调整后R^2	F
		β	t	β	t		
创新指数	制度集体主义P	23.459	10.090***	5.714	2.763**	0.679	62.396
	制度集体主义V	22.325	10.203***	-6.993	-4.244***	0.724	77.131
	内群体集体主义P	19.733	7.924***	-4.810	-3.952***	0.715	73.731
	未来取向P	21.888	10.337***	8.557	4.877***	0.744	85.328
	未来取向V	21.892	8.888***	-5.187	-2.910**	0.683	63.579
	性别平等V	23.827	10.001***	3.796	2.060*	0.661	57.578
	表现取向P	23.973	11.168***	8.173	4.049***	0.718	74.836
	权力距离P	22.651	8.871***	-4.492	-2.034*	0.661	57.423
	不确定规避P	20.915	9.733***	6.910	5.060***	0.750	87.915
	不确定规避V	17.585	7.313***	-7.818	-5.264***	0.756	90.902

影响国家创新能力的宏观社会生态因素

续表

因变量	文化维度	GDP2011 β	GDP2011 t	自变量 β	自变量 t	调整后 R^2	F
创新投入	自信 V	27.847	10.874***	3.145	2.099*	0.667	59.127
	制度集体主义 P	25.302	10.355***	6.994	3.219**	0.697	67.717
	制度集体主义 V	23.838	10.815***	-8.784	-5.292***	0.761	93.170
	内群体集体主义 P	21.624	8.036***	-5.032	-3.827***	0.715	73.894
	未来取向 P	23.696	10.592***	9.510	5.129***	0.756	90.721
	未来取向 V	24.095	8.993***	-5.035	-2.597*	0.680	62.500
	性别平等 V	25.850	10.139***	4.223	2.142*	0.668	59.393
	表现取向 P	25.977	11.570***	9.491	4.495***	0.736	81.917
	权力距离 P	24.449	8.977***	-5.200	-2.207*	0.670	59.800
	不确定规避 P	22.695	9.913***	7.532	5.177***	0.757	91.427
	不确定规避 V	19.350	7.420***	-8.209	-5.097***	0.755	90.243
创新产出	制度集体主义 V	20.624	7.966***	-5.233	-2.684*	0.595	43.628
	内群体集体主义 P	17.755	6.289***	-4.500	-3.262**	0.616	47.525
	未来取向 P	19.978	8.009***	7.378	3.569***	0.628	49.905
	未来取向 V	19.570	7.186***	-5.232	-2.655*	0.594	43.452
	表现取向 P	21.818	8.726***	6.565	2.792**	0.599	44.300
	不确定规避 P	19.057	7.535***	6.106	3.798***	0.637	51.817
	不确定规避 V	15.856	5.637***	-7.192	-4.140***	0.650	54.888
制度	制度集体主义 P	34.683	8.855***	7.081	2.033*	0.610	46.454
	制度集体主义 V	32.087	9.150***	-12.181	-4.612***	0.697	67.678
	内群体集体主义 P	29.183	6.917***	-6.816	-3.306**	0.650	54.871
	未来取向 P	33.366	8.567***	8.687	2.691**	0.630	50.306
	未来取向 V	32.792	7.870***	-6.334	-2.101*	0.612	46.801
	表现取向 P	35.348	9.438***	9.821	2.788**	0.633	50.964
	权力距离 P	32.484	7.839***	-8.198	-2.287*	0.617	47.814
	不确定规避 P	31.611	8.185***	8.416	3.429**	0.654	55.893
	不确定规避 V	27.525	6.331***	-9.556	-3.558**	0.659	57.013
人力资本	制度集体主义 P	25.470	8.804***	5.224	2.030*	0.608	45.961
	制度集体主义 V	24.107	8.773***	-7.358	-3.556**	0.657	56.444
	内群体集体主义 P	22.149	6.932***	-4.315	-2.763**	0.630	50.281

续表

因变量	文化维度	GDP2011 β	t	自变量 β	t	调整后 R^2	F
人力资本	未来取向 P	24.713	8.486***	5.755	2.384*	0.618	47.882
	未来取向 V	23.883	7.809***	-5.029	-2.272*	0.615	47.240
	不确定规避 P	23.762	8.078***	5.189	2.776**	0.630	50.368
	不确定规避 V	20.159	6.283***	-7.083	-3.574**	0.657	56.604
基础设施	制度集体主义 P	19.309	8.799***	4.199	2.152*	0.610	46.387
	制度集体主义 V	18.817	8.559***	-4.133	-2.497*	0.620	48.355
	内群体集体主义 P	17.096	6.952***	-3.026	-2.518*	0.621	48.487
	未来取向 P	18.398	8.559***	5.549	3.115**	0.640	52.610
	性别平等 V	19.011	9.113***	5.276	3.271**	0.646	53.832
	表现取向 P	19.619	9.655***	6.773	3.544**	0.655	56.120
	不确定规避 P	17.824	8.081***	4.375	3.121**	0.640	52.659
	不确定规避 V	15.061	6.237***	-5.670	-3.801***	0.664	58.436
市场成熟度	自信 V	26.314	6.618***	5.704	2.452*	0.427	22.625
	制度集体主义 P	22.110	5.731***	10.783	3.143**	0.461	25.782
	制度集体主义 V	20.602	5.508***	-11.334	-4.024***	0.508	30.934
	内群体集体主义 P	19.494	4.265***	-4.798	-2.148*	0.414	21.485
	未来取向 P	19.458	5.571***	15.200	5.251***	0.575	40.230
	表现取向 P	22.851	7.081***	18.033	5.942***	0.611	46.547
	不确定规避 P	18.377	4.957***	11.089	4.706***	0.545	35.802
	不确定规避 V	16.244	3.559**	-9.017	-3.195**	0.464	26.070
商业成熟度	制度集体主义 P	24.925	7.246***	7.709	2.520*	0.534	34.213
	制度集体主义 V	23.565	7.087***	-8.935	-3.568**	0.577	40.578
	内群体集体主义 P	20.182	5.370***	-6.215	-3.384**	0.569	39.300
	未来取向 P	22.537	7.228***	12.368	4.787***	0.632	50.737
	未来取向 V	23.029	6.269***	-6.595	-2.481*	0.532	34.016
	性别平等 V	25.202	7.278***	6.084	2.272*	0.525	33.027
	表现取向 P	25.798	7.730***	9.004	2.869**	0.547	36.087
	权力距离 P	23.568	6.308***	-6.647	-2.057*	0.517	32.095
	不确定规避 P	21.887	6.552***	8.603	4.052***	0.599	44.258
	不确定规避 V	17.755	4.726***	-9.719	-4.188***	0.605	45.376

续表

因变量	文化维度	GDP2011 β	GDP2011 t	自变量 β	自变量 t	调整后 R^2	F
知识技术产出	自信 V	31.414	9.175***	4.415	2.203*	0.587	42.190
	制度集体主义 P	27.585	8.720***	11.008	3.913***	0.647	54.254
	制度集体主义 V	26.397	8.505***	-10.533	-4.507***	0.671	60.017
	内群体集体主义 P	24.623	6.478***	-5.180	-2.789**	0.606	45.560
	未来取向 P	27.026	8.090***	8.967	3.239**	0.622	48.693
	未来取向 V	26.283	7.317***	-6.817	-2.622*	0.600	44.523
	表现取向 P	29.204	8.867***	8.643	2.790**	0.606	45.572
	不确定规避 P	25.908	7.631***	7.419	3.439***	0.629	50.229
	不确定规避 V	22.296	5.835***	-8.435	-3.574**	0.634	51.325
创意产出	内群体集体主义 P	10.868	3.184**	-3.825	-2.293*	0.330	15.256
	未来取向 P	12.912	4.214***	5.798	2.283*	0.329	15.225
	性别平等 V	13.305	4.560***	6.599	2.925**	0.364	17.587
	不确定规避 P	12.190	3.895***	4.797	2.411*	0.336	15.650
	不确定规避 V	9.399	2.688**	-5.954	-2.757**	0.354	16.911

注：GLOBE 文化维度 $N=59$；P（实践），V（价值）；* $p<0.05$，** $p<0.01$，*** $p<0.001$。

GLOBE 文化维度作为自变量，国家创新能力作为因变量，在控制 2012 年人均 GDP 的情况下，制度集体主义（实践）显著正向影响国家创新总指数（$t=2.599$，$p<0.05$），显著正向影响国家创新投入（$t=2.566$，$p<0.05$），显著正向影响国家创新产出（$t=2.285$，$p<0.05$）；制度集体主义（价值）显著负向影响国家创新总指数（$t=-4.675$，$p<0.001$），显著负向影响国家创新投入（$t=-5.058$，$p<0.001$），显著负向影响国家创新产出（$t=-3.678$，$p<0.01$）；内群体集体主义（实践）显著负向影响国家创新总指数（$t=-4.509$，$p<0.001$），显著负向影响国家创新投入（$t=-3.825$，$p<0.001$），显著负向影响国家创新产出（$t=-4.510$，$p<0.001$）；内群体集体主义（价值）显著负向影响国家创新产出（$t=-2.326$，$p<0.05$）；未来取向（实践）显著正向影响国家创新总指数（$t=4.794$，$p<0.001$），显著正向影响国家创新投入（$t=4.328$，$p<0.001$），显著正向影响国家创新产出（$t=4.483$，$p<0.001$）；未来取向（价值）显著负向影响国家创新总指数（$t=-3.277$，$p<0.05$），显著负

向影响国家创新投入（$t=-2.278$，$p<0.05$），显著负向影响国家创新产出（$t=-3.829$ $p<0.001$）；性别平等（价值）显著正向影响国家创新总指数（$t=2.597$，$p<0.05$），显著正向影响国家创新投入（$t=2.600$，$p<0.05$），显著正向影响国家创新产出（$t=2.284$，$p<0.05$）；表现取向（实践）显著正向影响国家创新总指数（$t=3.760$，$p<0.001$），显著正向影响国家创新投入（$t=3.729$，$p<0.001$），显著正向影响国家创新产出（$t=3.275$，$p<0.01$）；权力距离（实践）显著负向影响国家创新总指数（$t=-2.100$，$p<0.05$），显著负向影响国家创新产出（$t=-2.136$，$p<0.05$）；不确定规避（实践）显著正向影响国家创新总指数（$t=5.402$，$p<0.001$），显著正向影响国家创新投入（$t=4.150$，$p<0.001$），显著正向影响国家创新产出（$t=5.780$，$p<0.001$）；不确定规避（价值）显著负向影响国家创新总指数（$t=-6.221$，$p<0.001$），显著负向影响国家创新投入（$t=-4.766$，$p<0.001$），显著负向影响国家创新产出（$t=-6.604$，$p<0.001$）；GLOBE 文化维度对国家创新三级指标存在显著影响，具体结果如表 7-18 所示。

表 7-18 GLOBE 文化维度与国家创新能力关系的回归分析（2012 年）

因变量	文化维度	GDP2012 β	GDP2012 t	自变量 β	自变量 t	调整后 R^2	F
创新指数	制度集体主义 P	25.338	9.571***	6.014	2.599*	0.657	56.580
	制度集体主义 V	23.767	9.853***	-8.349	-4.675***	0.724	76.939
	内群体集体主义 P	20.594	7.582***	-5.884	-4.509***	0.718	74.884
	未来取向 P	23.546	9.793***	9.390	4.794***	0.728	78.453
	未来取向 V	23.228	8.503***	-6.368	-3.277**	0.678	61.949
	性别平等 V	25.545	9.704***	5.196	2.597*	0.657	56.565
	表现取向 P	25.913	10.528***	8.556	3.760***	0.693	66.535
	权力距离 P	24.339	8.457***	-5.139	-2.100*	0.644	53.421
	不确定规避 P	22.191	9.330***	8.027	5.402***	0.747	86.803
	不确定规避 V	17.808	6.979***	-9.639	-6.221***	0.773	99.638
创新投入	制度集体主义 P	29.294	10.907***	6.025	2.566*	0.708	71.420
	制度集体主义 V	27.516	11.525***	-8.939	-5.058***	0.776	101.591
	内群体集体主义 P	25.208	8.810***	-5.258	-3.825***	0.742	84.203

影响国家创新能力的宏观社会生态因素

续表

因变量	文化维度	GDP2012 β	GDP2012 t	自变量 β	自变量 t	调整后 R^2	F
创新投入	未来取向 P	27.696	11.059***	8.829	4.328***	0.756	90.710
	未来取向 V	28.116	9.726***	-4.684	-2.278*	0.702	69.199
	性别平等 V	29.487	11.057***	5.271	2.600*	0.709	71.699
	表现取向 P	29.867	11.956***	8.611	3.729***	0.739	83.044
	不确定规避 P	26.879	10.341***	6.740	4.150***	0.751	88.322
	不确定规避 V	23.095	8.144***	-8.206	-4.766***	0.768	97.039
创新产出	制度集体主义 P	21.392	7.176***	5.954	2.285*	0.525	33.063
	制度集体主义 V	20.028	7.055***	-7.729	-3.678**	0.582	41.346
	内群体集体主义 P	15.945	5.278***	-6.545	-4.510***	0.619	48.139
	内群体集体主义 V	20.717	6.802***	-6.586	-2.326*	0.527	33.251
	未来取向 P	19.396	7.120***	9.950	4.483***	0.618	47.905
	未来取向 V	18.346	6.213***	-8.044	-3.829***	0.589	42.481
	性别平等 V	21.597	7.286***	5.147	2.284*	0.525	33.061
	表现取向 P	21.959	7.824***	8.497	3.275**	0.564	38.544
	权力距离 P	20.067	6.277***	-5.807	-2.136*	0.520	32.407
	不确定规避 P	17.497	6.776***	9.324	5.780***	0.675	61.180
	不确定规避 V	12.499	4.517***	-11.095	-6.604***	0.708	71.350
制度	制度集体主义 V	38.847	9.496***	-15.530	-5.128***	0.722	76.349
	内群体集体主义 P	34.103	7.097***	-9.836	-4.261***	0.692	66.024
	未来取向 P	40.681	8.750***	10.861	2.868**	0.644	53.432
	未来取向 V	40.272	8.040***	-7.441	-2.088*	0.621	48.535
	性别平等 V	42.346	9.198***	8.834	2.524*	0.633	51.086
	表现取向 P	43.436	9.456***	9.718	2.289*	0.627	49.648
	不确定规避 P	38.895	8.314***	9.670	3.309**	0.658	56.886
	不确定规避 V	31.920	6.419***	-13.442	-4.452***	0.698	68.137
人力资本	制度集体主义 V	29.404	10.470***	-6.322	-3.041**	0.713	72.871
	内群体集体主义 P	26.873	8.583***	-4.578	-3.044**	0.713	72.898
	未来取向 V	29.164	9.520***	-4.517	-2.073*	0.689	65.217
	不确定规避 P	29.146	9.781***	4.427	2.378*	0.696	67.316
	不确定规避 V	25.015	7.902***	-7.166	-3.728***	0.732	80.059

续表

因变量	文化维度	GDP2012 β	t	自变量 β	t	调整后 R^2	F
基础设施	制度集体主义 V	28.427	10.486***	-5.343	-2.662*	0.706	70.781
	内群体集体主义 P	27.089	8.766***	-3.102	-2.090*	0.693	66.521
	未来取向 P	28.492	10.363***	5.401	2.411*	0.700	68.787
	未来取向 V	27.860	9.615***	-4.479	-2.173*	0.695	67.077
	性别平等 V	29.248	10.854***	4.708	2.299*	0.698	67.957
	表现取向 P	29.804	11.147***	5.435	2.199*	0.696	67.255
	不确定规避 P	28.263	9.870***	3.644	2.037*	0.692	66.182
	不确定规避 V	25.634	8.095***	-5.066	-2.635*	0.706	70.556
市场成熟度	自信 V	26.719	6.061***	5.273	2.079*	0.381	18.831
	制度集体主义 P	22.378	5.261***	11.282	3.034**	0.427	22.620
	制度集体主义 V	20.528	5.046***	-12.581	-4.178***	0.491	29.025
	内群体集体主义 P	19.722	3.944***	-5.059	-2.106*	0.382	18.918
	未来取向 P	20.071	4.985***	14.514	4.425***	0.506	30.678
	表现取向 P	23.345	6.203***	17.221	4.950***	0.536	34.497
	不确定规避 P	19.204	4.490***	10.241	3.833***	0.472	26.880
	不确定规避 V	16.742	3.303**	-8.918	-2.898**	0.420	21.993
商业成熟度	自信 V	23.519	8.720***	4.451	2.868**	0.566	38.807
	制度集体主义 V	20.304	7.248***	-4.966	-2.395*	0.548	36.213
	内群体集体主义 P	18.219	5.849***	-3.690	-2.466*	0.551	36.573
	未来取向 P	19.036	7.425***	8.933	4.277***	0.625	49.274
	表现取向 P	21.342	8.114***	7.570	3.113**	0.576	40.330
	不确定规避 P	18.847	6.783***	5.692	3.279**	0.582	41.432
	不确定规避 V	16.123	5.155***	-6.421	-3.382**	0.587	42.143
知识技术产出	制度集体主义 P	23.141	5.752***	11.272	3.205**	0.468	26.526
	制度集体主义 V	21.099	5.613***	-13.110	-4.711***	0.549	36.337
	内群体集体主义 P	18.191	4.022***	-7.254	-3.338**	0.475	27.242
	内群体集体主义 V	22.681	5.338***	-9.855	-2.495*	0.434	23.197
	未来取向 P	21.418	5.443***	12.785	3.988***	0.510	31.160
	未来取向 V	19.697	4.720***	-11.012	-3.709***	0.495	29.395
	表现取向 P	24.598	6.259***	12.103	3.331**	0.475	27.204

续表

因变量	文化维度	GDP2012 β	GDP2012 t	自变量 β	自变量 t	调整后 R^2	F
知识技术产出	不确定规避 P	19.264	4.980***	11.477	4.749***	0.551	36.632
	不确定规避 V	13.429	3.142**	-13.315	-5.131***	0.572	39.734
创意产出	内群体集体主义 P	13.726	4.982***	-5.835	-4.408***	0.599	44.275
	未来取向 P	17.383	6.614***	7.163	3.345**	0.550	36.377
	未来取向 V	16.999	5.966***	-5.114	-2.523*	0.515	31.754
	性别平等 V	18.454	7.076***	5.943	2.998**	0.534	34.265
	权力距离 P	17.204	5.968***	-5.598	-2.284*	0.506	30.654
	不确定规避 P	15.743	6.232***	7.193	4.558***	0.606	45.561
	不确定规避 V	11.559	4.265***	-8.915	-5.417	0.645	53.775

注：GLOBE 文化维度 $N=59$；P（实践），V（价值）；*$p<0.05$，**$p<0.01$，***$p<0.001$。

GLOBE 文化维度作为自变量，国家创新能力作为因变量，在控制 2013 年人均 GDP 的情况下，制度集体主义（实践）显著正向影响国家创新投入（$t=2.213$，$p<0.05$）；制度集体主义（价值）显著负向影响国家创新总指数（$t=-3.647$，$p<0.01$），显著负向影响国家创新投入（$t=-4.639$，$p<0.001$），显著负向影响国家创新产出（$t=-2.102$，$p<0.05$）；内群体集体主义（实践）显著负向影响国家创新总指数（$t=-3.731$，$p<0.001$），显著负向影响国家创新投入（$t=-3.315$，$p<0.01$），显著负向影响国家创新产出（$t=-3.415$，$p<0.01$）；未来取向（实践）显著正向影响国家创新总指数（$t=4.337$，$p<0.001$），显著正向影响国家创新投入（$t=3.889$，$p<0.001$），显著正向影响国家创新产出（$t=3.882$，$p<0.001$）；未来取向（价值）显著负向影响国家创新总指数（$t=-3.011$，$p<0.01$），显著负向影响国家创新投入（$t=-2.425$，$p<0.05$），显著负向影响国家创新产出（$t=-3.072$ $p<0.01$）；性别平等（价值）显著正向影响国家创新总指数（$t=3.302$，$p<0.01$），显著正向影响国家创新投入（$t=2.984$，$p<0.01$），显著正向影响国家创新产出（$t=2.995$，$p<0.01$）；表现取向（实践）显著正向影响国家创新总指数（$t=3.771$，$p<0.001$），显著正向影响国家创新投入（$t=3.671$，$p<0.01$），显著正向影响国家创新产出（$t=3.123$，$p<0.01$）；不确定规避（实践）显著正向影响国家创

新总指数（$t=4.327$，$p<0.001$），显著正向影响国家创新投入（$t=3.556$，$p<0.01$），显著正向影响国家创新产出（$t=4.238$，$p<0.001$）；不确定规避（价值）显著负向影响国家创新总指数（$t=-5.926$，$p<0.001$），显著负向影响国家创新投入（$t=-4.399$，$p<0.001$），显著负向影响国家创新产出（$t=-6.201$，$p<0.001$）；GLOBE 文化维度对国家创新三级指标存在显著影响，具体结果如表 7-19 所示。

表 7-19 GLOBE 文化维度与国家创新能力关系的回归分析（2013 年）

因变量	文化维度	GDP2013 β	GDP2013 t	自变量 β	自变量 t	调整后 R^2	F
创新指数	制度集体主义 V	23.204	9.857***	-6.311	-3.647**	0.704	69.875
	内群体集体主义 P	20.549	7.845***	-4.662	-3.731***	0.706	70.748
	未来取向 P	22.719	9.985***	7.983	4.337***	0.726	77.653
	未来取向 V	22.453	8.803***	-5.426	-3.011**	0.684	63.899
	性别平等 V	24.133	10.290***	5.846	3.302**	0.693	66.489
	表现取向 P	24.679	10.902***	7.837	3.771***	0.708	71.176
	不确定规避 P	21.851	9.332***	6.286	4.327***	0.725	77.535
	不确定规避 V	17.414	7.246***	-8.588	-5.926***	0.775	100.697
创新投入	制度集体主义 P	28.967	10.460***	5.320	2.213*	0.684	64.657
	制度集体主义 V	27.131	10.883***	-8.502	-4.639***	0.754	89.953
	内群体集体主义 P	25.190	8.403***	-4.741	-3.315**	0.715	73.930
	未来取向 P	27.360	10.467***	8.224	3.889***	0.732	80.217
	未来取向 V	27.407	9.356***	-5.019	-2.425*	0.692	66.155
	性别平等 V	28.820	10.805***	6.007	2.984**	0.706	70.753
	表现取向 P	29.324	11.504***	8.592	3.671**	0.726	77.717
	不确定规避 P	26.721	9.765***	6.037	3.556**	0.722	76.444
	不确定规避 V	22.832	7.713***	-7.852	-4.399***	0.747	86.656
创新产出	制度集体主义 V	19.281	7.242***	-4.115	-2.102*	0.540	35.023
	内群体集体主义 P	15.911	5.658***	-4.582	-3.415**	0.589	42.577
	未来取向 P	18.079	7.333***	7.743	3.882***	0.609	46.131
	未来取向 V	17.502	6.517***	-5.829	-3.072**	0.575	40.258
	性别平等 V	19.448	7.738***	5.682	2.995**	0.572	39.768

影响国家创新能力的宏观社会生态因素

续表

因变量	文化维度	GDP2013 β	GDP2013 t	自变量 β	自变量 t	调整后 R^2	F
创新产出	表现取向 P	20.035	8.110***	7.082	3.123**	0.577	40.584
	不确定规避 P	16.984	6.833***	6.535	4.238***	0.624	49.145
	不确定规避 V	12.000	4.814***	-9.320	-6.201***	0.706	70.515
制度	制度集体主义 V	34.804	9.166***	-13.166	-4.716***	0.703	69.702
	内群体集体主义 P	30.667	6.922***	-8.407	-3.978***	0.677	61.685
	未来取向 P	36.200	8.598***	9.750	2.862**	0.638	52.160
	未来取向 V	35.540	7.880***	-7.222	-2.267*	0.620	48.346
	性别平等 V	37.900	9.019***	7.252	2.286*	0.621	48.456
	表现取向 P	38.657	9.328***	8.971	2.358*	0.623	48.872
	不确定规避 P	34.452	8.155***	8.864	3.381**	0.656	56.207
	不确定规避 V	28.386	6.247***	-11.905	-4.345***	0.690	65.504
人力资本	制度集体主义 V	31.676	10.466***	-8.066	-3.625**	0.724	77.033
	内群体集体主义 P	30.424	8.468***	-3.943	-2.300*	0.689	65.108
	未来取向 P	32.631	10.059***	5.684	2.166*	0.685	64.194
	未来取向 V	30.952	9.355***	-6.513	-2.786**	0.701	68.863
	性别平等 V	33.273	10.622***	5.717	2.418*	0.691	65.949
	表现取向 P	33.954	10.867***	6.277	2.188*	0.686	64.344
	不确定规避 P	31.907	9.595***	4.660	2.259*	0.688	64.818
	不确定规避 V	28.237	7.758***	-6.770	-3.085**	0.709	71.523
基础设施	制度集体主义 V	27.472	10.603***	-4.615	-2.423*	0.707	71.135
	未来取向 P	27.547	10.486***	4.605	2.167*	0.702	69.252
	表现取向 P	28.603	11.334***	5.234	2.259*	0.704	69.905
市场成熟度	自信 V	26.961	6.482***	5.067	2.133*	0.414	21.478
	制度集体主义 P	23.132	5.641***	9.366	2.622*	0.436	23.380
	制度集体主义 V	21.558	5.405***	-10.396	-3.545**	0.482	28.033
	内群体集体主义 P	20.070	4.240***	-4.965	-2.198*	0.417	21.709
	未来取向 P	20.792	5.368***	13.053	4.166***	0.516	31.943
	性别平等 V	23.501	5.746***	7.865	2.547*	0.432	23.063
	表现取向 P	23.733	6.512***	15.317	4.578***	0.539	34.885
	不确定规避 P	20.321	4.884***	8.649	3.350**	0.472	26.933
	不确定规避 V	16.777	3.526**	-9.095	-3.171**	0.463	25.976

续表

因变量	文化维度	GDP2013 β	GDP2013 t	自变量 β	自变量 t	调整后 R^2	F
商业成熟度	制度集体主义 V	20.125	7.364***	-6.265	-3.119**	0.580	41.077
	内群体集体主义 P	17.588	5.756***	-4.535	-3.111**	0.580	41.028
	未来取向 P	19.600	7.370***	8.048	3.741***	0.606	45.560
	未来取向 V	19.643	6.623***	-4.915	-2.346*	0.551	36.639
	性别平等 V	21.058	7.761***	5.752	2.808**	0.568	39.145
	表现取向 P	21.654	8.111***	7.160	2.922**	0.572	39.826
	权力距离 P	19.849	6.621***	-5.369	-2.121*	0.544	35.583
	不确定规避 P	19.331	6.813***	5.295	3.008**	0.576	40.366
	不确定规避 V	15.036	5.011***	-7.826	-4.325***	0.631	50.515
知识技术产出	制度集体主义 P	20.253	5.706***	6.984	2.266*	0.425	22.460
	制度集体主义 V	19.175	5.461***	-7.503	-2.907**	0.455	25.193
	内群体集体主义 V	19.637	5.382***	-7.191	-2.135*	0.420	21.982
	未来取向 P	19.030	5.393***	8.253	2.891**	0.454	25.117
	未来取向 V	17.238	4.750***	-8.307	-3.240**	0.472	26.885
	表现取向 P	20.979	6.149***	8.836	2.821**	0.451	24.789
	不确定规避 P	17.544	4.958***	7.513	3.423**	0.481	27.888
	不确定规避 V	12.156	3.228***	-10.353	-4.559***	0.542	35.379
创意产出	内群体集体主义 P	14.005	4.792***	-5.324	-3.818***	0.559	37.745
	未来取向 P	17.138	6.360***	7.237	3.319**	0.535	34.430
	性别平等 V	18.022	6.950***	6.996	3.574**	0.547	36.064
	表现取向 P	19.102	6.988***	5.331	2.124*	0.486	28.370
	不确定规避 P	16.435	5.899***	5.556	3.215**	0.531	33.792
	不确定规避 V	11.868	4.083**	-8.275	-4.722***	0.602	44.937

注：GLOBE 文化维度 $N=59$；P（实践），V（价值）；* $p<0.05$，** $p<0.01$，*** $p<0.001$。

GLOBE 文化维度作为自变量，国家创新能力作为因变量，在控制 2014 年人均 GDP 的情况下，制度集体主义（实践）显著正向影响国家创新总指数（$t=2.016$，$p<0.05$），显著正向影响国家创新投入（$t=2.273$，$p<0.05$）；制度集体主义（价值）显著负向影响国家创新总指数（$t=-3.810$，$p<0.001$），显著负向影响国家创新投入（$t=-4.201$，$p<0.001$），显著负向影响国家创新

产出（$t=-3.006$，$p<0.01$）；内群体集体主义（实践）显著负向影响国家创新总指数（$t=-3.767$，$p<0.001$），显著负向影响国家创新投入（$t=-3.520$，$p<0.01$），显著负向影响国家创新产出（$t=-3.495$，$p<0.01$）；未来取向（实践）显著正向影响国家创新总指数（$t=3.886$，$p<0.001$），显著正向影响国家创新投入（$t=4.213$，$p<0.001$），显著正向影响国家创新产出（$t=3.118$，$p<0.01$）；未来取向（价值）显著负向影响国家创新总指数（$t=-3.076$，$p<0.01$），显著负向影响国家创新投入（$t=-2.359$，$p<0.05$），显著负向影响国家创新产出（$t=-3.376$，$p<0.01$）；性别平等（价值）显著正向影响国家创新总指数（$t=3.198$，$p<0.01$），显著正向影响国家创新投入（$t=3.423$，$p<0.01$），显著正向影响国家创新产出（$t=2.617$，$p<0.05$）；表现取向（实践）显著正向影响国家创新总指数（$t=2.930$，$p<0.01$），显著正向影响国家创新投入（$t=3.346$，$p<0.01$），显著正向影响国家创新产出（$t=2.236$，$p<0.05$）；不确定规避（实践）显著正向影响国家创新总指数（$t=3.945$，$p<0.001$），显著正向影响国家创新投入（$t=3.735$，$p<0.001$），显著正向影响国家创新产出（$t=3.607$，$p<0.01$）；不确定规避（价值）显著负向影响国家创新总指数（$t=-5.097$，$p<0.001$），显著负向影响国家创新投入（$t=-4.374$，$p<0.001$），显著负向影响国家创新产出（$t=-4.995$，$p<0.001$）；GLOBE文化维度对国家创新三级指标存在显著影响，具体结果如表7-20所示。

表7-20 GLOBE文化维度与国家创新能力关系的回归分析（2014年）

因变量	文化维度	GDP2014		自变量		调整后R^2	F
		β	t	β	t		
创新指数	制度集体主义 P	25.106	9.726***	4.473	2.016*	0.658	55.788
	制度集体主义 V	23.658	9.775***	-6.792	-3.810***	0.709	70.526
	内群体集体主义 P	21.078	7.812***	-4.795	-3.767***	0.708	70.064
	未来取向 P	23.496	9.713***	7.572	3.886***	0.712	71.350
	未来取向 V	22.944	8.702***	-5.671	-3.076**	0.686	63.398
	性别平等 V	24.804	10.160***	5.835	3.198**	0.690	64.480
	表现取向 P	25.467	10.411***	6.700	2.930**	0.682	62.162
	不确定规避 P	22.630	9.125***	6.059	3.945***	0.714	71.998
	不确定规避 V	18.614	7.108***	-8.017	-5.097***	0.750	86.683

续表

因变量	文化维度	GDP2014 β	GDP2014 t	自变量 β	自变量 t	调整后 R^2	F
创新投入	制度集体主义 P	28.229	10.977***	5.022	2.273*	0.711	71.039
	制度集体主义 V	26.700	11.216***	-7.367	-4.201***	0.760	91.492
	内群体集体主义 P	24.579	8.940***	-4.565	-3.520**	0.742	82.871
	未来取向 P	26.563	11.125***	8.103	4.213***	0.761	91.647
	未来取向 V	26.861	9.820***	-4.512	-2.359*	0.713	71.697
	性别平等 V	27.971	11.523***	6.208	3.423**	0.739	81.769
	表现取向 P	28.633	11.878***	7.541	3.346**	0.737	80.920
	不确定规避 P	26.016	10.313***	5.836	3.735***	0.748	85.428
	不确定规避 V	22.612	8.216***	-7.231	-4.374***	0.765	93.911
创新产出	制度集体主义 V	20.617	7.340***	-6.219	-3.006**	0.581	40.543
	内群体集体主义 P	17.577	5.764***	-5.027	-3.495**	0.601	43.919
	未来取向 P	20.430	7.286***	7.043	3.118**	0.568	41.272
	未来取向 V	19.028	6.575***	-6.830	-3.376**	0.596	43.050
	性别平等 V	21.638	7.748***	5.462	2.617*	0.566	38.221
	表现取向 P	22.303	7.952***	5.862	2.236*	0.553	36.253
	不确定规避 P	19.243	6.839***	6.286	3.607**	0.606	44.765
	不确定规避 V	14.614	4.978***	-8.808	-4.995***	0.665	57.450
制度	制度集体主义 V	34.495	9.910***	-11.142	-4.346***	0.725	76.038
	内群体集体主义 P	30.350	7.788***	-7.783	-4.234***	0.721	74.693
	未来取向 P	35.749	9.375***	8.138	2.649*	0.672	59.412
	未来取向 V	35.174	8.647***	-6.062	-2.132*	0.658	55.942
	性别平等 V	36.624	10.087***	8.513	3.138**	0.686	63.375
	不确定规避 P	34.402	8.920***	7.221	3.022**	0.683	62.377
	不确定规避 V	28.490	7.040***	-10.747	-4.421***	0.727	76.962
人力资本	制度集体主义 V	33.304	9.587***	-7.395	-2.890**	0.683	62.398
	内群体集体主义 P	31.371	7.938***	-4.398	-2.359*	0.668	58.443
	未来取向 P	33.800	9.420***	6.350	2.197*	0.664	57.393
	未来取向 V	32.362	8.728***	-6.461	-2.493*	0.672	59.360
	性别平等 V	34.409	10.060***	6.955	2.721**	0.678	61.054
	不确定规避 P	33.209	8.972***	4.850	2.116*	0.662	56.896
	不确定规避 V	29.487	7.255***	-6.954	-2.848**	0.682	62.056

续表

因变量	文化维度	GDP2014 β	GDP2014 t	自变量 β	自变量 t	调整后 R^2	F
基础设施	制度集体主义 V	28.086	11.626***	-4.314	-2.425*	0.746	84.590
	未来取向 P	28.035	11.544***	4.665	2.385*	0.745	84.234
	表现取向 P	29.099	12.523***	5.531	2.547*	0.748	85.706
	不确定规避 V	26.402	9.221***	-3.483	-2.025*	0.738	81.317
市场成熟度	自信 V	21.004	5.778***	4.350	2.112*	0.364	17.318
	制度集体主义 P	17.607	4.944***	8.519	2.784**	0.397	19.798
	制度集体主义 V	16.571	4.658***	-8.309	-3.171**	0.419	21.536
	内群体集体主义 P	15.418	3.715***	-3.984	-2.035*	0.361	17.078
	未来取向 P	15.310	4.643***	12.257	4.615***	0.504	30.008
	性别平等 V	17.979	5.055***	7.109	2.675**	0.392	19.351
	表现取向 P	18.152	5.784***	14.103	4.807***	0.516	31.376
	不确定规避 P	15.045	4.170***	7.868	3.520**	0.439	23.298
	不确定规避 V	13.050	3.081***	-7.001	-2.751**	0.396	19.661
商业成熟度	制度集体主义 V	21.054	7.662***	-5.659	-2.796**	0.592	42.300
	内群体集体主义 P	17.935	6.079***	-4.905	-3.525**	0.620	47.416
	未来取向 P	19.909	7.907***	9.154	4.513***	0.660	56.244
	未来取向 V	20.181	6.929***	-5.211	-2.559*	0.583	40.891
	性别平等 V	21.890	8.103***	5.363	2.657*	0.587	41.456
	表现取向 P	22.443	8.406***	6.682	2.677*	0.587	41.577
	权力距离 P	20.468	6.926***	-5.554	-2.251*	0.573	39.241
	不确定规避 P	19.318	7.220***	6.547	3.950***	0.637	50.950
	不确定规避 V	15.629	5.343***	-7.975	-4.538***	0.661	56.497
知识技术产出	制度集体主义 P	22.202	6.095***	7.143	2.282*	0.459	25.138
	制度集体主义 V	20.388	5.886***	-9.511	-3.728***	0.527	32.736
	内群体集体主义 P	19.258	4.667***	-4.382	-2.252*	0.457	25.018
	内群体集体主义 V	21.547	5.750***	-7.448	-2.152*	0.453	24.636
	未来取向 P	21.555	5.783***	6.675	2.223*	0.456	24.908
	未来取向 V	18.946	5.115***	-8.712	-3.364**	0.508	30.482
	表现取向 P	23.176	6.422**	6.990	2.072*	0.450	24.339
	不确定规避 P	20.177	5.377***	6.389	2.749**	0.479	27.190
	不确定规避 V	15.301	3.791***	-9.132	-3.766***	0.529	32.988

续表

因变量	文化维度	GDP2014 β	GDP2014 t	自变量 β	自变量 t	调整后 R^2	F
创意产出	内群体集体主义 P	15.931	5.726***	-5.675	-4.324***	0.637	51.065
	未来取向 P	19.340	7.361***	7.419	3.506**	0.603	44.232
	未来取向 V	19.154	6.640***	-4.934	-2.447*	0.562	37.514
	性别平等 V	20.484	7.906***	6.297	3.253**	0.592	42.411
	不确定规避 P	18.346	6.875***	6.184	3.741***	0.613	46.055
	不确定规避 V	13.967	4.998***	-8.479	-5.051***	0.668	58.330

注：GLOBE 文化维度 $N=59$；P（实践），V（价值）；*$p<0.05$，**$p<0.01$，***$p<0.001$。

GLOBE 文化维度作为自变量，国家创新能力作为因变量，在控制 2015 年人均 GDP 的情况下，制度集体主义（价值）显著负向影响国家创新总指数（$t=-3.208$，$p<0.01$），显著负向影响国家创新投入（$t=-3.710$，$p<0.001$），显著负向影响国家创新产出（$t=-2.509$，$p<0.05$）；内群体集体主义（实践）显著负向影响国家创新总指数（$t=-3.487$，$p<0.01$），显著负向影响国家创新投入（$t=-3.396$，$p<0.01$），显著负向影响国家创新产出（$t=-3.184$，$p<0.01$）；未来取向（实践）显著正向影响国家创新总指数（$t=3.791$，$p<0.001$），显著正向影响国家创新投入（$t=3.890$，$p<0.001$），显著正向影响国家创新产出（$t=3.299$，$p<0.01$）；未来取向（价值）显著负向影响国家创新总指数（$t=-3.161$，$p<0.01$），显著负向影响国家创新投入（$t=-2.619$，$p<0.05$），显著负向影响国家创新产出（$t=-3.283$，$p<0.01$）；性别平等（价值）显著正向影响国家创新总指数（$t=3.078$，$p<0.01$），显著正向影响国家创新投入（$t=3.284$，$p<0.01$），显著正向影响国家创新产出（$t=2.603$，$p<0.05$）；表现取向（实践）显著正向影响国家创新总指数（$t=3.673$，$p<0.01$），显著正向影响国家创新投入（$t=3.860$，$p<0.001$），显著正向影响国家创新产出（$t=3.133$，$p<0.01$）；不确定规避（实践）显著正向影响国家创新总指数（$t=3.748$，$p<0.001$），显著正向影响国家创新投入（$t=3.526$，$p<0.01$），显著正向影响国家创新产出（$t=3.510$，$p<0.01$）；不确定规避（价值）显著负向影响国家创新总指数（$t=-4.887$，$p<0.001$），显著负向影响国

家创新投入（$t = -4.267$，$p < 0.001$），显著负向影响国家创新产出（$t = -4.786$，$p < 0.001$）；GLOBE 文化维度对国家创新三级指标存在显著影响，具体结果如表 7-21 所示。

表 7-21 GLOBE 文化维度与国家创新能力关系的回归分析（2015 年）

因变量	文化维度	GDP2015 β	GDP2015 t	自变量 β	自变量 t	调整后 R^2	F
创新指数	制度集体主义 V	25.226	9.780***	-6.219	-3.208**	0.701	66.772
	内群体集体主义 P	22.604	8.014***	-4.673	-3.487**	0.710	69.488
	未来取向 P	24.780	9.875***	7.627	3.791***	0.719	72.717
	未来取向 V	24.074	8.876***	-5.991	-3.161**	0.700	66.336
	性别平等 V	26.181	10.340***	5.912	3.078**	0.698	65.571
	表现取向 P	26.528	10.899***	8.426	3.673**	0.716	71.431
	不确定规避 P	23.991	9.276***	6.006	3.748**	0.718	72.245
	不确定规避 V	19.911	7.274***	-8.106	-4.887***	0.753	86.584
创新投入	制度集体主义 V	26.498	11.180***	-6.609	-3.710***	0.756	87.555
	内群体集体主义 P	24.396	9.125***	-4.314	-3.396**	0.747	83.779
	未来取向 P	26.298	11.169***	7.343	3.890***	0.760	89.868
	未来取向 V	26.173	9.974***	-4.802	-2.619*	0.728	75.883
	性别平等 V	27.601	11.673***	5.891	3.284**	0.744	82.514
	表现取向 P	27.962	12.303***	8.270	3.860***	0.760	89.479
	不确定规避 P	25.765	10.434***	5.396	3.526**	0.751	85.309
	不确定规避 V	22.425	8.361***	-6.936	-4.267***	0.771	95.068
创新产出	制度集体主义 V	23.957	7.746***	-5.832	-2.509*	0.593	41.725
	内群体集体主义 P	20.814	6.258***	-5.033	-3.184**	0.617	46.104
	未来取向 P	23.267	7.778***	7.911	3.299**	0.621	46.953
	未来取向 V	21.980	7.021***	-7.181	-3.283**	0.621	46.836
	性别平等 V	24.765	8.242***	5.935	2.603*	0.596	42.274
	表现取向 P	25.098	8.635***	8.584	3.133**	0.615	45.740
	不确定规避 P	22.222	7.305***	6.616	3.510**	0.630	48.593
	不确定规避 V	17.401	5.440***	-9.277	-4.786***	0.681	60.659
制度	制度集体主义 V	36.693	10.842***	-10.376	-4.080***	0.752	85.915
	内群体集体主义 P	33.084	8.737***	-7.068	-3.928***	0.748	83.971

续表

因变量	文化维度	GDP2015 β	GDP2015 t	自变量 β	自变量 t	调整后 R^2	F
制度	未来取向 P	37.402	10.407***	8.674	3.011**	0.722	73.803
	未来取向 V	37.052	9.530***	-6.024	-2.218*	0.703	67.176
	性别平等 V	38.865	10.975***	7.299	2.716**	0.715	71.108
	表现取向 P	39.612	11.082***	7.685	2.281*	0.704	67.630
	不确定规避 P	36.235	9.906***	7.290	3.216**	0.728	75.849
	不确定规避 V	31.453	7.928***	-9.657	-4.017***	0.750	85.105
人力资本	制度集体主义 V	31.110	9.412***	-7.564	-3.045**	0.684	61.571
	内群体集体主义 P	28.856	7.749***	-4.794	-2.709**	0.674	58.867
	未来取向 P	31.882	9.211***	5.614	2.023*	0.656	54.322
	未来取向 V	29.712	8.549***	-7.282	-2.999**	0.682	61.182
	性别平等 V	32.473	9.838***	6.299	2.514*	0.668	57.441
	不确定规避 P	31.137	8.787***	4.700	2.140*	0.659	55.005
	不确定规避 V	26.593	7.005***	-7.784	-3.383**	0.694	64.618
基础设施	自信 V	30.839	13.450***	3.066	2.309*	0.762	90.464
	表现取向 P	29.305	13.128***	5.857	2.784**	0.771	95.254
市场成熟度	自信 V	20.754	6.588***	3.857	2.113*	0.432	22.276
	制度集体主义 V	17.418	5.483***	-6.166	-2.583*	0.452	24.133
	内群体集体主义 P	16.008	4.449***	-3.501	-2.048*	0.429	22.046
	未来取向 P	16.368	5.473***	9.255	3.860***	0.518	31.069
	性别平等 V	18.289	5.918***	6.197	2.643*	0.455	24.398
	表现取向 P	18.154	6.846***	13.081	5.233***	0.592	41.595
	不确定规避 P	16.366	5.046***	5.660	2.816**	0.464	25.197
	不确定规避 V	14.071	3.807***	-5.987	-2.673*	0.457	24.534
商业成熟度	制度集体主义 V	18.193	5.923***	-6.383	-2.765**	0.491	28.040
	内群体集体主义 P	14.432	4.458***	-5.813	-3.778***	0.541	33.958
	未来取向 P	16.898	6.024***	10.160	4.518***	0.579	39.437
	未来取向 V	16.703	5.240***	-6.684	-3.001**	0.502	29.257
	性别平等 V	18.901	6.465***	7.271	3.278**	0.516	30.805
	表现取向 P	19.405	6.815***	9.702	3.615**	0.532	32.881
	权力距离 P	17.803	5.359***	-5.651	-2.041*	0.461	24.932
	不确定规避 P	16.150	5.457***	7.486	4.082***	0.556	36.089
	不确定规避 V	11.548	3.641***	-9.588	-4.988***	0.602	43.427

续表

因变量	文化维度	GDP2015		自变量		调整后 R^2	F
		β	t	β	t		
知识技术产出	制度集体主义 P	25.569	6.589***	8.133	2.436*	0.503	29.305
	制度集体主义 V	24.195	6.332***	-9.095	-3.167**	0.535	33.154
	内群体集体主义 V	24.989	6.228***	-8.001	-2.166*	0.492	28.136
	未来取向 P	24.056	6.274***	9.722	3.163**	0.534	33.125
	未来取向 V	22.562	5.605***	-8.672	-3.084**	0.531	32.662
	表现取向 P	26.232	7.120***	11.185	3.221**	0.537	33.474
	不确定规避 P	23.081	5.838***	7.603	3.103**	0.532	32.777
	不确定规避 V	18.595	4.262***	-9.539	-3.608**	0.555	35.960
创意产出	内群体集体主义 P	18.214	4.458***	-5.813	-3.778***	0.541	33.958
	未来取向 P	22.472	7.612***	6.102	2.578*	0.590	41.357
	未来取向 V	21.390	6.950***	-5.693	-2.648*	0.593	41.767
	性别平等 V	22.993	8.399***	7.387	3.556**	0.627	48.121
	表现取向 P	23.961	8.294***	5.971	2.192*	0.578	39.284
	不确定规避 P	21.357	7.192***	5.629	3.059**	0.608	44.414
	不确定规避 V	16.211	5.352***	-9.007	-4.907***	0.682	61.007

注：GLOBE 文化维度 $N=59$；P（实践），V（价值）；* $p<0.05$，** $p<0.01$，*** $p<0.001$。

二、分析讨论

全球领导力调查（GLOBE）项目包含九项与文化有关的测量维度，又细分为价值与实践两部分，共十八项内容，探讨其与国家创新之间的关系时也进行区分，分别进行讨论。2009—2015 年文化的实践维度与国家创新的相关分析发现，不确定规避与国家创新显著正相关，实践上越规避不确定的国家，创新水平越高。未来取向与国家创新能力正相关，着眼于未来的程度越高，国家创新水平越高。权力距离与国家创新显著负相关，这一结果与霍夫施泰德的文化价值和国家创新的关系研究中所得结果一致。制度集体主义与国家创新显著正相关，内群体集体主义与国家创新显著负相关，集体主义与国家创新的关系上出现了不一致的结果。表现取向与国家创新显著正相关，文化对进步表现的重视程度越高，国家创新水平越高。上述相关结果在各年的分析中均显著，结果稳健。

文化价值维度与国家创新能力的相关分析发现，不确定规避与国家创新显著负相关，霍夫施泰德的文化价值与国家创新的关系研究中所得结果一致。未来取向与国家创新显著负相关，与实践部分的结果相反。制度集体主义与国家创新能力显著负相关，内群体集体主义与国家创新能力显著负相关，集体主义与国家创新的关系和霍夫施泰德的文化价值与国家创新的关系研究中所得结果一致。性别平等与国家创新显著正相关，与前文性别平等的研究结果一致。上述相关分析结果在2009—2015年的数据分析中均有所体现，结果稳健。

在控制经济因素的情况下，文化维度的实践和价值内容对国家创新产生了不同程度的影响。制度集体主义（实践）对国家创新产生了显著的正向影响，实践上的制度集体主义水平越高，越有利于国家创新能力的发展。制度集体主义（价值）对国家创新产生了显著的负向影响，价值上的制度集体主义水平越高，越不利于国家创新能力的发展。制度性集体主义是组织和社会制度对集体分配资源的认可和鼓励集体行动的程度，这一维度得分较高的国家和社会更认可广泛的社会利益而不是达成个人目标和成就。这一分析结果表明，在行为实践上认可整体的社会利益，而在价值层面上秉持独立性的文化环境更有利于国家创新能力的提升。同时也表明，制度性集体主义水平较高的国家也有机会提升本国的创新水平。这一结果部分证明了假设H10e，制度集体主义（价值）对国家创新存在负向的影响，制度集体主义（实践）有利于国家创新。

内群体集体主义（实践）在控制经济因素的情况下显著负向影响国家创新，内群体集体主义在实践上的表现越多，越不利于国家创新水平的提升。内群体集体主义是个体对于他们所处的社会、组织或家庭表达对于本群体的忠诚和凝聚力的程度。内群体集体主义维度得分较高的国家和社会的人们更愿意为他们的社会、组织或群体做出贡献。实践上过于看重内群体的利益，过于抱团并不利于提升国家创新能力。研究结果证实了假设H10f，内群体集体主义与国家创新能力负相关，控制经济因素后，对国家创新能力产生负向影响。

未来取向（实践）在控制经济因素的情况下对国家创新产生显著的正向影响，未来取向在实践上的表现越高，越有利于国家创新。未来取向是成员参与导向未来行为（如制订计划和延迟满足）的程度。未来取向高的社会强调为未来做准备，而未来取向低的社会更关注享受当下。这一维度的得分越高表明国家价值观更着眼于未来。重视未来，主动为未来发展做准备的文化更有利于创新成果的产出。关注未来的文化实践与较慢的生命史策略具有较高的相似性，着眼未来的国家有很大可能是产生慢策略的国家。结果验证了假设 H10c，未来取向与国家创新能力正相关，控制经济因素后，对国家创新能力产生正向影响。

表现取向（实践）在控制经济因素的情况下对国家创新产生显著的正向影响，表现取向在实践上的水平越高，越有利于国家创新。表现取向是社会、组织或群体鼓励和奖赏成员表现出积极进取、力争优秀以及设定具有挑战性的目标并努力实现的程度。这一维度得分越高表明国家或社会价值观越倾向于表现取向。不断争取优秀的达成挑战目标的行为有利于推动创新产生，行为实践上更鼓励进步的文化有利于国家创新能力的提高。结果验证了假设 H10d，表现取向与国家创新能力正相关，控制经济因素后，对国家创新能力产生正向影响。

不确定规避（实践）在控制经济因素的情况下对国家创新产生显著的正向影响，行为实践上的不确定规避程度越高，越有利于国家创新；不确定规避（价值）在控制经济因素的情况下对国家创新能产生显著的负向影响，价值上不确定规避程度越高，越不利于国家创新。不确定性规避是依靠特定的社会规则、惯例、规定、法律、体制和程序等进而避免不确定发生的程度，不确定规避得分越高表明对不确定的接受程度越低，越倾向于避免不确定。行为实践上遵守各项社会规则能够提高行政效率，为创新生产节省社会成本，而在价值层面对不确定的接受程度越高越有利于接纳新的想法，有利于国家创新水平的提升。结果部分验证了假设 H10b，不确定规避与国家创新能力负相关，控制经济因素后，对国家创新能力产生负向影响。

性别平等（价值）在控制经济因素的情况下对国家创新产生显著正向影响，对性别平等文化价值的认可程度越高，越有利于国家创新。性别平等主义是社会、组织或群体促进性别平等和最小化性别角色差异的程度，这一维度得分越高表明国家或社会性别更为平等，两性之间的性别角色差异越小。结果与前文对性别平等有利于国家创新的研究结果一致，验证了假设 H10g，性别平等与国家创新能力正相关，控制经济因素后，对国家创新能力产生正向影响。

权力距离（实践）在控制经济因素的情况下对国家创新产生显著的负向影响，权力距离越大的国家越不利于提升创新水平。权力距离是社会、组织和群体的成员认可群体内的权力和地位被不平等分配的程度。权力距离得分越高表明成员之间在权力、声望、地位和财富方面的阶层分化越大，即权力距离越大。权力分配的不平等，阶层分化较大的国家阻碍创新提升。结果验证了假设 H10a，权力距离与国家创新能力负相关，控制经济因素后，对国家创新能力产生负向影响。

自信（价值）在控制经济因素的情况下对国家创新产生显著正向影响，但这一结果仅在 2009 年及 2010 年的数据分析中有所体现，结果并不稳健，无法验证假设 H10h，自信与国家创新能力正相关，控制经济因素后，对国家创新能力产生正向影响。

第四节　施瓦茨文化价值维度与国家创新能力

一、研究方法与结果

（1）相关分析

对 2009 年国家创新指数与施瓦茨文化维度进行简单相关分析后发现，国家创新总指数与依附性显著负相关（$r=-0.379$，$p<0.05$），与智力自主性显著正相关（$r=0.360$，$p<0.05$）；国家创新产出与依附性显著负相关（$r=-0.379$，$p<0.05$），与智力自主性显著正相关（$r=0.382$，$p<0.05$）。同时，

国家创新指数三级指标制度、基础设施、知识产出、竞争性产出与依附性显著负相关（$p<0.05$），制度与掌控性显著负相关（$p<0.05$），制度、基础设施、知识产出、竞争性产出与智力自主性显著正相关（$p<0.05$），基础设施与平等主义显著正相关（$p<0.05$）。

对2010年国家创新指数与施瓦茨文化维度进行简单相关分析后发现，国家创新总指数与依附性显著负相关（$r=-0.396$，$p<0.05$），与智力自主性显著正相关（$r=0.393$，$p<0.05$）；国家创新投入与等级性显著负相关（$r=-0.397$，$p<0.05$），与掌控性显著负相关（$r=-0.397$，$p<0.05$）；国家创新产出与依附性显著负相关（$r=-0.435$，$p<0.05$），与智力自主性显著正相关（$r=0.423$，$p<0.05$）。同时，国家创新指数三级指标基础设施、创意与幸福与依附性显著负相关（$p<0.05$），制度、人力资本、基础设施与等级性显著负相关（$p<0.05$），制度、人力资本、基础设施、商业成熟度与掌控性显著负相关（$p<0.05$）；人力资本与情感自主性显著正相关（$p<0.05$），人力资本、基础设施、商业成熟度、创意与幸福与智力自主性显著正相关（$p<0.05$），制度、基础设施与平等主义显著正相关（$p<0.05$）。对2011年国家创新指数与施瓦茨文化维度进行简单相关分析后发现，国家创新总指数与依附性显著负相关（$r=-0.370$，$p<0.05$），与智力自主性显著正相关（$r=0.380$，$p<0.05$）；国家创新产出与依附性显著负相关（$r=-0.419$，$p<0.05$），与智力自主性显著正相关（$r=0.436$，$p<0.05$）。同时，国家创新指数三级指标基础设施、知识技术产出、创意产出与依附性显著负相关（$p<0.05$），制度与等级性显著负相关（$p<0.01$），制度与掌控性显著负相关（$p<0.01$），市场成熟度与和谐性显著负相关（$p<0.05$）；与基础设施、知识技术产出与智力自主性显著正相关（$p<0.05$），制度、基础设施与平等主义显著正相关（$p<0.05$）。对2012年国家创新指数与施瓦茨文化维度进行简单相关分析后发现，国家创新总指数与依附性显著负相关（$r=-0.367$，$p<0.05$），与智力自主性显著正相关（$r=0.399$，$p<0.05$），与掌控性显著负相关（$r=-0.379$，$p<0.05$）；国家创新投入与等级性显著负相关（$r=-0.369$，$p<0.05$），与掌控性显著负相关（$r=-0.370$，$p<0.05$）；国家创新产出与依附性显著负相关（$r=-0.387$，$p<$

0.05），与智力自主性显著正相关（$r=0.450$，$p<0.05$）。同时，国家创新指数三级指标基础设施、创意产出与依附性显著负相关（$p<0.05$），制度、人力资本、基础设施、创意产出与等级性显著负相关（$p<0.05$），制度、人力资本、基础设施、创意产出与掌控性显著负相关（$p<0.05$），市场成熟度、商业成熟度与和谐性显著负相关（$p<0.05$）；基础设施、知识技术产出、创意产出与智力自主性显著正相关（$p<0.05$），制度、人力资本、基础设施与平等主义显著正相关（$p<0.05$）。

对2013年国家创新指数与施瓦茨文化维度进行简单相关分析后发现，国家创新总指数与依附性显著负相关（$r=-0.426$，$p<0.05$），与智力自主性显著正相关（$r=0.440$，$p<0.05$），与掌控性显著负相关（$r=-0.379$，$p<0.05$）；国家创新投入与依附性显著负相关（$r=-0.364$，$p<0.05$），与等级性显著负相关（$r=-0.382$，$p<0.05$）；国家创新产出与依附性显著负相关（$r=-0.455$，$p<0.05$），与智力自主性显著正相关（$r=0.509$，$p<0.01$）。同时，国家创新指数三级指标人力资本、基础设施、市场成熟度、创意产出与依附性显著负相关（$p<0.05$），制度、人力资本、基础设施、创意产出与等级性显著负相关（$p<0.05$），制度、基础设施、创意产出与掌控性显著负相关（$p<0.05$），市场成熟度与和谐性显著负相关（$p<0.05$）；人力资本、基础设施、知识技术产出、创意产出与智力自主性显著正相关（$p<0.05$），制度、人力资本、基础设施、创意产出与平等主义显著正相关（$p<0.05$），市场成熟度与和谐性显著负相关（$p<0.05$）。

对2014年国家创新指数与施瓦茨文化维度进行简单相关分析后发现，国家创新总指数与依附性显著负相关（$r=-0.418$，$p<0.05$），与智力自主性显著正相关（$r=0.421$，$p<0.05$）；国家创新产出与依附性显著负相关（$r=-0.474$，$p<0.01$），与智力自主性显著正相关（$r=0.502$，$p<0.01$）。同时，国家创新指数三级指标人力资本、知识技术产出与依附性显著负相关（$p<0.05$），制度与等级性显著负相关（$p<0.01$），制度、创意产出与掌控性显著负相关（$p<0.01$），市场成熟度与和谐性显著负相关（$p<0.05$）；人力资本、知识技术产出、创意产出与智力自主性显著正相关（$p<0.05$），制度、创意产出与平等主义显著正相关（$p<0.05$）。

对 2015 年国家创新指数与施瓦茨文化维度进行简单相关分析后发现，国家创新总指数与依附性显著负相关（$r=-0.447$，$p<0.05$），与智力自主性显著正相关（$r=0.448$，$p<0.05$）；国家创新投入与依附性显著负相关（$r=-0.396$，$p<0.05$），与智力自主性显著正相关（$r=0.366$，$p<0.05$），与等级性显著负相关（$r=-0.380$，$p<0.05$），与平等主义显著正相关（$r=0.370$，$p<0.05$）；国家创新产出与依附性显著负相关（$r=-0.466$，$p<0.01$），与智力自主性显著正相关（$r=0.499$，$p<0.01$）。同时，国家创新指数三级指标人力资本、知识技术产出、创意产出与依附性显著负相关（$p<0.05$），制度、人力资本、创意产出与等级性显著负相关（$p<0.05$），制度、创意产出与掌控性显著负相关（$p<0.05$）；人力资本与情感自主性显著正相关（$p<0.05$），人力资本、知识技术产出、创意产出与智力自主性显著正相关（$p<0.05$），制度、人力资本、基础设施、创意产出与平等主义显著正相关（$p<0.05$）。

（2）回归分析

在施瓦茨文化价值作为自变量，国家创新能力作为因变量，控制 2009 年人均 GDP 的情况下，和谐性显著负向影响国家创新总指数（$t=-3.501$，$p<0.01$），显著负向影响国家创新投入（$t=-3.819$，$p<0.01$），显著负向影响国家创新产出（$t=-2.381$，$p<0.05$）。施瓦茨文化价值对国家创新三级指标存在显著影响，具体结果如表 7-22 所示。

表 7-22　施瓦茨文化维度率与国家创新能力关系的回归分析（2009 年）

因变量	文化维度	GDP2009		自变量		调整后 R^2	F
		β	t	β	t		
创新指数	和谐性	2.066	9.221***	-0.600	-3.501**	0.746	43.681
创新投入	和谐性	2.358	9.348***	-0.737	-3.819**	0.754	45.355
创新产出	和谐性	1.771	6.926***	-0.466	-2.381*	0.617	24.385
制度	情感自主性	2.281	6.762***	0.563	2.143*	0.643	27.092
	和谐性	2.517	7.295***	-0.548	-2.077*	0.640	26.733
人力资本	和谐性	1.506	6.395***	-0.604	-3.353**	0.597	22.463
基础设施	情感自主性	2.615	9.123***	0.469	2.101*	0.758	46.515
	和谐性	2.836	9.986***	-0.541	-2.488*	0.771	49.908

续表

因变量	文化维度	GDP2009 β	GDP2009 t	自变量 β	自变量 t	调整后 R^2	F
市场成熟	和谐性	2.373	9.611***	-1.050	-5.559***	0.780	52.483
商业成熟	和谐性	2.566	7.400***	-0.940	-3.544**	0.662	29.337
知识产出	智力自主性	1.681	4.571***	0.633	2.184*	0.564	19.719
竞争性产出	掌控性	2.077	4.130***	1.410	2.178*	0.345	8.633
财富产出	依附性	1.490	9.513***	0.436	2.912**	0.755	45.620
财富产出	智力自主性	1.480	9.312***	-0.341	-2.723*	0.747	43.841
财富产出	平等主义	1.550	9.239***	-0.422	-2.832**	0.751	44.850
财富产出	和谐性	1.419	10.125***	-0.378	-3.523**	0.779	52.166

注：施瓦茨文化维度 $N=31$；* $p<0.05$，** $p<0.01$，*** $p<0.001$。

在施瓦茨文化价值作为自变量，国家创新能力作为因变量，控制2010年人均GDP的情况下，和谐性显著负向影响国家创新总指数（$t=-2.939$，$p<0.01$），显著负向影响国家创新投入（$t=-2.484$，$p<0.05$），显著负向影响国家创新产出（$t=-2.922$，$p<0.01$）；情感自主性显著正向影响国家创新投入（$t=2.197$，$p<0.05$）。施瓦茨文化价值对国家创新三级指标存在显著影响，具体结果如表7-23所示。

表7-23 施瓦茨文化维度率与国家创新能力关系的回归分析（2010年）

因变量	文化维度	GDP2010 β	GDP2010 t	自变量 β	自变量 t	调整后 R^2	F
创新指数	和谐性	1.955	9.336***	-0.461	-2.939**	0.749	44.234
创新投入	情感自主性	1.897	8.754***	0.363	2.197*	0.743	42.898
创新投入	和谐性	2.064	9.495***	-0.401	-2.484*	0.753	45.284
创新产出	和谐性	1.866	7.834***	-0.521	-2.922**	0.679	31.696
人力资本	情感自主性	1.370	4.826***	0.663	3.066**	0.538	17.883
基础设施	情感自主性	2.370	9.687***	0.525	2.812**	0.785	53.886
市场成熟度	等级性	1.937	6.608***	0.416	2.218*	0.600	22.724
市场成熟度	平等主义	1.912	6.632***	-0.554	-2.205*	0.599	22.662
市场成熟度	和谐性	1.821	10.015***	-0.827	-6.070***	0.800	58.963
商业成熟度	和谐性	1.936	8.038***	-0.477	-2.634*	0.688	32.909

续表

因变量	文化维度	GDP2010 β	GDP2010 t	自变量 β	自变量 t	调整后 R^2	F
科技产出	和谐性	1.697	5.843***	-0.513	-2.356*	0.537	17.841
创意与幸福	和谐性	2.035	6.466***	-0.528	-2.241*	0.585	21.406

注：施瓦茨文化维度 $N=31$；*$p<0.05$，**$p<0.01$，***$p<0.001$。

施瓦茨文化价值作为自变量，国家创新能力作为因变量，控制2011年人均GDP的情况下，和谐性显著负向影响国家创新总指数（$t=-2.849$，$p<0.01$），显著负向影响国家创新投入（$t=-3.897$，$p<0.01$）。施瓦茨文化价值对国家创新三级指标存在显著影响，具体结果如表7-24所示。

表7-24 施瓦茨文化维度率与国家创新能力关系的回归分析（2011年）

因变量	文化维度	GDP2011 β	GDP2011 t	自变量 β	自变量 t	调整后 R^2	F
创新指数	和谐性	26.858	8.008***	-7.018	-2.849**	0.688	33.021
创新投入	和谐性	31.961	11.142***	-8.209	-3.897**	0.812	63.791
市场成熟度	等级性	38.665	6.209***	11.708	2.994**	0.558	19.283
市场成熟度	和谐性	33.887	7.786***	-17.646	-5.521***	0.723	38.891
商业成熟度	等级性	36.220	6.193***	8.219	2.238*	0.562	19.639
商业成熟度	平等主义	38.092	7.214***	-15.066	-3.343**	0.633	26.023
商业成熟度	和谐性	32.808	7.074***	-12.160	-3.571**	0.648	27.652

注：施瓦茨文化维度 $N=30$；*$p<0.05$，**$p<0.01$，***$p<0.001$。

在施瓦茨文化价值作为自变量，国家创新能力作为因变量，控制2012年人均GDP的情况下，和谐性显著负向影响国家创新投入（$t=-3.262$，$p<0.01$）。施瓦茨文化价值对国家创新三级指标存在显著影响，具体结果如表7-25所示。

表7-25 施瓦茨文化维度率与国家创新能力关系的回归分析（2012年）

因变量	文化维度	GDP2012 β	GDP2012 t	自变量 β	自变量 t	调整后 R^2	F
创新投入	和谐性	35.064	11.304***	-7.258	-3.262**	0.815	64.793

续表

因变量	文化维度	GDP2012 β	GDP2012 t	自变量 β	自变量 t	调整后 R^2	F
市场成熟度	等级性	41.770	6.579***	11.035	2.834**	0.588	21.713
市场成熟度	和谐性	37.697	9.664***	-19.099	-6.826***	0.804	60.470
商业成熟度	平等主义	25.433	4.842***	-11.762	-2.686**	0.428	11.863
商业成熟度	和谐性	21.989	5.344***	-12.654	-4.287***	0.569	20.140

注：施瓦茨文化维度 $N=30$；$*p<0.05$，$**p<0.01$，$***p<0.001$。

在施瓦茨文化价值作为自变量，国家创新能力作为因变量，控制2013年人均GDP的情况下，和谐性显著负向影响国家创新总指数（$t=-2.059$，$p<0.05$），显著负向影响国家创新投入（$t=-3.113$，$p<0.01$）；智力自主性显著正向影响国家创新产出（$t=2.185$，$p<0.05$）。施瓦茨文化价值对国家创新三级指标存在显著影响，具体结果如表7-26所示。

表7-26 施瓦茨文化维度率与国家创新能力关系的回归分析（2013年）

因变量	文化维度	GDP2013 β	GDP2013 t	自变量 β	自变量 t	调整后 R^2	F
创新指数	和谐性	28.907	9.642***	-4.420	-2.059*	0.759	46.630
创新投入	和谐性	35.189	12.803***	-6.125	-3.113**	0.849	82.571
创新产出	智力自主性	18.866	4.675**	6.498	2.185*	0.560	19.482
人力资本	情感自主性	34.547	9.665***	5.883	2.259*	0.776	51.148
市场成熟度	掌控性	38.854	6.555***	18.740	2.623*	0.586	21.520
市场成熟度	和谐性	35.511	8.235***	-17.753	-5.103***	0.735	41.320
商业成熟度	平等主义	28.516	5.915***	-9.883	-2.464*	0.533	17.518
商业成熟度	和谐性	25.750	7.017***	-11.661	-4.438***	0.669	30.303

注：施瓦茨文化维度 $N=30$；$*p<0.05$，$**p<0.01$，$***p<0.001$。

在施瓦茨文化价值作为自变量，国家创新能力作为因变量，控制2014年人均GDP的情况下，情感自主性显著正向影响国家创新总指数（$t=2.073$，$p<0.05$），智力自主性显著正向影响国家创新产出（$t=2.158$，$p<0.05$），和谐性显著负向影响国家创新产出（$t=-3.314$，$p<0.01$）。施瓦茨文化价值对国家创新三级指标存在显著影响，具体结果如表7-27所示。

表7-27 施瓦茨文化维度率与国家创新能力关系的回归分析（2014年）

因变量	文化维度	GDP2014		自变量		调整后 R^2	F
		β	t	β	t		
创新指数	情感自主性	26.683	9.129***	4.373	2.073*	0.753	45.232
创新产出	智力自主性	18.956	4.961***	6.021	2.158*	0.579	20.982
	和谐性	33.721	12.094***	-6.554	-3.314**	0.835	74.207
人力资本	情感自主性	34.177	8.810***	8.082	2.886**	0.751	44.809
市场成熟度	和谐性	28.849	7.299***	-14.802	-5.279***	0.704	35.475
商业成熟度	平等主义	26.980	5.632***	-8.444	-2.138*	0.507	15.931
	和谐性	24.770	6.604***	-10.509	-3.950**	0.635	26.213
知识技术产出	智力自主性	18.024	3.372**	8.666	2.220*	0.438	12.198

注：施瓦茨文化维度 $N=30$；*$p<0.05$，**$p<0.01$，***$p<0.001$。

在施瓦茨文化价值作为自变量，国家创新能力作为因变量，控制2015年人均GDP的情况下，情感自主性显著正向影响国家创新总指数（$t=2.378$，$p<0.05$），情感自主性显著正向影响国家创新产出（$t=2.158$，$p<0.05$），智力自主性显著正向影响国家创新产出（$t=2.133$，$p<0.05$），和谐性显著负向影响国家创新产出（$t=-2.260$，$p<0.05$）。施瓦茨文化价值对国家创新三级指标存在显著影响，具体结果如表7-28所示。

表7-28 施瓦茨文化维度率与国家创新能力关系的回归分析（2015年）

因变量	文化维度	GDP2015		自变量		调整后 R^2	F
		β	t	β	t		
创新指数	情感自主性	28.204	9.723***	4.990	2.378*	0.778	51.684
创新产出	情感自主性	24.907	6.364***	6.108	2.158*	0.608	23.490
	智力自主性	22.273	5.326***	6.529	2.133*	0.607	23.370
	和谐性	32.695	12.356***	-4.250	-2.260*	0.839	76.459
人力资本	依附性	28.177	6.866***	-7.767	-2.132*	0.698	34.488
	情感自主性	30.307	8.912***	9.215	3.746**	0.768	48.922
市场成熟度	掌控性	30.306	6.679***	12.251	2.257*	0.597	22.515
	和谐性	28.010	7.809***	-10.182	-3.994***	0.699	34.698
商业成熟度	和谐性	24.487	6.406***	-7.918	-2.913**	0.598	22.541
创意产出	情感自主性	22.206	5.575***	6.725	2.334*	0.555	19.121

注：施瓦茨文化维度 $N=30$；*$p<0.05$，**$p<0.01$，***$p<0.001$。

二、分析讨论

施瓦茨提出了 7 种国家层面的价值观类型，其中部分价值观与国家创新存在显著相关关系。在分析了 2009—2015 年的数据结果后发现，依附性与国家创新之间存在显著的负相关，依附性价值观的得分越高，国家的创新水平越低。智力自主性与国家创新存在显著的正相关，智力自主性越高，国家的创新水平也越高。结果在多数年份上均有体现，较为稳健。等级性和掌控性也表现出了与国家创新之间的显著负相关关系，但佐证这一关系的年份数据较少，无法保证结果的稳健性。

控制了经济因素以后，依附性与国家创新的关系变得不再显著，和谐性对国家创新的影响开始显现。数据分析结果表明，和谐性对国家创新存在显著的负向影响，和谐性程度越高的国家越不利于创新水平的提升。和谐性主要描述的是人类与自然和社会的关系，和谐性意味着强调和谐地融入社会环境与自然环境，和谐性代表接受世界本来的面貌，试图融入它与之成为一个整体而不是对世界进行开发。和谐性过高不利于国家创新的发展，创新带有的探索未知的特性势必要打破和谐、求得突破。结果验证了假设 H11f，和谐性与国家创新能力负相关，控制经济因素后，对国家创新能力产生负向影响。

在控制经济因素的情况下，情感自主性与智力自主性显著正向影响国家创新。自主性程度越高越有利于国家的创新。在自主性高的国家与社会中，个体是具有自主性的，相互之间存在界限，国家或社会鼓励个体寻找自身所具有的特殊意义并寻求能够表达自己内心的特质（例如，偏好、特质、情感和动机）。自主性包含智力自主性与情感自主性两方面。智力自主性表明国家和社会重视追求个人独立的想法以及认知上的方向性；情感自主性意味着国家和社会重视个人追求积极的情感体验。国家价值观重视追求独立想法与独立情感体验能够激发创新的活力，提升国家的创新水平，这一结果验证了假设 H11b 与假设 H11c，自主性与国家创新能力正相关，控制经济因素后，对国家创新能力产生正向影响。其他文化价值维度对国家创新的影响并不显著，无法验证相应的假设。

第五节 社会公理文化价值维度与国家创新能力

一、研究方法与结果

首先,通过相关分析系统检验社会公理与国家创新总指标及分指标间的关系,总结2009—2015年指标的相关性分布规律。其次,在控制人均GDP的前提下采用多元回归分析社会公理对国家创新能力总指标及各分指标的影响。

(1) 相关分析

对2009年国家创新指数与社会公理维度进行简单的相关分析后发现,国家创新总指数与社会犬儒主义显著负相关($r=-0.366$, $p<0.05$),与社会复杂性显著正相关($r=0.668$, $p<0.01$),与天道酬勤显著负相关($r=-0.343$, $p<0.05$),与宗教性显著负相关($r=-0.458$, $p<0.01$),与命运控制显著负相关($r=-0.341$, $p<0.05$);国家创新投入与社会犬儒主义显著负相关($r=-0.348$, $p<0.05$),与社会复杂性显著正相关($r=0.656$, $p<0.01$),与天道酬勤显著负相关($r=-0.353$, $p<0.05$),与宗教性显著负相关($r=-0.469$, $p<0.01$),与命运控制显著负相关($r=-0.350$, $p<0.05$);国家创新产出与社会犬儒主义显著负相关($r=-0.363$, $p<0.05$),与社会复杂性显著正相关($r=0.642$, $p<0.01$),与宗教性显著负相关($r=-0.416$, $p<0.01$)。同时,国家创新指数三级指标制度、人力资本、基础设施、市场成熟、商业成熟、知识产出、竞争性产出以及财富产出八项指标与社会复杂性显著正相关($p<0.01$);制度、人力资本、商业成熟、知识产出、财富产出与社会犬儒主义显著负相关($p<0.05$),制度、基础设施、财富产出与天道酬勤显著负相关($p<0.05$),八项指标与宗教性显著负相关($p<0.05$),制度、基础设施、市场成熟、财富产出与命运控制显著负相关($p<0.05$)。

对2010年国家创新指数与社会公理维度进行简单的相关分析后发现,国家创新总指数与社会犬儒主义显著负相关($r=-0.377$, $p<0.05$),与社会复杂性显著正相关($r=0.666$, $p<0.01$),与天道酬勤显著负相关($r=-0.486$,

$p<0.01$），与宗教性显著负相关（$r=-0.537$，$p<0.01$），与命运控制显著负相关（$r=-0.465$，$p<0.01$）；国家创新投入与社会犬儒主义显著负相关（$r=-0.352$，$p<0.05$），与社会复杂性显著正相关（$r=0.674$，$p<0.01$），与天道酬勤显著负相关（$r=-0.451$，$p<0.01$），与宗教性显著负相关（$r=-0.527$，$p<0.01$），与命运控制显著负相关（$r=-0.447$，$p<0.01$）；国家创新产出与社会犬儒主义显著负相关（$r=-0.383$，$p<0.05$），与社会复杂性显著正相关（$r=0.620$，$p<0.01$），与天道酬勤显著负相关（$r=-0.499$，$p<0.01$），与宗教性显著负相关（$r=-0.517$，$p<0.01$），与命运控制显著负相关（$r=-0.459$，$p<0.01$）。同时，国家创新指数三级指标制度、人力资本、基础设施、市场成熟度、商业成熟度、科技产出以及创意与幸福七项指标社会复杂性显著正相关（$p<0.01$）；人力资本、商业成熟度、科技产出与社会犬儒主义显著负相关（$p<0.05$），除市场成熟度外其余六项指标与天道酬勤及宗教性显著负相关（$p<0.05$），除商业成熟度、科技产出外其余五项指标与命运控制显著负相关（$p<0.05$）。对2011年国家创新指数与社会公理维度进行简单的相关分析后发现，国家创新总指数与社会犬儒主义显著负相关（$r=-0.356$，$p<0.05$），与社会复杂性显著正相关（$r=0.680$，$p<0.01$），与天道酬勤显著负相关（$r=-0.558$，$p<0.01$），与宗教性显著负相关（$r=-0.604$，$p<0.01$），与命运控制显著负相关（$r=-0.418$，$p<0.01$）；国家创新投入与社会犬儒主义显著负相关（$r=-0.326$，$p<0.05$），与社会复杂性显著正相关（$r=0.635$，$p<0.01$），与天道酬勤显著负相关（$r=-0.547$，$p<0.01$），与宗教性显著负相关（$r=-0.591$，$p<0.01$），与命运控制显著负相关（$r=-0.480$，$p<0.01$）；国家创新产出与社会犬儒主义显著负相关（$r=-0.367$，$p<0.05$），与社会复杂性显著正相关（$r=0.685$，$p<0.01$），与天道酬勤显著负相关（$r=-0.528$，$p<0.01$），与宗教性显著负相关（$r=-0.574$，$p<0.01$）。同时，国家创新指数三级指标制度、人力资本、基础设施、市场成熟度、商业成熟度、知识技术产出以及创意产出七项指标与社会复杂性显著正相关（$p<0.01$）；人力资本、基础设施、商业成熟度、创意产出与社会犬儒主义显著负相关（$p<0.05$），七项分指标与天道酬勤显著负相关（$p<0.05$），与宗教性显著负相关（$p<0.01$），

制度、人力资本、市场成熟度、创意产出与命运控制显著负相关（$p<0.05$）。

对2012年国家创新指数与社会公理维度进行简单的相关分析后发现，国家创新总指数与社会犬儒主义显著负相关（$r=-0.358$，$p<0.05$），与社会复杂性显著正相关（$r=0.663$，$p<0.01$），与天道酬勤显著负相关（$r=-0.602$，$p<0.01$），与宗教性显著负相关（$r=-0.657$，$p<0.01$），与命运控制显著负相关（$r=-0.467$，$p<0.01$）；国家创新投入与社会犬儒主义显著负相关（$r=-0.318$，$p<0.05$），与社会复杂性显著正相关（$r=0.599$，$p<0.01$），与天道酬勤显著负相关（$r=-0.584$，$p<0.01$），与宗教性显著负相关（$r=-0.613$，$p<0.01$），与命运控制显著负相关（$r=-0.522$，$p<0.01$）；国家创新产出与社会犬儒主义显著负相关（$r=-0.382$，$p<0.05$），与社会复杂性显著正相关（$r=0.696$，$p<0.01$），与天道酬勤显著负相关（$r=-0.582$，$p<0.01$），与宗教性显著负相关（$r=-0.664$，$p<0.01$），与命运控制显著负相关（$r=-0.367$，$p<0.01$）。同时，国家创新指数三级指标制度、人力资本、基础设施、市场成熟度、商业成熟度、知识技术产出以及创意产出七项指标与社会复杂性显著正相关（$p<0.01$）；人力资本、商业成熟度、创意产出与社会犬儒主义显著负相关（$p<0.05$），七项指标与天道酬勤及宗教性显著负相关（$p<0.05$），除知识技术产出外其余六项指标与命运控制显著负相关（$p<0.01$）。

对2013年国家创新指数与社会公理维度进行简单的相关分析后发现，国家创新总指数与社会犬儒主义显著负相关（$r=-0.386$，$p<0.05$），与社会复杂性显著正相关（$r=0.663$，$p<0.01$），与天道酬勤显著负相关（$r=-0.616$，$p<0.01$），与宗教性显著负相关（$r=-0.657$，$p<0.01$），与命运控制显著负相关（$r=-0.503$，$p<0.01$）；国家创新投入与社会犬儒主义显著负相关（$r=-0.327$，$p<0.05$），与社会复杂性显著正相关（$r=0.618$，$p<0.01$），与天道酬勤显著负相关（$r=-0.608$，$p<0.01$），与宗教性显著负相关（$r=-0.645$，$p<0.01$），与命运控制显著负相关（$r=-0.534$，$p<0.01$）；国家创新产出与社会犬儒主义显著负相关（$r=-0.443$，$p<0.01$），与社会复杂性显著正相关（$r=0.681$，$p<0.01$），与天道酬勤显著负相关（$r=-0.585$，$p<0.01$），与宗教性显著负相关（$r=-0.627$，$p<0.01$），与命运控制显著负相关（$r=-0.424$，$p<$

0.01）。同时，国家创新指数三级指标制度、人力资本、基础设施、市场成熟度、商业成熟度、知识技术产出以及创意产出七项指标与社会复杂性显著正相关（$p<0.01$）；商业成熟度、知识技术产出与社会犬儒主义显著负相关（$p<0.05$），七项指标与天道酬勤及宗教性显著负相关（$p<0.01$），除知识技术产出外其余六项指标与命运控制显著负相关（$p<0.01$）。

对2014年国家创新指数与社会公理维度进行简单的相关分析后发现，国家创新总指数与社会犬儒主义显著负相关（$r=-0.376$，$p<0.05$），与社会复杂性显著正相关（$r=0.667$，$p<0.01$），与天道酬勤显著负相关（$r=-0.610$，$p<0.01$），与宗教性显著负相关（$r=-0.661$，$p<0.01$），与命运控制显著负相关（$r=-0.474$，$p<0.01$）；国家创新投入与社会犬儒主义显著负相关（$r=-0.329$，$p<0.05$），与社会复杂性显著正相关（$r=0.615$，$p<0.01$），与天道酬勤显著负相关（$r=-0.570$，$p<0.01$），与宗教性显著负相关（$r=-0.628$，$p<0.01$），与命运控制显著负相关（$r=-0.512$，$p<0.01$）；国家创新产出与社会犬儒主义显著负相关（$r=-0.410$，$p<0.01$），与社会复杂性显著正相关（$r=0.686$，$p<0.01$），与天道酬勤显著负相关（$r=-0.618$，$p<0.01$），与宗教性显著负相关（$r=-0.656$，$p<0.01$），与命运控制显著负相关（$r=-0.391$，$p<0.05$）。同时，国家创新指数三级指标制度、人力资本、基础设施、市场成熟度、商业成熟度、知识技术产出以及创意产出七项指标与社会复杂性显著正相关（$p<0.01$）；商业成熟度、知识技术产出以及创意产出与社会犬儒主义显著负相关（$p<0.05$），除市场成熟度外其余六项指标与天道酬勤显著负相关（$p<0.01$），七项指标与宗教性显著负相关（$p<0.05$），除技术知识产出外其余六项指标与命运控制显著负相关（$p<0.05$）。

对2015年国家创新指数与社会公理维度进行简单的相关分析后发现，国家创新总指数与社会犬儒主义显著负相关（$r=-0.348$，$p<0.05$），与社会复杂性显著正相关（$r=0.653$，$p<0.01$），与天道酬勤显著负相关（$r=-0.612$，$p<0.01$），与宗教性显著负相关（$r=-0.661$，$p<0.01$），与命运控制显著负相关（$r=-0.479$，$p<0.01$）；国家创新投入与社会复杂性显著正相关（$r=0.612$，$p<0.01$），与天道酬勤显著负相关（$r=-0.597$，$p<0.01$），与宗教性

显著负相关（$r=-0.641$，$p<0.01$），与命运控制显著负相关（$r=-0.534$，$p<0.01$）；国家创新产出与社会犬儒主义显著负相关（$r=-0.370$，$p<0.05$），与社会复杂性显著正相关（$r=0.670$，$p<0.01$），与天道酬勤显著负相关（$r=-0.600$，$p<0.01$），与宗教性显著负相关（$r=-0.653$，$p<0.01$），与命运控制显著负相关（$r=-0.395$，$p<0.05$）。同时，国家创新指数三级指标制度、人力资本、基础设施、市场成熟度、商业成熟度、知识技术产出以及创意产出七项指标与社会复杂性显著正相关（$p<0.01$）；商业成熟度、知识技术产出以及创意产出与社会犬儒主义显著负相关（$p<0.05$），七项指标与天道酬勤（$p<0.05$）及宗教性（$p<0.01$）显著负相关，除知识技术产除外其余六项指标与命运控制显著负相关（$p<0.05$）。

（2）回归分析

在社会公理作为自变量，国家创新能力作为因变量，控制2009年人均GDP的情况下，社会复杂性显著正向影响国家创新总指数（$t=2.305$，$p<0.05$），显著正向影响国家创新投入（$t=2.059$，$p<0.05$），显著正向影响国家创新产出（$t=2.219$，$p<0.05$）；天道酬勤显著正向影响国家创新投入（$t=2.151$，$p<0.05$）。社会公理对国家创新三级指标存在显著影响，具体结果如表7-29所示。

表7-29 社会公理与国家创新能力关系的回归分析（2009年）

因变量	社会公理	GDP2009		自变量		调整后R^2	F
		β	t	β	t		
创新指数	社会复杂性	1.414	5.025***	1.428	2.305*	0.658	35.645
创新投入	社会复杂性	1.734	5.573***	1.410	2.059*	0.680	39.306
	天道酬勤	2.570	8.014***	0.868	2.151*	0.684	39.877
创新产出	社会复杂性	1.093	3.707**	1.441	2.219*	0.549	22.887
制度	社会复杂性	1.476	4.127**	1.999	2.540*	0.608	28.927
人力资本	社会犬儒主义	1.194	4.505***	-0.880	-2.181*	0.495	18.617
	天道酬勤	1.878	5.862***	0.924	2.291*	0.501	19.068
基础设施	命运控制	3.427	11.824***	0.817	2.260*	0.839	94.966
市场成熟	天道酬勤	2.597	6.510***	1.067	2.124*	0.570	24.863

续表

因变量	社会公理	GDP2009		自变量		调整后 R^2	F
		β	t	β	t		
商业成熟	社会复杂性	1.602	3.919***	1.967	2.185*	0.565	24.389
	天道酬勤	2.786	6.650***	1.248	2.365*	0.574	25.262
财富产出	天道酬勤	1.708	8.786***	0.592	2.420*	0.721	47.579

注：社会公理 $N=38$；*$p<0.05$，**$p<0.01$，***$p<0.001$。

在社会公理作为自变量，国家创新能力作为因变量，控制2010年人均GDP的情况下，社会复杂性显著正向影响国家创新总指数（$t=2.185$，$p<0.05$），显著正向影响国家创新投入（$t=2.066$，$p<0.05$）。社会公理对国家创新三级指标存在显著影响，具体结果如表7-30所示。

表7-30　社会公理与国家创新能力关系的回归分析（2010年）

因变量	社会公理	GDP2010		自变量		调整后 R^2	F
		β	t	β	t		
创新指数	社会复杂性	1.549	7.213***	1.017	2.185*	0.769	60.953
创新投入	社会复杂性	1.676	7.516***	0.999	2.066*	0.777	63.897
人力资本	社会犬儒主义	1.528	6.706***	−0.746	−2.185*	0.652	34.709
基础设施	社会复杂性	2.453	10.803***	1.378	2.799**	0.877	129.397
商业成熟度	社会复杂性	1.156	3.954***	1.404	2.214*	0.572	25.037
科技产出	社会犬儒主义	1.327	5.146**	−0.826	−2.139*	0.544	22.443
	社会复杂性	1.124	3.699**	1.424	2.161*	0.545	22.544

注：社会公理 $N=38$；*$p<0.05$，**$p<0.01$，***$p<0.001$。

在社会公理作为自变量，国家创新能力作为因变量，控制2011年人均GDP的情况下，社会复杂性显著正向影响国家创新总指数（$t=2.689$，$p<0.05$），显著正向影响国家创新产出（$t=3.099$，$p<0.05$）。社会公理对国家创新三级指标存在显著影响，具体结果如表7-31所示。

表 7-31 社会公理与国家创新能力关系的回归分析（2011年）

因变量	社会公理	GDP2011		自变量		调整后 R^2	F
		β	t	β	t		
创新指数	社会复杂性	21.857	6.560***	18.596	2.689*	0.742	55.507
创新产出	社会复杂性	13.947	3.728**	24.060	3.099**	0.596	29.036
基础设施	社会复杂性	20.977	6.264***	17.189	2.473*	0.719	49.691
创意产出	社会复杂性	7.339	1.735	24.338	2.772**	0.383	12.790

注：社会公理 $N=39$；*$p<0.05$，**$p<0.01$，***$p<0.001$。

在社会公理作为自变量，国家创新能力作为因变量，控制 2012 年人均 GDP 的情况下，社会复杂性显著正向影响国家创新总指数（$t=2.325$，$p<0.05$），显著正向影响国家创新产出（$t=3.155$，$p<0.01$）；宗教性显著负向影响国家创新总指数（$t=-2.069$，$p<0.05$），显著负向影响国家创新产出（$t=-2.577$，$p<0.05$）。社会公理对国家创新三级指标存在显著影响，具体结果如表 7-32 所示。

表 7-32 社会公理与国家创新能力关系的回归分析（2012年）

因变量	社会公理	GDP2012		自变量		调整后 R^2	F
		β	t	β	t		
创新指数	社会复杂性	27.219	7.673***	16.819	2.325*	0.776	66.717
	宗教性	27.576	7.591***	-4.817	-2.069*	0.769	64.417
创新产出	社会复杂性	17.912	4.318***	26.691	3.155**	0.641	34.979
	宗教性	18.916	4.348***	-7.183	-2.577*	0.614	31.159
基础设施	宗教性	29.993	8.450***	-6.262	-2.753**	0.816	85.318
知识技术产出	社会复杂性	22.913	3.789**	25.024	2.029*	0.520	21.557
	宗教性	22.293	3.673**	-8.376	-2.154*	0.526	22.072
创意产出	社会复杂性	12.887	2.825**	28.448	3.058**	0.520	21.557

注：社会公理 $N=39$；*$p<0.05$，**$p<0.01$，***$p<0.001$。

在社会公理作为自变量，国家创新能力作为因变量，控制 2013 年人均 GDP 的情况下，社会复杂性显著正向影响国家创新总指数（$t=2.190$，$p<0.05$），显著正向影响国家创新产出（$t=2.784$，$p<0.01$）。社会公理对国家创新三级指标存在显著影响，具体结果如表 7-33 所示。

表 7-33 社会公理与国家创新能力关系的回归分析（2013 年）

因变量	社会公理	GDP2013		自变量		调整后 R^2	F
		β	t	β	t		
创新指数	社会复杂性	26.719	8.473***	13.957	2.190*	0.803	78.266
创新产出	社会复杂性	17.062	4.796***	20.009	2.784**	0.655	37.070
创意产出	社会复杂性	16.211	3.792**	21.903	2.535*	0.565	25.637

注：社会公理 $N=39$；* $p<0.05$，** $p<0.01$，*** $p<0.001$。

在社会公理作为自变量，国家创新能力作为因变量，控制 2014 年人均 GDP 的情况下，社会复杂性显著正向影响国家创新总指数（$t=2.265$，$p<0.05$），显著正向影响国家创新产出（$t=2.817$，$p<0.01$）；宗教性显著负向影响国家创新总指数（$t=-2.156$，$p<0.05$），显著负向影响国家创新产出（$t=-2.337$，$p<0.05$）。社会公理对国家创新三级指标存在显著影响，具体结果如表 7-34 所示。

表 7-34 社会公理与国家创新能力关系的回归分析（2014 年）

因变量	社会公理	GDP2014		自变量		调整后 R^2	F
		β	t	β	t		
创新指数	社会复杂性	27.351	8.588***	14.309	2.265*	0.808	80.843
	宗教性	27.541	8.600***	-4.303	-2.156*	0.806	79.687
创新产出	社会复杂性	19.328	5.190***	20.814	2.817**	0.681	41.497
	宗教性	20.261	5.287***	-5.583	-2.337*	0.662	38.148
知识技术产出	宗教性	17.581	3.316**	-8.406	-2.543*	0.523	21.821
创意产出	社会复杂性	19.027	4.645***	21.664	2.666*	0.638	34.480

注：社会公理 $N=39$；* $p<0.05$，** $p<0.01$，*** $p<0.001$。

在社会公理作为自变量，国家创新能力作为因变量，控制 2015 年人均 GDP 的情况下，社会公理的宗教性维度显著负向影响基础设施投入三级分指标，具体结果如表 7-35 所示。

表 7-35 社会公理与国家创新能力关系的回归分析（2015 年）

因变量	社会公理	GDP2015		自变量		调整后 R^2	F
		β	t	β	t		
基础设施	宗教性	32.037	10.765***	-4.470	-2.323*	0.867	121.292

注：社会公理 $N=39$；*$p<0.05$，**$p<0.01$，***$p<0.001$。

二、分析讨论

社会公理是关于自己、社会、现实世界或精神世界的一般性信念，Leung 等（2002）将社会公理作为价值观跨文化研究的补充。在分析了 2009—2015 年的数据之后发现，社会复杂性与国家创新存在显著的正相关，社会复杂性的提高伴随着国家创新水平的提升。天道酬勤是指国家或社会更强调付出与回报的公平性，研究结果显示天道酬勤与国家创新显著负相关。宗教性与国家创新显著负相关，宗教的影响越大，国家的创新水平越低。命运控制与国家创新显著负相关，相信命运天定的程度越高，国家创新水平越低。

控制经济因素的情况下，社会复杂性显著正向影响国家创新，社会复杂性用于衡量社会是否是复杂多变的，是否存在一般规则，以及社会行为是否可能在不同的情境下产生矛盾的结果。这一维度测量内容的重要性在于，人们需要了解个体是否可以依赖以前使用过的方法，或者应该根据情境变化来指导个体的行为。该维度侧重于外部世界的诸多方面，社会复杂性的得分较高表明对行为所处情境的变异较为敏感，国家或社会更为复杂多变。国家对变化的感受性更敏感，环境更为多变有利于提升国家创新水平。验证了假设 H12a，社会复杂性与国家创新能力呈正相关关系，控制经济因素后，对国家创新能力产生正向影响。

控制经济因素后，宗教性显著负向影响国家创新水平的提升。宗教性在所有文化中都有所体现，对灵性及其结果的信念能够影响各种行为，例如，职业选择和休闲活动的选择等。这一维度的得分越高表明该国家或社会中宗教对人们生活的影响越大。宗教性对生产生活的影响越大，宗教性所占的比重越高，越不利于创新能力的提升。结果验证了假设 H12c，宗教性与国家创新能力显著负相关，控制经济因素后，对国家创新能力产生负向影响。社会犬儒主义和命运控制对国家创新的影响并不显著，无法验证相应的假设。

第六节 松—紧文化维度与国家创新能力

一、研究方法与结果

首先，通过相关分析系统检验文化松紧性与国家创新总指标及分指标间的关系，总结2009—2015年指标的相关性分布规律。其次，在控制人均GDP的前提下采用多元回归分析文化松紧性对国家创新能力总指标及各分指标的影响。

（1）相关分析

对2009年国家创新指数与松紧文化进行简单的相关分析后发现，国家创新总指数与特殊领域文化松紧显著正相关（$r=0.534$，$p<0.01$），与一般领域文化松紧显著正相关（$r=0.296$，$p<0.05$），与松紧文化总分显著正相关（$r=0.511$，$p<0.01$）；国家创新投入与特殊领域文化松紧显著正相关（$r=0.531$，$p<0.01$），与一般领域文化松紧显著正相关（$r=0.283$，$p<0.05$），与松紧文化总分显著正相关（$r=0.525$，$p<0.01$）；国家创新产出与特殊领域文化松紧显著正相关（$r=0.518$，$p<0.01$），与一般领域文化松紧显著正相关（$r=0.303$，$p<0.05$），与松紧文化总分显著正相关（$r=0.476$，$p<0.01$）。同时，国家创新指数三级指标制度、人力资本、基础设施、市场成熟、商业成熟、知识产出、竞争性产出以及财富产出八项指标与特殊领域松紧文化显著正相关（$p<0.01$），与松紧文化总分显著正相关（$p<0.01$），人力资本、基础设施、市场成熟、竞争性产出以及财富产出与一般领域松紧文化显著正相关（$p<0.05$）。

对2010年国家创新指数与松紧文化进行简单的相关分析后发现，国家创新总指数与特殊领域文化松紧显著正相关（$r=0.567$，$p<0.01$），与一般领域文化松紧显著正相关（$r=0.306$，$p<0.05$），与松紧文化总分显著正相关（$r=$

0.565，$p<0.01$）；国家创新投入与特殊领域文化松紧显著正相关（$r=0.572$，$p<0.01$），与一般领域文化松紧显著正相关（$r=0.343$，$p<0.01$），与松紧文化总分显著正相关（$r=0.572$，$p<0.01$）；国家创新产出与特殊领域文化松紧显著正相关（$r=0.530$，$p<0.01$），与松紧文化总分显著正相关（$r=0.532$，$p<0.01$）。同时，国家创新指数三级指标制度、人力资本、基础设施、市场成熟度、商业成熟度、科技产出以及创意与幸福七项指标与松紧文化总分显著正相关（$p<0.01$），与特殊领域松紧文化显著正相关（$p<0.01$），制度、人力资本、基础设施、市场成熟度与一般领域松紧文化显著正相关（$p<0.05$）。

对2011年国家创新指数与松紧文化进行简单的相关分析后发现，国家创新总指数与特殊领域文化松紧显著正相关（$r=0.577$，$p<0.01$），与一般领域文化松紧显著正相关（$r=0.339$，$p<0.01$），与松紧文化总分显著正相关（$r=0.588$，$p<0.01$）；国家创新投入与特殊领域文化松紧显著正相关（$r=0.577$，$p<0.01$），与一般领域文化松紧显著正相关（$r=0.408$，$p<0.01$），与松紧文化总分显著正相关（$r=0.622$，$p<0.01$）；国家创新产出与特殊领域文化松紧显著正相关（$r=0.527$，$p<0.01$），与松紧文化总分显著正相关（$r=0.502$，$p<0.01$）。同时，国家创新指数三级指标制度、人力资本、基础设施、市场成熟度、商业成熟度、知识技术产出以及创意产出七项指标与松紧文化总分显著正相关（$p<0.01$），与特殊领域松紧文化显著正相关（$p<0.01$），除知识技术产出以及创意产出外其余五项指标与一般领域松紧文化显著正相关（$p<0.05$）。

对2012年国家创新指数与松紧文化进行简单的相关分析后发现，国家创新总指数与特殊领域文化松紧显著正相关（$r=0.565$，$p<0.01$），与一般领域文化松紧显著正相关（$r=0.367$，$p<0.01$），与松紧文化总分显著正相关（$r=0.602$，$p<0.01$）；国家创新投入与特殊领域文化松紧显著正相关（$r=0.549$，$p<0.01$），与一般领域文化松紧显著正相关（$r=0.394$，$p<0.01$），与松紧文化总分显著正相关（$r=0.617$，$p<0.01$）；国家创新产出与特殊领域文化松紧显著正相关（$r=0.548$，$p<0.01$），与一般领域文化松紧显著正相关（$r=0.320$，$p<0.05$），与松紧文化总分显著正相关（$r=0.553$，$p<0.01$）。同时，

国家创新指数三级指标制度、人力资本、基础设施、市场成熟度、商业成熟度、知识技术产出以及创意产出七项指标与松紧文化总分显著正相关（$p<0.01$），与特殊领域松紧文化显著正相关（$p<0.01$），与一般领域松紧文化显著正相关（$p<0.05$）。

对2013年国家创新指数与松紧文化进行简单的相关分析后发现，国家创新总指数与特殊领域文化松紧显著正相关（$r=0.590$，$p<0.01$），与一般领域文化松紧显著正相关（$r=0.397$，$p<0.01$），与松紧文化总分显著正相关（$r=0.617$，$p<0.01$）；国家创新投入与特殊领域文化松紧显著正相关（$r=0.585$，$p<0.01$），与一般领域文化松紧显著正相关（$r=0.409$，$p<0.01$），与松紧文化总分显著正相关（$r=0.625$，$p<0.01$）；国家创新产出与特殊领域文化松紧显著正相关（$r=0.554$，$p<0.01$），与一般领域文化松紧显著正相关（$r=0.356$，$p<0.01$），与松紧文化总分显著正相关（$r=0.564$，$p<0.01$）。同时，国家创新指数三级指标制度、人力资本、基础设施、市场成熟度、商业成熟度、知识技术产出以及创意产出七项指标与松紧文化总分显著正相关（$p<0.01$），与特殊领域松紧文化显著正相关（$p<0.01$），与一般领域松紧文化显著正相关（$p<0.05$）。

对2014年国家创新指数与松紧文化进行简单的相关分析后发现，国家创新总指数与特殊领域文化松紧显著正相关（$r=0.578$，$p<0.01$），与一般领域文化松紧显著正相关（$r=0.379$，$p<0.01$），与松紧文化总分显著正相关（$r=0.607$，$p<0.01$）；国家创新投入与特殊领域文化松紧显著正相关（$r=0.573$，$p<0.01$），与一般领域文化松紧显著正相关（$r=0.412$，$p<0.01$），与松紧文化总分显著正相关（$r=0.625$，$p<0.01$）；国家创新产出与特殊领域文化松紧显著正相关（$r=0.545$，$p<0.01$），与一般领域文化松紧显著正相关（$r=0.324$，$p<0.05$），与松紧文化总分显著正相关（$r=0.549$，$p<0.01$）。同时，国家创新指数三级指标制度、人力资本、基础设施、市场成熟度、商业成熟度、知识技术产出以及创意产出七项指标与松紧文化总分显著正相关（$p<0.01$），与特殊领域松紧文化显著正相关（$p<0.01$），与一般领域松紧文化显著正相关（$p<0.05$）。

对 2015 年国家创新指数与松紧文化进行简单的相关分析后发现，国家创新总指数与特殊领域文化松紧显著正相关（$r=0.587$，$p<0.01$），与一般领域文化松紧显著正相关（$r=0.385$，$p<0.01$），与松紧文化总分显著正相关（$r=0.624$，$p<0.01$）；国家创新投入与特殊领域文化松紧显著正相关（$r=0.581$，$p<0.01$），与一般领域文化松紧显著正相关（$r=0.415$，$p<0.01$），与松紧文化总分显著正相关（$r=0.637$，$p<0.01$）；国家创新产出与特殊领域文化松紧显著正相关（$r=0.561$，$p<0.01$），与一般领域文化松紧显著正相关（$r=0.338$，$p<0.01$），与松紧文化总分显著正相关（$r=0.577$，$p<0.01$）。同时，国家创新指数三级指标制度、人力资本、基础设施、市场成熟度、商业成熟度、知识技术产出以及创意产出七项指标与松紧文化总分显著正相关（$p<0.01$），与特殊领域松紧文化显著正相关（$p<0.01$），与一般领域松紧文化显著正相关（$p<0.05$）。

(2) 回归分析

在文化松紧性作为自变量，国家创新能力作为因变量，控制 2010 年人均 GDP 的情况下，松紧文化总分显著正向影响创意与幸福产出三级分指标，具体结果如表 7-36 所示。CTL_C 为松紧文化总分，CTL_DG 为一般领域松紧文化，CTL_DS 为特殊领域松紧文化，下同。

表 7-36　松紧文化与国家创新能力关系的回归分析（2010 年）

因变量	松紧文化	GDP2010 β	GDP2010 t	自变量 β	自变量 t	调整后 R^2	F
创意与幸福	CTL_C	1.028	5.141***	0.007	2.299*	0.529	32.951

注：特殊领域文化松紧（CTL_DS）$N=61$，一般领域文化松紧（CTL_DG）$N=57$，松紧文化整合指标（CTL_C）$N=58$；* $p<0.05$，** $p<0.01$，*** $p<0.001$。

在文化松紧性作为自变量，国家创新能力作为因变量，控制 2011 年人均 GDP 的情况下，松紧文化总分显著正向影响国家创新总指数（$t=2.101$，$p<0.05$），显著正向影响国家创新投入（$t=2.459$，$p<0.05$）；特殊领域文化松紧性显著正向影响国家创新总指数（$t=2.142$，$p<0.05$），显著正向影响国家创新产出（$t=2.111$，$p<0.05$）。文化松紧性对国家创新三级指标存在显著影响，具体结果如表 7-37 所示。

表 7-37　松紧文化与国家创新能力关系的回归分析（2011 年）

因变量	松紧文化	GDP2011		自变量		调整后 R^2	F
		β	t	β	t		
创新指数	CTL_C	17.293	6.884***	0.083	2.101*	0.633	51.035
	CTL_DS	17.178	6.773***	0.085	2.142*	0.612	49.066
创新投入	CTL_C	20.994	8.920***	0.091	2.459*	0.738	82.667
创新产出	CTL_DS	12.668	4.207***	0.099	2.111*	0.426	23.623
基础设施	CTL_C	16.203	7.756***	0.066	2.005*	0.675	61.205
	CTL_DS	15.601	7.615***	0.075	2.348*	0.665	61.436
商业成熟度	CTL_C	21.935	6.849***	0.130	2.587*	0.651	55.172
创意产出	CTL_DS	8.001	2.709***	0.118	2.563*	0.329	15.961

注：特殊领域文化松紧（CTL_DS）$N=62$，一般领域文化松紧（CTL_DG）$N=58$，松紧文化整合指标（CTL_C）$N=59$；*$p<0.05$，**$p<0.01$，***$p<0.001$。

在文化松紧性作为自变量，国家创新能力作为因变量，控制 2012 年人均 GDP 的情况下，松紧文化总分显著正向影响国家创新总指数（$t=2.452$，$p<0.05$），显著正向影响国家创新投入（$t=2.619$，$p<0.05$），显著正向影响国家创新产出（$t=2.026$，$p<0.05$）；特殊领域文化松紧性显著正向影响国家创新总指数（$t=2.079$，$p<0.05$），显著正向影响国家创新产出（$t=2.217$，$p<0.05$）。文化松紧性对国家创新三级指标存在显著影响，具体结果如表 7-38 所示。

表 7-38　松紧文化与国家创新能力关系的回归分析（2012 年）

因变量	松紧文化	GDP2010		自变量		调整后 R^2	F
		β	t	β	t		
创新指数	CTL_C	20.771	8.230***	0.096	2.452*	0.696	69.670
	CTL_DS	21.202	8.164***	0.082	2.079*	0.664	63.229
创新投入	CTL_C	23.651	9.892***	0.097	2.619*	0.761	96.712
创新产出	CTL_C	17.920	5.937***	0.095	2.026*	0.554	38.203
	CTL_DS	17.527	5.784***	0.102	2.217*	0.533	36.979
制度	CTL_C	31.944	7.282***	0.171	2.527*	0.655	57.862
基础设施	CTL_DS	24.070	9.795***	0.087	2.334*	0.737	89.265
创意产出	CTL_DS	15.025	4.712***	0.108	2.232*	0.455	27.302

注：特殊领域文化松紧（CTL_DS）$N=64$，一般领域文化松紧（CTL_DG）$N=60$，松紧文化整合指标（CTL_C）$N=61$；*$p<0.05$，**$p<0.01$，***$p<0.001$。

在文化松紧性作为自变量，国家创新能力作为因变量，控制 2013 年人均 GDP 的情况下，松紧文化总分显著正向影响国家创新总指数（$t=2.691$，$p<0.01$），显著正向影响国家创新投入（$t=2.787$，$p<0.01$），显著正向影响国家创新产出（$t=2.149$，$p<0.05$）；特殊领域文化松紧性显著正向影响国家创新总指数（$t=2.459$，$p<0.05$），显著正向影响国家创新投入（$t=2.272$，$p<0.05$），显著正向影响国家创新产出（$t=2.218$ $p<0.05$）。文化松紧性对国家创新三级指标存在显著影响，具体结果如表 7-39 所示。

表 7-39 松紧文化与国家创新能力关系的回归分析（2013 年）

因变量	松紧文化	GDP2013 β	GDP2013 t	自变量 β	自变量 t	调整后 R^2	F
创新指数	CTL_C	19.412	8.521***	0.094	2.691**	0.716	76.535
	CTL_DS	19.710	8.450***	0.087	2.459*	0.690	71.107
创新投入	CTL_C	23.048	9.755***	0.101	2.787**	0.761	96.748
	CTL_DS	23.653	9.464***	0.086	2.272*	0.725	83.939
创新产出	CTL_C	15.776	5.978***	0.087	2.149*	0.563	39.700
	CTL_DS	15.769	6.043***	0.087	2.218*	0.552	39.813
制度	CTL_C	27.867	7.525***	0.166	2.926**	0.681	65.157
	CTL_DS	28.343	6.652***	0.158	2.448*	0.600	48.303
市场成熟度	CTL_C	15.860	4.294***	0.127	2.236*	0.442	24.797
创意产出	CTL_C	15.111	4.527***	0.118	2.314*	0.467	27.253

注：特殊领域文化松紧（CTL_DS）$N=64$，一般领域文化松紧（CTL_DG）$N=60$，松紧文化整合指标（CTL_C）$N=61$；*$p<0.05$，**$p<0.01$，***$p<0.001$。

在文化松紧性作为自变量，国家创新能力作为因变量，控制 2014 年人均 GDP 的情况下，松紧文化总分显著正向影响国家创新总指数（$t=2.689$，$p<0.01$），显著正向影响国家创新投入（$t=2.829$，$p<0.01$），显著正向影响国家创新产出（$t=2.097$，$p<0.05$）；特殊领域文化松紧性显著正向影响国家创新总指数（$t=2.395$，$p<0.05$），显著正向影响国家创新投入（$t=2.058$，$p<0.05$），显著正向影响国家创新产出（$t=2.285$ $p<0.05$）。文化松紧性对国家创新三级指标存在显著影响，具体结果如表 7-40 所示。

表7-40 松紧文化与国家创新能力关系的回归分析（2014年）

因变量	松紧文化	GDP2014 β	GDP2014 t	自变量 β	自变量 t	调整后 R^2	F
创新指数	CTL_C	19.582	8.412***	0.096	2.689**	0.719	76.615
	CTL_DS	19.920	8.588***	0.084	2.395*	0.709	75.395
创新投入	CTL_C	21.345	8.648***	0.107	2.829**	0.732	81.716
	CTL_DS	22.399	9.061***	0.077	2.058*	0.718	78.831
创新产出	CTL_C	17.822	6.746***	0.085	2.097*	0.618	48.753
	CTL_DS	17.446	6.621***	0.091	2.285*	0.609	48.547
制度	CTL_C	26.380	7.124***	0.185	3.266**	0.648	64.918
	CTL_DS	27.570	7.318***	0.153	2.682**	0.662	60.854
人力资本	CTL_C	28.295	9.327***	0.097	2.092*	0.738	83.891
商业成熟度	CTL_C	16.181	5.512***	0.114	2.541*	0.563	38.976
知识技术产出	CTL_DS	15.592	4.859***	0.113	2.317*	0.493	30.601

注：特殊领域文化松紧（CTL_DS）N=64，一般领域文化松紧（CTL_DG）N=60，松紧文化整合指标（CTL_C）N=61；*p<0.05，**p<0.01，***p<0.001。

在文化松紧性作为自变量，国家创新能力作为因变量，控制2015年人均GDP的情况下，松紧文化总分显著正向影响国家创新总指数（$t=2.859$，$p<0.01$），显著正向影响国家创新投入（$t=2.954$，$p<0.01$），显著正向影响国家创新产出（$t=2.296$，$p<0.05$）；特殊领域文化松紧性显著正向影响国家创新总指数（$t=2.257$，$p<0.05$），显著正向影响国家创新产出（$t=2.164$，$p<0.05$）。文化松紧性对国家创新三级指标存在显著影响，具体结果如表7-41所示。

表7-41 松紧文化与国家创新能力关系的回归分析（2015年）

因变量	松紧文化	GDP2015 β	GDP2015 t	自变量 β	自变量 t	调整后 R^2	F
创新指数	CTL_C	20.890	9.328***	0.098	2.859**	0.758	92.076
	CTL_DS	21.496	9.452***	0.079	2.257*	0.742	87.453
创新投入	CTL_C	21.709	9.854***	0.100	2.954**	0.777	101.896
创新产出	CTL_C	20.069	7.306***	0.097	2.296*	0.659	57.011
	CTL_DS	20.140	7.274***	0.092	2.164*	0.645	55.616

续表

因变量	松紧文化	GDP2015 β	GDP2015 t	自变量 β	自变量 t	调整后 R^2	F
制度	CTL_C	28.337	8.017***	0.168	3.103**	0.718	74.932
制度	CTL_DS	29.455	8.229***	0.138	2.514*	0.703	71.885
商业成熟度	CTL_C	14.770	5.670***	0.126	3.141**	0.606	45.657
创意产出	CTL_C	21.483	6.786***	0.110	2.267*	0.630	50.374

注：特殊领域文化松紧（CTL_DS）$N=64$，一般领域文化松紧（CTL_DG）$N=60$，松紧文化整合指标（CTL_C）$N=61$；*$p<0.05$，**$p<0.01$，***$p<0.001$。

二、分析讨论

文化的松紧性主要从一般领域和特殊领域两方面进行测量，得分越高表明文化越松散。对2009—2015年的数据进行分析后发现，文化整体的松散程度与国家创新显著正相关，一般领域的文化松散性与国家创新显著正相关，特殊领域的文化松散程度也与国家创新显著正相关。一般领域松紧文化测量的是较为广泛范围内的价值观和行为的松散与紧密程度，特殊领域的文化松紧性测量的是在道德上对卖淫、堕胎、离婚、安乐死以及自杀的容忍程度。相关结果在多数年份的数据中均有体现，结果稳健。

控制经济因素的情况下，整体的文化松散性能够显著正向影响国家创新。异质性文化更为"松散"，相应的社会文化规范也具有明显的异质性，内群体成员对于是否遵守规范表现较为随意。紧文化环境不能容许或是接受文化成员在价值观或行为上有较大差异，松文化对价值观或行为的容忍度较高。道德对异质性的容忍程度越高，越有利于国家创新水平的提升，反之，文化越紧密，对行为差异的容忍程度越低，越不利于国家的创新。

特殊领域文化松散性显著正向影响国家创新。对于堕胎、安乐死、自杀等特殊领域中的道德容忍程度越高，越有利于国家的创新。能够在特殊领域容忍道德与行为表现的差异，表明社会的宽松程度较高，对异常行为的包容程度也越高。反之，紧文化更倾向于对意见分歧的容忍度较低，采取更多惩罚用于威慑和控制道德异常行为，集权和紧密的文化环境不利于国家创新。

文化的松散与紧密影响国家创新能力的转化与发展。紧文化国家更关注规则的遵守和对异常行为的惩罚，对超出规则之外的行为容忍度较低，创新所需的新颖性在某种程度上是对常规的破坏，在这种意义上，紧文化国家的文化环境不利于国家创新的发展。但在另一方面，紧文化国家规则较为清晰，执行力度强，国家制定推动创新的规则能够自上而下实施有利于国家创新的政策法规，提升国家创新水平。综上所述，文化与国家创新的关系受到诸多因素的影响，研究文化环境对国家创新的影响也应当考虑其他因素可能存在的干扰，文化对国家创新的影响具有复杂多样的特性。

实际上，文化规范决定了一个新想法是否能够被文化环境所接受，以及如何在国家宏观的文化环境中被接受。在整个国家创新的过程中，来自社会层面或是心理层面的因素能够在国家创新的不同阶段发挥作用，国家的宏观文化可以通过影响社会层面与心理层面的各种因素进而影响国家创新。

第七节　本章小结

本章主要对文化环境如何影响国家创新能力进行了研究，探讨了文化环境与国家创新能力，以及国家创新投入和国家创新产出之间的关系。研究选取了霍夫施泰德文化维度，英格尔哈特世界价值观维度，GLOBE 项目价值观维度，施瓦茨文化价值维度，社会公理文化价值维度以及松—紧文化维度作为提出文化环境影响国家创新能力研究假设的可操作性指标，具体从上述几个方面开展实证研究。

研究结果发现，第一，霍夫施泰德文化维度中的权力距离以及不确定规避程度越高越不利于国家创新能力的提升，产生负向影响，这一结果与前人研究一致，我们还发现这一影响也表现在国家创新投入与产出方面，对投入与产出的七项分指标也存在负向的影响。文化环境中个体主义程度越高越有利于国家创新能力的提升，我们发现个体主义对国家创新投入与产出以及分指标也存在促进作用。长期取向文化维度正向影响国家创新能力以及国家创新产出，具体而言，主要影响国家创新投入中的基础设施投入以及国家创新产出中的知识科技产出。从霍夫施泰德文化维度的研究视角来看，权力距离较短，能够接受模糊性，个体主义倾向较高并且持长期取向的文化环境能够促进国家创新能力的提升。

第二，英格尔哈特世界价值观维度中的世俗理性价值程度越高越有利于国家创新能力水平的提升，两次世界价值观调查（WVS）获得数据均得到这一结果，同时，世俗理性程度越高也越有利于国家创新投入与创新产出水平的提升。具体来说，世俗理性正向影响国家创新投入的人力资本创新投入，基础设施创新投入以及市场成熟创新投入，同时影响知识技术创新产出。世俗理性程度越高表明文化环境对堕胎、离婚、安乐死等行为的接受程度较高，对宗教以及服从权威的重视程度较低等，是较为现代性的文化特征，相对而言更能促进国家创新能力的提升。

第三，在 GLOBE 项目价值观维度影响国家创新能力的研究中发现，实践层面与价值层面的不确定规避对国家创新能力的影响方向相反，实践层面不确定规避程度高，价值层面不确定规避程度低时更有利于国家创新能力。这一看似矛盾的结果也表现在制度集体主义维度上，实践层面制度集体主义程度高，价值层面制度集体主义程度低时更有利于国家创新能力。实践层面的内群体集体主义对国家创新能力存在负向影响，同时对国家创新投入与产出也存在方向一致的影响。实践层面的未来取向、表现取向，以及价值层面的性别平等程度越高越有利于国家创新能力的提升，对国家创新投入与产出的影响也与此一致。实践层面的权力距离不利于国家创新能力的提升，具体表现在商业成熟度创新投入方面。价值层面的自信维度有利于市场成熟度创新投入水平的提升。GLOBE 项目的发起人 House 提出，价值测量的是对"应该是什么"的回答，实践是对实际"是什么"的回答，理想中文化价值（values）与实际发生的行为（practices）并不能始终保持一致，但它们都能用于区分社会和组织关系，并且产生不同的结果与影响，在不同的水平上均具有解释的意义（House et al.，2004）。

第四，施瓦茨文化价值维度中的自主性，包括情感自主与智力自主的程度越高越有利于国家创新能力的提升，情感自主的影响主要表现在人力资本创新投入方面，智力自主的影响主要表现在对知识科技创新产出方面。施瓦茨文化价值维度中的和谐性代表接受世界本来的面貌，不对世界进行开发，和谐性程度过高不利于国家创新能力的发展，这一影响在国家创新投入与产出方面都有所体现，具体表现在市场成熟度创新投入及商业成熟度创新投入两方面。从施瓦茨文化价值研究的视角来看，高情感自主，高智力自主以及低和谐性的文化环境更有利于国家创新能力的提升。

第五，社会公理文化价值维度中的社会复杂性程度越高越有利于国家创新能力的提升，具体表现在影响基础设施创新投入、商业成熟度创新投入、知识科技创新产出以及创意创新产出等方面。宗教性程度较高不利于国家创新能力的提升，具体表现在负向影响基础设施创新投入以及创意创新产出方面。这一结果表明，社会复杂性程度较高，对行为所处环境的变异较为敏感，国家或社会更为多变，环境中宗教性较少的情况下更有利于国家创新能力的提升。

第六，松—紧文化维度越靠近松文化一端时越有利于国家创新能力的提升，整体文化环境较为宽松时也有利于促进国家创新投入与产出，具体表现在影响制度创新投入，商业成熟度创新投入以及创意创新产出等方面。在特殊领域中，文化较为宽松时有利于国家创新产出的提升，例如，对少数族裔，同性恋群体容忍程度较高时。具体表现在有利于制度创新投入，基础设施创新投入以及创意创新产出水平的提升。

文化环境从不同的角度通过不同的价值维度对国家创新能力产生影响，能够促进国家创新能力提升的文化环境往往具有相似的特征。整体而言，文化环境较为宽松自由，包容性较高，能够接纳现代社会发展产生的差异，允许不同声音的出现，着眼于未来鼓励开展自主尝试等文化价值表现有利于创新的激发。同时，在实践层面，强调国家整体的集体主义提供的文化制度性的保障，重视长远发展的文化行为表现，以及对风险行为的谨慎对待更能有利于国家创新能力的提升。文化价值上的长远包容与文化实践上的谨言慎行相互结合更能有利于国家创新。尽管尚未有确切证据表明文化环境与生命史策略之间的关系，但二者均需要漫长的积累与进化，在发展形成的过程中很大程度上会产生千丝万缕的联系。环境的恶劣程度与环境恶劣性随时间变化的不可预测程度是影响生命史策略产生的主要环境因素。环境内资源充足、宽松、动荡性较低，注重长远发展的环境更倾向于产生生命史慢策略，具有类似特征的文化环境能够促进国家创新能力的提升。尽管可能存在其他有待于进一步澄清与探讨的问题，从初步探索得到的结果来看，一定程度上佐证了慢策略宏观环境促进国家创新能力提升的假说。

第八章 心理变量宏观地理分布与国家创新能力

本章主要内容在于探讨人格、自尊、同理心等国家层面心理宏观分布特征与国家创新能力之间的关系，以及产生的影响。对前文提出的假设进行检验，为佐证假说提供心理学方面的数据支持。

首先，通过相关分析系统检验人格、自尊、同理心等指标与国家创新总指标及分指标间的关系，总结2009—2015年指标的相关性分布规律。其次，在控制人均GDP的前提下采用多元回归分析人格、自尊、同理心等指标对国家创新能力总指标及各分指标的影响。自变量、控制变量以及因变量的指标选取与来源前文已述，在此不做另行介绍。

第一节 人格与国家创新能力

一、研究方法与结果

首先，通过相关分析系统检验人格与国家创新总指标及分指标间的关系，总结2009—2015年指标的相关性分布规律。其次，在控制人均GDP的前提下采用多元回归分析人格对国家创新能力总指标及各分指标的影响。

（1）相关分析

对2009年国家创新指数与NEO-PI-R大五人格进行简单的相关分析后发现，国家创新总指数与外倾性显著正相关（$r=0.486$，$p<0.01$），与开放性显著正相关（$r=0.536$，$p<0.01$），与宜人性显著正相关（$r=0.442$，$p<0.01$）；

国家创新投入与外倾性显著正相关（$r=0.528$，$p<0.01$），与开放性显著正相关（$r=0.551$，$p<0.01$），与宜人性显著正相关（$r=0.463$，$p<0.01$）；国家创新产出与外倾性显著正相关（$r=0.398$，$p<0.01$），与开放性显著正相关（$r=0.483$，$p<0.01$），与宜人性显著正相关（$r=0.386$，$p<0.01$）。国家创新指数三级指标制度、人力资本、基础设施、市场成熟、商业成熟、知识产出、竞争性产出以及财富产出八项指标与外倾性显著正相关（$p<0.05$），除财富产出外其余六项指标与开放性显著正相关（$p<0.01$），除竞争性产出外其余六项指标与宜人性显著正相关（$p<0.05$）。

对2010年国家创新指数与NEO-PI-R大五人格进行简单的相关分析后发现，国家创新总指数与外倾性显著正相关（$r=0.475$，$p<0.01$），与开放性显著正相关（$r=0.521$，$p<0.01$），与宜人性显著正相关（$r=0.462$，$p<0.01$）；国家创新投入与外倾性显著正相关（$r=0.520$，$p<0.01$），与开放性显著正相关（$r=0.557$，$p<0.01$），与宜人性显著正相关（$r=0.513$，$p<0.01$）；国家创新产出与外倾性显著正相关（$r=0.403$，$p<0.01$），与开放性显著正相关（$r=0.458$，$p<0.01$），与宜人性显著正相关（$r=0.388$，$p<0.01$）。国家创新指数三级指标制度、人力资本、基础设施、市场成熟度、商业成熟度、科技产出以及创意与幸福七项指标与开放性显著正相关（$p<0.05$），与宜人性显著正相关（$p<0.05$），除创意与幸福外其余六项指标与外倾性显著正相关（$p<0.01$）。

对2011年国家创新指数与NEO-PI-R大五人格进行简单的相关分析后发现，国家创新总指数与外倾性显著正相关（$r=0.462$，$p<0.01$），与开放性显著正相关（$r=0.536$，$p<0.01$），与宜人性显著正相关（$r=0.497$，$p<0.01$）；国家创新投入与外倾性显著正相关（$r=0.475$，$p<0.01$），与开放性显著正相关（$r=0.517$，$p<0.01$），与宜人性显著正相关（$r=0.482$，$p<0.01$）；国家创新产出与外倾性显著正相关（$r=0.422$，$p<0.01$），与开放性显著正相关（$r=0.522$，$p<0.01$），与宜人性显著正相关（$r=0.477$，$p<0.01$）。国家创新指数三级指标制度、人力资本、基础设施、市场成熟度、商业成熟度、知识技术产出以及创意产出七项指标与开放性显著正相关（$p<0.01$），与宜人性显

著正相关（$p<0.01$），除创意产出以外其余六项指标与外倾性显著正相关（$p<0.05$）。

对2012年国家创新指数与NEO-PI-R大五人格进行简单的相关分析后发现，国家创新总指数与外倾性显著正相关（$r=0.466$，$p<0.01$），与开放性显著正相关（$r=0.551$，$p<0.01$），与宜人性显著正相关（$r=0.508$，$p<0.01$）；国家创新投入与外倾性显著正相关（$r=0.469$，$p<0.01$），与开放性显著正相关（$r=0.525$，$p<0.01$），与宜人性显著正相关（$r=0.461$，$p<0.01$）；国家创新产出与外倾性显著正相关（$r=0.428$，$p<0.01$），与开放性显著正相关（$r=0.540$，$p<0.01$），与宜人性显著正相关（$r=0.526$，$p<0.01$）。国家创新指数三级指标制度、人力资本、基础设施、市场成熟度、商业成熟度、知识技术产出以及创意产出七项指标与外倾性显著正相关（$p<0.01$），与开放性显著正相关（$p<0.05$），与宜人性显著正相关（$p<0.05$）。

对2013年国家创新指数与NEO-PI-R大五人格进行简单的相关分析后发现，国家创新总指数与外倾性显著正相关（$r=0.456$，$p<0.01$），与开放性显著正相关（$r=0.553$，$p<0.01$），与宜人性显著正相关（$r=0.515$，$p<0.01$）；国家创新投入与外倾性显著正相关（$r=0.454$，$p<0.01$），与开放性显著正相关（$r=0.551$，$p<0.01$），与宜人性显著正相关（$r=0.449$，$p<0.01$）；国家创新产出与外倾性显著正相关（$r=0.422$，$p<0.01$），与开放性显著正相关（$r=0.512$，$p<0.01$），与宜人性显著正相关（$r=0.559$，$p<0.01$）。国家创新指数三级指标制度、人力资本、基础设施、市场成熟度、商业成熟度、知识技术产出以及创意产出七项指标与外倾性显著正相关（$p<0.01$），与开放性显著正相关（$p<0.01$），与宜人性显著正相关（$p<0.05$）。

对2014年国家创新指数与NEO-PI-R大五人格进行简单的相关分析后发现，国家创新总指数与外倾性显著正相关（$r=0.441$，$p<0.01$），与开放性显著正相关（$r=0.572$，$p<0.01$），与宜人性显著正相关（$r=0.508$，$p<0.01$）；国家创新投入与外倾性显著正相关（$r=0.462$，$p<0.01$），与开放性显著正相关（$r=0.548$，$p<0.01$），与宜人性显著正相关（$r=0.452$，$p<0.01$）；国家创新产出与外倾性显著正相关（$r=0.391$，$p<0.01$），与开放性显著正相关

($r=0.567$,$p<0.01$),与宜人性显著正相关($r=0.542$,$p<0.01$)。国家创新指数三级指标制度、人力资本、基础设施、市场成熟度、商业成熟度、知识技术产出以及创意产出七项指标与外倾性显著正相关($p<0.05$),与开放性显著正相关($p<0.01$),与宜人性显著正相关($p<0.05$)。

对2015年国家创新指数与NEO-PI-R大五人格进行简单的相关分析后发现,国家创新总指数与外倾性显著正相关($r=0.438$,$p<0.01$),与开放性显著正相关($r=0.582$,$p<0.01$),与宜人性显著正相关($r=0.507$,$p<0.01$);国家创新投入与外倾性显著正相关($r=0.441$,$p<0.01$),与开放性显著正相关($r=0.569$,$p<0.01$),与宜人性显著正相关($r=0.456$,$p<0.01$);国家创新产出与外倾性显著正相关($r=0.415$,$p<0.01$),与开放性显著正相关($r=0.569$,$p<0.01$),与宜人性显著正相关($r=0.536$,$p<0.01$)。国家创新指数三级指标制度、人力资本、基础设施、市场成熟度、商业成熟度、知识技术产出以及创意产出七项指标与外倾性显著正相关($p<0.05$),与开放性显著正相关($p<0.01$),与宜人性显著正相关($p<0.05$)。

(2) 回归分析

在国家层面大五人格数据作为自变量,国家创新能力作为因变量,控制2009年人均GDP的情况,开放性显著正向影响国家创新总指数($t=2.520$,$p<0.05$),外倾性显著正向影响国家创新投入($t=2.168$,$p<0.05$),开放性显著正向影响国家创新投入($t=2.738$,$p<0.01$)。大五人格对国家创新三级指标的影响具体结果如表8-1所示。

表8-1 大五人格与国家创新能力关系的回归分析(2009年)

因变量	人格维度	GDP2009		自变量		调整后 R^2	F
		β	t	β	t		
创新指数	O_NEO	1.260	7.106***	0.135	2.520*	0.657	44.075
创新投入	E_NEO	1.469	6.776***	0.143	2.168*	0.635	40.172
	O_NEO	1.439	6.926***	0.172	2.738**	0.655	43.783
制度	E_NEO	1.075	3.851***	0.169	1.996*	0.403	16.196
	O_NEO	0.966	3.756***	0.256	3.295**	0.479	21.708
人力资本	E_NEO	1.100	5.761***	0.131	2.265*	0.576	31.508

续表

因变量	人格维度	GDP2009 β	GDP2009 t	自变量 β	自变量 t	调整后 R^2	F
基础设施	O_NEO	2.052	9.292***	0.214	3.216**	0.766	74.665
商业成熟	E_NEO	1.347	5.175***	0.206	2.610**	0.553	28.794
	O_NEO	1.397	5.364***	0.182	2.314*	0.539	27.325
知识产出	O_NEO	0.987	4.201***	0.158	2.224*	0.440	18.677
竞争性产出	N_NEO	1.273	4.787***	-0.197	-2.068*	0.369	14.150
	O_NEO	1.029	3.523***	0.193	2.193*	0.376	14.552

注：NEO人格维度 $N=46$；* $p<0.05$，** $p<0.01$，*** $p<0.001$。

在国家层面大五人格数据作为自变量，国家创新能力作为因变量，控制2010年人均GDP的情况，开放性显著正向影响国家创新总指数（$t=2.343$，$p<0.05$）；外倾性显著正向影响国家创新投入（$t=2.027$，$p<0.05$），开放性显著正向影响国家创新投入（$t=2.897$，$p<0.01$）。大五人格对国家创新三级指标的影响具体结果如表8-2所示。

表8-2 大五人格与国家创新能力关系的回归分析（2010年）

因变量	人格维度	GDP2010 β	GDP2010 t	自变量 β	自变量 t	调整后 R^2	F
创新指数	O_NEO	1.218	7.436***	0.114	2.343*	0.667	45.970
创新投入	E_NEO	1.312	7.474***	0.106	2.027*	0.668	46.277
	O_NEO	1.270	7.678***	0.142	2.897**	0.696	52.441
制度	E_NEO	1.243	5.240***	0.140	1.990	0.523	25.658
	O_NEO	1.235	5.356***	0.155	2.270*	0.535	26.853
人力资本	O_NEO	0.967	5.152***	0.186	3.339**	0.578	31.793
	A_NEO	1.003	4.871***	0.124	2.305*	0.527	26.051
基础设施	O_NEO	1.817	8.637***	0.184	2.952**	0.736	63.846
商业成熟度	O_NEO	1.005	5.646***	0.154	2.926**	0.588	33.116
科技产出	O_NEO	1.034	5.194***	0.139	2.353*	0.527	26.085
创意与幸福	C_NEO	1.433	6.849***	-0.133	-2.259*	0.504	23.906

注：NEO人格维度 $N=46$；* $p<0.05$，** $p<0.01$，*** $p<0.001$。

在国家层面大五人格数据作为自变量,国家创新能力作为因变量,控制2011年人均GDP的情况,开放性显著正向影响国家创新总指数($t=2.611$,$p<0.01$);开放性显著正向影响国家创新投入($t=2.330$,$p<0.05$);开放性显著正向影响国家创新产出($t=2.444$,$p<0.05$)。大五人格对国家创新三级指标的影响具体结果如表8-3所示。

表8-3 大五人格与国家创新能力关系的回归分析(2011年)

因变量	人格维度	GDP2011		自变量		调整后 R^2	F
		β	t	β	t		
创新指数	O_NEO	18.101	7.428***	1.859	2.611**	0.669	47.543
创新投入	O_NEO	20.877	7.727***	1.840	2.330*	0.675	48.743
创新产出	O_NEO	15.200	5.923***	1.832	2.444*	0.577	32.316
制度	O_NEO	23.716	5.819***	3.125	2.624**	0.578	32.541
	A_NEO	23.788	5.534***	2.311	2.163*	0.559	30.176
人力资本	O_NEO	22.296	9.165***	2.493	3.507**	0.763	74.884
知识技术产出	O_NEO	17.264	4.633***	2.639	2.424*	0.481	22.336

注:NEO人格维度$N=47$;*$p<0.05$,**$p<0.01$,***$p<0.001$。

在国家层面大五人格数据作为自变量,国家创新能力作为因变量,控制2012年人均GDP的情况,开放性显著正向影响国家创新总指数($t=2.923$,$p<0.01$),开放性显著正向影响国家创新投入($t=2.532$,$p<0.05$),开放性显著正向影响国家创新产出($t=2.762$,$p<0.01$),宜人性显著正向影响国家创新产出($t=2.104$,$p<0.05$)。大五人格对国家创新三级指标的影响具体结果如表8-4所示。

表8-4 大五人格与国家创新能力关系的回归分析(2012年)

因变量	人格维度	GDP2012		自变量		调整后 R^2	F
		β	t	β	t		
创新指数	O_NEO	20.089	7.748***	2.193	2.923**	0.688	52.871
创新投入	O_NEO	23.163	8.308***	2.042	2.532*	0.701	56.212
创新产出	O_NEO	17.058	5.804***	2.349	2.762**	0.577	33.060
	A_NEO	17.304	5.522***	1.623	2.104*	0.550	29.679

续表

因变量	人格维度	GDP2012		自变量		调整后 R^2	F
		β	t	β	t		
制度	O_NEO	27.518	5.379***	3.995	2.700**	0.546	29.216
人力资本	O_NEO	23.309	7.987***	2.668	3.160**	0.706	57.327
基础设施	O_NEO	22.509	8.174***	1.869	2.346*	0.690	53.386
知识技术产出	O_NEO	19.484	5.106***	2.723	2.467*	0.513	25.791
创意产出	O_NEO	14.670	4.452***	1.974	2.071*	0.437	19.217
	A_NEO	13.859	4.107***	1.892	2.278*	0.447	19.979

注：NEO 人格维度 $N=48$；* $p<0.05$，** $p<0.01$，*** $p<0.001$。

在国家层面大五人格数据作为自变量，国家创新能力作为因变量，控制 2013 年人均 GDP 的情况，开放性显著正向影响国家创新总指数（$t=2.963$，$p<0.01$）；开放性显著正向影响国家创新投入（$t=2.920$，$p<0.01$）；开放性显著正向影响国家创新产出（$t=2.347$，$p<0.05$），宜人性显著正向影响国家创新产出（$t=2.449$，$p<0.05$）。大五人格对国家创新三级指标的影响具体结果如表 8-5 所示。

表 8-5 大五人格与国家创新能力关系的回归分析（2013 年）

因变量	人格维度	GDP2013		自变量		调整后 R^2	F
		β	t	β	t		
创新指数	O_NEO	18.880	8.131***	1.977	2.963**	0.707	57.578
创新投入	O_NEO	22.138	8.117***	2.289	2.920**	0.705	57.092
创新产出	O_NEO	15.622	6.325***	1.666	2.347*	0.592	35.094
	A_NEO	15.058	5.918***	1.524	2.449*	0.596	35.652
制度	O_NEO	24.945	5.941***	3.361	2.785**	0.587	34.467
人力资本	O_NEO	25.826	8.658***	2.784	3.247**	0.735	66.056
基础设施	O_NEO	22.640	9.016***	1.601	2.219*	0.723	62.372

注：NEO 人格维度 $N=48$；* $p<0.05$，** $p<0.01$，*** $p<0.001$。

在国家层面大五人格数据作为自变量，国家创新能力作为因变量，控制 2014 年人均 GDP 的情况，开放性显著正向影响国家创新总指数（$t=3.270$，$p<0.01$）；开放性显著正向影响国家创新投入（$t=2.805$，$p<0.01$）；开放性

显著正向影响国家创新产出（$t=3.273$，$p<0.01$），宜人性显著正向影响国家创新产出（$t=2.343$，$p<0.05$）。大五人格对国家创新三级指标的影响具体结果如表8-6所示。

表8-6 大五人格与国家创新能力关系的回归分析（2014年）

因变量	人格维度	GDP2014		自变量		调整后 R^2	F
		β	t	β	t		
创新指数	O_NEO	17.951	7.350***	2.264	3.270**	0.687	51.544
创新投入	O_NEO	20.272	7.308***	2.206	2.805**	0.670	47.655
创新产出	O_NEO	15.633	6.248***	2.322	3.273**	0.633	40.642
	A_NEO	16.007	5.879***	1.538	2.343*	0.594	34.659
制度	O_NEO	24.025	5.694***	3.583	2.996**	0.588	33.838
人力资本	O_NEO	25.871	8.179***	2.902	3.236**	0.721	60.469
基础设施	O_NEO	20.786	8.031***	1.554	2.118*	0.683	50.562
知识技术产出	O_NEO	14.866	4.585***	2.840	3.090**	0.519	25.787
创意产出	O_NEO	16.419	5.441***	1.804	2.109*	0.526	26.529
	A_NEO	15.958	5.105***	1.572	2.085*	0.525	26.430

注：NEO人格维度 $N=48$；*$p<0.05$，**$p<0.01$，***$p<0.001$。

在国家层面大五人格数据作为自变量，国家创新能力作为因变量，控制2015年人均GDP的情况，开放性显著正向影响国家创新总指数（$t=3.514$，$p<0.01$）；开放性显著正向影响国家创新投入（$t=3.216$，$p<0.01$）；开放性显著正向影响国家创新产出（$t=3.292$，$p<0.01$）。大五人格对国家创新三级指标的影响具体结果如表8-7所示。

表8-7 大五人格与国家创新能力关系的回归分析（2015年）

因变量	人格维度	GDP2015		自变量		调整后 R^2	F
		β	t	β	t		
创新指数	O_NEO	19.591	8.052***	2.406	3.514**	0.728	61.100
创新投入	O_NEO	20.642	8.131***	2.298	3.216**	0.722	59.570
创新产出	O_NEO	18.543	6.830***	2.515	3.292**	0.668	46.222
制度	O_NEO	25.818	6.672***	3.475	3.191**	0.656	43.931

续表

因变量	人格维度	GDP2015		自变量		调整后 R^2	F
		β	t	β	t		
人力资本	O_NEO	24.422	8.030***	2.971	3.471**	0.726	60.489
商业成熟度	O_NEO	12.378	4.037***	2.124	2.461*	0.439	18.574
知识技术产出	O_NEO	16.210	4.415***	2.820	2.729**	0.488	22.426
创意产出	O_NEO	20.852	6.926***	2.215	2.614*	0.648	42.382
	A_NEO	20.842	6.509***	1.643	2.126*	0.631	39.414

注：NEO 人格维度 $N=48$；* $p<0.05$，** $p<0.01$，*** $p<0.001$。

二、分析讨论

已有研究发现大五人格中的经验的开放性与国家创造力投入与产出均存在显著的正向关系，宜人性与国家创造力投入之间存在显著的正向关系（Steel，Rinne，Fairweather，2011）。我们一方面为了验证前人研究结论的稳健性；另一方面试图发现人格对国家创新的影响具体表现在哪些方面。对2009—2015年的数据进行分析后发现，NEO-PI-R 测量的人格外倾性与国家创新显著正相关，开放性维度与国家创新显著正相关，宜人性维度与国家创新显著正相关。结果在多数年份上均有所体现，较为稳健。

在控制经济因素的情况下，NEO-PI-R 测量的人格维度对国家创新产生了显著的影响。开放性显著正向影响国家创新。开放性又称之为经验的开放性，主要表现为个体对知识的好奇，对新异事物的接受程度等，这一维度在传统人格研究中往往被认为与创造力有着高相关性。这一维度的描述包括独创性、想象力以及尝试新鲜事物等。开放性程度越高的国家越有利于国家创新水平的提升，这一结果在前人研究中也有所体现。开放性对国家创新投入存在显著的正向影响，具体表现在影响制度投入、人力资本投入，以及基础设施投入方面。这一影响也表现在国家创新产出方面，开放性显著正向影响国家创新产出，具体表现在影响知识技术产出方面。结果在多数年份均有所体现，是对假设 H14a 的验证，开放性人格特质与国家创新能力正相关，控制经济因素后，对国家创新能力产生正向影响。

宜人性对国家创新产出存在显著的正向影响，这一结果在控制经济因素后仍然显著。宜人性主要表现为对他人富有同情心、热心友好等，侧重合作、维持和谐的人际关系等。这一维度的描述包括乐于助人、无私、宽厚等，得分较高的国家有利于创新产出水平的提升。宜人性对创新产出的影响主要表现在创意产出方面，对创意产出有着显著的正向影响。结果在多数年份上均有所体现，验证了假设 H14c，宜人性人格特质与国家创新能力正相关，控制经济因素后，对国家创新能力产生正向影响。

外倾性对个别年份的国家创新水平存在显著的正向影响，主要表现在 2009 年和 2010 年的数据分析结果中。外倾性显著正向影响 2009 年的创新投入、制度投入、人力资本投入，以及商业成熟度方面，对 2010 年的创新投入以及制度投入也存在显著的正向影响。由于这一结果在其他年份并未有所体现，结果对稳健性存疑。

第二节　自尊与国家创新能力

一、研究方法与结果

采用国家层面的自尊水平分布数据测量国家自尊与国家创新能力的关系，进而，在对人均 GDP 进行控制的情况下采用回归分析探讨自尊对国家创新能力的影响。

（1）相关分析

对 2009 年国家创新指数与国家自尊水平进行简单相关分析后发现，国家创新总指数与自我肯定维度呈显著负相关关系（$r=-0.349$，$p<0.05$）；国家创新投入分指标与自我肯定维度呈显著负相关关系（$r=-0.323$，$p<0.05$）；国家创新产出分指标与自我肯定维度呈显著负相关关系（$r=-0.369$，$p<0.01$）。国家创新三级指标制度、人力资本、基础设施、商业成熟、知识产出、竞争性产出与自我肯定呈显著负相关关系（$p<0.05$）。

对 2010 年国家创新指数与国家自尊水平进行简单的相关分析后发现，国家创新总指数与自我肯定维度呈显著负相关关系（$r=-0.385$，$p<0.01$），国家创新投入分指标与自我肯定维度呈显著负相关关系（$r=-0.298$，$p<0.05$），国家创新产出分指标与自我肯定维度呈显著负相关关系（$r=-0.460$，$p<0.01$）；国家创新三级指标制度、基础设施、商业成熟度、科技产出以及创意与幸福与自我肯定呈显著负相关关系（$p<0.05$）。

对2011年国家创新指数与国家自尊水平进行简单相关分析后发现，国家创新总指数与自我肯定维度呈显著负相关关系（$r=-0.305$，$p<0.05$），国家创新投入分指标与自我肯定维度呈显著负相关关系（$r=-0.297$，$p<0.05$），国家创新产出分指标与自我肯定维度呈显著负相关关系（$r=-0.288$，$p<0.05$）。国家创新三级指标基础设施、市场成熟度、商业成熟度、知识技术产出与自我肯定呈显著负相关关系（$p<0.05$）。

对2012年国家创新指数与国家自尊水平进行简单相关分析后发现，国家创新总指数与自我批评维度呈显著正相关关系（$r=0.282$，$p<0.05$），国家创新产出分指标与自我批评维度呈显著正相关关系（$r=0.332$，$p<0.05$）。国家创新三级指标基础设施、商业成熟度、知识技术产出与自我肯定呈显著负相关关系（$p<0.05$），创意产出与自我批评维度显著正相关（$p<0.01$）。

对2013年国家创新指数与国家自尊水平进行简单的相关分析后发现，国家创新总指数与自我批评维度呈显著正相关关系（$r=0.279$，$p<0.05$），国家创新产出分指标与自我批评维度呈显著正相关关系（$r=0.318$，$p<0.05$）。创意产出与自我批评维度显著正相关（$p<0.05$）。

对2014年国家创新指数与国家自尊水平进行简单的相关分析后发现，国家创新总指数与自我批评维度呈显著正相关关系（$r=0.283$，$p<0.05$），国家创新产出分指标与自我批评维度呈显著正相关关系（$r=0.319$，$p<0.05$）。人力资本、创意产出与自我批评维度显著正相关（$p<0.05$）。

对2015年国家创新指数与国家自尊水平进行简单的相关分析后发现，国家创新产出分指标与自我批评维度呈显著正相关关系（$r=0.300$，$p<0.05$）。知识技术产出与自我肯定维度显著负相关（$p<0.05$），人力资本、创意产出与自我批评维度显著正相关（$p<0.05$）。

（2）回归分析

在国家自尊水平作为自变量，国家创新能力作为因变量，控制 2009 年人均 GDP 的情况下，自我肯定显著负向影响国家创新总指数（$t=-2.852$，$p<0.01$），自我肯定显著负向影响国家创新投入（$t=-2.512$，$p<0.05$），自尊总分显著负向影响国家创新产出（$t=-2.026$，$p<0.05$），自我肯定显著负向影响国家创新产出（$t=-2.906$，$p<0.01$）。同时，自尊总分以及自我肯定等显著负向影响部分国家创新三级分指标，如表 8-8 所示。

表 8-8 自尊与国家创新能力关系的回归分析（2009 年）

因变量	自尊	GDP2009		自变量		调整后 R^2	F
		β	t	β	t		
创新指数	自我肯定	1.542	9.525***	-0.241	-2.852**	0.689	54.239
创新投入	自我肯定	1.796	9.667***	-0.243	-2.512*	0.689	54.292
创新产出	自尊总分	1.386	8.456***	-0.089	-2.026*	0.596	36.368
	自我肯定	1.286	8.149***	-0.239	-2.906**	0.628	41.507
制度	自我肯定	1.529	6.481***	-0.256	-2.079*	0.505	25.522
基础设施	自尊总分	2.584	13.660***	-0.104	-2.041*	0.794	93.454
	自我肯定	2.460	13.808***	-0.308	-3.312**	0.819	109.254
商业成熟	自我肯定	1.837	7.951***	-0.325	-2.691**	0.613	38.949
知识产出	自尊总分	1.543	6.641***	-0.144	-2.308*	0.482	23.319
	自我肯定	1.383	6.248***	-0.383	-3.315**	0.533	28.433
争性产出	自我肯定	1.425	5.443***	-0.295	-2.159*	0.431	19.144

注：自尊 $N=50$；*$p<0.05$，**$p<0.01$，***$p<0.001$。

在国家自尊水平作为自变量，国家创新能力作为因变量，控制 2010 年人均 GDP 的情况下，自尊总分显著负向影响国家创新总指数（$t=-2.771$，$p<0.01$），自我肯定显著负向影响国家创新总指数（$t=-3.711$，$p<0.01$），自我肯定显著负向影响国家创新投入（$t=-2.358$，$p<0.05$），自尊总分显著负向影响国家创新产出（$t=-3.852$，$p<0.05$），自我肯定显著负向影响国家创新产出（$t=-4.571$，$p<0.001$），自我批评显著负向影响国家创新产出（$t=-2.711$，$p<0.01$）。同时，自尊总分以及自我肯定等显著负向影响部分国家创新三级分指标，如表 8-9 所示。

表 8-9 自尊与国家创新能力关系的回归分析（2010 年）

因变量	自尊	GDP2010		自变量		调整后 R^2	F
		β	t	β	t		
创新指数	自尊总分	1.523	11.312***	-0.098	-2.771**	0.728	65.230
	自我肯定	1.416	11.049***	-0.144	-3.711**	0.756	75.247
创新投入	自我肯定	1.574	11.923***	-0.160	-2.358*	0.766	79.434
创新产出	自尊总分	1.409	9.658***	-0.148	-3.852***	0.674	50.690
	自我肯定	1.259	9.008***	-0.327	-4.571***	0.704	58.023
	自我批评	1.479	9.123***	-0.195	-2.711**	0.629	41.617
制度	自我肯定	1.699	9.910***	-0.214	-2.434*	0.699	56.623
基础设施	自我肯定	2.238	13.616***	-0.184	-2.185*	0.807	101.335
商业成熟	自我肯定	1.389	8.355***	-0.222	-2.602*	0.632	42.217
科技产出	自尊总分	1.466	8.807***	-0.094	-2.140*	0.616	39.519
	自我肯定	1.373	8.289***	-0.199	-2.351*	0.623	40.694
创意与幸福	自尊总分	1.350	7.120***	-0.203	-4.055***	0.554	30.857
	自我肯定	1.143	6.378***	-0.455	-4.957***	0.606	37.866
	自我批评	1.441	6.754***	-0.258	-2.728**	0.479	23.095

注：自尊 $N=50$；*$p<0.05$，**$p<0.01$，***$p<0.001$。

在国家自尊水平作为自变量，国家创新能力作为因变量，控制 2011 年人均 GDP 的情况下，自我肯定显著负向影响国家创新总指数（$t=-2.655$，$p<0.05$），自尊总分显著负向影响国家创新投入（$t=-2.093$，$p<0.05$），自我肯定显著负向影响国家创新投入（$t=-2.760$，$p<0.01$），自我肯定显著负向影响国家创新产出（$t=-2.088$，$p<0.05$）。同时，自尊总分以及自我肯定等显著负向影响部分国家创新三级分指标，如表 8-10 所示。

表 8-10 自尊与国家创新能力关系的回归分析（2011 年）

因变量	自尊	GDP2011		自变量		调整后 R^2	F
		β	t	β	t		
创新指数	自我肯定	21.934	11.156***	-2.636	-2.655*	0.745	70.964
创新投入	自尊总分	25.683	13.010***	-1.075	-2.093*	0.777	84.793
	自我肯定	24.492	12.773***	-2.672	-2.760**	0.791	91.721

续表

因变量	自尊	GDP2011 β	GDP2011 t	自变量 β	自变量 t	调整后 R^2	F
创新产出	自我肯定	19.220	8.296***	-2.442	-2.088*	0.617	39.604
制度	自我肯定	32.988	10.528***	-3.460	-2.187*	0.718	61.984
基础设施	自尊总分	19.463	10.606***	-1.090	-2.282*	0.699	56.784
基础设施	自我肯定	18.323	10.161***	-2.453	-2.694**	0.711	59.975
基础设施	自我批评	14.614	11.557***	-1.624	-2.063*	0.737	68.374
市场成熟度	自尊总分	26.196	7.882***	-1.757	-2.031*	0.561	31.680
市场成熟度	自我肯定	24.425	7.392***	-3.703	-2.220*	0.568	32.556
商业成熟度	自我肯定	23.746	8.820***	-2.992	-2.201*	0.646	44.703
知识技术产出	自我肯定	20.965	5.836***	-4.701	-2.592*	0.476	22.813

注：自尊 $N=49$；$^*p<0.05$，$^{**}p<0.01$，$^{***}p<0.001$。

在国家自尊水平作为自变量，国家创新能力作为因变量，控制 2012 年人均 GDP 的情况下，自我肯定显著负向影响国家创新投入（$t=-2.275$，$p<0.05$），自我肯定显著负向影响基础设施投入（$t=-2.613$，$p<0.05$），自我肯定显著负向影响知识技术产出（$t=-2.076$，$p<0.05$），如表 8-11 所示。

表 8-11 自尊与国家创新能力关系的回归分析（2012 年）

因变量	自尊	GDP2012 β	GDP2012 t	自变量 β	自变量 t	调整后 R^2	F
创新投入	自我肯定	27.558	13.743***	-2.285	-2.275*	0.803	103.112
基础设施	自我肯定	27.422	13.500***	-2.660	-2.613*	0.800	101.129
知识技术产出	自我肯定	24.436	7.261***	-3.500	-2.076*	0.546	31.115

注：自尊 $N=51$；$^*p<0.05$，$^{**}p<0.01$，$^{***}p<0.001$。

在国家自尊水平作为自变量，国家创新能力作为因变量，控制 2013 年人均 GDP 的情况下，自我肯定显著负向影响国家创新投入（$t=-2.256$，$p<0.05$），自我肯定显著负向影响基础设施投入（$t=-2.059$，$p<0.05$），如表 8-12 所示。

表 8-12 自尊与国家创新能力关系的回归分析（2013 年）

因变量	自尊	GDP2013		自变量		调整后 R^2	F
		β	t	β	t		
创新投入	自我肯定	27.912	14.358***	-2.173	-2.256*	0.817	112.322
基础设施	自我肯定	26.322	12.466***	-2.154	-2.059*	0.771	85.041

注：自尊 $N=51$；*$p<0.05$，**$p<0.01$，***$p<0.001$。

在国家自尊水平作为自变量，国家创新能力作为因变量，控制 2014 年人均 GDP 的情况下，自我肯定显著负向影响国家创新投入（$t=-2.060$，$p<0.05$），自我肯定显著负向影响基础设施投入（$t=-2.106$，$p<0.05$），如表 8-13 所示。

表 8-13 自尊与国家创新能力关系的回归分析（2014 年）

因变量	自尊	GDP2014		自变量		调整后 R^2	F
		β	t	β	t		
创新投入	自我肯定	26.798	13.079***	-2.061	-2.060*	0.790	92.986
基础设施	自我肯定	25.440	12.650***	-2.068	-2.106*	0.779	87.423

注：自尊 $N=51$；*$p<0.05$，**$p<0.01$，***$p<0.001$。

在国家自尊水平作为自变量，国家创新能力作为因变量，控制 2015 年人均 GDP 的情况下，自我肯定显著负向影响国家创新投入（$t=-2.365$，$p<0.05$），自我肯定显著负向影响基础设施投入（$t=-2.318$，$p<0.05$），如表 8-14 所示。

表 8-14 自尊与国家创新能力关系的回归分析（2015 年）

因变量	自尊	GDP2015		自变量		调整后 R^2	F
		β	t	β	t		
创新投入	自我肯定	27.958	15.697***	-2.034	-2.365*	0.844	133.947
基础设施	自我肯定	27.308	13.942***	-2.192	-2.318*	0.812	106.605

注：自尊 $N=51$；*$p<0.05$，**$p<0.01$，***$p<0.001$。

二、分析讨论

分析自尊与国家创新之间的简单相关关系后发现，自尊中的自我肯定与国家创新之间存在显著的负相关，自我肯定水平越高，国家创新水平越低。这一结果主要反映在2009—2011年的数据分析结果中，在2012—2015年的数据分析中并不显著，无法确认自尊与国家创新之间的关系。国家创新的创意产出与自尊中的自我否定显著正相关，结果在2011—2015年的分析中均有所体现。创意产出是与艺术创新关系较为密切的国家创新产出内容，自我否定维度进行反向计分，得分越高表明自我否定的程度越低，自尊水平越高，创意产出越高。自尊与创意产出代表的艺术创新具有显著的正向关系。

控制经济因素后发现，自我肯定对国家创新产生显著的负向影响，自我肯定的程度越高越不利于国家的创新。自尊总分也对国家创新产生显著的负向影响，影响范围小于自我肯定。自我肯定对国家创新的负向影响主要表现在国家的创新投入方面，对基础设施投入产生显著的负向影响，不利于创新的基础设施投入水平的提升。并未验证假设H15。

尽管有来自个体的研究发现，自尊与创造力存在负相关，研究者认为高创造力个体在成长中对规则的破坏或是过于开放的特质会受到父母教养及社会文化的压制，造成其尽管具有高创造力但由于自尊水平较低而无法表达（Nelson，Rubin，Fox，2005）。但大多数研究者认为，自尊与创造力之间更大程度上是一种积极正向的关系，国家层面的研究发现自尊水平过高不利于提升国家的创新水平，与个体层面的发现相反。但这一结果并不十分稳健，自尊与国家创新能力之间的关系可能存在其他调节因素的作用，后续也需要更多研究进行证据方面的佐证。

第三节 同理心与国家创新能力

一、研究方法与结果

（1）相关分析

对2009年国家创新指数与国家同理心水平进行简单的相关分析后发现，

国家创新产出分指标与观点采择维度呈显著正相关关系（$r=0.271$，$p<0.05$）。对 2010 年国家创新指数与国家同理心水平进行简单相关分析后发现，二者相关关系不显著。

对 2011 年国家创新指数与国家同理心水平进行简单的相关分析后发现，二者相关关系不显著。

对 2012 年国家创新指数与国家同理心水平进行简单的相关分析后发现，知识技术产出分指标与共情关注维度呈显著负相关（$r=-0.255$，$p<0.05$）。

对 2013 年国家创新指数与国家同理心水平进行简单的相关分析后发现，二者相关关系不显著。

对 2014 年国家创新指数与国家同理心水平进行简单的相关分析后发现，二者相关关系不显著。

对 2015 年国家创新指数与国家同理心水平进行简单的相关分析后发现，创意产出分指标与共情关注维度呈显著负相关关系（$r=-0.271$，$p<0.05$）。

（2）回归分析

在国家同理心水平作为自变量，国家创新能力作为因变量，控制 2011 年人均 GDP 的情况下，同理心总分显著负向影响人力资本投入（$t=-2.205$，$p<0.05$），共情关注显著负向影响人力资本投入（$t=-2.30$，$p<0.05$），如表 8-15 所示。

表 8-15　同理心与国家创新能力关系的回归分析（2011 年）

因变量	同理心	GDP2011		自变量		调整后 R^2	F
		β	t	β	t		
人力资本	共情关注	34.42	10.91***	-11.87	-2.30*	0.68	64.35
	同理心总分	35.189	10.906***	-13.542	-2.205*	0.677	63.747

注：同理心 $N=61$；* $p<0.05$，** $p<0.01$，*** $p<0.001$。

在国家同理心水平作为自变量，国家创新能力作为因变量，控制 2012 年人均 GDP 的情况下，共情关注显著负向影响国家创新产出（$t=-2.056$，$p<0.05$），共情关注显著负向影响人力资本投入（$t=-2.269$，$p<0.05$），共情关注显著负向影响知识技术产出（$t=-2.007$，$p<0.05$），如表 8-16 所示。

表 8-16　同理心与国家创新能力关系的回归分析（2012 年）

因变量	同理心	GDP2012		自变量		调整后 R^2	F
		β	t	β	t		
创新产出	共情关注	23.483	6.559***	-11.859	-2.056*	0.442	24.780
人力资本	共情关注	39.197	12.404***	-11.551	-2.269*	0.730	82.087
知识技术产出	共情关注	25.583	4.776***	-17.326	-2.007*	0.306	14.224

注：同理心 $N=61$；* $p<0.05$，** $p<0.01$，*** $p<0.001$。

在国家同理心水平作为自变量，国家创新能力作为因变量，控制 2014 年人均 GDP 的情况下，同理心总分显著负向影响国家创新产出（$t=-2.098$，$p<0.05$），共情关注显著负向影响国家创新产出（$t=-2.307$，$p<0.05$）；同理心总分显著负向影响制度投入（$t=-3.181$，$p<0.01$），共情关注显著负向影响制度投入（$t=-3.181$，$p<0.01$），观点采择显著负向影响制度投入（$t=-2.787$，$p<0.01$）；共情关注显著负向影响创意产出（$t=-2.203$，$p<0.05$），如表 8-17 所示。

表 8-17　同理心与国家创新能力关系的回归分析（2014 年）

因变量	同理心	GDP2014		自变量		调整后 R^2	F
		β	t	β	t		
创新产出	同理心总分	24.121	7.836***	-12.393	-2.098*	0.518	32.761
	共情关注	23.444	7.644***	-11.164	-2.307*	0.526	33.677
制度	同理心总分	43.605	10.803***	-24.639	-3.181**	0.678	63.111
	共情关注	42.386	10.432***	-19.907	-3.102**	0.676	62.434
	观点采择	45.092	10.869***	-24.234	-2.787**	0.666	59.901
创意产出	共情关注	26.135	8.516***	-10.668	-2.203*	0.573	40.643

注：同理心 $N=61$；* $p<0.05$，** $p<0.01$，*** $p<0.001$。

在国家同理心水平作为自变量，国家创新能力作为因变量，控制 2015 年人均 GDP 的情况下，同理心总分显著负向影响国家创新总指数（$t=-2.080$，$p<0.05$），共情关注显著负向影响国家创新总指数（$t=-2.205$，$p<0.05$）；同理心总分显著负向影响创新产出（$t=-2.214$，$p<0.05$），共情关注显著负向影响国家创新产出（$t=-2.523$，$p<0.05$）；国家同理心显著负向影响国家创

新部分三级指标，具体结果如表 8-18 所示。

表 8-18　同理心与国家创新能力关系的回归分析（2015 年）

因变量	同理心	GDP2015 β	GDP2015 t	自变量 β	自变量 t	调整后 R^2	F
创新指数	同理心总分	29.641	9.981***	-11.748	-2.080*	0.632	51.737
	共情关注	29.027	9.784***	-10.228	-2.205*	0.636	52.434
创新产出	同理心总分	27.703	7.611***	-15.325	-2.214*	0.506	31.221
	共情关注	26.854	7.440***	-14.243	-2.523*	0.517	32.634
制度	同理心总分	43.732	10.918***	-24.784	-3.254**	0.683	64.487
	共情关注	42.509	10.553***	-20.194	-3.206**	0.681	64.059
	观点采择	45.184	10.946***	-24.066	-2.807**	0.670	60.760
创意产出	同理心总分	30.359	8.658***	-16.658	-2.498*	0.572	40.347
	共情关注	29.372	8.574***	-16.689	-3.115**	0.594	44.117

注：同理心 $N=61$；* $p<0.05$，** $p<0.01$，*** $p<0.001$。

二、分析讨论

对 2009—2015 年的数据进行分析后发现，整体而言，同理心总分、共情关注以及观点采择与国家创新之间相关关系并不显著。仅在国家创新的个别分指标有零星体现，例如，2012 年的数据分析结果显示，共情关注与知识技术产出显著负相关，但在其他年份并未有类似发现，结果不具有普遍性。无法阐明同理心与国家创新之间的关系。

在控制经济因素的情况下，研究发现，共情关注对国家创新产生显著的负向影响，共情关注的程度越高越不利于国家创新产出能力的提升。共情关注测量的是对他人的同情心，是同理心中的情感部分，国家层面的共情关注水平过高并不利于整体的创新产出。同理心的整体评估情况对国家创新也存在负向的影响，过高的同理心水平同样不利于国家创新能力的提升。具有较高同理心水平的人们更愿意参加志愿活动，进行慈善捐助，回应他人的各项需求，以及在生活中更为利他，这一特征反应在国家层面时并不利于提升创新。这一结果与假设 H16 相反，同理心与国家创新能力负相关，控制经济因素后，对国家创新能力产生负向影响。结果表明国家层面的研究结论与个体层面结果并不具有跨水平的一致性，后续研究中放入调节变量等或许能够进一步对结果进行确认。

第四节　本章小结

本章的主要内容对心理变量宏观地理分布如何影响国家创新能力进行了研究，探讨了心理变量宏观地理分布与国家创新能力，以及国家创新投入和国家创新产出之间的关系。研究选取了国家层面的大五人格分布，国家层面自尊分布，以及国家层面同理心分布作为提出心理变量宏观地理分布影响国家创新能力研究假设的操作性指标，具体从上述几个方面开展实证研究。

研究结果发现，首先，人格地理分布对国家创新能力的影响主要表现在开放性、宜人性以及外倾性三个维度。国家人格分布的开放性程度越高越有利于创新能力的提升，并且对国家创新投入与产出均存在正向的影响，具体表现在影响国家制度创新投入、人力资本创新投入、基础设施创新投入、商业成熟度创新投入、知识科技创新产出以及创意创新产出方面。宜人性对国家创新能力的影响主要表现在促进国家创新产出，具体表现在有利于提升国家创意创新的产出。外倾性对国家创新能力的影响主要表现在能够促进国家创新投入的提升，具体影响国家创新制度投入。

其次，国家层面自尊分布对国家创新能力存在负向影响。自尊分布中的自我肯定不利于国家创新能力的提升，对国家创新投入与产出也存在负面影响，具体表现在影响制度创新投入，基础设施创新投入，商业成熟度创新投入，知识科技创新产出以及创意创新产出方面。自尊总分的国家分布主要对国家创新产出存在负向影响，影响主要表现在基础设施创新投入以及知识科技创新产出两方面。国家层面的研究结果表明，自尊水平过高并不利于国家创新能力的提升。

最后，国家层面同理心分布对国家创新能力主要存在负向的影响。同理心整体分布主要负向影响国家创新产出，对国家制度创新投入也存在负向影响。同理心分布中的共情关注维度主要负向影响国家创新产出，对制度创新投入，人力资本创新投入，以及创意创新产出方面存在负向的影响。这一结果表明，同理心水平过高并不利于国家创新能力的提升。

整体而言，国家层面人格分布对国家创新能力的影响与在个体层面以及企业组织层面得到的研究结论具有跨水平的一致性，开放性人格特质在不同分析水平上均对创造力与创新存在正向影响。我们也发现了外倾性与宜人性对国家创新能力的促进作用。生命史理论的研究发现，人格的开放性、外倾性以及宜人性与生命史慢策略存在正相关关系（Gladden, et al., 2009），人格特质上升到地理分布水平后很大程度上与慢策略生命史宏观环境具有一定的关系。同时，人格对国家创新能力影响已经证实具有跨水平的一致性，这在一定程度上表明慢策略宏观环境促进国家创新能力提升的假说具有可行性。国家自尊分布以及同理心分布与国家创新能力关系的研究结果与个体层面的研究结论并未发现跨水平的一致性，同时也没有对研究假设进行证实，这两方面的研究无法对慢策略宏观环境促进国家创新能力提升的假说进行佐证。鉴于我们只是对心理变量宏观地理分布影响国家创新能力进行初步探索，其中存在大量值得探讨的问题尚未解决，后续研究需要对这一结论进行进一步的研究与确认。

第九章 总结与展望

第一节 研究结论

为了能够更加系统直观地展示宏观环境对国家创新能力的影响及作用方向，对宏观环境如何影响国家创新能力的结果进行汇总整理。表9-1为环境因素影响国家创新能力总指标及二级指标的投入与产出结果汇总，表9-2为环境因素影响国家创新能力三级分指标的结果汇总。从这两组汇总表中，能够对宏观环境作用对国家创新的影响及方向进行直观的了解，符号"+"表示环境因素正向影响国家创新，符号"-"表示环境因素负向影响国家创新。

表9-1 环境因素对国家创新指数及投入产出的影响汇总

自变量	创新指数	创新投入	创新产出
预期寿命（总）	+	+	+
预期寿命（男）	+	+	+
预期寿命（女）	+	+	+
历史疾病流行	-		-
肺结核发病			
青少年生育率	-	-	
女性占比	+	+	+
2010育龄性别比	-	-	-
2010总性别比	-	-	-
基尼系数			
暴力犯罪			

续表

自变量	创新指数	创新投入	创新产出
性别不平等指数	−	−	−
女性议员占比	+	+	+
性别差距指数	+	+	+
经济参与	+	+	+
政治权力	+	+	+
权力距离	−	−	−
不确定规避	−	−	−
个体主义	+	+	+
长期取向	+		+
世俗理性 WVS6	+	+	+
世俗理性 WVS4	+	+	+
制度集体主义（实践）	+	+	
制度集体主义（价值）	−		−
内群体集体主义（实践）	−	−	−
未来取向（实践）	+	+	+
表现取向（实践）	+	+	+
不确定规避（实践）	+	+	+
不确定规避（价值）	−	−	−
性别平等（价值）	+	+	+
权力距离（实践）	−		
自信（价值）			
和谐性	−	−	−
情感自主性	+		
智力自主性			+
社会复杂性	+		+
宗教性	−		−
松紧文化总分	+	+	+
特殊领域松紧文化	+		+
开放性	+	+	+
宜人性			+
外倾性		+	

影响国家创新能力的宏观社会生态因素

续表

自变量	创新指数	创新投入	创新产出
自我肯定	−	−	−
自尊总分			−
共情关注			−
同理心总分			

表9-2 环境因素对国家创新三级指标的影响汇总

自变量	制度	人力资本	基础设施	市场成熟	商业成熟	知识产出	创意产出
预期寿命（总）		+	+	+		+	+
预期寿命（男）		+	+			+	+
预期寿命（女）			+				+
历史疾病流行	−						−
肺结核发病							−
青少年生育率			−	−			
女性占比	+	+	+	+		+	+
2010 育龄性别比	−	−	−	−		−	−
2010 总性别比	−	−	−	−		−	−
基尼系数		−					
暴力犯罪							
性别不平等指数	−	−	−	−	−	−	−
女性议员占比	+	+	+	+	+	+	+
性别差距指数	+	+	+	+	+	+	+
经济参与	+	+	+	+		+	+
政治权力	+	+	+	+	+	+	+
权力距离							
不确定规避	−	−	−	−		−	−
个体主义	+	+	+	+	+		+
长期取向			+			+	
世俗理性 WVS6		+	+	+		+	+
世俗理性 WVS4	+	+	+	+		+	
制度集体主义（实践）	+		+			+	
制度集体主义（价值）	−	−	−	−	−		

续表

自变量	制度	人力资本	基础设施	市场成熟	商业成熟	知识产出	创意产出
内群体集体主义（实践）	−	−	−	−	−	−	−
未来取向（实践）	+	+	+	+	+	+	+
表现取向（实践）	+		+	+	+	+	+
不确定规避（实践）	+	+	+	+	+	+	+
不确定规避（价值）	−	−	−	−	−	−	−
性别平等（价值）	+		+		+		+
权力距离（实践）					−		
自信（价值）				+			
和谐性				−	−		
情感自主性		+					
智力自主性						+	
社会复杂性			+		+	+	+
宗教性			−				
松紧文化总分	+				+		+
特殊领域松紧文化	+		+				+
开放性	+	+	+		+	+	+
宜人性							
外倾性	+						
自我肯定	−		−	−	−	−	−
自尊总分				−		−	
共情关注	−						
同理心总分	−						

人口学宏观环境中的预期寿命，疾病流行以及青少年生育率已经有研究证实是催生生命史快慢策略的重要环境因素（Ellis et al., 2009），性别比也已有研究者认为与生命史策略密切相关（Leimar, 1996）。就国家水平而言，预期寿命年限较长，疾病流行程度较低，青少年生育率较低以及较低的性别比反映的是慢策略的宏观环境，同时也是促进国家创新能力提升的宏观环境表现。在人口学宏观环境研究中得到的结果完全证实了生命史慢策略宏观环境促进国家创新能力的假说。催生慢策略的人口宏观环境或者说与慢策略关系密切的人口宏观环境能够促进国家创新能力的提升。

在生命史理论的研究中，社会经济地位的不平等带来不同的生命史策略选择，不平等程度较低时催生生命史慢策略，不平等程度较高时更容易催生生命史快策略（Griskevicius et al., 2013）。我们进行社会环境研究的这三项环境因素中，基尼系数影响国家创新能力研究的结论与生命史慢策略宏观环境促进国家创新能力提升假说一致。社会更平等，更能催生生命史慢策略，这一社会环境也有利于国家创新能力的提升。生命史慢策略与性别平等之间也存在千丝万缕的联系，进一步佐证了假说成立的可行性。同时，暴力犯罪率较低更有利于国家创新能力的提升也是对慢策略宏观环境促进国家创新能力提升假说的佐证。整体而言，社会环境影响国家创新能力的研究结果表明，在一定程度上慢策略宏观环境能够促进国家创新能力的提升。

文化环境从不同的角度通过不同的价值维度对国家创新能力产生影响。文化环境较为宽松自由，包容性较高，能够接纳现代社会发展产生的差异，允许不同声音的出现，着眼于未来鼓励开展自主尝试等文化价值表现有利于创新的激发。同时，在实践层面，强调国家整体的集体主义提供文化制度性的保障，重视长远发展的文化行为表现等。文化价值上的长远包容与文化实践上的谨言慎行相互结合更能利于国家创新。环境内资源充足，宽松，动荡性较低，注重长远发展的环境更倾向于产生生命史慢策略，具有类似特征的文化环境能够促进国家创新能力的提升。从初步探索得到的结果来看，一定程度上佐证了慢策略宏观环境促进国家创新能力提升的假说。

国家层面人格分布对国家创新能力的影响与在个体层面以及企业组织层面得到的研究结论具有跨水平的一致性，开放性、外倾性、宜人性人格特质在不同分析水平上均对创造力与创新存在正向影响。人格对国家创新能力影响已经证实具有跨水平的一致性，结合前文所述人格与生命史慢策略的关系，这在一定程度上表明慢策略宏观环境促进国家创新能力提升的假说具有可行性。国家自尊分布以及同理心分布与国家创新能力关系的研究结果无法对慢策略宏观环境促进国家创新能力提升的假说进行佐证。鉴于我们只是对心理变量宏观地理分布影响国家创新能力进行初步探索，其中存在大量值得探讨的问题尚未解决，后续研究需要对这一结论进行进一步的研究与确认。

我们探讨的人口宏观环境、社会环境、文化环境以及心理变量的宏观地理分布对国家创新能力的影响相比于经济环境影响国家创新能力而言存在着范畴异质性程度的差异。例如，我们已经证实人口宏观环境因素能够影响国家创新能力，相比于经济环境而言，人口学宏观环境与国家创新能力的范畴异质性更强。经济环境是直接影响国家创新能力的主要环境因素，本文探讨的宏观环境能够从远端对国家创新能力产生影响。经济环境因素对国家创新能力存在较大的直接影响，经济环境之外的人口学环境、社会环境、文化环境、心理环境等以较为远端的视角，长久地影响着国家创新，对国家创新能力发挥着经济因素之外的重要作用。然而我们同时也意识到，在取得更为确切的研究证据之前，谨慎进行因果推论，并且在这一影响过程中或许存在其他调节因素的作用，有待于后续研究的探讨与发现。

综上所述，我们对大部分研究假设进行了验证，大部分研究结果能够符合预期假设，从实证分析的角度佐证了生命史慢策略宏观环境促进国家创新能力假说。尽管存在研究结果并不符合假说的情况出现，也表明慢策略宏观环境促进国家创新能力假说存在进一步完善与改进的空间，后续研究需要更多证据进行支持。我们作为一项探索性研究发现了可能影响国家创新能力的宏观环境的具体表现，提出慢策略宏观环境促进国家创新能力假说对宏观环境的影响作用进行解释，实证分析结果在一定程度上进行了佐证，因此，我们认为催生生命史慢策略的宏观环境同样也能够促进国家创新能力的提升，影响国家创新能力的宏观环境有着多种表现，绝大部分符合慢策略宏观环境促进国家创新能力的假说。

第二节　主要创新点

一、提出并初步验证慢策略宏观环境促进国家创新能力假说

生命史理论（Life History Theory）是一套分析框架，用于研究不同生物选择的生命史策略的多样性，以及它们生命周期变化的原因和结果，通过生物

的生命史对生物体的生理和行为进行解释，尤其是幼年发育，性成熟年龄，第一次繁殖（Vitzthum，2008）。生命史理论用于解释包括人类在内的生物体，对环境中有限的资源进行分配，如何产生和选择不同的生命史策略（Life History Strategy）。生命史理论主要用于解释个体的心理与行为，也有研究者用于理解社区的行为策略，例如，研究者发现个体预期寿命较短的社区（例如，经常需要面临较高的外部风险、杀人率高等）通常也是女性生育年龄较早的社区，研究者认为这并不是由于缺乏生育计划，而是一种类似于生命史策略的规划（Wilson & Daly，1997）。我们将生命史理论进行了大的迁移应用，用于解释国家层面的创新水平，提出慢策略宏观环境促进国家创新能力假说。国家的发展过程中也面临着众多权衡，生物体首先面对的是将资源用于维持现状或是进行成长的权衡，这一权衡在国家发展中也有所体现。国家可以选择维持现状，也可以选择消耗资源进行创新，体现的是国家的生命史策略。我们开展的实证研究发现，与慢策略关系密切的环境因素同时能够影响国家创新水平，慢策略与国家创新之间存在一种协同相关，后续需要更深入的证据对假说进行佐证。

二、构建促进国家创新能力的宏观环境指标体系

我们另一项创新点在于从进化心理学与社会心理学视角出发，对可能影响国家创新的宏观慢策略环境进行了初步的探索，构建出一系列慢策略环境促进国家创新的环境图谱。尝试寻找经济因素之外的国家创新的突破口，人口分布、社会环境、文化环境以及心理环境等均存在影响国家创新的重要可能。从长远进化的视角看待当下的国家创新的发展，国家推动创新的政策不仅需要考虑国家当下的经济环境与研发投入，同时也需要顾及宏观环境带来的背景影响。一系列具备慢策略特征的宏观环境能够从不同的角度以多种方式影响国家创新，与以往研究不同，我们关注的内容在传统研究看来无法直接影响国家创新，但这些看似远端的宏观环境构成的慢策略体系能够对国家创新发挥促进作用。这一研究视角来自进化心理学，同时也扩充了社会生态心理学的研究范畴，不仅关注宏观环境对个体心理行为的影响，也开始关注

对国家及地区的作用。与此同时，顺应并且利用国家的宏观环境，吸收环境沃土提供的滋养，发挥各项环境因素所提供的优势与动力，全面推进创新，鼓励创新，逐渐形成创新的宏观背景环境，协同经济与研发投入等重要因素共同促进创新。

三、大型国际数据库的心理学研究应用

我们能够对影响国家创新能力的宏观环境因素进行较为全面的探索，与对国际数据库提供的档案数据全新应用联系密切。研究使用的国家创新能力评价指标（GII）由欧洲工商管理学院（INSEAD）每年进行发布，其评价能力已经得到众多研究者的认可，也在较为广泛的领域进行了应用和推广，相比于以往单纯使用国家发明专利或是注册商标的做法，更能全面的衡量国家的综合创新能力水平（shane，1993；Rinne et al.，2013）。对社会环境与人口环境进行量化时选用的基尼系数、犯罪率、性别比、预期寿命、青少年生育率等重要数据来自世界银行等较为权威的机构发布的统计数据。整合了权威研究机构组织具有较高代表性的问卷调查结果用于我们的宏观环境刻画。选择恰当的切入点对大样本的数据进行对接使用，能够激发国家水平研究的新活力。国际数据库提供的档案数据具有的数据量大的优点是其他小样本调查所不具备的，在某种程度上也可以称为"大数据"，尽管与动辄以兆为单位的网络大数据无法比拟，但也保证了一定程度上的数据量，能够对国家水平的环境特征进行较为恰当的反映。

第三节　存在不足

一、截面数据因果推论的风险

探索影响国家创新能力的环境因素时使用的数据多是截面数据，尤其是人格、自尊、同理心等宏观心理数据。使用截面数据得到的研究结果，在进行因果推论时存在一定的风险，需要实验设计以及长期的追踪调查等研究手

段的佐证。但在国家层面进行大规模的追踪研究并不实际，宏观心理调查以及价值观调查等需要大量的时间与经济成本。使用截面数据进行研究的前提在于，文化价值、人格、自尊等心理文化变量的改变相对缓慢，短期内并不会表现出较大的差异。集体主义得分较高的国家在短时期内转变为个体主义水平较高的国家并不现实，文化的形成需要较为漫长的时间，采用截面数据进行研究能够保证结果的可信性。我们在选取研究数据时，挑选与国家创新能力数据年份相近的环境数据，尽最大可能地避免时间差对结果的干扰等。未来研究可考虑采用时间序列等统计技术，结合实验设计对因果关系的推论进行佐证。

二、自变量丛内部关系探讨较少

我们的另一项不足在于，对所选取的环境自变量丛的内部关系探讨较少。正如文化心理学研究者已经对文化环境进行了较为全面的测量与探索，但仍存在一些无法解释的问题和有待后续研究的内容一样，我们选取的不同环境因素的自变量之间也存在尚未探讨的关系。尤其是对于慢策略宏观环境的测量指标而言，研究者并没有进行前因或是结果的区分。例如，青少年生育率是生命史策略研究中典型的测量指标，青少年生育率可以是生命史策略的结果，即选择不同的快慢策略造成了环境中青少年生育率的差异，也可以是选择不同生命史策略的前因变量，即环境中青少年生育率的变化导致了种群对快慢策略的选择。我们通过选取代理指标，提出了慢策略宏观环境来促进国家创新能力的假说，并对人口、社会、文化、心理宏观环境如何影响国家创新能力进行了探索，所探讨的宏观环境均涵盖庞大的学科体系，其内容的宏大程度远不是一项研究可驾驭的。我们尽可能选取代表性较高的环境代理指标进行探索性的研究，但仍无法避免"管中窥豹"的困局，也并未对自变量之间以及内部的关系进行详细的研究，未来研究仍需要多种学科的交叉推进。

三、新假说有待更多证据支持

我们结合进化心理学生命史理论提出解释国家创新的假说，对影响国家创新的内驱力进行解释，同时也对影响国家创新能力的环境特征进行理论上的归纳。假说建立在初步探索与理论推导的基础上，解释能力有待进一步的验证，同时也需要更多证据的支持。我们主要采用国际大型数据库的数据进行实证分析，研究结果在解释生命史慢策略宏观环境影响国家创新能力提升的假说时存在一定的不足。由于将国家作为研究主体，无法开展实验进行佐证，这也是寻找更多证据支持新假说的困难所在。我们对假说仅进行了初步的探索与梳理，尚未对关键性的变量间的关系进行进一步的挖掘与分析，后续研究随着对环境因素更为细致地探索，将不断完善假说的证据链条，为生命史理论快慢策略解释国家创新能力的假说提供更多的证据支撑。

第四节　未来方向

一、慢策略宏观环境指标体系的进一步发展完善

生命史理论认为，环境的恶劣程度与不可预测性能够对人类的生命史性状产生影响，带来相关变量的改变。例如，预期寿命、社区质量、社会经济地位、居住地变更等外部环境会影响人类的生长状况，例如，青春期和性行为开始的时间，青少年生育率，家庭规模等（Ellis et al.，2009）。这些相关变量的改变是人们为了适应环境进行权衡的结果，既是快慢生命史策略带来的结果，也是对快慢策略的体现。心理学研究者已经发现，生命史策略能够影响人类众多行为与表现，但仅从个体层面而言，生命史策略与创造力以及创新关系的探讨相对较少。创造力是人类在进化过程中对抗自然的有力工具，创造力与创新带有很强的进化烙印，Galton 提出创造力是以人类的自主选择代替了不确定的自然选择（Sternberg & Lubart，1999）。个体层面生命史策略与创造力的研究在未来的进展能够在一定程度上佐证慢策略滋养国家创新的假说。生命史理论最初由生物学家用于解释动物界不同种群对进化与环境的适应，生命史策略的研究对象也主要集中在生物群体，较少关注生物个体。进化心理学研究者将生命史理论用于解释人类心理与行为，是群体到个体的

转变，我们将生命史理论应用于解释国家层面的创新能力，是再次回溯生命史理论的本源。慢策略宏观环境促进国家创新能力假说处于萌芽的状态，假说构建主要通过理论推导与间接证据的支持。生命史理论的研究需要继续向前发展，对影响不同生命史策略产生的环境因素的研究也会得到更大的扩展，未来研究将会发现更多影响慢策略产生的环境，而这些环境因素可能也会促进国家创新能力的提升。慢策略滋养国家创新的假说存在相当大的后续研究空间。

二、会聚多层次多维度证据支持

我们对影响国家创新能力的环境因素进行了初步探索，发现了社会人口分布、社会环境、文化环境以及宏观心理环境影响国家创新的基本规律。在研究过程也发现了能够继续进行深入研究的诸多问题。环境影响国家创新的中间过程存在较多发挥作用的变量，我们并未对中间可能产生影响的变量进行探讨，仅对影响方向进行了初步的探索性分析。宏观水平的心理学研究仍处于初期阶段，对于远端宏观环境与国家层面变量之间关系的研究也有待进一步的发展，未来随着研究的深入，能够提供更多的证据完善宏观环境与国家创新之间的关系。分子遗传研究的发展与跨领域研究的增多，为探讨创造力的遗传机制提供了可能（张景焕等，2015）。研究主要关注多巴胺（DA）和5羟色胺（5-HT）相关的基因多态性与创造力之间的关系，Zhang等人（2014a，2014b）在一项以中国汉族大学生为被试的研究中发现多巴胺受体D2基因（DRD2）以及儿茶酚-O-甲基转移酶基因（COMT）与创造力显著相关，并且DRD2与COMT之间存在显著的交互作用，这一结果为DRD2与创造力之间的潜在关系提供了实证依据，进一步揭示了个体层面创造力的遗传机制。同时，生命史策略研究也探讨了基因与生命史策略的关系（Harpending & Cochran，2002），结合进化心理学与分子遗传学的研究结果，对于宏观水平而言基因分布是否能够成为佐证慢策略宏观环境促进国家创新能力的证据，有待于未来的探索。

第五节 关照中国本土区域创新能力的启示

我们以国家为主要研究对象，初步探索了人口学宏观环境、社会环境、文化环境以及宏观层面的心理变量的国家分布对国家创新能力的影响作用，提出了慢策略宏观环境促进国家创新能力假说。对经济因素之外的其他环境，可能对国家创新能力产生影响的内容进行了探讨，试图在世界范围内国家层面开展提升国家创新能力的研究，并将所获取的研究结果推论到中国的创新能力提升的现实应用之中。

文化环境与社会环境在一定程度上为国家创新提供基础性的宏观环境保障，具体发展规划调整国家创新过程中各水平要素之间的关系，协调发展中的资源分配问题。在宏观创新环境的保障与支持之下，具体举措与宏观环境相互配合，才能最大限度地整合各项资源，创新经验才能顺利积累转化为创新知识。其中文化环境的影响较为深远，也受到了较多研究者的关注。例如，对于文化环境而言，中国文化看重长期取向，并且对不确定的接受程度较低，文化氛围相对来说更偏紧文化。宽松的文化环境更能够容忍新异与反传统的创新行为的存在。企业组织，学校，家庭等环境中提倡创新行为的表现，国家内部构建鼓励创造力发展的宽松的文化氛围。一个国家创造力与其所处的文化环境无法分割，相互影响，彼此促进。实证研究表明，在紧文化中由本国人员完成创新任务相比完成国外的创新任务更容易成功，制定有利于促发创造力的社会规范会对创造力产生积极影响（Chua, Roth, Lemoine, 2014）。开展本土化的创新将更适合我国的受众，更符合国情，也更容易产生具有创造力的成果，这也意味着，提升我国的创造力更需要体制性的支持。公民行为规范较为严苛的国家，高科技产业的输出百分比会相对较低（Kwan&Chiu, 2014）。

文化不是一成不变，在 Hofstede 的两次文化调查中虽然整体相差不大，但也有部分国家的价值观分数出现了波动，也表明，尽管文化环境是相对稳定的，但是伴随着与经济环境、社会环境、政治环境等的协同进化，改变也会发生。中国文化同时看重新颖性和实用性作为创造力的充足条件，侧重对新知识的开发或是对已有知识的探索可能只是政策选择而非中国创新者的一种文化条件的选择。政策制定顺应文化价值取向，投入资金与政策引导的同时培养创新的文化氛围，逐步由自上而下转变为自下而上，使创新成为一种文化，渗透到整个社会发展中。发挥集体主义文化优势，整体思维方式，走与美国等发达国家不同的创新发展道路，充分发挥紧文化的优势，对规范的重视，更有利于政策的贯彻落实，有利于国家引导的创新的推动。当资本与制度转为支持对新知识的探索时，将会带来较大的转变——从开发已有的知识转到探索新的知识，这也凸显出资本与制度支持对国家创新的重要作用（Liou，Kwan，Chiu，2016）。国家构建和完善支持创业相关的制度，保护高创造力人群的知识产权和各种经济财产，进行相应的政策规划提升全球性的人才竞争实力。我国具有强大的人力资本后盾，配合以相应的体制建设的制度支持，将会对提升我国的国家创新能力产生重要的促进与推动作用。

经济环境是影响国家创新能力的重要因素，除此之外，社会环境与文化环境也能够对国家创新能力起到重要的影响。此外，人口学宏观环境对国家创新能力的影响并不直接发生作用，相对较为远端，但又能够起到作用。例如，预期寿命越长越有利于国家创新能力的提升，但这并不代表提升了整个国家的预期寿命就能提升创新能力，除考虑到因果推论的风险之外，宏观人口学环境因素更像是一种保障性环境，起到类似警戒线的作用。这并不能直接获得创新提升的收益，但如果这一环境过于恶劣会阻碍国家的创新。例如，如果一个国家预期寿命较短，疾病流行泛滥，青少年生育率较高，并且性别比过高的情况下，国家的创新能力也会受到阻碍。这些宏观人口学环境因素并不是决定创新的主要因素，却又是无法忽略的重要因素。中国创新能力的发展也需要注意这些环境的作用。国家层面医疗卫生的发展，降低疾病流行，提升国民的预期寿命，降低青少年生育率等，能够为国家创新能力的提升提供较为优质的人力资本，有利于创新的投入以及整体创新能力的提升。

参考文献

[1]邓小平,张向葵.自尊与创造力相关的元分析[J].心理科学进展,2011,19(5):645-651.

[2]李阳,白新文.善心点亮创造力:内部动机和亲社会动机对创造力的影响[J].心理科学进展,2015,23(2):175-181.

[3]林镇超,王燕.生命史理论:进化视角下的生命发展观[J].心理科学进展,2015,23(4):721-728.

[4]聂海燕,刘季科,苏建平,张堰铭,张洪海.动物生活史进化理论研究进展.生态学报,2007,27(10):4267-4277.

[5]彭芸爽,王雪,吴嵩,金盛华,孙荣芳.生命史理论概述及其与社会心理学的结合——以道德行为为例[J].心理科学进展,2016,24(3):464-474.

[6]漆海霞,陈然.试析性别差异对军费支出的影响[J].世界经济与政治,2012,(5):82-96.

[7]隋杨,陈云云,王辉.创新氛围、创新效能感与团队创新:团队领导的调节作用[J].心理学报,2012,44(2).

[8]盛明明.宏观文化环境视角下的国家创新研究[J].未来与发展,2017,41(1):1-5.

[9]赵锦春,谢建国.收入分配不平等、有效需求与创新研发投入——基于中国省际面板数据的实证分析[J].山西财经大学学报,2013(11):1-12.

[10]政府工作报告(2015).2016-03-11 取自 http://www.people.com.cn/n/2015/0305/c347407-26643598.html.

[11]张景焕,张木子,张舜,任菲菲.多巴胺、5-羟色胺通路相关基因及家庭环境对创造力的影响及其作用机制[J].心理科学进展,2015(9):1489-1498.

[12]Acemoglu,D.,Akcigit,U.,Celik,M.A. Young,restless and creative:Openness to

disruption and creative innovations (No. w19894). National Bureau of Economic Research,2014.

[13] Akçomak, I. S. , Ter Weel, B. Social capital, innovation and growth: Evidence from Europe[J]. *European Economic Review*, 2006,53(5),544-567.

[14] Albert, R. S. , Runco, M. A. Independence and the creative potential of gifted and exceptionally gifted boys[J].*Journal of Youth and Adolescence*, 1988,18(3),221-230.

[15] Amabile TM. Within you, without you: towards a social psychology of creativity, and-beyond. See Runco & Albert 2003.

[16] Amabile, T. M. Social psychology of creativity: Aconsensual assessment technique[J]. *Journal of Personalityand Social Psychology*, 1982,43:997-1013.

[17] Amabile, T. M. The social psychology of creativity: A componential conceptualization [J].*Journal of Personality and Social Psychology*, 1983,45(2),357.

[18] Amabile, T. M. Creativity in context: Update to "the social psychology of creativity." Westview press.

[19] Amabile, T. M. , Conti, R. , Coon, H. , Lazenby, J. , Herron, M. Assessing the work-environment for creativity[J].*Academy of Management Journal*, 1996,19:1154-1184.

[20] Amabile, T. M. , Hadley, C. N. , Kramer, S. J. Creativity under the gun[J].*Harvard business review*, 2002,80(8):52-61.

[21] Anderson, C. A. Temperature and aggression: Effects on quarterly, yearly, and city rates of violent and nonviolent crime[J].*Journal of Personalityand Social Psychology*, 1987,52: 1161-1173.

[22] Aronson, Z. H. , Reilly, R. R. , Lynn, G. S. The role of leader personality in new product development success: An examination of teams developing radical and incremental innovations[J].*International Journal of Technology Management*, 2008,44:5-27.

[23] Baer, J. , Kaufman, J. C. , Gentile, C. A. Extension of the consensual assessment techniqueto nonparallel creative products[J].*CreativityResearch Journal*, 2004,16:113-117.

[24] Baer, M. , Oldham, G. R. The curvilinear relation between experienced creative time pressure and creativity: moderating effects of openness to experience and support for creativity [J].*Journal of Applied Psychology*, 2006,91(4):963.

[25] Barber, N. The sex ratio and female maritalopportunity as historical predictors of vio-

lent crime inEngland, Scotland, and the United States. Cross – CulturalResearch, 2003, 37: 373-392.

[26] Barker, R. C. Ecological psychology: Concepts and methodsfor studying the environment of human behavior[M].Stanford,CA:Stanford University Press,1918.

[27] Basadur, M. , Pringle, P. , Kirkland, D. Crossing cultures: Training effects on thedivergent thinking attitudes of Spanish speakingSouth American managers[J]. *CreativityResearch Journal*,2002,14:395-408.

[28] Batey, M. , Furnham, A. Creativity, intelligence, and personality: A critical reviewof the scattered literature[J]. *Genetic, Social, and General Psychology Monographs*, 2006, 132: 355-429.

[29] Baumeister, R. , Smart, L. , Boden, J. Relation of threatened egotism to violence and aggression: The darkside of high self-esteem[J].Psychology Review,1996,103:5-33.

[30] BCG Theinnovative imperative in manufacturing: How the United States can restore its edge[R].2009

[31] Beaty, R. E. , Nusbaum, E. C. , Silvia, P. J. Does insight problem solving predict real-world creativity? [J].*Psychology of Aesthetics, Creativity, and the Arts*,2014,8(3),287.

[32] Bechtoldt, M. N. , Choi, H. S. , Nijstad, B. A. Individuals in mind, mates by heart: Individualistic self-construal and collective value orientation as predictors of group creativity [J].*Journal of Experimental Social Psychology*,2012,48(4):838-844.

[33] Beersma, B. , De Dreu, C. K. Conflict's consequences: Effects of social motives on post negotiation creative and convergent group functioning and performance[J].*Journal of Personality and Social Psychology*,2005,89(3):358.

[34] Beghetto, R. A. , Kaufman, J. C. Toward a broader conception of creativity: A case for"mini-c"creativity[J].*Psychology of Aesthetics, Creativity, and the Arts*,2007,1(2):73.

[35] Bell, G. The costs of reproduction and their consequences. The American Naturalist, 1980,116(1):45-76.

[36] Berquó, E. , Cavenaghi, S. (2005, March). Increasing adolescent and youth fertility in Brazil: a new trend or a one-time event. In Annual Meeting of the Population Association of America, Philadelphia, Pennsylvania, March (Vol. 30).

[37] Bhaduri, A. Endogenous economic growth: a new approach[J].Cambridge Journal of

Economics,2006,30(1):69-83.

[38] Bink, M. L., Marsh, R. L. Cognitive regularities in creative activity[J]. *Review of General Psychology*,2000,4(1):59.

[39] Bittner, J. V., Heidemeier, H. Competitive mindsets, creativity, and the role of regulatory focus[J]. *Thinking skills and creativity*,2013,9:59-68.

[40] Bittner, J. V., Bruena, M., Rietzschel, E. F. Cooperation goals, regulatory focus, and their combined effects on creativity[J]. *Thinking skills and creativity*,2016,19:260-268.

[41] Boden, M. The creative mind: Myths and mechanisms. Grand Bay, NB: Cardinal. 1990.

[42] Breau, S., Kogler, D. F., Bolton, K. C. On the Relationship between Innovation and Wage Inequality: New Evidence from Canadian Cities[J]. *Economic Geography*,2014,90(4):351-373.

[43] Buss, D. Evolutionary psychology: The new science of the mind. Psychology Press,2015.

[44] Busse, R. Is culture driving innovation? A multi-national quantitative analysis[J]. *Human Systems Management*,2014,33(3):91-98.

[45] Chadee, D., Roxas, B. Institutional environment, innovation capacity and firm performance in Russia[J]. *Critical perspectives on international business*,2013,9(1/2):19-39.

[46] Chen, C., Burton, M., Greenberger, E., Dmitrieva, J. Population migration and the variation of dopamine D4 receptor (DRD4) allele frequencies around the globe[J]. *Evolution and Human Behavior*,1999,20:309-324.

[47] Chiu, C.-y., Kwan, L. Y.-y., Liou, S. Culturally motivated challenges to innovations in integrative research: Theory and solutions[J]. *Social Issues and Policy Review*,2013,7:149-172.

[48] Chi-Yue, C., Y-Y, K. L. (2010). Culture and creativity: a process model[J]. *Management & Organization Review*,2010,6(3):447-461.

[49] Chopik, W. J., O'Brien, E., Konrath, S. H. Differences in Empathic Concern and Perspective Taking Across 63 Countries[J]. *Journal of Cross-Cultural Psychology*, 2016, 48(1):23-38.

[50] Chua, R. Y., Roth, Y., Lemoine, J. F. The impact of culture on creativity how cul-

tural tightness and cultural distance affect global innovation crowdsourcing work. Administrative Science Quarterly,0001839214563595.

[51] Chua, R. Y. , Roth, Y. , Lemoine, J. F. How Culture Impacts Creativity: Cultural Tightness, Cultural Distance, and Global Creative Work [R]. Administrative Science Quarterly,2015.

[52] Collins, M. A. , Amabile, T. M. 15 motivation and creativity[J]. *Handbook of creativity*,1999,297.

[53] Cross, I. , Laurence, F. , Rabinowitch, T. C. Empathy and creativity in group musical practices: Towards a concept of empathic creativity. In The Oxford Handbook of Music Education, Volume 2.

[54] Crutchfield, R. D. Labor stratification and violent crime[J]. *Social Forces*, 68(2): 489-512.

[55] Csikszentmihalyi, M. Flow and the Psychology of Discovery and Invention[J]. Harper-Perennial, New York,1997,39.

[56] Csikszentmihalyi, M. Implications of a systems perspective for the study of creativity [J]. *Handbook of creativity*,1999,313.

[57] Csikszentmihalyi, M. , Wolfe, R. (2014). New conceptions and research approaches to creativity: Implications of a systems perspective for creativity in education[J]. *The Systems Model of Creativity*(pp. 161-184). Springer Netherlands.

[58] Plucker, J. A. , Beghetto, R. A. , Dow, G. Why isn't creativity more important to educationalpsychologists? Potential, pitfalls, andfuture directions in creativity research[J]. *Educational Psychologist*,2004,39:83-96.

[59] Dakhli, M. , De Clercq, D. Human capital, social capital, and innovation: A multi-country study[J]. Entrepreneurship & regional development,2004,16(2):107-128.

[60] Daly, M. , Wilson, M. , Vasdev, S. Income inequality and homicide rates in Canada and theUnited States[J]. *Canadian Journal of Criminology*,(April),2001:219-236.

[61] Del Giudice, M. , Gangestad, S. W. Kaplan, H. S. in The Handbook ofEvolutionary Psychology 2nd edn, Vol. 1 (ed. Buss, D. M.) Ch. 2 (Wiley,2015).

[62] Dietrich, A. , Kanso, R. A review of EEG, ERP, and neuroimaging studies of creativity and insight[J]. *Psychological bulletin*,2010,136(5):822-848.

[63] Dingemanse, N. J., Both, C., Drent, P. J., Tinbergen, J. M. Fitness consequences of avianpersonalities in a fluctuating environment[J]. *Proceedings of the Royal Society* B, 2004, 271:847-852.

[64] Doyle, R. More Boys Than Girls[J]. *Scientific American*, 2005, 293(4):34-34.

[65] Dunlap-Hinkler, D., Kotabe, M., Mudambi, R. A story of breakthrough versus incremental innovation: Corporate entrepreneurship in the global pharmaceutical industry[J]. *Strategic Entrepreneurship Journal*, 2010, 4:106-127.

[66] Ebstein, R. The molecular genetic architecture of human personality: Beyond self-reportquestionnaires[J]. *Molecular Psychiatry*, 2006, 11:427-445.

[67] Efrat, K. The direct and indirect impact of culture on innovation[J]. *Technovation*, 2014, 34(1):12-20.

[68] Ellis, B. J. Timing of pubertal maturation in girls: Anintegrated life history approach [J]. *Psychological Bulletin*, 2004, 130(6):920-958.

[69] Ellis, B. J., Del Giudice, M., Dishion, T. J., Figueredo, A. J., Gray, P., Griskevicius, V., ... Wilson, D. S. Theevolutionary basis of risky adolescent behavior: Implicationsfor science, policy, and practice[J]. *Developmental Psychology*, 2012, 48(3):598-623.

[70] Ellis, B. J., Figueredo, A. J., Brumbach, B. H., Schlomer, G. L. Fundamental dimensions of environmental risk: the impact of harsh versus unpredictable environments on the evolution and development of life history strategies[J]. *Human Nature*, 2009, 20(2):204-268.

[71] Ellis, L. Criminal behavior and r/K selection: An extension of gene-based evolutionary theory[J]. *Personality and Individual Differences*, 1998, 9:697-708.

[72] Emlen, S. T., Oring, L. W. Ecology, sexualselection, and the evolution of mating systems[J]. *Science*, 1977, 197:215-223.

[73] Fehr, R. Why innovation demands aren't as conflicted as they seem: Stochasticism and the creative process[J]. *Industrial and Organizational Psychology*, 2009, 2(3):344-348.

[74] Figueredo, A. J., Andrzejczak, D. J., Jones, D. N., Smith-Castro, V., Montero, E. Reproductive strategyand ethnic conflict: Slow life history as a protective factoragainst negative ethnocentrism in two contemporary societies[J]. *Journal of Social, Evolutionary, and Cultural Psychology*, 2011, 5(1):14-31.

[75] Figueredo, A. J., Vásquez, G., Brumbach, B. H., Schneider, S. M. R., Sefcek, J.

A. ,Tal,I. R. ,… Jacobs,W. J. Consilience and life history theory: From genes to brain toreproductive strategy[J].*Developmental Review*,2006,26(2):243-275.

[76]Figueredo,A. J. ,Rushton,J. P. Evidence for shared genetic dominance between the general factor of personality,mental and physical health,and life history traits[J].*Twin Research and Human Genetics*,2009,12:555-563.

[77]Fincher,C. L. ,Thornhill,R. ,Murray,D. R. ,Schaller,M. Pathogen prevalence predicts human cross-cultural variability in individualism/collectivism[J]. *Royal Society Proceedings B Biological Sciences*,2008,275(1640):1279-1285.

[78]Figueredo,A. J. ,Vásquez,G. ,Brumbach,B. H. ,Sefcek,J. A. ,Kirsner,B. R. ,Jacobs,W. J. The k-factor: individual differences in life history strategy[J].*Personality & Individual Differences*,2005,39(8):1349-1360.

[79]Fleith,D. D. S. Teacher and student perceptions of creativity in the classroom environment[J].*Roeper Review*,2000,22(3):148-153.

[80]Florida,R. The rise of the creative class[J].*The Washington Monthly*,2002,34(5):15-25.

[81]Florida,R. The flight of the creative class: the new global competition for talent[J]. *Liberal Education*,2006,92(3):741-752.

[82]Florida, R. , Mellander, C. The psychogeography of creativity.. American Psychological Association,2014.

[83]Foellmi,R. ,Zweimüller,J. Income distribution and demand-induced innovations[J]. *Review of Economic Studies*,2006,73(4):941-960.

[84]Frankenhuis,W. E. ,Gergely,G. ,Watson,J. S. Infants may use contingency analysis to estimate environmental states: an evolutionary,life-history perspective[J].*Child Development Perspectives*,2013,7(2):115-120.

[85]Friedman, H. S. , Kern, M. L. Personality, Well-Being, and Health * [J]. *Psychology*,2014,65(1):719-742.

[86]Furman,J. L. ,Porter,M. E. ,Stern,S. The determinants of national innovative capacity[J].*Research Policy*,2000,31(6):899-933.

[87]Furman,J. L. ,Porter,M. E. ,Stern,S. The determinants of national innovative capacity[J].*Research policy*,2002,31(6):899-933.

[88] Furnham, A., Crump, J., Batey, M., Chamorro-Premuzic, T. Personality and ability predictors of the "consequences" test of divergent thinking in a large non-student sample[J]. *Personality and Individual Differences*, 2009, 46:536-540.

[89] Gabora, L., Kaufman, S. B. Evolutionary approaches to creativity[J]. *The Cambridge handbook of creativity*, 2010:279-300.

[90] Gangestad, S. W., Haselton, M. G., Buss, D. M. Evolutionary foundations of cultural variation: Evoked culture and mate preferences[J]. *Psychological Inquiry*, 2006, 17(2):75-95.

[91] Gardner, H. (1993). Creating minds. New York: Basic Books.

[92] Garud, R., Tuertscher, P., Ven, A. H. V. D. Business Innovation Processes[J]. *The Oxford Handbook of Creativity, Innovation, and Entrepreneurship*, 2015.

[93] Gelfand M J, Raver J L, Nishii L, et al. Differences between tight and loose cultures: a 33-nation study. [J]. *Science*, 2011, 332(6033):1100-4.

[94] Gelfand, M. J., Raver, J. L., Nishii, L., Leslie, L. M., Lun, J., Lim, B. C., ... Aycan, Z. Differences between tight and loose cultures: A 33-nation study[J]. *science*, 2011, 332(6033):1100-1104.

[95] Gender Inequality Index. http://hdr.undp.org/en/content/gender-inequality-index-gii.

[96] Georgas, J., Van De Vijver, F. J., Berry, J. W. The ecocultural framework, ecosocial indices, and psychological variables in cross-cultural research[J]. *Journal of Cross-Cultural Psychology*, 2004, 35(1):74-96.

[97] George, J. M., Zhou, J. When openness to experience and conscientiousness are related to creative behavior: An interactional approach[J]. Journal of Applied Psychology, 2001, 86:513-524.

[98] Giosan, C. High-K strategy scale: A measure of the high-K independent criterion of fitness[J]. *Evolutionary Psychology*, 2006, 4(1), 147470490600400131.

[99] Gladden, P. R., Figueredo, A. J., Jacobs, W. J. Life history strategy, psychopathic attitudes, personality, and general intelligence[J]. *Personality and Individual Differences*, 2009, 46(3):270-275.

[100] Goncalo, J. A., Staw, B. M. Individualism-collectivism and group creativity[J].

Organizational behavior and human decision processes, 2006, 100(1):96-109.

[101] Gralewski, J., Karwowski, M. Polite girls and creative boys? Students' gender moderates accuracy of teachers' ratings of creativity[J]. *The Journal of Creative Behavior*, 2013, 47(4):290-304.

[102] Grant, A. M., Berry, J. W. The necessity of others is the mother of invention: Intrinsic and prosocial motivations, perspective taking, and creativity[J]. *Academy of Management Journal*, 2011, 54(1):73-96.

[103] Grigoriou, K., Rothaermel, F. T. Structural micro foundations of innovation: The role of relational stars[J]. *Journal of Management*, 2014, 40(2):586-615.

[104] Griskevicius, V., Delton, A. W., Robertson, T. E., Tybur, J. M. Environmental contingency in life history strategies: Theinfluence of mortality and socioeconomic status on reproductivetiming[J]. *Journal of Personality and Social Psychology*, 2011, 100:241-254.

[105] Griskevicius, V., Tybur, J. M., Ackerman, J. M., Delton, A. W., Robertson, T. E., White, A. E. The financial consequences of too many men: sex ratio effects on saving, borrowing, and spending[J]. *Journal of personality and social psychology*, 2012, 102(1):69.

[106] Griskevicius, V., Ackerman, J. M., Cantú, S. M., Delton, A. W., Robertson, T. E., Simpson, J. A., et al. When the economy falters, do people spend or save? responses to resource scarcity depend on childhood environments[J]. *Psychological Science*, 2013, 24(2):197-205.

[107] Groves, K. S., &Feyerherm, A. E. Leader cultural intelligence in context: Testing the moderating effects of team cultural diversity on leader and team performance[J]. *Group and Organization Management*, 2011, 36:535-566.

[108] Guilford, J. P. Creativity[J]. *American Psychologist*, 1950, 5:444-454

[109] Guilford, J. P. Creativity: Yesterday, today, and tomorrow[J]. *Journal of CreativeBehavior*, 1967, 1:3-14.

[110] Gumusluoglu, T., Ilsev, A. Transformational leadership, creativity and organizational innovation[J]. *Journal of Business Research*, 2009, 62(4):461-473.

[111] Hambrick, D. Z., Oswald, F. L., Altmann, E. M., Meinz, E. J., Gobet, F., Campitelli, G. Deliberate practice: Is that all it takes to become an expert? [J]. *Intelligence*, 2014, 45(1):34-45.

[112] Harpending, H., Cochran, G. In our genes[J]. *Proceedings of the National Academy of SciencesUSA*, 2002, 99: 10-12.

[113] Harrington, J. R., Gelfand, M. J. Tightness-looseness across the 50 united states [J]. *Proceedings of the National Academy of Sciences*, 2014, 111(22): 7990-7995.

[114] Helfat, C. E., Martin, J. A. Dynamic managerial capabilities: Review and assessment of managerial impact on strategic change[J]. *Journal of Management*, 2014, 41(5): 1281-1312.

[115] Schmitt, D. P., Allik, J., McCrae, R. R., Benet-Martínez, V. The geographic distribution of Big Five personality traits patterns and profiles of human self-description across 56 nations[J]. *Journal of cross-cultural psychology*, 2007, 38(2): 173-212.

[116] Hill, K., Kaplan, H. Life history traits in humans: theory and empirical studies[J]. *Annual Review of Anthropology*, 1999, 28(1): 397-430.

[117] Hipp, J. R. Income inequality, race, and place: Does the distribution of race and class within neighborhoods affect crime rates? [J]. *Criminology*, 2007, 45(3): 665-697.

[118] Hoever, I. J., Van Knippenberg, D., van Ginkel, W. P., Barkema, H. G. Fostering team creativity: Perspective taking as key to unlocking diversity's potential[J]. *Journal of Applied Psychology*, 97(5): 982-996.

[119] Hofstede, G., McCrae, R. R. Personality and culture revisited: Linking traits and dimensions of culture[J]. *Cross-cultural research*, 2004, 38(1): 52-88.

[120] Hofstede, G., Hofstede, G. J., Minkov, M. (2010). Cultures and organizations: Software of the mind (3rd ed.). New York, NY: McGraw Hill.

[121] Homan, A. C., Hollenbeck, J. R., Humphrey, S. E., Van Knippenberg, D., Ilgen, D. R., Van Kleef, G. A. Facing differences with an open mind: openness to experience, salience of intragroup differences, and performance of diverse workgroups[J]. *The Academy of Management Journal*, 2008, 51: 1204-1222.

[122] House, R. J., Hanges, P. J., Javidan, M., Dorfman, P. W., Gupta, V. (Eds.). Culture, leadership, and organizations: The GLOBE study of 62 societies [J]. Sage publications, 2004.

[123] Inglehart, R. Modernization and post-modernization: Cultural, economic, and political change in 43 societies Princeton[M]. NJ: Princeton University Press, 1997.

[124] Inglehart, R. , &Baker, W. E. Modernization, cultural change and the persistence of traditional values[J]. *American Sociological Review*, 2000, 65: 19-51

[125] INSEAD. (2009). Global Innovation Index 2008—2009. Retrieved fromhttp://elab. insead. edu.

[126] INSEAD. (2010). Global Innovation Index 2009—2010. Retrieved fromhttp://elab. insead. edu.

[127] Jauk, E. , Benedek, M. , Neubauer, A. C. The road to creative achievement: A latent variable model of ability and personality predictors[J]. *European journal of personality*, 2014, 28(1): 95-105.

[128] Joo, B. K. B. , McLean, G. N. , Yang, B. Creativity and human resource development an integrative literature review and a conceptual framework for future research[J]. *Human Resource Development Review*, 2013, 12(4): 390-421.

[129] Torrance, E. P. Predictive validity of "bonus" scoring for combinations on repeated-figures tests of creative thinking[J]. *The Journalof Psychology*, 1972c, 81: 167-171.

[130] Jung, D. I. , Chow, C. , Wu, A. The role of transformational leadership in enhancing organizational innovation: Hypotheses and some preliminary findings[J]. *Leadership Quarterly*, 2003, 14(4): 525-544.

[131] Kalliopuska, M. Empathy, self-esteem and creativity among junior ballet dancers[J]. *Perceptual and motor skills*, 1989, 69(3 suppl): 1227-1234.

[132] Kandler, C. , Riemann, R. , Angleitner, A. , Spinath, F. M. , Borkenau, P. , Penke, L. The nature of creativity: the roles of genetic factors, personality traits, cognitive abilities, and environmental sources. Journal of Personality & Social Psychology, in press, págs, 2016: 230-249.

[133] Kanter, R. M. When a thousand flowers bloom: Structural, collective, and social conditions for innovation in organization[M]. Entrepreneurship: the social science view, 2000: 167-210.

[134] Kaplan, H. S. , Gangestad, S. W. Life history theory and evolutionary psychology[J]. *Handbook of Evolutionary Psychology*, 2005: 68-95.

[135] Kaplan, H. S. , Lancaster, J. B. An evolutionary and ecological analysis of human fertility, matingpatterns, and parental investment. In K. W. Wachter & R. A. Bulatao (Eds.),

Offspring: Human fertilitybehavior in biodemographic perspective [J]. Washington, DC: National Academies, 2003.

[136] Kattou, M., Kontoyianni, K., Pitta-Pantazi, D., Christou, C. Connecting mathematical creativity to mathematical ability. Zdm, 45(2), 167-181. Kattou, M., Kontoyianni, K., Pitta-Pantazi, D., Christou, C. (2013). Connecting mathematical creativity to mathematical ability[J]. *Zdm the International Journal on Mathematics Education*, 2013, 45(2):167-181.

[137] Kaufman, J. C., Kaufman, A. B. Applying a creativity framework to animalcognition. New Ideas in Psychology, 2004, 22:143-155.

[138] Keesing, R. M. Theories of culture[J]. *Annual Review of Anthropology*, 1974, 3(3):73-97.

[139] Kemmelmeier, M., Walton, A. P. Creativity in Men and Women: Threat, Other-Interest, and Self-Assessment[J]. *Creativity Research Journal*, 2016, 28(1):78-88.

[140] Klepinger, D., Lundberg, S., Plotnick, R. How does adolescent fertility affect the human capital and wages of young women? [J]. *Journal of Human resources*, 1999:421-448.

[141] Kozłowski, J. Optimal allocation of resources to growth and reproduction: implications for age and size at maturity[J]. *Trends in Ecology & Evolution*, 1992, 7(1):15-19.

[142] Kozlowski, J., Wiegert, R. G. Optimal allocation to growth and reproduction[J]. *TheoreticalPopulation*, 1986, 29:16-37.

[143] Krampen, G. Cross-sequential results on creativity development in childhood within two different school systems: Divergent performances in Luxembourg versus German kindergarten and elementary school students[J]. *Europe's Journal of Psychology*, 2012, 8(3):423-448.

[144] Kwan, L. Y. Y., Chiu, C. Y. Country variations in different innovation outputs: The interactive effect of institutional support and human capital[J]. *Journal of Organizational Behavior*, 2015, 36(7):1050-1070.

[145] Kwan, V. S., Bond, M. H., *Singelis*, T. M. Pancultural explanations for life satisfaction: Adding relationship harmony to self-esteem[J]. *Journal of Personality and Social Psychology*, 1997, 73:1038-1051.

[146] Lauring, J., Paunova, M., *Butler*, C. L. Openness to language and value diversity

fosters multicultural team creativity and performance[J].*Academy of Management Annual Meeting Proceedings*,2015(1):13090.

[147]Lauzen,M. M. The celluloid ceiling: Behind-the-scenes employment of women on the top 250 films of 2013[M].San Diego,CA: Centre for the Study of Women in Television and Film,2014.

[148]Leikin,R. ,Subotnik,R. ,Pitta-Pantazi,D. ,Singer,F. M. ,Pelczer,I. Teachers' views on creativity in mathematics education: Aan international survey. ZDM,2013,45(2):309-324.

[149]Leimar,O. Life-history analysis of the Trivers and Willard sex-ratio problem[J].*Behavioral Ecology*,1996,7(3):316-325.

[150]Li,C. R. ,Lin,C. J. ,Tien,Y. H. ,Chen,C. M. A multilevel model of team cultural diversity and creativity: The role of climate for inclusion[J].*Journal of Creative Behavior*,2015:1-22.

[151]LI,C. ,Kwan,L. Y. Y. ,Liou,S. H. Y. H. N. A. N. ,Chiu,C. Y. Culture,Group Processes,and Creativity[J].*Culture and Group Processes*,2013,143.

[152]Liou,S. ,Nisbett,R. E. (2011). Cultural difference in group creativity process. In annual meeting of the Academy of Management,San Antonio.

[153]Liou,S. ,Kwan,L. Y. Y. ,Chiu,C. Y. Historical and Cultural Obstacles to Frame-Breaking Innovations in China[J].*Management and Organization Review*,2016,12(1):35-39.

[154]Liu,K. Human capital,social collaboration,and patent renewal within U. S. pharmaceutical firms[J].*Journal of Management*,2014,40:616-636.

[155]Lorenz,M. O. Methods of measuring the concentration of wealth[J].*Journal of the American Statistical Association*,1905,9(70):209-219.

[156] Lynn,M. ,Gelb,B. D.Identifying innovative national markets for technical consumer goods[J].*International Marketing Review*,1996,13(6):43-57.

[157]MacArthur,R. H. ,Wilson,E. O. The theory ofisland biogeography[M].Princeton,NJ: Princeton UniversityPress,1697.

[158]Machin,S. ,Meghir,C. Crime and economic incentives[J].*Journal of Human Resources*,2004,39(4):958-979.

[159]McCabe,C. M. ,Reader,S. M. ,Nunn,C. L. Infectious disease,behavioural flexi-

bility and the evolution of culture in primates[M].Proceedings of the Royal Society of London B: Biological Sciences,2015,282(1799),20140862.

[160] McCrae, R. R., Terracciano, A. Personality profiles of cultures: aggregate personality traits[J].*Journal of personality and social psychology*,2005,89(3):407.

[161]McCrae,R. R.,Terracciano,A. The Five-Factor Model and its correlates in individuals and cultures[J].*Multilevel analysis of individuals and cultures*,2008:249-283.

[162]Mcginley,M. A.,Temme,D. H.,Geber,M. A. Parental investment in offspring in variable environments: theoretical and empirical considerations[J].*The American Naturalist*,1987,130(3):370-398.

[163] Meador, K. The effect of synectics training on giftedand nongifted kindergarten students[J].*Journal for theEducation of the Gifted*,1994,18:55-73.

[164]Morris,M. W.,Leung,K. Creativity east and west: Perspectives and parallels[J]. *Management and Organization Review*,2010,6:313-327

[165]Murphy,K. M.,Shleifer,A.,Vishny,R. Income distribution,market size,and industrialization[J].*Quarterly Journal of Economics*,1988,104(3):537-564.

[166] Murray HA. Explorations in Personality[M].New York: Oxford Univ. Press,1938.

[167]Muthukrishna,M.,Henrich,J. Innovation in the collective brain. Phil. Trans. R. Soc. B,371(1690),20150192.

[168]Nelson,L.,Rubin,K.,Fox,N. Social withdrawal,observed peer acceptance,and the development ofself-perceptions in children ages 4 to 7 years[J].*EarlyChildhood Research Quarterly*,2005,20:185-200.

[169]Nelson,R. and Winter,S. In search of a useful theory of innovation[J].*Research Policy*,1977,6:36-76.

[170]Nemiro,J. E. (2001). Assessing the climate forcreativity in virtual teams. In M. M. Beyerlein,D. A. Johnson,S. T. Beyerlein (Eds.),Eighth annual University of North Texas symposiumon individual, team, and organizationaleffectiveness (pp. 59-84). Oxford: Elsevier Science/JAI Press.

[171] Leung, K., Bond, M. H., de Carrasquel, S. R., Muñoz, C., Hernández, M., Murakami,F.,et al. Social axioms the search for universal dimensions of general beliefs about how the world functions[J].*Journal of Cross-Cultural Psychology*,2002,33(3):286-302.

[172] Nickerson, R. S. Enhancing creativity. In R. J. Sternberg (Ed.), Handbook of creativity[M].Cambridge,UK: Cambridge University Press,1999:392-430.

[173] Nijstad

[174] Niu, W. Confucian ideology and creativity[J]. *The Journal of Creative Behavior*, 2012,46(4):274-284.

[175] Obschonka, M., Schmitt-Rodermund, E., Silbereisen, R. K., Gosling, S. D., Potter, J. The regional distribution and correlates of an entrepreneurship-prone personality profile in the United States, Germany, and the United Kingdom: A socioecological perspective [J].*Journal of Personality and Social Psychology*,2013,105(1):104-122.

[176] Oishi, S. Socioecological psychology[J].*Annual review of psychology*, 2014, 65: 581-609.

[177] Oishi, S., Graham, J. Social ecology lost and found in psychological science[J].*Perspectives on Psychological Science*,2010,5(4):356-377.

[178] Oldenburg, P. Sex ratio, son preference, and violencein India: A research note[J]. *Economic and Political Weekly*,1992,27:2657-2662.

[179] Pederson, F. A. Secular trends in human sex ratios: Their influence on individual and family behavior[J].*HumanNature*,1991,2:271-291.

[180] Perrine, N. E., Brodersen, R. Artistic and scientific creative behavior: Openness and the mediating role of interests[J].*The Journal of Creative Behavior*,2005,39(4):217-236.

[181] Proudfoot, D., Kay, A. C., Koval, C. Z. A Gender Bias in the Attribution of Creativity Archival and Experimental Evidence for the Perceived Association Between Masculinity and Creative Thinking[J].*Psychological science*,2015,26(11):1751-1761.

[182] Pullmann, H., Allik, J. The Rosenberg Self-Esteem Scale: Its dimensionality, stability and personality correlates in Estonian[J].*Personality and Individual Differences*, 2000, 28:701-715.

[183] Quinlan, R. J. Human parental effort and environmental risk[J].*Proceedings of the Royal Society B Biological Sciences*,2007,274(274):121-125.

[184] Rentfrow, P. J., Gosling, S. D., Potter, J. A theory of the emergence, persistence, and expression of geographic variation in psychological characteristics[J].*Perspectives on Psychological Science*,2008,3(5):339-369.

[185] Rentfrow, P. J., Jokela, M., Lamb, M. E. Regional Personality Differences in Great Britain[J]. *PloS one*, 2015, 10(3), e0122245.

[186] Rentfrow, R., Mellander, C., Florida, R. Happy states of America: Astate-level analysis of psychological, economic, and social well-being[J]. *Journal of Research in Personality*, 2009, 43: 1073-1082.

[187] Rhodes, M. An analysis of creativity[J]. *Phi Delta Kappan*, 1961: 305-310.

[188] Rinne, T., Steel, G. D., &Fairweather, J. Hofstede and Shane revisited the role of power distance and individualism in national-level innovation success[J]. *Cross-cultural research*, 2012, 46(2): 91-108.

[189] Rinne, T., Steel, G. D., &Fairweather, J. The role of hofstede's individualism in national-level creativity[J]. *Creativity Research Journal*, 2013, 25(1): 129-136.

[190] Robins, R. W., Tracy, J. L., Trzesniewski, K. (2001). Personality correlates of self-esteem[J]. *Journal of Research in Personality*, 2001, 35: 463-482.

[191] Rodeheffer, C. D., Hill, S. E., Lord, C. G. Does this recession make me look black? The effect of resource scarcity on the categorization of biracial faces[J]. *Psychological Science*, 2012, 23 (12): 1476-1478.

[192] Rosenberg, M. Society and the adolescent child. Princeton[M]. NJ: Princeton University Press, 1965.

[193] Roseth, C. J., Johnson, D. W., Johnson, R. T. Promoting early adolescents' achievement and peer relationships: the effects of cooperative, competitive, and individualistic goal structures[J]. *Psychological bulletin*, 2008, 134(2): 223.

[194] Rossberger, R. J., Krause, D. E. National culture, heterogeneity and innovation: New insights into the relationship between the GLOBE dimensions and national level innovation [J]. *GSTF Journal of Law and Social Sciences* (JLSS), 2012, 2(1): 84.

[195] Rossberger, R. J., Krause, D. E. (2013, January). Education, Leadership and Innovation: The Role of National Cultural Practices, Economic and Political Factors. In International Conference on Innovation and Entrepreneurship (IE). Proceedings (p. 46). Global Science and Technology Forum.

[196] Rossberger, R. J., Krause, D. E. Cultural Practices as a Mediator Personality Profiles and Innovation in 33 Countries[J]. *GSTF Journal of Law and Social Sciences* (JLSS),

2014,3(1).

[197] Rosvall, K. A. (2013). Life history trade-offs and behavioralsensitivity to testosterone: An experimental test whenfemale aggression and maternal care co-occur. PLoS One, 8(1), e54120.

[198] Runco, M. A. (2004). creativity. Annu. Rev[J]. *Psycho*, 55: 657-87.

[199] Runco, M. A. (2008). Creativity and education[J]. New Horizons in Education, 56: 107-115.

[200] Runco, M. A., Acar, S. Divergent thinking as an indicator of creative potential[J]. *Creativity Research Journal*, 2012, 24(1): 66-75.

[201] Runco, M. A., Jaeger, G. J. The standard definition of creativity[J]. *Creativity Research Journal*, 2012, 24(1): 92-96.

[202] Sarros, J. C., Cooper, B. K., Santora, J. C. Building a climate for innovation through transformational leadership and organizational culture[J]. *Journal of Leadership and Organizational Studies*, 2008, 15(2): 145-158.

[203] Sarrazy, B., Novotná, J. Didactical contract and responsiveness to didactical contract: A theoretical framework for enquiry into students' creativity in mathematics[J]. *ZDM*, 2013, 45(2): 281-293.

[204] Schaller, M., Park, J. H. The behavioral immune system (and why it matters)[J]. *Current Directions in Psychological Science*, 2011, 20(2): 99-103.

[205] Schmitt, D. P. Sociosexuality from Argentina toZimbabwe: A 48-nation study of sex, culture, andstrategies of human mating[J]. *Behavioral and BrainSciences*, 2005, 28: 247-311.

[206] Schmitt, D. P., Allik, J. Simultaneous administration of the Rosenberg Self-Esteem Scale in 53 nations: exploring the universal and culture-specific features of global self-esteem [J]. *Journal of personality and social psychology*, 2005, 89(4): 623.

[207] Schwartz, S. H. (2008). Culture matters: National value cultures, sources, and consequences. In R. S. Wyer, C.-Y. Chiu & Y.-Y. Hong (Eds.), Understanding culture: Theory, research, and application (pp. 127-150). New York: Psychology Press.

[208] Schwartz, S. H. (1992). The universal content and structure of values: Theoretical advances and empirical tests in 20 countries. In M. P. Zanna (Ed.), Advances in experimen-

tal social psychology (vol. 25, pp. 1-65). New York: Academic Press.

[209] Schwartz, S. H. (1994). Beyond individualism/collectivism: New cultural dimensions of values. Sage Publications, Inc.

[210] Schmitt, D. P., Allik, J., McCrae, R. R., Benet-Martínez, V. The geographic distribution of Big Five personality traits patterns and profiles of human self-description across 56 nations[J]. *Journal of cross-cultural psychology*, 2007, 38(2): 173-212.

[211] Shalley, C. E. Effects of productivity goals, creativity goals, and personal discretion on individual creativity[J]. *Journal of Applied Psychology*, 1991, 76(2), 179-185.

[212] Shane, S. Cultural influences on national rates of innovation. Journal of Business Venturing, 1993, 8(1): 59-73.

[213] Simonton, D. K. (1990). History, chemistry, psychology, and genius: An intellectual autobiographyof historiometry. In M. A. Runco &R. S. Albert (Eds.), Theories of creativity(pp. 92-115). Newbury Park, CA: Sage.

[214] Simpson, J. A., Griskevicius, V., Kuo, S. I., Sung, S., Collins, W. A. Evolution, stress, and sensitive periods: the influence of unpredictability in early versus late childhood on sex and risky behavior[J]. *Developmental psychology*, 2012, 48(3): 674.

[215] Smith, P. B., Bond, M. H., Kagitcibasi, C. (2006). Understanding social psychology across cultures: Living and working in a changing world. CA: Sage.

[216] Smith, P. B., Peterson, M. F., Schwartz, S. H. Cultural values, sources of guidance, and their relevance to managerial behavior a 47-nation study[J]. *Journal of cross-cultural Psychology*, 2002, 33(2): 188-208.

[217] South, S. J., Trent, K. Sex ratios and women's roles: a cross-national analysis. American Journal of Sociology, 1998, 93(5): 1096-1115.

[218] South, S. J., Haynie, D. L., Bose, S. Residentialmobility and the onset of adolescent sexual activity[J]. *Journal of Marriage and Family*, 2005, 67(2): 499-514.

[219] Sowden, P. T., Clements, L., Redlich, C., Lewis, C. Improvisation facilitates divergent thinking and creativity: Realizing a benefit of primary school arts education[J]. *Psychology of Aesthetics, Creativity, and the Arts*, 2015, 9(2): 128-138.

[220] Stearns, S. Evolution of life-history traits-critique of theory and a review of data[J].

Annual Review of Ecology & Systematics, 1977, 8(982): 145–171.

[221] Steel, G. D., Rinne, T., Fairweather, J. Personality, nations, and innovation: Relationships between personality traits and national innovationscores. Cross – Cultural Research, 1069397111409124.

[222] Sternberg, R. J., Lubart, T. I. Defying the crowd: Cultivating creativity in a culture of conformity[J]. *Free Press*, 1995.

[223] Sternberg, R. J., Lubart, T. I. Investing in creativity[J]. *American psychologist*, 1996, 51(7): 677.

[224] Sternberg, R. J., Lubart, T. I. The concept of creativity: Prospects and paradigms. In R. J. Sternberg (Ed.), Handbook of creativity (pp. 3–15). Cambridge, UK: CambridgeUniversity Press, 1999.

[225] Südkamp, A., Kaiser, J., Möller, J. Accuracy of teachers' judgments of students' academic achievement: A meta-analysis[J]. *Journal of Educational Psychology*, 2012, 104(3): 743–762.

[226] Sultan, A. (1999). Purchasing Power Parity (PPP) for International Comparison of Poverty: Sources and Method. World Bank.

[227] Sun, H. A meta – analysis on the influence of national culture on innovation capability[J]. *International Journal of Entrepreneurship and Innovation Management*, 2009, 10(3–4): 353–360.

[228] Taylor, M. Z., Wilson, S. Does culture still matter?: The effects of individualism on national innovation rates[J]. *Journal of Business Venturing*, 2012, 27(2): 234–247.

[229] Torrance, E. P. Creativity testing in education[J]. *The Creative Child and Adult Quarterly*, 1976, 1: 136–148.

[230] Triandis, H. C. Self and social behavior in differing cultural contexts[J]. *Psychological Review*, 1989, 96: 506–520.

[231] Trivers RL, Willard DE, Natural selection of parental ability to vary the sex ratio of offspring[J]. *Science* 1973, 179: 90–92.

[232] Trzesniewski, K. H., Donnellan, M. B., Moffitt, T. E., Robins, R. W., Poulton, R., Caspi, A. Low self-esteem during adolescence predicts poor health, criminal behavior, and

limited economic prospects during adulthood[J].*Developmental psychology*,2006,42(2):381.

[233] Uz,I. The index of cultural tightness and looseness among 68 countries[J].*Journal of Cross-Cultural Psychology*,2015,46(3):319-335.

[234] Van Everdingen,Y. M.,Waarts,E. The effect of national culture on the adoption of innovations[J].*Marketing Letters*,2003,14(3):217-232.

[235] Varnum,M. E. Sources of regional variation in social capital in the United States: Frontiers and pathogens[J].*Evolutionary Behavioral Sciences*,2014,8(2):77.

[236] Varnum,M. E.,Grossmann,I. (2016). Pathogen prevalence is associated with cultural changes in gender equality. Nature Human Behaviour,1,0003.

[237] Vernon,R. International investment and international trade in the product cycle[J].*Quarterly Journal of Economics*,1966,80:190-197.

[238] Vitzthum,V. J. Evolutionary models of women's reproductive functioning[J].*Annual Review of Anthropology*,2008,37:53-73.

[239] Xie,Y.,Zhou,X. Income inequality in today's China [J].*Proceedings of the National Academy of Sciences*,2014,111(19):6928-6933.

[240] Williams,G. C. Pleiotropy,natural selection,and the evolution of senescence. Evolution,1957,11(4):398-411.

[241] Williams,S. D. Personality,attitude,and leader influences on divergent thinking and creativity in organizations[J].*European Journal of Innovation Management*,2004,7(3):187-204.

[242] Wilson,M. I.,Daly,M. Life expectancy, economic inequality, homicide, and reproductive timing in Chicago neighbourhoods[J].*British Medical Journal*,1997,314:1271-1274.

[243] Wong,R.,Niu,W. Cultural difference in stereotype perceptions and performances in non-verbal deductive reasoning and creativity [J].*Journal of Creative Behavior*, 2012, 46: 345-363.

[244] Woolcock,M. Social capital and economic development: Toward a theoretical synthesis and policy framework[J].*Theory and society*,1998,27(2):151-208.

[245] World Economic Forum's Global Gender Gap reporthttps://www.weforum.org/reports/global-gender-gap-report-2009/.

[246] Zachopoulou, E., Makri, A., Pollatou, E. Evaluationof children's creativity: Psychometric properties of Torrance's "thinking creatively in action and movement" test. *EarlyChild Development and Care*, 2009, 179: 317-328.

[247] Zha, P., Walczyk, J. J., Griffith-Ross, D. A., Tobacyk, J. J., Walczyk, D. F. The impact of culture and individualism-collectivism on the creative potential and achievement of American and Chinese adults[J]. *Creativity Research Journal*, 2006, 18(3): 355-366.

[248] Zhang, A. Y., Tsui, A. S., Wang, D. X. Leadership behavior and group creativity in Chinese organizations: The role of group processes [J]. *Leadership Quarterly*, 22(5): 851-862.

[249] Zhang, S., Zhang, M., Zhang, J. An exploratory study on DRD2 and creative potential [J]. *Creativity Research Journal*, 2014, 26(1): 115-123.

[250] Zhou, Q., Hirst, G., Shipton, H. Promoting creativity at work: the role of problem-solving demand[J]. *Applied Psychology*, 2012, 61(1): 56-80.

后　记

　　创造力是人类在文明进程中不断认知自然和顺应自然的有力工具。借助创造力,人类在自然选择宿命图景中刻下了自由意志的宝贵痕迹。在或短或长的生命史历程中,个体或群体选择快策略还是慢策略,如何发挥和展现创造力,与宏观社会生态环境如何长久而又弥散性地彼此影响……我们站在进化心理学的智识大门前,试图从门缝间透出的微光中窥探答案。

　　研究选题之初,我们曾先后讨论提出过几个关于影响国家创新能力的不同理论假设,在不断的理论推演与数据初探检验中被质疑、被推翻,最终进化心理学的生命史理论进入我们的视野,并最终成为那颗被淘洗过后留下的珍珠。而社会生态心理学的结构性宏观视角,又为我们探究国家创新能力打开了一扇窗。尽管我们提出的生命史层次扩展假说尚存有缺陷,有待继续完善;但透过窗看到的珍珠,正熠熠生光,好像在昭示我们,沿着这个方向走下去,将是更为广阔的地带。

　　在本书付梓之际,我们要感谢南开大学社会心理学系"计算与实验社会心理学课题组"的诸多同仁,他们是乐国安教授、赖凯声博士、张光耀、苏丽媛、刘书冰、苏佳佳、戴玉婉和高树青同学。感谢他们在研究方向、文献收集、理论梳理和数据分析上的支持助力。

　　完成本书过程中,我们充分体验了作为研究者的艰辛与喜悦。在不断建构假设、质疑假设的一次次试错反复中,处理数据时的

后 记

枯燥和发现新结果时的惊喜不断交织。本书研究历时三年得以告一段落,其间得到许多人的鼓励和肯定,也听到不少质疑之声,这些都将成为我们的财富。在不断前行与自我完善的治学之路上,我们始终觉得,全身心投入一项研究的经历,总是珍贵和令人难忘的。

盛明明　陈　浩

2019 年 5 月